# Dru Johnson

# FILOSOFIA BÍBLICA

A origem e os aspectos distintivos da abordagem filosófica hebraica

Título original: *Biblical philosophy: a Hebraic aproach to the Old and New Testaments*
Copyright ©2021, de Dru Johnson.
Edição original de Cambridge University Press. Todos os direitos reservados.

Copyright da tradução ©2023, de Vida Melhor Editora LTDA.
Todos os direitos desta publicação são reservados por Vida Melhor Editora LTDA.

Os pontos de vista desta obra são de responsabilidade de seus autores e colaboradores
diretos, não refletindo necessariamente a posição da Thomas Nelson Brasil,
da HarperCollins Christian Publishing ou de sua equipe editorial.

| | |
|---|---|
| Publisher | *Samuel Coto* |
| Editor | *Guilherme H. Lorenzetti* |
| Estagiária editorial | *Renata Litz* |
| Tradução | *Igor Sabino* |
| Preparação | *Guilherme Cordeiro Pires* |
| Revisão técnica | *Pedro Dulci* |
| Revisão | *Maurício Avoletta Júnior* |
| Diagramação | *Sonia Peticov* |
| Capa | *Kaiky Fernandez* |

**Dados Internacionais de Catalogação na Publicação (CIP)**
**(BENITEZ Catalogação Ass. Editorial, MS, Brasil)**

J97f   Johnson, Dru

1.ed.    Filosofia bíblica : a origem e os aspectos distintivos da abordagem filosófica
hebraica / Dru Johnson ; tradutor Igor Sabino. – 1.ed. – Rio de Janeiro : Thomas
Nelson Brasil, 2022.
400 p.; 15,5 x 23 cm.

Título original: Biblical philosophy: a hebraic approach to the Old and New
Testaments.
ISBN 978-65-5689-271-9

1. Bíblia – Crítica e interpretação, etc. 2. Filosofia judaica. I. Sabino, Igor.
II. Título.

11-2022/38                                                                                           CDD: 220

**Índice para catálogo sistemático**

1. Filosofia judaica 220

Bibliotecária responsável: Aline Graziele Benitez CRB-1/3129

Thomas Nelson Brasil é uma marca licenciada à Vida Melhor Editora LTDA.
Todos os direitos reservados à Vida Melhor Editora LTDA.
Rua da Quitanda, 86, sala 218 — Centro
Rio de Janeiro — RJ — CEP 20091-005
Tel.: (21) 3175-1030
www.thomasnelson.com.br

ל'ורם חזונ'

(Para Yoram Hazony)

# SUMÁRIO

| | |
|---|---|
| *Lista de figuras* | 6 |
| *Lista de tabelas* | 7 |
| *Agradecimentos* | 9 |
| *Prefácio à edição brasileira* | 11 |

| | |
|---|---|
| Pelo resgate da filosofia hebraica | 45 |

### PRIMEIRA PARTE: Estilos filosóficos

| | | |
|---|---|---|
| 1. | O que conta como filosofia? | 67 |
| 2. | Filosofia antes dos gregos: O contexto intelectual do Antigo Oriente Próximo | 95 |

### SEGUNDA PARTE: Filosofia hebraica

| | | |
|---|---|---|
| 3. | O estilo filosófico hebraico | 127 |
| 4. | Mapeando a filosofia: Narrativa, Lei e Poesia | 164 |

### TERCEIRA PARTE: Persistência
### no judaísmo helenista

| | | |
|---|---|---|
| 5. | Os estilos filosóficos no judaísmo helenista | 201 |
| 6. | Estilo filosófico hebraico nos Evangelhos | 233 |
| 7. | Paulo em vestes estoicas | 256 |

### QUARTA PARTE: protótipos de
### argumentos filosóficos hebraicos

| | | |
|---|---|---|
| 8. | Epistemologia hebraica e epistemologia científica | 281 |
| 9. | A verdade bíblica e a lógica humana | 320 |
| 10. | Figuras de justificação | 344 |

| | |
|---|---|
| Terminando com um começo | 365 |

| | |
|---|---|
| *Bibliografia* | 383 |

# LISTA DE FIGURAS

1. Relação "casar-se e dar-se em casamento"      p. 137

2. Correspondência "O céu é azul"      p. 322

3. O verdadeiro rumo dos barcos      p. 327

4. Interação com "o céu azul"      p. 329

5. Cartões de seleção Wason      p. 331

# LISTA DE TABELAS

1. Estilos filosóficos hebraico e helenístico     p. 130

2. Paralelismo de contraste e de extensão     p. 192

3. Estilos filosóficos hebraico e helenístico     p. 204

4. Lista da Criação de Gênesis 1 e Deuteronômio 4     p. 209

5. A hibridização da filosofia hebraica/ helenista na *Sabedoria de Salomão*     p. 219

6. A hibridização da filosofia hebraica e helenista em Fílon     p. 221

7. A hibridização da filosofia hebraica e helenista em Paulo     p. 228

8. A hibridização da filosofia hebraica e helenista no Novo Testamento     p. 236

9. Fluxo lógico de Gálatas 2:16     p. 267

10. Gálatas 2:16 como *modus ponens/modus tollens*     p. 268

11. O argumento de Epíteto     p. 270

12. O estilo filosófico hebraico     p. 366

# AGRADECIMENTOS

Por sua amizade ao longo da última década e por sua insistência para que eu escrevesse este livro, minha gratidão a Yoram Hazony me impregna como a gravidade. Além de Yoram, sou grato também a Joshua Weinstein e a todas as pessoas que participaram das conferências intituladas "Philosophical investigations of the Hebrew Scriptures, Mishnah, and Talmud" [Investigações filosóficas das Escrituras Hebraicas, da Mishná e do Talmude] durante os últimos anos. Jaco Gericke também foi um companheiro nessa jornada e, por isso, sou profundamente grato por sua erudição e amizade.

Boa parte deste livro foi escrita durante um período de licença que passei no Logos Institute for Analytical and Exegetical Theology (Universidade de St. Andrews, 2017-18), comunidade que contribuiu com críticas e encorajamento para este projeto. Fui especialmente ajudado por conversas com Alan Torrance, Andrew Torrance, Tom "N. T." Wright, T. J. Lang, Madavi Nevader, Bill Tooman, Joshua Cockayne, e a turma de pós-graduação: Kimberley Kroll, Christa L. McKirland, Stephanie Nordby, Jeremy Rios, Jonathan Rutledge, Taylor Telford, Koert Verhagen, e todos os outros. Também agradeço aos membros do painel da Evangelical Philosophical Society/American Academy of Religion (Joseph Gorra) e aos participantes do simpósio no Henry Center sobre o meu artigo "A biblical *nota bene* on philosophical inquiry": Oliver Crisp, Kevin Vanhoozer, Joshua Blander e J. T. Turner, juntamente com os editores Geoffrey Fulkerson e Joel Chopp.

Michael Rhodes folheou corajosamente cada página e comentou todos os rascunhos. Robbie Griggs, Jonathan Pennington e Ben White me ajudaram a formular uma imagem mais clara do Novo Testamento na filosofia hebraica. Muito obrigado àqueles que leram ou comentaram os rascunhos e as ideias que fomentaram este livro: Billy Abraham, Harry Bleattler, Jim Diamond, James Duguid, Jim Hoffmeier, Samuel Lebens, e Jeremiah Unterman. Os revisores da Cambridge University Press foram especialmente encorajadores e úteis em seus apontamentos, e Beatrice Rehl foi a melhor editora que um livro como este poderia ter.

10 FILOSOFIA BÍBLICA

Gostaria de estender meus agradecimentos a Robert Nicholson, por seu apoio a este projeto. Também a Abby Smith, primeira diretora administrativa do Center for Hebraic Thought (CHT), interlocutora constante durante a elaboração de muitas das ideias contidas aqui. Também sou profundamente grato a todos os meus alunos, especialmente àqueles que sofreram durante o curso de Filosofia Hebraica no The King's College, durante a primavera de 2019, juntamente com Josh Blander, que ajudou a moldar essas discussões. Heather Ohaneson também merece reconhecimento por sua graciosa ajuda na realização dos workshops sobre os primeiros capítulos da versão mais antiga deste livro. Matt Lynch tem sido um parceiro de discussão constante e útil. O olhar aguçado de Drew Hepler ajudou a limpar os rascunhos. Micah Long revisou minha extensa lista de notas de rodapé e bibliografia. Celina Durgin, a segunda diretora administrativa do CHT, foi magistral na edição dos rascunhos posteriores para torná-los consistentes e coerentes. Se o leitor gosta de alguma coisa neste trabalho, é muito provável que a culpa seja dela.

Além disso, o curso "Second order thinking in the ancient Fertile Crescent" [Pensamento da segunda ordem no Antigo Crescente Fértil], organizado por Jan Dietrich, Jaco Gericke e Marc Van De Mieroop, acrescentou um rico contexto à paisagem do intelectualismo antigo. Já as aulas "Wrestling with life: analytic theology and biblical narratives" [Lutando com a vida: teologia analítica e narrativas bíblicas], organizadas por Godehard Brüntrup, Moshe Halbertal, David Shatz e Eleonore Stump me ajudaram a traduzir algumas dessas ideias para a linguagem dos filósofos (embora eu certamente não tenha feito o suficiente nessa frente).

Finalmente, Stephanie, Benjamin, Claudia, Olivia e Luisa Johnson contribuíram neste projeto, encorajando-me e apoiando-me com cada momento de suas vidas. As frequentes viagens para diferentes continentes para a realização de minha pesquisa impõem um fardo razoável a uma família; mas, apesar disso, a nossa cresceu em amor e admiração mútua. Oh, quanto aprendi com meu filho e minhas filhas! E quanto mais fui ensinado pela sabedoria de minha esposa, sabedoria essa que foi derramada sobre mim como um rio!

# PREFÁCIO À EDIÇÃO BRASILEIRA

*Por Pedro Dulci*

## O INÍCIO E O FIM DA FILOSOFIA

Dru Johnson é filósofo e pastor americano com uma ampla pesquisa em diferentes tópicos envolvendo a teologia bíblica e a epistemologia — áreas nas quais ele atua enquanto leciona estudos teológicos e bíblicos no The King's College em NovaYork, e dirige o Center for Hebraic Thought.[1] Não obstante, existe uma temática que percorre, de diferentes modos, todos os seus esforços intelectuais: abordar o pensamento hebraico, presente tanto no Antigo quanto no Novo Testamento, de uma forma que ele não seja reduzido ao foro íntimo da espiritualidade, mas tratá-lo como uma forma completa de viver e de se orientar na realidade. Tal visão abrangente da tradição do pensamento bíblico, para além do fato de se afirmar como uma alternativa às popularizadas visões de mundo grega e romana do mundo antigo, acarreta uma série de implicações para o mundo contemporâneo. Tópicos como cultura pop,[2] hábitos,[3] ou mesmo gênero, sexo e sexualidade [4] podem ser reposicionados na discussão hodierna a partir de um renovado quadro de referências que encontra seu sentido na abordagem hebraica.

Dentre os assuntos e as áreas de conhecimento que serão diretamente atingidos por essa renovação está a filosofia. Conforme o leitor poderá conferir nas primeiras páginas deste livro, Johnson questionará a compreensão

---

[1] As contribuições intelectuais de Dru Johnson estão reunidas em: https://drujohnson.com/. Seus textos também podem ser lidos em: https://hebraicthought.org/.

[2] Cf. Dru Johnson; Celina Durgin, "Evil Gods and the USS Callister", In: A. Bouwen; J. A. Dunne (eds.) *Theology and Black Mirror: theology, religion and pop culture* (Fortress Academic, 2022).

[3] Cf. Dru Johnson, *Human rites: the power of rituals, habits, and sacraments* (Eerdmans, 2019).

[4] Cf. Dru Johnson; Celina Durgin (eds.), *The biblical world of gender: the daily lives of ancient women and men* (Cascade Books, 2022).

# 12 FILOSOFIA BÍBLICA

muito difundida que a filosofia teve o seu início na "manhã grega" — e, por isso, não se poderia chamar de "filosofia" nada que não estivesse ligado genealogicamente a esse início. Por meio de uma ampla e bem documentada argumentação, Johnson defenderá que as marcas de um genuíno pensamento de segunda ordem podem ser encontradas na tradição hebraica — além das características que lhe são distintivas e muito enriquecedoras para o projeto filosófico como um todo.

Antes de explorar um pouco mais como essas características distintivas da abordagem hebraica das Escrituras têm condições de contribuir para o atual cenário teológico e filosófico brasileiro, gostaria de localizar esse projeto de Johnson em um cenário mais amplo — o da história da filosofia. Farei esse percurso utilizando uma tradição filosófica que não é contemplada por Johnson em sua própria obra, a saber, a filosofia da religião contemporânea de vertente continental. Entretanto, o próprio autor, ao final de sua obra, incentiva-nos a realizar esse tipo de pesquisa quando diz o seguinte: "como esse estilo bíblico de filosofia lida com as filosofias da religião contemporâneas? Novamente, esse é outro projeto à procura de um autor".[5] Fazer isso é importante porque Johnson não está sozinho em seus esforços filosóficos.

Contemporaneamente, quando nos ocupamos com as questões a respeito do início da filosofia, como as encaradas por Johnson, automaticamente também colocamos perguntas sobre o fim da filosofia — fim este entendido tanto como término, quanto como finalidade (teleologia). Foi Giovanni Reale, em seu primeiro volume da *História da filosofia grega e romana*, que melhor percebeu este fenômeno e o relacionou também com a teologia:

> Nos últimos anos, uma espécie de desconfiança na filosofia, sobretudo na filosofia classicamente entendida, parece ter-se apoderado de muitos estudiosos, a ponto de se levantar a interrogação vinda de diversas partes, sobre se a filosofia classicamente entendida não terá chegado às colunas de Hércules e não estará definitivamente concluída e acabada, talvez para sempre. Vivemos num momento em que se inseriu na crise da filosofia uma espécie de filosofia da crise da filosofia, vale dizer, uma filosofia que teoriza o fim da filosofia. E à crise da filosofia juntou-se a crise da teologia, esta também agora, em algumas das suas frentes mais avançadas, tão persuadida da crise dos valores filosóficos, que chega a não considerar como

---

[5] Dru Johnson, *Filosofia bíblica*, p. 369.

PREFÁCIO À EDIÇÃO BRASILEIRA 13

válido tudo quanto o pensamento cristão, ao se estruturar, extraiu da filosofia, particularmente, da filosofia antiga. Assim compreende-se que dessas correntes se proclame em alta voz a necessidade da deshelenização do cristianismo, como se o cristianismo, ao substituir determinadas categorias especulativas da filosofia clássica, tenha-se tornado seu prisioneiro, a ponto de se desnaturar, vindo a se tornar, de algum modo, ele mesmo helênico. Pois bem, em todas essas tendências se esconde, na realidade, um autêntico enfraquecimento do sentido e do alcance da dimensão especulativa, isto é, da dimensão mais propriamente filosófica: teoriza-se o fim da filosofia porque se está perdendo o sentido da filosofia. A mentalidade técnico-científica habituou-nos a crer que só é valido o que é verificável, aceitável, controlável pela experiência e pelo cálculo e o que é fecundo de resultados tangíveis. Ao mesmo tempo, a nova mentalidade de política nos habituou a crer que só tem relevância aquilo que faz mudar as coisas: não a teoria, mas a práxis — diz-se — é o que conta; de nada adianta contemplar a realidade, mas nela mergulhar ativamente. E, assim, de um lado, à filosofia se quer impor um método extraído das ciências, que a faz cair inexoravelmente no cientismo; de outro, quer-se impor à filosofia um condicionamento de tipo ativista que a faz degenerar no praxismo. Tanto num como noutro caso, pretende-se absurdamente fazer filosofia, matando a filosofia.[6]

De fato, os discursos sobre "o fim da filosofia" se tornaram lugares comuns na história da filosofia contemporânea. Gostaria de mencionar, pelo menos, três esforços significativos na busca de abrir as portas para o fim da filosofia. O primeiro deles é o de Karl Marx. O professor e filósofo brasileiro Ernildo Stein é preciso em nos lembrar que, no interior do pensamento marxiano, a filosofia "deveria chegar ao fim através da transformação da Filosofia em mundo, de sua 'supressão' na *praxis*".[7] Isso é colocado de maneira muito clara, e até um pouco esquemática, no texto das *Teses sobre Feuerbach* (1845) onde podemos ler que: "A questão de saber se ao pensamento humano cabe alguma verdade objetiva [*gegenständliche Wahrheit*] não é uma questão da teoria, mas uma questão prática. É na prática que o homem tem de provar a verdade, isto é, a realidade e o poder, a natureza citerior [*Diesseitigkeit*] de seu pensamento.

---

[6] Giovanni Reale, *Pré-socráticos e orfismo: história da filosofia Grega e Romana*. Vol. 1 (São Paulo: Loyola, 2012), p. 1-2.

[7] Ernildo Stein, "Introdução". In: Martin Heidegger, *O fim da filosofia e a tarefa do pensamento*, Coleção *Os Pensadores* (São Paulo: Abril Cultural, 1973), p. 256.

14   FILOSOFIA BÍBLICA

A disputa acerca da realidade ou não-realidade do pensamento — que é iso-lado da prática — é uma questão puramente escolástica".[8] Pressupondo toda a discussão envolvendo a filosofia clássica alemã, o que Marx propõe aqui de maneira clara é que qualquer tentativa de estabelecer uma compreensão ou uma modificação da realidade só pode ser realizada pela prática — especi-ficamente a "prática revolucionária".[9] A insatisfação de Marx com a filosofia alemã, incluindo a própria crítica de Feuerbach ao cristianismo, dizia respeito a um defeito congênito: "que o objeto [Gegenstand], a realidade, o sensível, só é apreendido sob a forma de objeto [Objekt] ou da contemplação, mas não como atividade humana sensível, como prática; não subjetivamente".[10] Nesse sentido, todo o esforço marxiano é o de ir mais a fundo nas críticas já realiza-das à filosofia de sua época e mostrar que: "todos os mistérios que conduzem a teoria ao misticismo encontram sua solução racional na prática humana e na compreensão dessa prática".[11] Podemos dizer, portanto, que o pensamento marxiano é uma proposta que pressupõe o fim da filosofia naquilo que Reale chamou acima de imposição de um condicionamento de tipo ativista. Como marcou o famoso adágio marxiano, "os filósofos apenas *interpretaram* o mundo de diferentes maneiras; o que importa é *transformá-lo*".[12]

No entanto, também Ludwig Wittgenstein protagonizou um esforço pelo fim da filosofia. Ernildo Stein também é certeiro ao lembrar que, para o aus-tríaco, "a Filosofia deveria assumir, de uma vez, sua única fundamentação: realizar a terapia da linguagem. Cumprindo tal trabalho, ela 'desapareceria'".[13] A despeito das rígidas separações que são feitas entre "o primeiro Wittgens-tein" e o "segundo Wittgenstein", já no prefácio ao *Tractatus Logico-Philosophicus*, por exemplo, Wittgenstein exprime exatamente essa pressuposição quanto ao que é próprio à filosofia e ao seu fim — uma das convicções que carregará con-sigo em toda sua atividade filosófica. A saber, de que a formulação dos proble-mas filosóficos "se funda na má compreensão da lógica de nossa linguagem".[14] Ainda que essa "má compreensão" varie em cada uma de suas obras, o que per-manece como um mínimo múltiplo comum no pensamento de Wittgenstein é

---

[8] Karl Marx, "Ad Feuerbach", In: K. Marx; F. Engels, *A ideologia alemã* (São Paulo: Boitempo, 2007), p. 533 (tese 2).

[9] Ibid. (tese 3).

[10] Ibid, p. 533 (tese 1).

[11] Ibid, p. 534 (tese 8).

[12] Ibid., p. 535 (tese 11).

[13] Stein, "Introdução", p. 256.

[14] Ludwig Wittgenstein, *Tractatus Logico-Philosophicus*. trad. D. F. Pears e B. F. McGuinness. Intro-dução de Bertrand Russell (Routledge: London; New York, 2001), p. 3

PREFÁCIO À EDIÇÃO BRASILEIRA 15

essa convicção de que somente por uma análise da linguagem é possível lidar filosoficamente com o pensamento. Em suas próprias palavras, de *Investigações Filosóficas*: "levanta o nevoeiro estudarmos os fenômenos da linguagem em formas primitivas do seu emprego, nas quais se pode ter uma visão panorâmica da finalidade do funcionamento das palavras" (2001, p. 175, §5). Podemos dizer também que, em Wittgenstein, a filosofia cumpriria legitimamente o seu trabalho e desapareceria caso realizasse a grande análise da linguagem.

Apesar de críticas poderem ser feitas ao empreendimento filosófico tanto de Marx quanto de Wittgenstein, o que não pode ser ignorado é o fato de que ambos, buscando o fim da filosofia, abriram novos campos de investigação filosófica. Ao criticar as filosofias de seu tempo — incluíndo Feuerbach —, Marx, por exemplo, acabara colocado novas questões políticas, econômicas e religiosas que, ainda hoje, exigem dos seus leitores as mais divergentes avaliações. Wittgenstein, por sua vez, em fases diferentes de sua vida, descobriu os limites e as possibilidades dos usos que a linguagem pode assumir e, com isso, deu novas tarefas à filosofia. Ou seja, conforme bem resume Ernildo Stein, "tanto Marx quanto Wittgenstein, um buscando a supressão da Filosofia e o outro seu desaparecimento, abriram novos horizontes para o pensamento cujo fim anunciaram".[15]

Quem também percebeu esse mesmo clima denunciado por Giovanni Reale na filosofia contemporânea, após tais projetos de supressão ou de desaparecimento, foi o filósofo francês Pierre Aubenque. Em suas palestras sobre *Desconstruir a Metafísica?* (2009) ele chamará nossa atenção para o fato de que: "poder-se-á também estranhar a atmosfera de aporia, de ausência de soluções, que envolve estes estudos ou, em termos mais simples, o pessimismo que parecem destilar".[16] Certamente esse pessimismo diz respeito a um certo olhar para os destinos de nossa geração, em que as utopias das décadas anteriores escorrem entre os nossos dedos.[17] Seria uma ingenuidade nossa atribuir à filosofia — e ainda mais à metafísica — a responsabilidade direta por todo esse declínio. Certamente as aporias em que se encontravam o pensamento filosófico eram mais um sintoma do que uma causa da decadência. Entretanto, ainda

---

[15] Stein, "Introdução", p. 265.

[16] Pierre Aubenque, *Desconstruir a metafísica?* (São Paulo: Loyola, 2009), p. 10.

[17] Aubenque explora esse ponto dizendo o seguinte: "esvaíram-se, assim, os 'amanhãs que cantam' e o que o jovem Marx anunciava, em 1844, para um futuro próximo, como 'a reconciliação do homem com a natureza, do homem com o homem ou, numa palavra, da essência com a existência'. Sonha-se antes com um fim do dia sem a coruja de Minerva, para lhe traçar um balanço positivo. Seria ingenuidade atribuir à metafísica responsabilidade direta nesse declínio, do qual ela é mais o sintoma do que a causa, Precisaríamos inventar outra coisa?" Aubenque, *Desconstruir a metafísica?*, p. 10.

16 FILOSOFIA BÍBLICA

assim, Aubenque não deixa de colocar uma possibilidade que estava rondando as cabeças filosóficas — de Marx a Wittgenstein —, a saber: "precisaríamos inventar outra coisa?".[18] Ou seja, o estado em que se encontra mostra que a filosofia alcançou ou precisa avançar até seu fim? E se inventássemos algo para cumprir a vocação da filosofia, esse novo pensar conseguiria escapar de uma mera repetição do mesmo? Tais questões são necessárias porque Aubenque lembra que: "a antimetafísica, como o positivismo, é também uma metafísica. Mais ainda, é e permanece a metafísica sob sua forma mais degradada e inferior".[19] Seria necessário dar lugar a uma alternativa que conseguisse não só levar a cabo tais iniciativas de supressão ou de desaparecimento da filosofia, mas também que fosse capaz de explicar o porquê dos projetos anteriores não terem alcançado êxito. Em suma, é possível, hoje, desconstruir a filosofia?

## A TAREFA DO PENSAMENTO E O PENSAMENTO COMO TAREFA

Diante de tais condições afigura-se o terceiro projeto de fim da filosofia — e o reposicionamento da genuína tarefa do pensamento. Trata-se dos esforços intelectuais de Martin Heidegger. O filósofo alemão anunciou o fim da filosofia entendendo-a como metafísica. Tal disciplina filosófica tem por objetivo a elucidação do sentido do ser do ente. Isto é, trata-se do questionamento fundamental — enunciado pela primeira vez nos primórdios da filosofia grega — pelo ser que faz com que o ente seja. No entanto, todo o empreendimento hedeggeriano de ocupar-se com a história da filosofia será marcado pela identificação de um equívoco igualmente fundamental. A saber, quando os primeiros que filosofaram perguntam-se o que é o ser de uma coisa, imediatamente não encontramos respostas sobre o ato de ser — aquilo que faz com que o ente seja. Ao contrário, nos responderam o que a coisa é. Apesar de não ser uma resposta falsa, tratava-se de uma resposta para outra pergunta — porque não diz senão o que a coisa é, e não o que faz com que uma coisa seja. Ademais, quando essa questão foi generalizada, posta sobre o que o ser em geral é, as respostas apresentadas por diferentes pensadores foram na direção do que acreditavam ser a sua essência — o seu *quid est*, como diziam os latinos. Entretanto, precisamos lembrar que, por definição, o ser não tem essência, mas é tanto a condição de possibilidade de qualquer essência, como também anterior a qualquer determinação essencial. Logo, qualquer resposta que

---

[18] Aubenque, *Desconstruir a metafísica?*, p. 10.
[19] Ibid., p. 10.

PREFÁCIO À EDIÇÃO BRASILEIRA   17

apresente uma essência do ser, na verdade, não esta respondendo a questão fundamental do grego sobre "o que é o ser?". Na mais generosa leitura da história do pensamento, o que foi nos dado é uma resposta a outra questão: qual é a mais excelente das essências? Qual é a essência mais sublime? Para Martin Heidegger, a metafísica, ao longo da história da filosofia ocidental, esvaziou a problemática genuinamente filosófica que estava presente na origem grega. Isso aconteceu todas as vezes que a pergunta pelo *quid est* foi respondida por *quo est* — ou ainda, segundo Aubenque: "a história da metafisica está calcada nessa imensa substituição, nesse *quiproquo*, no estrito sentido do termo". [20]

No que diz respeito a esse hipótese, Heidegger proferiu uma conferência seminal, intitulada *O fim da filosofia e a tarefa do pensamento*, em 1964. Nela ele coloca de maneira explícita e direta algo que já ocupava suas investigações há décadas. A saber, não só o imperativo de fazer filosofia chegou a sua extrema possibilidade, mas, principalmente, é preciso desvelar um caminho que conduziria à explicitação de um outro pensar. Pensar esse que não mais estaria sob a lógica objetificadora da metafísica, mas que fosse o que Ernildo Stein chama de: "o pensar do ser e o pensar que constitui o modo próprio de o homem ser no mundo". [21] Nesse sentido, se a *praxis* marxiana e a terapêutica wittgensteiniana são expressões do ocaso da filosofia, a fenomenologia hermenêutica de Heidegger pode ser entendida como um novo começo. [22] Coloca-se diante de nós, portanto, uma nova tarefa do pensamento — que encontra em *O fim da filosofia e a tarefa do pensamento* uma nova formulação paradigmática:

> Através de toda a História da Filosofia, o pensamento de Platão, ainda que em diferentes figuras, permanece determinante. A metafísica é platonismo. Nietzsche caracterizou sua filosofia como platonismo invertido. Com a inversão da metafísica, que já é realizada por Karl Marx, foi atingida a suprema possibilidade da Filosofia. A Filosofia entrou em seu estágio terminal. Toda tentativa que possa ainda surgir no pensamento filosófico não passará de um renascimento epigonal e de variações deste. Por conseguinte, o fim da Filosofia será uma cessação de seu modo de pensar?[23]

---

[20] Ibid., p. 15.

[21] Ernildo Stein, "Prefácio — para compreender o outro pensar", In: Paulo R. Schneider, *O outro pensar: sobre que significa pensar? e A época da imagem do mundo* (Editora Unijuí, 2005), p. 12.

[22] Para uma avaliação que relaciona os projetos de Heidegger e de Wittgenstein, ver: J. A. Giannotti, *Heidegger/Wittgenstein: confrontos* (São Paulo: Companhia das Letras, 2020).

[23] Martin Heidegger, *O fim da filosofia e a tarefa do pensamento*, Coleção Os pensadores (São Paulo: Abril Cultural, 1973), p. 270.

18  FILOSOFIA BÍBLICA

Com essas palavras, Heidegger deixa explícito sua leitura de que toda a história da filosofia está determinada pela metafísica. Mesmo projetos de inversão da metafísica, como os de Friedrich Nietzsche ou Karl Marx, já mencionado anteriormente, não conseguem deixar de ser apenas um renascimento da metafísica platônica. É como se "a metafísica, enquanto projeto de elucidação do sentido do ser do ente, está marcada, desde os seus inícios, por uma espécie de tara congênita que a leva, por inclinação natural do entendimento, a não captar o sentido original da questão".[24] Dizer que a história da filosofia é uma história da metafísica significa interpretar todas as tentativas de esclarecimento do sentido do ser como apresentações variadas do que seria um Ente primeiro, paradigmático e fundador. Em lugar de responder à questão ontológica — sobre o sentido do ser, do ser enquanto ser — construiu-se uma tradição em torno da questão ôntica — sobre o sentido do ente, o ente mais ente, o ente que é o fundamento da totalidade do ente. Perguntando-se pelo ser, disseram-nos sobre o ente!

Vale ressaltar que, a pergunta pelo sentido do ente — isto é, ôntica — não é uma investigação destituída de valor. Toda a prática teórica, entendida aqui como ciência, está nela imbricada. No entanto, essa questão não capta o que é, para Heidegger, a novidade inaugurada pela filosofia. Desconstruir a metafísica, afirmar o seu fim, é, de uma maneira concomitante, perguntar-se pelo início da genuína filosofia — isto é, ontologia. Para entendermos como o projeto intelectual de Dru Johnson se insere e amplia esse cenário da história da filosofia, precisamos ter clareza de onde tradicionalmente localizaram o início da filosofia e o porquê. O percurso oferecido por Heidegger é paradigmático para nós, pois, para o filósofo alemão, não restam dúvidas sobre onde e como nasceu a filosofia. Em um pronunciamento à Universidade de Freiburg em 1935, no início do regime nacional-socialista —, posteriormente conhecido como *Discurso do Reitorado: à universidade alemã frente a tudo e contra tudo, ela mesma* —, Heidegger explicitará o seguinte:

> Queremos captar a essência da ciência? Então é preciso enfrentar em primeiro lugar a questão crítica: a ciência deve, para nós, continuar a ser ou devemos deixá-la correr para um fim rápido? Que, em primeiro lugar, deva haver ciência, eis o que nunca é absolutamente necessário. Se a ciência deve ser, e se ela deve ser para nós e por nós, qual a condição para que possa então verdadeiramente continuar? Temos de nos situar de novo sob o poder do começo do nosso *Dasein* histórico pelo espírito. Esse começo é a

---

[24] Aubenque, *Desconstruir a metafísica?*, p. 50.

ruptura pela qual se inaugura a filosofia grega. Aí se edifica o ser humano do Ocidente: a partir da unidade de um povo, em virtude da sua língua, pela primeira vez virado para o ente por inteiro, questiona-o e capta-o enquanto o ente que é. Toda a ciência é filosofia, quer seja capaz de o saber e querer, quer não. Toda a ciência continua imbricada nesse começo da filosofia. É dele que extrai a força da sua essência, supondo em primeiro lugar que ela continua ainda à altura desse começo. [25]

Falando aos pesquisadores e cientistas da universidade alemã, Heidegger questiona se continuaríamos vendo a ciência permanecendo como está, e caminhando para o seu fim, ou se nos colocaríamos as questões fundamentais para, então, vê-la florescer. Esse horizonte promissor para a ciência só seria vislumbrado se nos situássemos novamente sob o poder do começo do nosso *Dasein* histórico pelo espírito.[26] O ser humano, entendido como esse ser-no-mundo, deveria ser recolocado sob o poder das origens do Ocidente. Tais origens marcam uma ruptura fundamental da nossa orientação no pensamento e na existência, como também inauguram quem somos. Para o filósofo alemão, expor o ser humano a essa origem é a tarefa do pensamento para dar fim à filosofia e inaugurar outro pensar.

## COLOCAR-SE DE NOVO SOB O PODER DE UMA ORIGEM INAUDITA

A forma que o filósofo escolheu para realizar esse destino histórico do ser humano não foi discorrer sobre o próprio ser. De fato, a filosofia de Heidegger constitui uma hermenêutica, mas não diretamente do ser. Antes, o filósofo dedicou-se por toda vida à leitura e à interpretação dos textos filosóficos sobre o ser. Nesse sentido, podemos concordar com Aubengue que: "a filosofia de Heidegger é uma metafilosofia".[27] Tal caminho escolhido pelo filósofo alemão

---

[25] Heidegger, "Discurso do reitorado: à universidade alemã frente a tudo e contra tudo, ela mesma" In: *Escritos políticos* (Lisboa: Instituto Piaget, 2005), p. 95.

[26] Desde sua obra principal, *Ser e tempo* (1927), Heidegger estabelece o seu projeto de apresentar sua ontologia fundamental — isto é, investigar como o ser se manifesta. No entanto, para levar a cabo esse projeto, o filósofo precisa iniciar sua investigação com uma apresentação do modo de ser daquele ente que conhece o ser e que pode questioná-lo, a saber, o ser humano. Esse ente que tem não só o privilégio ôntico (de colocar as perguntas sobre os entes), mas principalmente o privilégio ontológico (perguntar-se pelo ser) tem um modo de ser característico: ele é lançado no mundo. A descrição fundamental do ser humano é como um ser-no-mundo, um ser-aí — por isso o termo *dasein*, que significa literalmente "ser-aí" em alemão. Portanto, a condição primeira não só de entendimento do ser do homem, mas da própria recolocação do sentido do nosso *dasein* depende dessa historicidade fundamental.

[27] Aubenque, *Desconstruir a metafísica?*, p. 50.

20 FILOSOFIA BÍBLICA

se justifica uma vez que ele entende que a filosofia foi transfigurada em metafísica e, portanto, será na interpretação dessa história da filosofia que se encontrará o caminho para superar o esquecimento do ser que essa tradição perpetrou. Com isso, Heidegger não quer percorrer um caminho genealógico até o momento na história da filosofia em que esse esquecimento se instalou. Em vez disso, a reconstrução dessa história permitiria reencontrar e recolocar uma questão-chave completamente diferente do que se fazia hoje na tradição metafísica. Da mesma forma que a filosofia inaugurou um modo de pensar distinto (a ontologia) — que posteriormente foi soterrado pela questão do ser do ente —, agora Heidegger buscaria se colocar diante dos discursos filosóficos originais para ter condições de redescobrir essa questão fundamental que permanecera impensada contemporaneamente.

Faz-se necessário explicar, no entanto, o que é esse começo e por que ele não pode ser situado de qualquer forma. No trecho do *Discurso do reitorado* que lemos anteriormente, Heidegger é bem preciso em circunscrevê-lo na ruptura pela qual se inaugura a filosofia grega. Ou seja, será ali, nos primórdios da filosofia pagã que, para Heidegger, se constrói o ser humano do Ocidente a partir dos elementos fundamentais para a metafísica — a unidade de um povo, em virtude da sua língua, que está, pela primeira vez na história, virado para o ente por inteiro e que, por isso, pode questioná-lo e captá-lo enquanto o ente que é. Quando Heidegger sinaliza dessa maneira os caminhos que devemos trilhar rumo ao fim da filosofia — e o cumprimento da tarefa do pensamento —, podemos entender por que aposta na escuta renovada da linguagem grega como elemento propulsor para o outro pensar.

*Physis, aletheia, khreon, moira* e *logos* são o que a pesquisadora franco-argelina Marlène Zarader chama de "as palavras fundamentais dos primeiros gregos".[28] O exercício heideggeriano de voltar-se aos textos filosóficos em que cada um desses termos aparecem, enquanto palavras iniciais, afigura-se como uma tentativa de fazer ressoar contemporaneamente o horizonte desvelado por essas palavras em sua origem — antes de serem colocadas à "disposição" das diretrizes da metafísica. Essa seria a leitura retrospectiva da história da filosofia que o filósofo acreditava nos dar condições de sermos colocados na posição de potencial ponto de partida ontológico. Tão somente nesse sentido que a releitura e reapresentação da história da filosofia por Heidegger permite aos seus interlocutores não só reencontrar com os textos originais, mas também terem o pensamento provocado por eles de uma forma inaudita.

---

[28] M. Zarader, *Heidegger e as palavras da origem* (Lisboa: Instituto Piaget, 1997), p. 25.

PREFÁCIO À EDIÇÃO BRASILEIRA 21

Trata-se da hermenêutica dos textos filosóficos na confiança de que eles são capazes de nos mostrar aquilo que já abrigavam, de um modo ainda impensável, a saber: um convite a um novo pensar.

## OS LIMITES INCONTORNÁVEIS DE UMA BUSCA PELA ORIGEM DA FILOSOFIA

Apesar do trabalho exaustivo em sistematizar declarações heideggerianas espalhadas por livros, aulas e conferências, quando publicou sua tese de doutorado a respeito de *Heidegger e as Palavras da Origem* (1986), Marlène Zarader já estava consciente de que: "a maneira como Heidegger pensa a questão da origem de maneira nenhuma a fecha. Talvez mesmo não faça mais do que abri-la. É por isso que convinha prosseguir o trabalho aqui empreendido, usando seus resultados como um ponto de partida para novas interrogações".[29] Tal conclusão deu lugar a uma nova obra seminal para colocar toda a trajetória heideggeriana em perspectiva. Trata-se do livro *A dívida impensada: Heidegger e a herança hebraica* (1990). Nessa obra, Zarader se ocupa com alguns pontos cegos no caminho percorrido pelo filósofo alemão. Estes podem ser percebidos em uma espécie de resumo que ela faz do gesto filosófico de Heidegger:

Acontece assim que nos dois casos — quer se trate de estar à escuta da história (os textos gregos) ou daquilo que da mesma forma se abre para o presente (a essência da linguagem, em que nos encontremos) —, Heidegger define um determinado caminho, e fixa-lhe um ponto de partida, mas é um ponto de partida no qual falta sempre algo. Falta aquilo que lhe permite funcionar como tal, dar-lhe um impulso. De uma forma clara: a partir do momento em que estamos prestes a ouvir o que diz Heráclito, este torna-se singularmente loquaz e revela-nos segredos". Mas de facto, ele só os confirma, porque para ter acesso a eles, já era necessário "estar no segredo". De uma forma tão paralela, logo que estamos prestes a ouvir aquilo que a linguagem diz, ela põe-se a falar e entrega-nos a sua essência. Mais precisamente: confirma-nos sobejamente, aquilo que já sabíamos sobre ela. Só se já não a conhecermos, nem que fosse na forma de pressentimento, ela não nos podia ter podido ensinar.[30]

---

[29] Ibid., p. 15.

[30] M. Zarader, *A dívida impensada: Heidegger e a herança hebraica*, Trad. Sílvia Menezes (Lisboa: Instituto Piaget, 2000), p. 85.

## 22 FILOSOFIA BÍBLICA

Com essas palavras, Zarader não apenas resume, mas também capta aquilo que é mais característico de todo o projeto heideggeriano. Temos aqui uma dinâmica orbicular: de abrir-se para a essência da linguagem para poder escutar os textos gregos, os quais, por sua vez, só podem desvelar-nos a origem em razão da abertura da linguagem. Para quem está habituado com a tradição hermenêutica, este movimento é o círculo hermenêutico heideggeriano — responsável por toda a heurística de seu empreendimento filosófico. É importante esclarecer que, tal círculo não é vicioso de forma alguma. Antes, o que ele sinaliza são os limites muito rígidos que Heidegger e seus leitores precisam se defrontar. A saber, o que oportuniza ao filósofo alemão o impulso para essa busca original nesses textos? Com ele se encontrava em condições prévias para ouvir aquilo que a linguagem diz? Se toda a história da filosofia é a história da metafísica do esquecimento do ser, era necessário algo, ao menos na forma de pressentimento, que nos desembaraçasse esse caminho.

Vale dizer que Heidegger estava consciente desses limites rígidos que deveria enfrentar. Logo nos primeiros anos em que começou a percorrer o caminho de ter acesso aos textos gregos, já sabia que, de alguma forma, seria necessário estar em condições específicas para ouvir o que a linguagem tem a dizer. Em outro trecho de seu *Discurso do Reitorado*, podemos ler o seguinte:

> Mas o começo não se encontra dois mil e quinhentos anos atrás de nós? O progresso humano não faz mudar também a ciência? Certamente! A interpretação ulterior do mundo pela teologia cristã, tal como mais tarde, o pensamento matematicamente técnico dos tempos modernos, afastaram a ciência do seu começo, tanto no tempo como no conteúdo. Mas nem por isso o começo foi superado, e muito menos abolido. Porque, supondo que a ciência originalmente grega é qualquer coisa de grande, então o que nela há de maior continua a ser o começo dessa grandeza. A essência da ciência não poderia sequer ser esvaziada e usada, como acontece hoje, apesar de todos os resultados e de todas as "organizações internacionais", se a grandeza do começo não se mantivesse ainda. O começo ainda é. Não se encontra atrás de nós como o que foi há muito tempo; pelo contrário, está à nossa frente. É só se nos mobilizarmos resolutamente em torno dessa longínqua injunção, a fim de voltar a ganhar a grandeza do começo, é só então que a ciência se vai tornar para nós na necessidade mais íntima do *Dasein*. De outra forma, ela continuará a ser uma ocorrência em que nos encontramos por acaso, ou então o conforto

PREFÁCIO À EDIÇÃO BRASILEIRA  23

aprazível de uma ocupação sem perigo, a de contribuir para o simples progresso dos conhecimentos.[31]

Heidegger sabia que a origem, que nos permite ouvir o que a linguagem nos diz através dos textos fundadores da filosofia ocidental, estava longe e soterrada por mudanças significativas na prática científica. Sem dúvidas, nesse projeto de desconstrução da metafísica, Heidegger foi influenciado por suas leituras de Nietzsche, e os seminários que ministrou a partir do final da década de 1930. Heidegger considerava que Nietzsche "é revolucionário e promove a inversão dos valores na interpretação valorativa dos impulsos e metas, etc.".[32] Ou seja, nos elementos fundamentais da filosofia de Nietzsche, é possível identificar como seus pontos de partida [*standort*]: "o antigo Deus moral está morto, tudo está desvalorizado, total solidão; só suportável se o próprio homem se torna o criativo, e esse devir, ele próprio, o patamar mais elevado de seu Ser. Portanto, a *creatio* transmudada para dentro do homem".[33]

No entanto, mesmo que Nietzsche também estivesse, de alguma forma, empenhado em um projeto de desnudar a decadência da filosofia através da história do pensamento — remontando seu início a Sócrates e Platão —, Heidegger acreditava que sua contribuição foi apenas "um 'preludio', questiona previamente em relação ao verdadeiro e ao próprio".[34] No entanto, para Heidegger, Nietzsche não conseguiu se desvencilhar dos valores em vigência por não ter sido capaz de colocar a pergunta original sobre o sentido do ser. Nas palavras do próprio Heidegger:

> Nietzsche olha para Platão e os gregos; e não apreende integralmente a questão do ser, de forma originária, como necessidade e como *começo* da filosofia como tal. Ele não vê o perigo interno desse questionar e a necessidade de obstinação, que é a única e verdadeira razão para aquilo que, na interpretação da "manifestação" da verdade, Nietzsche apreende exclusivamente, e por isso insuficiente e desse modo insatisfatoriamente.[35]

---

[31] Heidegger. *Discurso do reitorado*, p. 96-7.

[32] Heidegger, "Primeira preleção friburguense do semestre de inverno de 1920/1921". In: *Fenomenologia da vida religiosa* (Petrópolis: Vozes, 2010), VII, 28, p. 43.

[33] Ibid.

[34] Ibid., p. 44

[35] Heidegger, "Primeira preleção friburguense do semestre de inverno de 1920/1921", VII, 44, p. 52.

## 24 FILOSOFIA BÍBLICA

Em outras palavras, Nietzsche não foi revolucionário o suficiente para dar lugar à guinada [*kehre*] que Heidegger almeja no fim da filosofia. Ele sabia que existia uma passagem, mas ainda cabe completar essa travessia que ele não consumou. Esse "limite de Nietzsche" estava, justamente, em ser incapaz de "desenvolver a questão originária do ser a partir de sua origem".[36] Tal leitura contribui para a radicalização que Heidegger empreende em sua compreensão de que o esquecimento do ser é tão tardio quanto os primórdios da filosofia grega. Nietzsche estava consciente de que: "nada é mais tolo do que sugerir uma formação autóctone para os gregos. Muito pelo contrário: eles absorveram toda a formação que vivia em outros povos, sendo justamente por isso que chegaram tão longe... São admiráveis na arte do aprendizado frutífero; e, assim como eles, nós devemos aprender com nossos vizinhos".[37] Mesmo sabendo disso, ele permaneceu fascinado demais com os gregos — em especial, Heráclito. É justamente esse "enfoque nietzscheano, heraclítico, superficial"[38] que Heidegger não pode endossar. Isso fez com que, ao longo do tempo e dos cursos ministrados sobre a história da filosofia, Heidegger argumentasse que o esquecimento do ser está presente desde Parmênides — que identificava o ser com o pensamento, estabelecendo um caminho incontornável ao reducionismos nacionalistas e idealistas.[39] Tudo isso fez Heidegger acreditar que existia apenas uma "época do ser", o da sua suspensão — claramente uma referência à *epoché* fenomenológica de Edmund Husserl. [40] A tarefa do pensamento será a de ir além de todas as tentativas de identificação do ser no ente e de impulsionar o pensamento de volta ao ser. Os candidatos na época

---

[36] Ibid., P. 50

[37] F. Nietzsche, *A filosofia na era trágica dos gregos* (Porto Alegre, RS: L&MP, 2017), p. 29.

[38] Ibid., XI, 64, p. 68. Heidegger é ainda mais incisivo em seu embate com Nietzsche, pois chega a dizer que: "o niilismo não é superado através dele, ao contrário; ele ganha poder e, sobretudo, pelo fato de agora parece que teria sido superado [...]. O niilismo, o mais perigoso, que não quer mergulhar no nada, e no entanto aciona-o propriamente através da manutenção e solidificação do esquecimento do ser —o *afastamento da filosofia*" Heidegger, *Primeira preleção friburguense do semestre de inverno de 1920/1921*, XI, 81, p. 73.

[39] Heidegger, *O fim da filosofia e a tarefa do pensamento*, p. 274.

[40] Pierre Aubenque nos lembra que: "concretamente, esse movimento de radicalização progressiva da existência de desconstrução pode ser observado em Heidegger em sua relação com os gregos. Em *Meu caminho para a fenomenologia* de 1963, ele conta que frequentou os cursos de Husserl, em Freiburg, com certa insatisfação. O método fenomenológico de Husserl, o apelo à visão das coisas tais como aparecem, pareciam-lhe excluir os dados de toda e qualquer tradição filosófica. Seria preciso, em suma, esquecer os livros e dispensar as teorias. Essa volta às próprias coisas não levou, porém, o jovem Heidegger a se afastar da leitura dos gregos, especialmente Aristóteles. O choque entre essas duas exigências —a visão sem intermediários e a hermenêutica dos textos — prolongou-se espírito de Heidegger até o dia em que percebeu serem os gregos os verdadeiros fenomenologistas" Aubenque, *Desconstruir a metafísica?*, p. 54.

PREFÁCIO À EDIÇÃO BRASILEIRA   25

estavam "no mito, na poesia ou na mística".[41] Entretanto, temos uma alternativa que julgamos ser melhor.

## A FILOSOFIA HEBRAICA COMO TRADIÇÃO QUE PERMANECEU IMPENSADA

Antes de alcançarmos os encaminhamentos que Heidegger sugere, é preciso colocar duas questões fundamentais que são dúvidas pertinentes a todo esforço do pensador alemão. Mesmo que tenhamos entendido que, para ter acesso aos textos e questões da origem, já era necessário "estar no segredo", ainda permanece uma omissão nesse raciocínio. Os mais conhecedores da obra de Heidegger, com certeza, irão evocar o círculo hermenêutico como recurso heurístico na filosofia do alemão para explicar tal ausência. No entanto, mesmo sob a égide do círculo hermenêutico, Heidegger ainda precisa nos explicar, em primeiro lugar, como ele alcança realmente o seu ponto de partida. Nas palavras de Zarader, "de quem é que ele adquiriu os traços da essência dita "original"? Qual é o seu ponto de partida para dar o salto?".[42] Essa pergunta não é trivial, mesmo para o projeto heideggeriano. Isso porque o filósofo alemão articula e pressupõe tal quadro de referência, mas em momento algum os explicita. Isso faz com que seja legítimo Zarader se perguntar: "com que direito e a partir de onde é que Heidegger pode falar de um "esquecimento" inerente à metafísica e, em seguida, de um impensável?".[43]

Tudo isso nos leva a uma questão que ao mesmo tempo é um desdobramento do projeto heideggeriano, como também mais um de seus pontos cegos. Se é realmente legítimo imputar à metafísica o esquecimento do ser, não poderíamos suspeitar que os textos heideggerianos estão marcados por uma omissão? Se a guinada [kehre] na obra de Heidegger aconteceu quando ele passou ler e ensinar os textos da metafísica como que dando ouvidos à história do ser — onde este ocorre constantemente, mas sem ser nunca pensado por ela —, não podemos dizer que o próprio programa de Heidegger preservou uma dimensão impensada? A sugestão de Zarader confirma: "será que se pode encontrar no texto heideggeriano marcas de uma herança que não reconheceu, e que funcionaria como o impensável deste texto?".[44]

---

[41] Heidegger, *O fim da filosofia e a tarefa do pensamento*, p. 275.
[42] Zarader, *A dívida impensada*, p. 86.
[43] Zarader, *A dívida impensada*, p. 22.
[44] Zarader, *A dívida impensada*, p. 23

# 26 FILOSOFIA BÍBLICA

Não precisamos de grandes suspenses para evocar a herança hebraica como contraponto aos limites do projeto heideggeriano. Quando Heidegger formula a questão sobre as nossas origens e afirma inequivocamente que somos herdeiros dos gregos, tudo aquilo que não é grego deixa de interessar e figurar em sua obra. Mais do que isso: Heidegger passará a enxergar de maneira grega aquilo que originalmente não é — como no caso da religião cristã. É claro que, com isso, muitas outras tradições filosóficas são deixadas de fora, sendo a hebraica uma dentre muitas.[45] Entretanto, para além das capacidades filosóficas próprias da abordagem hebraica, essa tradição assume um lugar intrigante na obra do próprio Heidegger. Isso porque, o filósofo alemão não hesitou em, por vezes, pensar a partir dos Evangelhos, dos textos de Paulo de Tarso e da teologia cristã de maneira geral.[46] Na verdade, a investigação do conceito de *kairos* e as implicações de uma experiência kairológica do tempo, por exemplo, nas aulas de 1920 em Freiburg, serão fundamentais para a determinação da existência — que nessa época ainda se chamava "vida" ou "experiência fática" — enquanto abertura e resolução. Nas suas próprias palavras:

> O ponto de partida do caminho para a filosofia é a experiência fática da vida... A experiência fática da vida é qualquer coisa totalmente peculiar. Ela torna possível nela mesma o caminho para a filosofia, uma vez que nela se realiza também a virada [*Umwendung*] que conduz à filosofia. Essa dificuldade é compreendida através da característica provisória do fenômeno da experiência fática da vida. A experiência da vida é mais do que a mera experiência de tomada de conhecimento. Ela significa a plena colocação ativa e passiva do homem no mundo: vemos a experiência fática da vida apenas segundo a direção do comportamento que experimenta.[47]

Anos mais tarde, toda a analítica existencial do *Dasein* será caracterizada como aquele que não vive apenas no tempo, mas de alguma forma vive o próprio tempo. Não é fortuito que tudo isso tenha sido retirado de suas leituras

---

[45] Uma das riquezas do presente livro de Dru Johnson é a reconstrução que ele faz das formas de sabedoria e pensamento do Antigo Oriente Próximo em que a tradição hebraica se insere e em meio à qual floresce — tais como a egípcia, mesopotâmica, babilônica e assim por diante. Além disso, o próprio Johnson nos ajuda a responder à pergunta que estamos colocando diante de Heidegger: "por que a abordagem hebraica e não a egípcia?". Ele nos mostrará, logo nos primeiros capítulos, que, apesar dessas civilizações antigas desenvolverem um tipo de erudição e de sabedoria, não podemos falar de uma "filosofia" egípcia como falaremos da hebraica em comparação à grega, por exemplo.

[46] Heidegger, "Primeira preleção friburguense do semestre de inverno de 1920/1921, II, 23", p. 78ss

[47] Heidegger, "Primeira preleção friburguense do semestre de inverno de 1920/1921", p. 15-6

PREFÁCIO À EDIÇÃO BRASILEIRA  27

do Novo Testamento. Tendo identificado essa repercussão teológica cristã na filosofia de Heidegger, K. Lehmann propõe uma interpretação do que o filósofo alemão fez com o material bíblico do Novo Testamento — a hipótese da formalização. Segundo Lehmann, quando Heidegger retira das páginas das epístolas Paulinas ou dos textos de Santo Agostinho uma determina maneira de enxergar a experiência temporal, "Heidegger 'formalizaria' esta experiência da vida do cristianismo original. Não toma qualquer posição em relação ao seu conteúdo, mas persegue as condições de possibilidade que apoiam um comportamento desse tipo". [48]

Esse esquema de "formalização" filosófica da experiência temporal cristã original perdurou por muitos anos na estrutura existencial em que o *Dasein* era compreendido. Ela só deixou de ser aplicada quando Heidegger arrefece sua ambição de uma ontologia fundamental e opera a guinada [*kehre*] em direção ao ser e à história do seu esquecimento. No próprio trecho que citamos do seu *Discurso do Reitorado*, ele menciona "a interpretação ulterior do mundo pela teologia cristã" como sendo um dos elementos que contribuíram para um esquecimento das nossas origens de dois mil e quinhentos anos atrás. Nesse sentido, o texto bíblico e a própria tradição cristã são usados de maneira muito instrumental no interior do pensamento heideggeriano. Diferente dos primeiros anos como professor, os textos bíblicos são reduzidos a pontuais evocações nas suas obras posteriores. E um detalhe importante nesse processo é que, quando lhe ocorre de nomear os profetas ou mais frequentemente ainda o "Deus veterotestamentário", Heidegger sempre faz "a partir de etimologias gregas".[49] A Bíblia que o filósofo alemão conhecia era a Septuaginta e a forma com que ele se confronta com a palavra de Deus na Bíblia Hebraica é nessa tradução. Em resumo, podemos dizer que: "Heidegger conhecia muito bem o texto e a teologia do Novo Testamento, talvez um pouco menos o Antigo Testamento, e nada o hebreu, e talvez menos ainda a tradição especificamente hebraica — Talmude e Midrash — que parece nem sequer ter suspeitado a sua existência".[50]

Vale ressaltar, no entanto, que apesar de estar familiarizado com o texto bíblico grego, toda a abordagem hebraica de pensamento permanece impensada na obra heideggeriana. Em outras palavras, permanece um silêncio constrangedor na obra do filósofo como a tradição hebraica se relaciona com

---

[48] Lehmann apud Zarader, *A dívida impensada*, p. 199.
[49] Zarader, *A dívida impensada*, p. 194
[50] Ibid., p. 194.

## 28 FILOSOFIA BÍBLICA

a "manhã grega" e o próprio esquecimento do ser na história da metafísica. Essa é a dívida que permaneceu impensada na obra de Heidegger: a herança hebraica que seu pensamento recebeu sem ele se dar conta.

Uma hipótese para explicar essa sistemática omissão à tradição hebraica vincula o projeto de Heidegger a dois reducionismos operados por ele mesmo quanto à fé cristã. O primeiro é reduzir toda a Bíblia a um texto apenas, a saber, o Novo Testamento — que foi escrito em grego e que, somente por isso, teria condições privilegiadas para ser inserido no conjunto de textos que podem contribuir para escutarmos a linguagem da origem. Em suas próprias palavras, "é pela compreensão fenomenológica que se se abre um novo caminho para a teologia. O indício formal renuncia à compreensão última que só pode se dar numa vivência religiosa genuína; tem a intenção somente de inaugurar e abrir o acesso ao Novo Testamento".[51] Um futuro mais promissor para a teologia cristã reduz-se a um novo acesso ao texto do Novo Testamento. Ou ainda, "o texto grego original é o único que se deve supor. Uma compreensão real pressupõe esta penetração no espírito do grego neotestamentário".[52] Em segundo lugar, Heidegger também opera um reducionismo em limitar o acesso e o tratamento fenomenológico desse texto bíblico à ordem meramente religiosa. Ou seja, o que encontramos no Novo Testamento é uma experiência religiosa fáctica, permanecendo assim, desde o início, proibido de gerar pensamento.

A partir desses dois reducionismos empreendidos pelo filósofo, temos condições privilegiadas de compreender não só a visão que Heidegger tinha do cristianismo, como também a formalização filosófica posterior que ele empreende a partir do que lê no Novo Testamento.[53] Conforme explica Zarader:

> a fé (cuja característica é não pertencer à ordem do pensamento) e a ontologia (cuja característica é de ser redutível ao pensamento grego). Isso significa que a única marca original do cristianismo (a fé no Deus crucificado) nada tem a ver com o pensamento, e que a forma como participa

---

[51] Heidegger, "Primeira preleção friburguense do semestre de inverno de 1920/1921, II, §14", p. 61

[52] Iid.,, II, §14, p. 62.

[53] Essa maneira de enxergar o Novo Testamento e a teologia cristã nos ajuda muitíssimo a compreender o ambiente intelectual em que floresceu outro projeto teológico-filosófico no século 20: o de Rudolf Bultmann — que mantinha com Heidegger um relacionamento de interdependência mútua. Não é possível compreender a visão que ambos mantinham da fé cristã sem conhecer os compromissos teóricos que alimentavam tais reducionismos. Cf. A. M. Cabral, *Heidegger em Bultmann: da destituição fenomenológica a desmitologização teológica* (Via Verita, 2017).

PREFÁCIO À EDIÇÃO BRASILEIRA 29

no pensamento nada tem de original: é apenas uma metamorfose daquilo que os gregos já tinham pensado, ou pelo menos desenhado de antemão.[54]

Não é preciso argumentar muito para dizer que foi tudo isso que impediu Heidegger não só de compreender aquilo que é próprio da Bíblia cristã, mas também de encontrar-se com componentes não gregos da nossa cultura que poderiam, em muito, nos auxiliar a ultrapassar o ocaso do ser na metafísica. O fascínio pelo texto e pelo "espírito do grego neotestamentário" impediu Heidegger de reconhecer o que Jaroslav Pelikan sintetiza muito bem: "De acordo com a tradição, só um dos escritores do Novo Testamento, Lucas, não era judeu... os primeiros cristãos eram judeus e encontraram na nova fé uma continuidade com a antiga fé deles". [55] Não é possível compreender o anúncio das páginas do Novo Testamento sem uma estreita ligação com o progresso histórico da revelação no Antigo Testamento e o ambiente sociocultural do judaísmo do Segundo Templo que estava ao redor dos autores neotestamentários. O empreendimento heideggeriano acaba colaborando para uma compreensão teológica que é feita a partir de uma transição geracional pouco observada, mas que deixou profundas marcas na formulação doutrinária e filosófica cristã: "até onde sabemos, nenhum dos pais da igreja era judeu... Justino Mártir nasceu em Samaria, mas era gentio. A transição representada por esse contraste teve as consequências mais abrangentes para todo o desenvolvimento da doutrina cristã".[56] Esse contraste entre as formas de pensar grega e hebraica é usado para explicar a singularidade da doutrina cristã em relação ao Antigo Testamento, mas ignora as sutilezas da permanência de uma abordagem hebraica de pensamento mesmo no Novo Testamento. Nesse sentido, podemos concordar com Zarader uma vez mais quando ela nos diz que:

> Através da redução de todo o universo bíblico à única dimensão da fé (cristã), a fonte hebraica do pensamento não fica nada anulada por Heidegger: é por ele ocultada, ao ponto de deixar no seu texto algo como um espaço em branco. Ora, era espantoso esse espaço em branco não ter causado nenhum problema às várias gerações de leitores que se sucederam

---

[54] Zarader, *A dívida impensada*, p. 19-20.

[55] J. A. Pelikan, *A tradição cristã: uma história do desenvolvimento da doutrina — o surgimento da tradição católica 100-600* (São Paulo: Sheed Publicações, 2014), vol 1, p. 34

[56] Ibid.

30  FILOSOFIA BÍBLICA

em torno da obra heideggeriana. Perturbou-as, de tal forma, que tão pouco esse duplo paradoxo (a herança bíblica reduz-se à fé e o Ocidente é grego) passa hoje em dia por uma afirmação evidente... Antigamente, falava-se num belo conjunto, da "tradição judaico-cristã", sem que esta tenha alguma vez sido objeto de um esclarecimento propriamente filosófico. Hoje em dia, fala-se de uma voz não menos unânime, da "história da metafísica" e da "manhã grega", como se isso não só não sofresse nenhuma contestação, como também não exigisse nenhum exame. Aquilo que me parecia problemático era esse disfarce do paradoxo em evidência.[57]

## Duas críticas ao projeto heideggeriano e a reabilitação do pensamento hebraico

É importante esclarecer que essa não é uma reivindicação apenas de Marlène Zarader. Pelo menos dois outros pensadores que orbitavam em torno do empreendimento heideggeriano merecem menção aqui: Emmanuel Lévinas e Paul Ricoeur. As raízes étnicas judaicas por parte de Lévinas e a sensibilidade hermenêutica de Ricœur fizeram de ambos críticos ao projeto de Heidegger pelo mesmo motivo — eles não compreendiam o porquê de a tradição hebraica de pensamento ser ignorada na história do esquecimento do ser que o filósofo alemão estava reconstruindo. Além do primado temporal de Lévinas sobre Ricœur, podemos começar pelo primeiro graças a uma vantagem adicional ao caminho que estamos percorrendo aqui. Lévinas não só conhecia as investigações de Marlène Zarader, como também prefaciou sua primeira obra *Heidegger e as palavras da Origem*. Já nesse prefácio, Lévinas é enfático em colocar sua crítica ao projeto heideggeriano. Convém reproduzir aqui um curto parágrafo:

> Marlène Zarader recusa-se, na sua análise da exegese heideggeriana dos textos pré-socráticos, a tratar como um regresso arqueológico do pensamento ao passado grego essa exegese que interpela "historialmente" o próprio destino da filosofia ocidental...O pensamento do ser — no sentido subjectivo e objectivo deste possessivo — não traz consigo nenhum vestígio daquele que se teria erguido antes da manhã da Grécia ou que, como História Sagrada, interviera — talvez inoportunamente — na história do ser? Os seus relatos, as suas profecias e as suas misérias sob o nome

---

[57] Zarader, A dívida impensada, p. 21.

PREFÁCIO À EDIÇÃO BRASILEIRA   31

de mártires não trouxeram apenas contra-sensos na leitura dos fragmentos pré-socráticos? A nossa história europeia não é um devir onde ainda "se passa" — *sich ereignet* — o inextinguível Israel no meio de uma Europa cristã? Todo o pensamento bíblico se mantém em puro silêncio na hermenêutica heideggeriana. Já Paul Ricoeur se espantava com isso. Devemos agradecer a Marlène Zarader o ter, por seu turno, levantado essas questões nas últimas páginas do seu livro.[58]

De fato, Lévinas foi o primeiro a chamar atenção da comunidade filosófica continental para as possibilidades que estavam presentes na abordagem hebraica. Isso ele fez nos próprios termos e temas da fenomenologia.[59] Sua obra filosófica ficou conhecida como uma investigação sobre a alteridade, uma vez que Lévinas buscou explicitar o porquê da filosofia ocidental nunca ter conseguido dar lugar a um pensamento genuinamente do *Outro*, e esse entendido como *Outro Absoluto*. Em continuidade crítica com as conclusões de Heidegger, Lévinas dirá que um pensamento da alteridade não foi alcançado porque o Outro permaneceu reduzido ao Mesmo graças a primeira orientação grega da filosofia — isto é, o pensamento do ser. Em suas próprias palavras: "a filosofia ocidental coincide com o revelar do Outro onde o Outro, manifestando-se como ser, perde a sua alteridade. A filosofia está desde a sua infância atingida por um horror ao Outro que permanece Outro, de uma alergia insuportável. É a razão pela qual é essencialmente uma filosofia do ser".[60] Será esse horror ao outro e essa alergia insuportável a um pensamento genuinamente atento ao diferente que motivará Lévinas a não só reconhecer a leitura da história da filosofia como história do ser, mas também buscar caminhos alternativos.

Apesar de a filosofia ocidental nunca ter abandonado o território que é próprio do ser — isto é, um território do Mesmo —, Lévinas confrontará a comunidade filosófica com um resíduo que permanece a despeito da filosofia feita em grego. Trata-se dos outros! O aparecimento dos outros e a "violência do rosto"[61] de outros pessoas irrompe e perturba a ordem do ser que estabeleceu-se. O rosto de outro que está diante de nós provê a abertura tão mencionada por Heidegger, a saber, torna possível defrontar-se com o "totalmente Outro" do ser metafísico e do *logos* grego. Nesse esforço a filosofia encontra um novo ponto de partida tendo na ética a filosofia primeira.

---

[58] E. Lëvinas, "Prefácio". In: M. Zarader, *M. Heidegger e as palavras da origem*, p. 12.
[59] Cf. E. Lévinas, *Descobrindo a existência com Husserl e Heidegger* (Lisboa: Instituto Piaget, 1997).
[60] Ibid., p. 188.
[61] Cf. E. Lévinas, *Violência do rosto* (São Paulo: Loyola, 2014).

## 32 FILOSOFIA BÍBLICA

Um rosto ocupa esse lugar de protagonismo na reflexão levinasiana justa-mente porque ele é um excedente a qualquer presença ou representação que possamos fazer. Um rosto, na sua pura expressão, não pode ser reduzido a um *alter ego* e, por isso, escapa a qualquer referência em um sistema filosófico. Precisamente por estar fora de qualquer representação sistemática, isto é, fora da totalidade, o rosto dos outros revela o Infinito.[62] A passagem de uma "lógica do ser" para uma "lógica do rosto" tem um pressuposto bíblico incontornável. Aqui, claramente, o rosto dos outros tem capacidade revelatória porque ele é a imagem do Outro e por isso não posso fazer dela qualquer imagem ou repre-sentação. O que temos nesse conceito de alteridade é a estreita relação entre Deus e os seres humanos, entendidos como sua imagem. Isso estabelece uma distância radical entre as estruturas de alteridade e a ontologia heideggeriana. Isso porque, na obra de Heidegger, "o Outro, na sua concretização, está de facto ausente. Esse outro é Deus, na sua transcendência, mas também e primeiro a sua marca sobre o rosto dos outros. É esta a imensa ausência que Lévinas nota logo na obra heideggeriana, e que o leva a negar Heidegger qualquer direito em pretender falar em nome da alteridade, visto que o único sítio possível para esta encontra-se decisivamente desconhecido".[63]

Vemos, com isso, não só a forma como Lévinas habilita filosoficamente a tradição de pensamento que é oriunda da Bíblia Hebraica, como também a maneira que ele sinaliza um lugar possível de se encontrar a genuína alteri-dade que o pensamento de Heidegger não foi capaz de localizar. Isso coloca uma pergunta incontornável:

> Mas onde é que se encontra conservada essa marca? Qual é o texto que atravessa, funcionando como abrigo da pura alteridade? Não o edifício filo-sófico, nem sequer essas "anti-Escrituras" que puderam tornar-se segundo Lévinas, os textos pré-socráticos, mas sim a Bíblia, e mais especificamente ainda aquilo que a leitura talmúdica retém dela. A herança de Jerusalém, bem longe de estar reduzida a um conjunto de crenças ou de enunciados religiosos, vê-se então investida de uma função eminente da ordem do Pensamento: guardiã e garante do Outro, daquilo mesmo que preocupou Atenas, sem que a filosofia lá tivesse nascido, nunca soubesse devolver-lhe a "justiça".[64]

---

[62] cf. E. Lévinas, *Totalidade e infinito* (Lisboa: Edições 70, 2008), p. 188.

[63] Zarader, *A dívida impensada*, p. 179.

[64] M. Zarader, *A dívida impensada*, p. 175.

PREFÁCIO À EDIÇÃO BRASILEIRA 33

Precisamente por tudo isso que Heidegger estaria o mais longe possível do projeto de uma ética como filosofia primeira, no lugar de uma ontologia fundamental. A falta de efetividade de todo o projeto heideggeriano está no fato de manter-se omisso à leitura hebraica da filosofia. Para Lévinas, "[Heidegger] não destrói, ele resume toda uma corrente da filosofia ocidental".[65] Por ignorar aquilo que antecede e excede a "manhã grega", os esforços do filosofo alemão em buscar ouvir a Origem nos textos gregos não passa de uma recapitulação de tudo aquilo que a própria história da filosofia pensou em nome do ser. Uma vez mais em suas perguntas retóricas: "saímos verdadeiramente da metafísica quando continuamos a exprimir-nos numa linguagem universitária? E podemos não falar a linguagem universitária? E o próprio Heidegger, não fala essa linguagem quando interpreta as palavras fundamentais ou quando comenta em prosa Hölderlin, Trakl e Rilke? E quando a própria Marlène Zarader fala de processo, de movimento, de manifestação? Não são óticos, estes termos?... linguagem que fomenta também à Grécia — à Grécia pós-socrática onde a metafísica já se teria instado".[66]

Lévinas tem o mérito irrevogável de ter mostrado à filosofia continental que a Origem e o essencial são ouvidos a partir de Jerusalém, e não de Atenas. Para além de marcar aquilo que é distintivo do seu pensamento, tais pressupostos de Lévinas também revelam o que é mais próprio de leituras da história da filosofia como as de Heidegger, a saber: a ausência do único Outro que é capaz de dar sentido e fazer aparecer a alteridade.

Obviamente, a investigação de Lévinas não ficou sem críticos, e a herança heideggeriana, sem defensores. Por ora, é suficiente para nós nos dedicarmos a entender as críticas e as substituições que foram feitas aos caminhos de Lévinas por um de seus contemporâneos: o filósofo Paul Ricœur. O próprio Lévinas, em um dos trechos que citamos anteriormente, diz que "Ricœur já se espantava" com o puro silêncio do pensamento bíblico na hermenêutica heideggeriana. Esse protagonismo de Ricœur em uma crítica que foi sistematicamente desenvolvida por Lévinas se dá porque o primeiro endereçou sua crítica ao próprio Heidegger, enquanto esse estava vivo! Isso aconteceu durante a passagem de Heidegger pela França, nos chamados Encontros de Cerisy, em 1955, mas Ricœur nunca obteve uma resposta de Heidegger. Somente vinte e cinco anos depois, por ocasião de sua nota introdutória ao

---

[65] E. Lévinas, *Descobrindo a existência com Husserl e Heidegger*, p. 169.
[66] E. Lévinas, "Prefacio", In: M. Zarader, *Heidegger e as palavras da origem*, p 9-10.

## 34 FILOSOFIA BÍBLICA

volume editado sobre *Heidegger et la Question de Dieu* (1980), Ricœur enuncia uma vez mais o seu espanto:

> Aquilo que frequentemente me espantou em Heidegger é que tenha, ao que parece, sistematicamente evitado com astúcia o confronto com o bloco do pensamento hebraico. Aconteceu-lhe por vezes pensar a partir do Evangelho e da teologia cristã, mas evitando sempre o grupo hebraico, absoluto estranho em relação ao discurso grego (...) Esse desconhecimento parece-me paralelo com a incapacidade de Heidegger em dar um "passo para trás" de uma forma que poderia permitir pensar adequadamente em todas as dimensões da tradição ocidental. Será que a tarefa de repensar a tradição cristã através de "um passo para trás" não exige que se reconheça a dimensão radicalmente hebraica do cristianismo, que está primeiro enraizado no judaísmo, e só depois na tradição grega? Porquê (sic) refletir apenas sobre Hölderling e não sobre os Salmos, sobre Jeremias? Eis a minha questão.[67]

Aquilo que falta em Heidegger superabunda em Ricœur. A utilização de padrões de pensamento bíblico eram tão recorrentes na obra do filósofo francês que este foi acusado de insidiosamente remediar as aporias de uma ontologia do agir recorrendo subterraneamente à religião. Entretanto, Ricœur sempre esforçou-se em defender seus escritos filosóficos contra a acusação de serem uma espécie de criptoteologia. Na verdade, o que temos no conjunto da obra de Ricœur é "uma filosofia aporética que renuncia ao Espírito absoluto, ao mesmo tempo que desconfia da empresa da desconstrução que reduz o ser à substância. É por isso que este pensamento se aventura nas "fronteiras da filosofia"".[68] *Aux frontières de la philosophie* foi um dos nomes utilizados para uma reunião de textos de Ricœur sobre filosofia e não filosofia, bem como as fontes não filosóficas da filosofia.[69] Nesses textos "menores", Ricœur sinaliza aquilo que será distintivo de seus esforços filosóficos: desviar os olhares da desconstrução continental, movendo-os para tipos de registros tradicionalmente encarados como não filosóficos. É claro que isso o levaria — assim como Dru Johnson — a perguntar-se pelo que é propriamente filosófico e quem está situado nas periferias do discurso da filosofia. Em uma crônica

---

[67] Ricoeur apud Zarader, *A dívida impensada*, p. 21-2.

[68] Oliver Mongin, *Paul Ricœur: as fronteiras da filosofia* (Lisboa: Instituto Piaget, 1997), p. 183.

[69] P. Ricoeur, *Nas fronteiras da filosofia* (São Paulo: Loyola, 1996).

PREFÁCIO À EDIÇÃO BRASILEIRA 35

filosófica intitulada *Filosofia e Profetismo* (1952) ele coloca essas questões da seguinte forma: "o que é a filosofia? Onde estão as suas fronteiras? O que significa um modo de pensamento e de expressão filosófico? Essas interrogações precedem e preparam uma pergunta mais atual que será examinada posteriormente: o que é filosofar hoje?".[70] As respostas para tais perguntas são buscadas na leitura e resenha de outros textos de pensadores que estavam à margem do discurso filosófico, tendo como objetivo uma "retomada da não filosofia na filosofia".[71]

Claramente, o objetivo de Ricœur com essa "retomada" era ter acesso, ainda que de forma paradoxal, às condições existenciais da autonomia filosófica através do contato com fontes à fronteira da filosofia. Alcança tal objetivo, por exemplo, comparando a figura do profeta Amós, apresentada por André Neher, com o filósofo grego típico.[72] Para o filósofo francês, "o profeta de Israel se oferece imediatamente como a figura que se opõe polarmente à do 'filósofo', tal como foi modelada pela física jônica, pela matemática pitagórica e pela sofística ateniense".[73] Esse antagonismo não estava apenas enraizado na diferença de contexto geográfico, histórico e cultural. Antes, o que estabelece esse antagonismo é uma "relação não filosófica por excelência: a Aliança de Iahweh com Israel, a *berith* israelita".[74] Com tal observação, Ricœur vai ao centro do que caracteriza o quadro de referências hebraico para uma determinação do pensamento. Zarader concorda com o filósofo francês e também assume: "sabemos que a existência bíblica começa com a Aliança (*Berit*). Esta pressupõe que Deus dirige-se ao homem e solicita-o. É a razão pela qual, tal como notava [Martin] Buber, toda a vida judia estabelece o seu ritmo, não em torno de um dogma afirmativo — creio, sei —, mas sim em torno de um *apelo* imperativo: "Escuta Israel" (Dt 6.4)... o homem descobre-se a si próprio, e descobre a existência, enquanto ser interpelado [por Deus]".[75]

Ter no pacto com Deus o ponto de partida para a descoberta de si e da existência é um apelo que desdobra-se em uma série de outras determinações filosóficas. Ricœur estava consciente disso a ponto de o tomar como crivo para estabelecer a diferença entre o profeta e o filósofo — procurando

---

[70] P. Ricoeur, "Filosofia e profetismo I", In: *Nas fronteiras da filosofia* (São Paulo: Loyola, 1996), p. 83.
[71] Ibid.
[72] cf. Neher, André. *Amos, Contribuition à l'étude du prophétisme* (Paris: Vrin, 1950).
[73] P. Rioeur, "Filosofia e Profetismo I", p. 84.
[74] Ibid.
[75] Zarader, *A dívida impensada*, p. 97.

compreender melhor os dois registros. Seguindo sua leitura da obra de Neher, o filósofo francês argumenta o seguinte:

> Sócrates obedecia ao seu demônio e Platão não nasceu para a filosofia senão tomado pela morte de Sócrates. Todavia, o que permanece especificamente hebraico é em primeiro lugar o seguinte: o profeta é arrancado dele mesmo por um Deus que o investe e se anuncia como uma ameaça de destruição; ele é o homem, não da liberdade, mas da necessidade... para esse homem vinculado, não há lugar para um setor laico da existência, para uma moral e uma política autônomas. Nem o problema do cidadão, nem o do cientista, nem o do sábio estão nesta via.[76]

Nas palavras acima, destacam-se as questões tradicionais da filosofia — política, epistemológica, ética — que Ricœur assumidamente contrasta com o que permanece especificamente hebraico. A segunda navegação de Platão e o seu mundo das ideias parece ter pouco a ver com o registro do conhecimento através do pacto narrado no livro do profeta Amós. Entretanto, mais do que destacar diferenças entre os quadros regulatórios do pensamento helenista e hebraico, o que Ricœur procura questionar é o seguinte: até que ponto esse conjunto específico de questões a que nos acostumamos na história da filosofia mascarou o que a existência bíblica confronta radicalmente? De fato, "todo o helenismo procura a salvação no conhecimento (Platão, singularmente, pela matemática e pela dialética); Amós compreende o 'conhecimento' com base no modelo da relação conjugal; a sua justiça não tem modelo geométrico ou musical".[77] Mais do que sinalizar caminhos distintos, uma pergunta permanece: até que ponto ocupar-se com aquilo que foi chamado de filosofia a partir da "manhã grega" não coloca tradições genuínas de pensamento às margens da filosofia?

Foi exatamente esse apelo à pressuposição da Aliança no fazer filosófico que Ricœur interpõe ao próprio Heidegger, em 1955. Em sua intervenção no Colóquio de Cerisy, na sessão do dia 4 de setembro, após a conferência de Heidegger "O que é a filosofia?", o filósofo francês diz o seguinte: "existe um apelo, quer seja o da andança de Moisés ou o desgarrar de Abraão. Será que podemos excluir da filosofia um apelo deste tipo, que não é grego?".[78]

---

[76] P. Ricoeur, "Filosofia e profetismo I", p. 86-7.
[77] Ibid.
[78] Ricoeur apud Zarader, *A dívida impensada*, p. 97.

PREFÁCIO À EDIÇÃO BRASILEIRA  37

Em outras palavras, Ricœur estava, ao mesmo tempo, admitindo que o registro bíblico não era grego em sua constituição, e perguntando se isso era suficiente para excluí-lo da filosofia. Apesar de esse "lugar" chamado abordagem hebraica ter idênticas relações de semelhança com aquilo que Heidegger buscava estabelecer na "essência original do pensamento", ele, ainda assim, permaneceu impensado pelo filósofo alemão. Será uma tarefa distinta legada a seus sucessores colocar a questão sobre a possibilidade de uma filosofia hebraica. O próprio Ricœur não se furta de estabelecê-la: "a questão é saber se e como é possível filosofar a partir dessa Aliança, dessa eleição, dessa escatologia, em resumo, saber se a reflexão que veio dos gregos pode se destacar do seu próprio particularismo para assumir a universalidade encravada em outro particularismo: o de Israel".[79]

## OS LIMITES DA RECUPERAÇÃO BÍBLICA DE RICOEUR E LÉVINAS NA CONTEMPORANEIDADE

Tanto os esforços filosóficos de Lévinas quanto os de Ricœur nasceram da tentativa de reagir aos reducionismos que Heidegger submeteu à fé cristã acarretando a omissão da tradição hebraica em seu projeto intelectual. Basicamente, para Heidegger, toda a Bíblia dizia respeito apenas ao texto grego do Novo Testamento — e a penetração no espirito do grego neotestamentário era a via exclusiva para alcançar a experiência cristã originária. Além disso, Heidegger também limitava esse acesso e tratamento fenomenológico do texto bíblico à mera experiência religiosa e não de pensamento. A experiência fática a que a cristandade deu lugar estava, desde o seu nascedouro, proibida de ser considerada pensamento.

Ambos tiveram que lidar exatamente com essas questões para continuar a pensar a existência a partir de Husserl e Heidegger.[80] Lévinas lida com esses reducionismos na forma de um questionamento das capacidades da filosofia heideggeriana em dar lugar a uma experiência genuína de alteridade — justamente porque mantém o Outro Absoluto fora de sua filosofia e o texto bíblico, como puro abrigo da alteridade. Em contrapartida, Ricœur explora as fontes da tradição hebraica, consideradas como não filosóficas, para reconhecer e ampliar as fronteiras da filosofia.

---

[79] Ricoeur, "Filosofia e Profetismo I", p. 90.
[80] Cf. E. Lévinas, *Pensando a existência com Husserl e Heidegger*. P. Ricoeur, *Na escola da fenomenologia*.

38 FILOSOFIA BÍBLICA

Poderíamos nos dar por satisfeitos com seus projetos filosóficos e as fronteiras que eles abriram em auxílio à forma hebraica de fazer filosofia. No entanto, resta ainda nos perguntarmos até que ponto esses dois críticos de Heidegger foram capazes de se desvencilhar totalmente desses mesmos reducionismos. De fato, ambos permanecerão intocáveis na história da filosofia da religião continental pelos seus empreendimentos intelectuais em diálogo com textos e figuras anteriores à "manhã grega". Seria míope, no entanto, sustentar aqui um maniqueísmo intelectual — em que as leituras da história da filosofia ao estilo heideggeriano estariam totalmente equivocadas e as respostas dos filósofos franceses seriam irretocáveis. Na verdade, em uma ironia que somente aqueles que estão atentos aos movimentos da história das ideias são capazes de perceber, tanto Lévinas, quanto Ricœur incorrem, cada um da sua própria forma, nos equívocos que apontam na filosofia heideggeriana.

Emmanuel Lévinas, por exemplo, apesar de sensibilidade veterotestamentária inquestionável e o valor de suas leituras talmúdicas,[81] ainda mantinha em seu próprio horizonte de trabalho o esforço de submeter esse conteúdo distintamente hebraico no interior do quadro de referências inaugurado pela filosofia na Grécia. Ao que parece, o pensador francês buscou que seu próprio universo judaico pudesse "entrar na filosofia, retirando da sabedoria judia, todos os elementos de um diálogo com a sabedoria grega".[82] Isto é, Lévinas almejava construir uma filosofia em que hebraísmo e helenismo pudessem se juntar, sem sacrificar suas diferenças. Ou ainda, mais precisamente, o que ele buscou foi: "enunciar em grego os princípios que a Grécia ignorava".[83] Tal esforço nos parece, ainda, o mesmo pressuposto heideggeriano de que a filosofia só pode ser feita em grego. É claro que seu projeto intelectual fez surgir no vocabulário filosófico continental um conjunto de problemas e ideias muito característico para o convite de pensar "para além do ser" — tais como Outro, o Rosto, a Marca, o Bem e o próprio pano de fundo da tradição hebraica. No entanto, ainda residia em seu gesto filosófico a convicção de que a abordagem hebraica "podia funcionar dentro do mesmo campo filosófico, tal como ser mais decisiva alternativa à problemática até então dominante, a do ser e da presença, da dominação e da razão".[84] Ora, acreditamos que tal pressuposição comprometeria a singularidade dos esforços de Lévinas, uma

---

[81] Cf. E. Lévinas, *Quatro interpretações talmúdicas*; E. Lévinas, *Novas interpretações talmúdicas*.
[82] E. Lévinas, "Exégèse er culture. Note sur un verset." In: *Le Nouveau Commerce*, n. 50, 1983, p. 91
[83] M. Blanchot, *L'Entretien infini* (Paris: Gallimard, 1969), p. 77.
[84] Zarader, *A dívida impensada*, p. 175.

PREFÁCIO À EDIÇÃO BRASILEIRA 39

vez que busca inserir em certo quadro de referências filosófico — entendido como metafísica — as fontes e os pensadores que estão à margem da filosofia e que, justamente por isso, tem condições de ultrapassar a problemática do esquecimento do ser.

Algo parecido pode ser dito também sobre os limites dos esforços intelectuais de Paul Ricœur. Na verdade, a tensão entre as duas ordens de registro — bíblico e filosófico — assumem uma faceta ainda mais dramática na trajetória intelectual de Ricœur. É de amplo conhecimento dos comentadores da obra do filósofo francês que este reconhecia sua "dupla filiação".[85] Por um lado, ele faz filosofia e articula a linguagem da razão crítica; por outro, pertence à comunidade cristã protestante e reclama as fontes judaico-cristãs não filosóficas. A maneira como mantém ambas tradições em relação não é a partir de vivências pessoais ou experiências religiosas, mas do confronto com os textos: "é de textualidade para textualidade que se estabelece a relação entre os dois registros. Têm ambos uma constituição hermenêutica e ambos são confrontados com o problema da atividade da leitura de textos".[86] Entretanto, apesar da abordagem compartilhada pelas duas filiações, elas não são tratadas como se pertencessem ao mesmo *corpus*.

Essa diferenciação se evidenciava em um dos cuidados constantes de Ricœur em não enunciar em grego os princípios que a Grécia ignorava na bíblica hebraica. François-Xavier Amherdt explica e exemplifica como isso se dá:

> o cuidado de Ricœur de não confundir o nome de Deus com o ser grego na exegese de Êx 3.14, mesmo se admite que a leitura ontológica é uma das figuras da história da interpretação desse texto. Inversamente, Ricoeur pensa que a exegese bíblica pode trazer uma preciosa contribuição à ontologia filosófica da existência humana. Mostrando que a revelação do nome Javé em Êx 3.14 não se deixa reduzir à tradução grega pelo verbo "*einai*", mesmo estendendo-o à polissemia que lhe dá Aristóteles em sua Metafisica (E,2), mas sugere antes a fidelidade de Deus à sua presença de Aliança junto ao povo, a exegese pode levar a uma "ontologia bíblica" aberta, humilde e plural, além da ontologia grega e da hermenêutica do si: "Pode-se, por conseguinte, estabelecer que a atenção privilegiada dada aos textos sagrados restringe o horizonte de uma hermenêutica geral, se

---

[85] François-Xavier Amherdt,. "Conclusão: entre a hermenêutica filosófica e a hermenêutica bíblica, uma relação dialética complexa". In: P. Ricoeur. *A hermenêutica bíblica* (São Paulo: Loyola, 2006), p. 6.
[86] Ibid., p. 62.

# 40 FILOSOFIA BÍBLICA

for tomada como uma hermenêutica regional — o que é perfeitamente legítimo — ou que amplia o horizonte da ontologia além das significações do ser exploradas pelos gregos e mantidas cativas de uma ontologia que presta o flanco à crítica, tanto por sua estreiteza como por sua confusão". [87]

Nesse sentido, em momento algum Ricœur questiona ou submete a linguagem bíblica à linguagem filosófica — incorrendo naquele primeiro reducionismo heideggeriano. A Bíblia constitui-se e mantém-se em sua filosofia a partir de suas próprias metáforas, relatos, símbolos e figura discursivas, afirmando-se como uma das mais importantes "fontes não filosóficas para seu empreendimento filosófico".[88] No entanto, é preciso perceber que, nesse esforço de manter filosofia e fé como dois registros independentes — ainda que se cruzem —, Ricœur incorre no segundo reducionismo heideggeriano, a saber, o de proibir aos textos bíblicos aquilo que é próprio ao pensamento.

Essa recusa de atribuir à fé bíblica capacidades filosóficas fica evidente em sua explicação sobre a não inclusão de duas das doze palestras que originalmente foram enunciadas na série original das *Gifford Lectures*, em 1986, mas posteriormente excluídas da publicação de *O si mesmo como Outro*. Ambas "referiam-se à hermenêutica bíblica" e faziam parte "da rede simbólica tecida pelas Escrituras bíblicas, tanto a judaica quanto a cristã".[89] Nao obstante, elas não foram mantidas junto ao conjunto original das *Gifford Lectures* — uma das mais tradicionais conferências em teologia natural —, por quê? Ricœur enuncia duas razões.

O primeiro motivo da exclusão, que sei ser discutível e talvez lamentável, diz respeito à preocupação que tive em manter até a última linha um discurso filosófico autônomo. Os dez estudos que compõem esta obra pressupõem deixar entre parênteses, de forma consciente e resoluta, as convicções que me ligam à fé bíblica. Não afirmo que no nível profundo das motivações essas convicções não tenham produzido nenhum efeito sobre o interesse que tenho por este ou por aquele problema, até pelo conjunto da problemática do si, mas acredito ter oferecido a meus leitores apenas argumentos que não comprometam a posição do leitor a respeito da fé bíblica, seja esta de rejeição, aceitação ou indecisão. É de observar que esse ascetismo

---

[87] Ibid., p. 65

[88] P. Ricoeur, "Resposta a Stewart". In: P. Ricoeur, A *hermenêutica bíblica*, p. 95.

[89] P. Ricoeur, *O si mesmo como outro* (São Paulo: WMF Martins Fontes, 2014), p. xxxix.

PREFÁCIO À EDIÇÃO BRASILEIRA    41

do argumento, que, segundo creio, marca toda a minha obra filosófica, leva a um tipo de filosofia da qual está ausente a nomeação efetiva de Deus e na qual a questão de Deus, na qualidade de questão filosófica, se mantém em suspenso, de um modo que pode ser considerado agnóstico, conforme dão prova as últimas linhas do segundo estudo. Para não criar uma exceção a essa suspensão, o único prolongamento dado aos nove expressamente referentes à fenomenologia hermenêutica consiste numa investigação ontológica que não se presta a nenhum amálgama ontoteológico.[90]

Este talvez seja um dos mais importantes trechos da obra de Ricœur para entendermos a complexa relação entre os dois registros em questão. Primeiro, somos informados por ele mesmo de sua preocupação — discutível e lamentável — em proteger sua filosofia enquanto discurso anônimo. Precisamos ter noção de que, até o final dos anos 1970, "os debates eram frequentemente orquestrados nos termos de uma oposição entre "visões de mundo" que tinham por expressões maiores o marxismo e o cristianismo".[91] Ou seja, o clima intelectual pós-guerra era de polarização e estigmatização do pensamento religioso. Não foram poucos, como Jacques Ellul, que procuraram anexar Ricœur nas fileiras da "filosofia cristã" — posição que ele não queria assumir. Justamente por isso, "Ricœur separa mais explicitamente o compromisso religioso do trabalho filosófico".[92]

Tal postura, no entanto, ainda não é o centro da posição de Ricœur. Na verdade, no centro desse "agnosticismo do filósofo enquanto filósofo"[93] está um gesto filosófico consciente e resoluto: "deixar entre parênteses" as convicções que lhe ligavam à fé bíblica enquanto trabalhava filosoficamente. Deus e suas Escrituras, na qualidade de questão filosófica, "se mantêm em suspenso". Paragem, interrupção, suspensão de juízo e parênteses são referências claras à *epoché* fenomenológica que Ricœur aplica ao texto bíblico. Parafraseando Pierre Aubenque, já mencionado anteriormente, existe apenas uma "época da fé" na filosofia de Ricœur: o da sua suspensão! Mesmo sem contestar o valor e a veracidade da linguagem bíblica, em sua obra o filósofo francês preferiu a "deixar entre parênteses".[94]

---

[90] Ibid., p. XL-XLI.

[91] Olivier Mongin, *Paul Ricœur: as fronteiras da filosofia* (Lisboa: Instituto Piaget, 1997), p. 184.

[92] Ibid., p. 185.

[93] Amherdt, *Conclusão: entre a hermenêutica filosófica e a hermenêutica bíblica, uma relação dialética complexa*, p. 63.

[94] P. Ricœur, *O si mesmo como outro*, p. XLII.

## 42    FILOSOFIA BÍBLICA

Ademais, ainda é acrescentada uma segunda razão para reforçar o reducionismo heideggeriano que Ricœur incorre em sua obra — privando, na qualidade de questão filosófica, o conteúdo do Antigo e o Novo Testamento. A saber,

> A essa razão principal eu gostaria de acrescentar outra, que diz respeito à relação mantida entre os exercícios de exegese bíblica, nos quais se baseia minha interpretação do "Grande Código", e os estudos aqui reunidos. Se defendo meus escritos filosóficos da acusação de criptoteologia, abstenho-me, com igual vigilância, de atribuir função criptofilosófica à fé bíblica, o que seguramente ocorreria caso se esperasse dela alguma solução definitiva para as aporias que a filosofia multiplica, principalmente no que tange ao estatuto da identidade-*ipse*, nos planos prático, narrativo, ético e moral. Em primeiro lugar, cabe dizer que entre filosofia e fé bíblica o esquema pergunta-resposta não vale. Embora a conferência sobre "o si mandatário" ponha em jogo a noção de resposta, esta não é posta em face da noção de pergunta, mas de apelo: uma coisa é responder a uma pergunta, no sentido de resolver um problema proposto; outra é responder a um apelo, no sentido de corresponder à maneira de existir proposta pelo "Grande Código". [95]

Nem criptofilosofia, nem criptoteologia. Fé e filosofia permanecem agnosticamente separadas no interior do pensamento de Ricœur. Uma vez que ambas procedem de "fontes" distintas,[96] dificilmente poderiam ser compreendidas a partir do código uma da outra. Nesse sentido, a fé que nasce da pregação [*querigma*] não está apenas está privada da filosofia, mas antes: "o querigma da esperança é ao mesmo tempo racional e irracional. É irracional porque anuncia a irrupção inesperada de um acontecimento que escapa a razão... um jorrar inaudito de sentido, para além do desespero... Mas, ao mesmo tempo, essa novidade irracional dá a pensar à inteligência, senão permaneceria uma fulgurância sem continuação".[97]

---

[95] Ibid., p. XLI.

[96] É importante salientar que o conceito de "fonte" para Ricœur é específico e diz respeito a um "grande conjunto simbólico de que não sou a origem". Olivier Monfin, *Paul Ricœur: as fronteiras da filosofia*, p. 210. Tal compreensão é importante para o seu projeto de antagonizar as herdeiras da filosofia do cogito de sua ambição de autofundação última.

[97] Amherdt, *Conclusão: entre a hermenêutica filosófica e a hermenêutica bíblica, uma relação dialética complexa*, p. 68. François-Xavier Amherdt ainda nos lembra que "a ausência do papel do Espírito Santo na hermenêutica bíblica de Ricœur [é] uma das principais fraquezas de sua posição, embora não seja uma crítica que lhe possa ser feita enquanto filósofo" Amherdt, *Conclusão: entre a hermenêutica filosófica e a hermenêutica bíblica, uma relação dialética complexa*, p. 70.

PREFÁCIO À EDIÇÃO BRASILEIRA   43

## Sobre a necessidade e a urgência do projeto de Dru Johnson

Diante de todas essas complexidades em que a filosofia contemporânea da religião nos colocam que um projeto como o de Dru Johnson afigura-se como urgente. De certa maneira, o que os leitores tem em mãos é uma tentativa semelhante de forçar as fronteiras filosóficas a partir de fontes e textos não filosóficos — mas a partir de um quadro de referências distinto e com pressuposições bem mais coerentes com as fontes bíblicas. Poderá ser visto logo no início da obra de Johnson que as tradicionais definições de filosofia, feitas a partir da "manhã grega", serão questionadas. Para além do fato de que somente "em nossa miopia intelectual podemos ignorar os aspectos divino--reveladores das filosofias grega e romana",[98] a tradição hebraica desenvolveu uma consolidada abordagem de pensamento de segunda ordem que não é encontrada nem mesmo em seus vizinhos do Antigo Oriente Próximo. Ficará claro para os leitores que: "A percepção hebraica do cosmos cria as condições a partir das quais eles podem conceituá-lo".[99]

Outro aspecto importante da presente obra de Johnson é o fato de que todos os seus esforços em reabilitar uma abordagem hebraica da filosofia do Antigo e Novo Testamento não estão em um vácuo da comunidade filosófica. Antes, ele se insere e relaciona as conclusões de sua pesquisa a uma tradição intelectual específica e bem estabelecida: "os componentes bíblicos do conhecimento se parecem menos com os modelos epistemológicos atuais e mais com a epistemologia científica proposta por pessoas como Marjorie Grene, Michael Polanyi, Thomas Kuhn, Norwood Hanson, Mary Hesse e assim por diante"[100] — sem mencionar Coady, Zagzebski, Stump, com que dialoga frequentemente. Ainda que essa tradição não esteja livre de uma análise igualmente crítica da história da filosofia como esquecimento do ser, claramente, ela opera segundo outros pressupostos que lhe permite ser bem mais frutífera no estabelecimento filosófico das Escrituras cristãs.

Tudo isso faz do projeto de Dru Johnson único e urgente. Ele respeita as nuances que um estudioso da teologia bíblica esperaria de um tratamento das formas hebraicas de pensamento, ao mesmo tempo que alcança o rigoroso refinamento conceitual que caracteriza o pensamento filosófico. Conforme

---

[98] Dru Johnson, *Filosofia bíblica*, p.68.
[99] Ibid., p.92.
[100] Ibid., p.348.

reivindica, "a presente obra não é meramente descritiva, mas uma proposta de que o estilo filosófico hebraico e o mundo intelectual resultante de sua prática podem ter valor prescritivo para nós hoje".[101] Mesmo que essa reivindicação seja grandiosa e exigente — fazendo com que Johnson precise manter-se em diálogo com muitos outros autores de áreas distintas —, ele aprofunda em muito as tentativas de reabilitação da tradição hebraica na filosofia, bem como nos desembaraça das aporias da história do pensamento ocidental.

**PEDRO DULCI** é filósofo e pastor presbiteriano, casado com Carolinne e pai do Benjamim e da Anna. Tem doutorado em Filosofia pela UFG com período de pesquisa na Universidade Livre de Amsterdã, na Holanda. É cofundador e coordenador pedagógico do Invisible College, além de pastor da Igreja Presbiteriana Bereia, em Goiânia. Se interessa por filosofia contemporânea, teologia bíblica e ministério pastoral.

---

[101] Ibid., p.368.

# PELO RESGATE DA FILOSOFIA HEBRAICA

A tradição bíblica é uma tradição intelectual: eis a tese ousada deste livro. Buscar entender os textos bíblicos já se trata de um esforço considerável. Mas não é essa a tarefa aqui. Os textos e as comunidades que seguiram suas diretrizes nos transmitiram uma tradição intelectualmente rigorosa, singularmente capaz de moldar todo um povo em um grupo astuto e perspicaz. E, assim, transmitida por meio de textos, rituais e comunidade, a filosofia se constituiu como um modo de ser um povo.[1]

Em geral, estudiosos do Antigo Oriente Próximo guardaram esse segredo por duas gerações ou mais: a Bíblia Hebraica/Antigo Testamento contém seu próprio estilo filosófico distinto, em pé de igualdade com as filosofias da Grécia e de Roma. Mais recentemente, um grupo de estudiosos se convenceu da proeza intelectual das Escrituras hebraicas, realizando conferências e publicando um volume crescente de livros. Mas, por alguma razão a ser explicada pela sociologia acadêmica, muitos estudiosos bíblicos nunca souberam que os estudiosos do Antigo Oriente Próximo mantinham tal posição. Portanto, não seria uma surpresa se muitos deles considerassem a declaração acima, sobre os textos bíblicos, um exagero.

Por si só, a ideia de um estilo filosófico hebraico quebra simultaneamente vários paradigmas amplamente confiáveis sobre:

---

[1] Como muitos antes de mim, percebo que as pessoas geralmente pulam qualquer coisa intitulada "Introdução". Este capítulo é, na verdade, a introdução e, portanto, foi nomeado de outra forma.

## 46 FILOSOFIA BÍBLICA

1. o que conta como filosofia
2. a natureza e o propósito da literatura bíblica
3. como as sociedades têm argumentado em prol de noções abstratas de realidade

Ilustrarei e argumentarei nas próximas páginas que esses três paradigmas sofreram com uma falta de contato com a história da filosofia mais ampla. Um desses paradigmas — "o que conta como filosofia" — quebrou-se, para mim, ao ler a filosofia grega.

Estudando filosofia propriamente dita, os alunos são obrigados a ler uma história sobre um velho rabugento que vagava pelas ruas de uma cidade antiga, perturbando a paz de seus moradores mais nobres. Seu alvo era o grau de certeza de alguém, e era na falsa paz das almas humanas que o velho mirava. Incitando-os com perguntas, ele provocava suas certezas intelectuais e os atordoava. Como pássaros indo em direção a uma armadilha ou um boi ao matadouro, suas noções de justiça, conhecimento e outros diversos ideais eram desmontados pelas cutucadas implacáveis do velho. Não oferecendo nenhum esquema em seu lugar, muitas vezes ele os deixava confusos, sabendo apenas que não sabiam mais.

Depois de ler algumas dessas histórias sobre esse velho — o perturbador de Atenas — os alunos começam a perceber que o autor não estava apenas contando uma história sobre um sábio problemático. Os diálogos serpentinos tomaram caminhos muito complexos para se manterem em suas cabeças. Ao seguirem essas fábulas, confiando naqueles que os recomendaram como "literatura filosófica clássica", eles acabarão percebendo que o autor *não estava apenas* contando uma história sobre um velho rabugento. O autor anônimo procurava, com essas narrativas, argumentar com eles!

Ele estava usando o velho, em histórias que compõem uma complexa coleção, para cutucar o que supunham a respeito do que pensavam saber. *Ele estava tentando debater com eles*, para fazê-los desistir do que eles achavam que sabiam em favor de um método diferente de alcançar o conhecimento. Platão estava fazendo filosofia com eles por meio de Sócrates — debatendo com eles sobre a natureza da realidade, da justiça, do conhecimento, da ética, da política e muito mais.

À medida que os alunos começam a ler outras literaturas, percebem que nem todos os textos antigos estão à altura dessa tarefa. Nem todas as histórias estão tentando debater com o público dessa maneira. Havia algo sobre a sistematicidade, o rigor, a confiança em uma matriz de compreensão

PELO RESGATE DA FILOSOFIA HEBRAICA    47

subjacente que permitia que esse tipo de narrativa funcionasse como uma forma de filosofar.

Examinando outras literaturas mais antigas de Mesopotâmia, Egito e Israel, também podemos concluir que a Bíblia Hebraica se destaca como outro exemplo de literatura filosófica. Em algum momento, a sistematicidade e a orientação prescritiva dos textos bíblicos parecem menos mera narrativa e mais como um debate argumentativo conosco, sobre a natureza da vida, da realidade, da justiça, do conhecimento, da política e da ética — no mínimo.

Após uma investigação mais aprofundada, descobriríamos que não seríamos os únicos a notar isso. Já na década de 1940, os estudiosos do Antigo Oriente Próximo notavam a singularidade do mundo intelectual moldado pela literatura bíblica. Presumivelmente, essa mesma percepção foi o que levou o estudioso do Antigo Oriente Próximo Henri Frankfort a afirmar: "[o povo de Israel era] sem igual no poder e no alcance de seu intelectualismo crítico".[2] Para ele, as Escrituras Hebraicas não contavam histórias simplesmente, mas também engajavam intelectualmente os leitores por meio de narrativa, poesia, lei e muito mais.

É digno de nota que o universo intelectual da Bíblia Hebraica tem sido bastante óbvio para os estudiosos do Antigo Oriente Próximo, mas geralmente essa perspectiva não foi apropriada por todos os estudiosos bíblicos. Antes, tem sido um dos segredos mais bem guardados da erudição do Antigo Oriente Próximo.

Até recentemente, as discussões sobre o "intelectualismo crítico" da Bíblia Hebraica eram escassas e isoladas (embora isso esteja mudando).[3] Se é que já ouviram falar dessa proposta, a noção de *filosofia bíblica* suscita, entre filósofos e biblistas, na melhor das hipóteses, um otimismo cauteloso e, na pior, uma rejeição enganosa. Jaco Gericke não exagerou ao afirmar: "os familiarizados

---

[2] Henri Frankfort et al., *The intellectual adventure of ancient man: an essay on speculative thought in the Ancient Near East* (Chicago: University of Chicago Press, 1946), p. 234. Embora tenha havido uma revisão do campo recentemente e algumas críticas a esse trabalho original, essa crítica concentrou-se principalmente na afiliação religiosa e nas suposições progressivistas dos autores. Tenho visto pouca ou nenhuma crítica de suas afirmações valorativas que estou invocando aqui. Para tal crítica, veja o resumo de Francesca Rochberg do progressivismo e evolucionismo de Frankfort et al.,"A critique of the cognitive-historical thesis of the intellectual adventure" em *The adventure of the human intellect: self, society, and the divine in ancient world cultures*, ed. Kurt A. Raaflaub (Ancient World: Comparative Histories; Hoboken: Wiley-Blackwell, 2016), p. 16-28.

[3] Por exemplo: Yoram Hazony, *The philosophy of Hebrew Scripture* (New York: Cambridge University Press, 2012); Jaco Gericke, *The Hebrew Bible and Philosophy of Religion* (Society of Biblical Literature Resources for Biblical Study 70; Atlanta: Society of Biblical Literature Press, 2013); Arthur Gibson, *Biblical semantic logic: a preliminary analysis* (Oxford: Basil Blackwell, 1981); Joshua A. Berman, *Created equal: how the Bible broke with ancient political thought* (New York: Oxford University Press, 2011); Jeremiah Unterman, *Justice for all: How the Jewish Bible revolutionized ethics* (Philadelphia: Jewish Publication Society, 2017).

48  FILOSOFIA BÍBLICA

com as histórias das teologias bíblicas do século 20 saberão que muitos teólogos proeminentes do AT afirmam odiar princípios filosóficos e abstrações".[4]

Devemos perguntar: Por que uma ala acadêmica instruída nos volumes do Antigo Oriente Próximo e familiarizada com a literatura greco-romana está tão desarticulada com alguns biblistas e filósofos/teólogos sobre a questão da filosofia nas Escrituras hebraicas? Explorarei essa divergência mais detalhadamente no capítulo "O que conta como filosofia?". Além da Bíblia Hebraica, como os textos do judaísmo helenístico, especialmente o Novo Testamento (NT), se saem nesse aspecto? Por ora, basta notar que há aí uma intrigante disparidade, e o que a patrocina é a predisposição para com os textos bíblicos, não necessariamente seu conteúdo.

## Objetivos

Este livro não é uma tentativa de articular *a* única filosofia da Escritura cristã. Em vez disso, sugiro que a literatura bíblica possa representar um estilo filosófico completo, distinto e coerente.[5] E esse estilo hebraico muitas vezes passou despercebido pelos filósofos comparativos modernos e meus companheiros religiosos por razões que posso senão supor e que apenas sociólogos serão capazes de apontar.

Argumentarei por que a Bíblia Hebraica e o Novo Testamento demonstram um impulso filosófico semelhante ao encontrado no helenismo, mas não no Egito ou na Mesopotâmia, realizado com um método filosófico discreto e com objetivos próprios. Nos próximos capítulos, examinarei os mundos especulativos dos vizinhos de Israel, Mesopotâmia e Egito, que esclarecerão por que estudiosos do Antigo Oriente Próximo geralmente pensavam em Israel como mais um par filosófico da Grécia, e *não* do Oriente Próximo.

Pretendo mostrar como a influência do helenismo sobre o judaísmo poderia ter sobrecarregado esse estilo filosófico hebraico a ponto de ele se quebrar, se os autores do Novo Testamento não o tivessem recuperado em

---

[4] Jaco Gericke, *A philosophical theology of the Old Testament: a historical, experimental, comparative and analytic perspective* (Routledge interdisciplinary perspectives on biblical criticism; New York: Routledge, 2020), p. 29. Em seu louvável e espirituoso volume, especialmente nos capítulos 1 e 2, Gericke explorou as muitas e complexas razões pelas quais os estudos bíblicos hesitaram em sustentar haver um universo filosófico nas Escrituras.

[5] Por "literatura bíblica" estou me referindo à Bíblia Hebraica/Antigo Testamento e ao Novo Testamento como usualmente interpretados, embora isso também inclua partes dos Apócrifos na extensão de minha tese. Todas as citações bíblicas aqui são adaptações do autor da NRSV (New Revised Standard Version), ou citações do Texto Massorético da *Bíblia Hebraica Stuttgartensia* e *Nestle-Aland Novum Testamentum Graece*, 27. ed.

um robusto movimento de resgate *ad fontes*. Talvez Paulo — sim, até mesmo Paulo — esteja apenas se apoiando em sua herança filosófica hebraica, meramente vestida com as roupas folgadas da retórica romana e da filosofia helênica. Por fim, darei exemplos de como vários tópicos filosóficos podem ser abordados, desenvolvidos e defendidos dentro e ao longo dos muitos gêneros da literatura bíblica.

Muitos autores bíblicos pareciam escrever como se houvesse *algo* complexo e invisível de segunda ordem a ser elaborado argumentativamente. Por algo de segunda ordem, quero dizer a natureza de uma coisa como tal e à parte de qualquer instância histórica particular dela — justiça à parte de qualquer julgamento particular, conhecimento à parte de qualquer experimento discreto etc. Essa característica central da abstração sistêmica situa o discurso bíblico no reino da filosofia.

Os autores bíblicos acreditam em *objetos* de segunda ordem, cujas implicações corporificadas e históricas precisam ser compreendidas pela abstração. A abordagem filosófica que eles defendem abrange vários tipos de literatura e gêneros, e pode ter mais valor para a compreensão humana do que uma abordagem linear-dedutiva destinada ao mero raciocínio mental.

Se um estilo filosófico existe nos próprios textos bíblicos, então minha tarefa é traçar os marcadores genéticos desse estilo e definir quais são seus aspectos distintivos. Ao final, argumentarei que um estilo filosófico hebraico, bem como convicções que o apoiam, distingue esta filosofia dos universos especulativos vizinhos de Israel, como Egito, Mesopotâmia, Grécia e Roma, dos quais Israel poderia facilmente ter pegado alguns elementos emprestados.

Meu método para discernir um estilo filosófico será detalhado no capítulo 3. Em resumo, farei três perguntas aos textos bíblicos:

1. Existe uma questão de compreensão de segunda ordem atual, persistente e relevantemente perseguida no texto?
2. Um método de raciocínio sobre essa questão de segunda ordem é defendido pelo próprio texto?
3. Que estilo de filosofia é empregado?

Faço uma "alegação forte" neste livro. Ninguém está mais ciente do que eu da amplitude dessa afirmação. Mas aqui não esclareço por completo a filosofia das Escrituras. Antes, espero senão atiçar a imaginação acadêmica para que ela venha a construir uma heurística satisfatória a fim de discernir algo chamado "filosofia hebraica", que colegas poderão começar a testar e experimentar.

## 50  FILOSOFIA BÍBLICA

De certa forma, quero aproveitar a energia de um movimento paralelo em torno do estilo literário das Escrituras hebraicas. Robert Alter, Meir Sternberg e outros têm argumentado que a perspicácia literária do estilo hebraico, em poesia e narrativa, foi negligenciada. Alegam que as preferências estilísticas contemporâneas têm causado interferência em nossa recepção do texto. O estilo literário de hoje não tolera a repetição incessante de palavras e parataxe (por exemplo, repetidas conjunções aditivas como "e") que o estilo hebraico apreciava. Assim, ignoramos em nossas traduções essas escolhas estilísticas valorizadas pelos autores bíblicos no que Alter chama de nossa "fúria explanatória".[6]

Alter e outros analisam o estilo hebraico nativo de narração e poesia, um estilo confortável em moldar e remodelar uma noção usando repetidamente um determinado verbo em diferentes situações. Mas o efeito literário desejado pelos autores pode desaparecer em traduções que atenuam o uso repetitivo de verbos, por exemplo, com sinônimos em inglês ou português. Alter esperava mostrar a perspicácia literária dos autores hebreus a um mundo de leitores muitas vezes insensíveis a tais artifícios literários.

De modo semelhante, espero gerar um reconhecimento da perspicácia filosófica dos autores bíblicos, usando técnicas que podem inicialmente parecer estranhas àqueles de nós presos nas notas de rodapé filosóficas a Platão.[7] O estilo filosófico hebraico, como o estilo literário hebraico, atravessa aspectos do pensamento e da ação humanas que os herdeiros das filosofias europeias não costumam considerar "filosóficos". O estilo filosófico hebraico é, afinal, uma tradição filosófica asiática. Apesar de sua antiguidade e estranheza, ilustrarei por que esse estilo filosófico se assemelha muito aos nossos esforços científicos, talvez até mais do que o mundo intelectual do helenismo.

### Era da metodologia

Muitos estudiosos tentaram delinear o universo intelectual dos textos antigos. Nos estudos bíblicos, o domínio do intelectualismo tem residido sobretudo na chamada literatura de sabedoria.[8] *The intellectual tradition in the Old*

---

[6] Robert Alter, *The art of Bible translation* (Princeton: Princeton University Press, 2018), p. 6.

[7] Alfred North Whitehead fez a afirmação célebre: "A caracterização geral mais segura da tradição filosófica europeia é que ela consiste em uma série de notas de rodapé a Platão". *Process and reality* (New York: The Free Press, 1978), p. 39.

[8] Considero válida a afirmação de Kynes, a saber, que limitar a "sabedoria" à literatura de sabedoria vem a ser derrotista à luz do projeto teológico maior de Israel. Will Kynes, *An obituary for "wisdom literature": the birth, death, and intertextual reintegration of a biblical corpus* (New York: Oxford University Press, 2019).

*Testament* [A tradição intelectual no Antigo Testamento], de Whybray, é um exemplo perspicaz, categorizando e sintetizando a ampla gama da linguagem intelectual em todo o gênero tradicional da literatura de sabedoria.[9] Mas a mera análise do repositório linguístico não garante uma incursão adequada no universo do pensamento bíblico.

A renomada crítica de James Barr paira, como deveria, sobre este projeto atual. Barr minou aqueles projetos que buscavam identificar conceitos singulares por trás de palavras ou raízes de palavras em todo o cânone — um objetivo que ele argumentou ser inviável, e por boas razões.[10] Este livro espera evitar a armadilha da raiz-da-palavra, que preocupava Barr.[11] Mas também irei além dos limites de Barr para incluir o corpo humano e o social na razão.

Mas por que estudar uma filosofia hebraica hoje? Além do livro de Yoram Hazony — *Philosophy of the Hebrew Scripture* [Filosofia da Escritura hebraica] — que discuto mais tarde, a erudição parece estar em uma era de metodologia nessa frente, pronta para "entrar na discussão". Vêm à minha mente várias obras que desafiam os significados que pressupomos haver extraído do universo intelectual dos autores bíblicos, e o fazem cuidadosamente, deixando de lado as suposições teológicas correntes, da melhor maneira possível, com um olhar renovado aos textos bíblicos.

O livro *How repentance became biblical* [Como o arrependimento tornou-se bíblico], de David Lambert, propõe que a contrição foi superestimada nas palavras associadas ao arrependimento (por exemplo, šûb, *strephō*, *metanoeō*).[12] Essa importação da contrição distorce nossa compreensão de comportamentos como a ritualização do jejum para buscar a misericórdia

---

[9] Roger N. Whybray, *The intellectual tradition in the Old Testament* (Beiheft zur Zeitschrift für die alttestamentliche Wissenschaft 135; Berlin: De Gruyter, 1974).

[10] Barr aborda o debate entre Thomas F. Torrance e Arthur G. Hebert em sua afirmação de que há um "significado fundamental" de uma palavra hebraica raiz (*e.g.*, אמן). O problema, para Barr, é que ambos negligenciam a formação de palavras. Isso é sintomático da miopia, resultante da concentração no que ele mais tarde chama de "estoque lexical" das Escrituras. Concentrar-se em termos individuais e seu significado leva a uma teologização desse "estoque lexical" espalhado pelo cânone. Mas como se pode garantir que com isso se discerne um padrão inerente à própria literatura bíblica? James Barr, *The semantics of biblical language* (Eugene: Wipf & Stock, 1961), p. 161-287. Veja também: Arthur G. Hebert, "'Faithfulness' and 'faith'", *Reformed Theological Review* 14, n. 2 (June 1955), p. 33-40; Thomas F. Torrance, "One aspect of the biblical conception of faith", *Expository Times* 68, n. 4 (1957), p. 111-14.

[11] David Lambert sugeriu que os estudiosos deveriam recuperar boa parte das sugestões filológicas de Barr e citou meu trabalho sobre epistemologia em *Biblical knowing* como exemplo de alguém que "representa um avanço". Isso me fez ficar confiante de um jeito que não mereço. David A. Lambert, "Refreshing philology: James Barr, supersessionism, and the state of biblical words", *Biblical interpretation* 24, n. 3 (2016), p. 332-56.

[12] David A. Lambert, *How repentance became biblical: Judaism, Christianity, and the interpretation of Scripture* (New York: Oxford University Press, 2016).

## 52 FILOSOFIA BÍBLICA

de Deus. Assim, a "direção", a meta do "jejum" e a fisicalidade do "retorno", na constelação conceitual da Bíblia Hebraica, nos textos do judaísmo helenístico e no Novo Testamento, podem se perder para nós.

Matthew Bates argumenta de forma semelhante em relação ao termo epistêmico "fé" (*pistis*) no Novo Testamento.[13] Para Bates, a conotação política de fidelidade foi negligenciada pela tradução de *pistis* como "fé" — uma palavra que, nas línguas modernas, às vezes assumiu o significado exatamente oposto ao da original grega. "Lealdade" pode ser uma tradução mais adequada para muitas, mas não todas, ocorrências de *pistis*. Esse gesto interpretativo implica uma reorientação ao papel do compromisso fiduciário e político em todo o Novo Testamento.

Além disso, uma onda recente de estudiosos apresentou argumentos convincentes para as contribuições únicas da filosofia política e ética da Bíblia Hebraica ao pensamento ocidental. *Created equal* [Criados iguais], de Joshua Berman, e *Justice for all* [Justiça para Todos], de Jeremiah Unterman, demonstram, de maneira notável, as discretas mudanças filosóficas que afastam a Bíblia Hebraica do pensamento do Antigo Oriente Próximo (e do pensamento grego), de modo a impactar, e muito, a história ocidental: ciclos de trabalho-descanso, igualdade humana, consentimento do povo, cuidado com os marginalizados, direitos dos imigrantes e muito mais.[14]

Em *The Hebrew Bible and philosophy of religion* [Bíblia Hebraica e filosofia da religião], Jaco Gericke oferece a primeira tentativa rigorosa de examinar, categorizar e catalogar os diversos tipos de conteúdo filosófico da Bíblia Hebraica.[15] Gericke adota uma abordagem abrangente para o que ele chama de "filosofia popular" do Yahwismo na Bíblia Hebraica. Por "filosofia popular", ele pretende apenas descrever as pressuposições filosóficas por trás dos textos, mesmo que os textos não ofereçam um tratado sobre epistemologia, lógica, metafísica etc. Ele defende um método rigoroso para analisar como os autores bíblicos usaram conceitos e termos para construir ideias filosóficas tanto logicamente difusas[16] quanto coerentes sobre metafísica, ontologia, epistemologia e ética.

---

[13] Matthew W. Bates, *Salvation by allegiance alone: rethinking faith, works, and the gospel of Jesus the king* (Grand Rapids: Baker Academic, 2017).

[14] Veja Berman, *Created equal*; Unterman, *Justice for all*.

[15] Gericke, *The Hebrew Bible and philosophy of religion*. Esse resumo da obra de Gericke é adaptado da minha resenha: Dru Johnson, de *The Hebrew Bible and philosophy of religion* por Jaco Gericke, *Journal of Analytic Theology* 4 (2016), p. 428-33.

[16] Gericke cita o uso de Peter Hajek do termo "lógica difusa" em Hajek, "Fuzzy logic", *The Stanford Encyclopedia of Philosophy*, 2010, ed. Edward N. Zalta, disponível em: http://plato.stanford.edu/archives/fall2010/entries/logic-fuzzy/.

PELO RESGATE DA FILOSOFIA HEBRAICA 53

Gericke defende a "crítica filosófica" como uma nova forma de crítica bíblica. Embora Gericke afirme abertamente que a Bíblia Hebraica não é um "livro-texto de filosofia da religião", ele considera improdutiva a tendência antifilosófica de muitos estudos bíblicos.[17] Em vez disso, ele afirma que os antigos hebreus tinham algum tipo de metafísica e epistemologia popular, entre outras, e, por terem crenças sobre tópicos filosóficos, estas devem estar expressas na Bíblia Hebraica. Sua metodologia empreende uma análise conceitual que explora os textos por meio de ferramentas da crítica bíblica.

Ao defender a crítica filosófica, Gericke sustenta que a Bíblia Hebraica é capaz de apresentar argumentos filosóficos. Assim como Platão se valeu da prosa, no Livro I da *República*, para descrever uma cidade-Estado fundada em princípios filosóficos, a Bíblia Hebraica também pode usar a narrativa para argumentar.[18] Portanto, não se trata de saber se narrativa e poesia contêm filosofia; em vez disso, trata-se de como podemos compreender a filosofia dos antigos semitas por meio de seus textos sem meramente lhes impor nossas noções, populares ou não?

A nova metodologia interpretativa de Gericke pretende ser tanto filosófica quanto histórica, fornecendo uma forma hermeneuticamente legítima de envolver filosofia da religião na leitura de textos antigos sem distorcer seu conteúdo.[19] Como Gericke tem como foco o esclarecimento do significado textual, ele não precisa fazer reivindicações históricas sobre os textos ou prescrições religiosas para os fiéis.

*The Hebrew Bible and philosophy of religion* genuinamente abre a porta aos estudiosos bíblicos de uma maneira significativamente diferente de outras tentativas desse tipo. O volume mais recente de Gericke, *A philosophical theology of the Old Testament* [Uma teologia filosófica do Antigo Testamento], oferece uma notória pesquisa sobre a reticência que a comunidade acadêmica do Antigo Testamento tem em analisar a abstração na literatura bíblica. Ele mostra como os teólogos do AT podem vir a se comprometer com formas ilusórias de alisese filosófica ao mesmo tempo que desvalorizam a ideia de que os hebreus faziam abstrações ou filosofavam.[20] Dessa forma, a abordagem sistemática, linguística e historicamente sensível de Gericke mostra como poderia se colocar a filosofia analítica moderna em diálogo com a Bíblia Hebraica, deixando que esta fale por si mesma, por assim dizer.

---

[17] Gericke, *The Hebrew Bible and philosophy of religion*, p. 9.
[18] Ibid., p. 176.
[19] Ibid., p. 199.
[20] Gericke, *A philosophical theology of the Old Testament*, p. 1-21.

## 54 FILOSOFIA BÍBLICA

Por causa de obras como essas e outras, chegou o momento de se pensar mais uma vez sobre a Bíblia Hebraica como portadora de uma tradição filosófica, entre outras coisas. Mas, neste volume, quero ir ainda mais longe e sugerir que alguns autores judeus do Segundo Templo se apropriaram dessa filosofia hebraica em um contexto literário judaico impregnado de estilos filosóficos helenísticos. Se ao final eu chegar perto da verdade, mesmo que não possa ser exibido excepcionalmente bem aqui, então as implicações para teologia, estudos bíblicos e filosofia comparada tornam-se claramente manifestas.

### CONVERGÊNCIA E DIVERGÊNCIA: *A FILOSOFIA DAS ESCRITURAS HEBRAICAS*, DE HAZONY

O principal livro de Yoram Hazony, *The philosophy of Hebrew Scripture* [A filosofia da Escritura hebraica], desencadeou uma ampla discussão entre filósofos e estudiosos bíblicos/religiosos sobre a natureza filosófica dos textos bíblicos.[21] A suposição de que a Bíblia é uma obra de revelação divina por si só tem, de modo contraprodutivo, sufocado a exploração de seu conteúdo filosoficamente robusto. Como evidência, veja-se a disparada dos estudos da filosofia em textos hindus e budistas nas últimas duas décadas no Ocidente. No entanto, praticamente nenhuma obra importante, fora este livro ímpar, aborda a literatura bíblica em seus próprios termos filosóficos.

A obra de Hazony foi fundamental para iniciar a conversa de uma perspectiva judaica e correspondentemente restrita à Bíblia Hebraica. Muitos resenhistas da obra compartilharam uma mesma preocupação relacionada à generalização feita por Hazony, característica comum a todos os livros que fazem reinvidicações tão amplas. Ainda que essas críticas sejam justas, quero destacar o que Hazony estava fazendo metodologicamente neste livro para revelar a necessidade de sua proposta. Se os leitores acreditam que ele forneceu evidências suficientes para demonstrar suas alegações, é uma questão secundária para mim.

### Convergência

Apesar das diferenças de escopo e estrutura, o trabalho de Hazony cria o contexto para este livro. Ao "ser ousado" com sua tese, Hazony conseguiu oferecer

---

[21] Duas coletâneas de ensaios foram dedicadas ao trabalho de Yoram Hazony: *Journal of analytic theology 2* (2014) e *Perspectives on political science 45* (2016). Além disso, o livro ganhou um prêmio na categoria de teologia/religião da Associação de Editoras Norte-Americanas.

PELO RESGATE DA FILOSOFIA HEBRAICA  55

a estudiosos de várias disciplinas diversas vias de acesso ao conceito, mas sempre promovendo sua tese básica: que a Bíblia Hebraica tem impulsos filosóficos que não devem mais ser ignorados.

Primeiro, Hazony desafiou a suposição ingênua de que a Bíblia Hebraica é uma obra de revelação divina. O pensamento é o seguinte: porque os filósofos consideram tacitamente os textos bíblicos como oráculos divinos, não podemos, portanto, analisá-los como uma obra racional — como faríamos com os diálogos socráticos ou a *Summa*, de Tomás de Aquino, por exemplo. Sócrates e Aquino refletiram sobre a natureza do universo e o conhecimento humano como tais, sem pretender ser mensageiros divinos.

Mas Hazony tanto aponta que os autores bíblicos nem sempre reivindicaram autoria divina, quanto mostra que os filósofos gregos admitiram origem divina por trás de alguns de seus pensamentos. Na Bíblia Hebraica, de Gênesis a Reis, há palavras relatadas como sendo de Deus, mas os próprios textos são de autoria anônima e contêm sinais claros de perspicácia autoral no tratamento de tópicos abstratos.

Hazony então passa a mostrar como a história de Caim e Abel, se não vista meramente como um fratricídio de outrora divinamente revelado, inaugura uma imagem constante de filosofia política na Bíblia Hebraica, que persiste até o período dos reis.[22] Em outras palavras, ele pretende apontar que a separação da Bíblia Hebraica de textos filosóficos antigos parece receber tratamento desigual, na melhor das hipóteses, e ignorância intolerante, na pior delas.

Os detalhes do argumento de Hazony são menos importantes aqui, e posso chegar a conclusões diferentes das dele em alguns pontos. No entanto, o método de tomar as narrativas como um argumento cuidadosamente construído de como pensar sobre a natureza da autoridade política, por exemplo, não pode ser perdido. E, de fato, tal narração filosófica não passou despercebida quando se tratava dos diálogos socráticos: são diálogos-narrativas contendo e argumentando certo conteúdo filosófico. Hazony pede paridade.

Reiterando: em algum momento da leitura de um diálogo socrático, percebemos que as perguntas de Sócrates não são apenas as interrogações de um velho inusitadamente curioso. Percebemos que o uso da história por Sócrates, dentro do diálogo, nunca visa ao mero entretenimento. Lemos sabendo que o autor espera que o leitor perceba o que está acontecendo. Este é um estilo

---

[22] O trabalho recente de James A. Diamond também propõe o impulso filosófico humano como um dever moral da história de Caim e Abel. *Jewish theology unbound* (Nova York: Oxford University Press, 2018), p. 31-4.

## 56 FILOSOFIA BÍBLICA

narrativo, entre outros estilos literários, de retratar e prescrever filosofia. E assim vale para a Bíblia Hebraica e o Novo Testamento. Esse tipo de intenção é explicitamente sinalizada perto do final do Evangelho de João: "Ora, Jesus fez muitos outros sinais na presença dos seus discípulos que não estão escritos neste livro. Mas estes estão escritos para que vós possais crer que Jesus é o Messias" (Jo 20:30-31).

Segundo, partilho da veemência de Hazony em manter a linguagem filosófica e as construções das Escrituras como primárias para nosso pensamento sobre filosofia. Embora eu queira traduzir conceitos filosóficos das Escrituras cristãs para as discussões contemporâneas, não presumo que nossos esquemas ou métodos filosóficos atuais sejam suficientes ou superiores. Por exemplo, argumentarei no Capítulo 9 que o esquema bíblico para a verdade e seus efeitos epistêmicos descrevem melhor as realidades do conhecimento de hoje e se encaixam mais adequadamente à epistemologia científica moderna do que a visão platônica ou a assim chamada visão-padrão do conhecimento.

Assim, não pretendo presumir uma visão progressiva ou evolucionista da filosofia. Por essa razão, não somos filósofos-macacos nos tornando superfilósofos. Embora possamos falar de desenvolvimento no pensamento — por exemplo, sofisticação em lógica ou neurofilosofia empiricamente orientada — não aceito tacitamente a ideia de que hoje filosofamos de forma qualitativamente superior em relação aos antigos. Presumo que o raciocínio de segunda ordem esteve sempre presente na história humana, e certamente na história literária humana. Qualquer aparência de progressivismo neste volume é, portanto, não intencional.

## Divergência

Quando li *The philosophy of Hebrew Scripture* [A Filosofia da Escritura Hebraica] de Hazony pela primeira vez, vi rapidamente a abundância de benefícios, mas também os déficits de seu trabalho a partir da perspectiva cristã. Embora Hazony tenha desencadeado uma mudança de paradigma muito necessária em relação à filosofia hebraica, não acho que seu livro tenha suficientemente:

1. representado a filosofia da Torá ou do Novo Testamento em detalhes o suficiente;

2. apresentado a real caracterização da filosofia nos textos do Novo Testamento, além de considerá-los como tendo objetivos radicalmente divergentes da Bíblia Hebraica;

PELO RESGATE DA FILOSOFIA HEBRAICA 57

3. proposto um método claro e rigoroso que dê aos estudiosos uma leitura responsável dos textos bíblicos

É certo que ele e eu discordaremos sobre a natureza fundamental dos textos do Novo Testamento, e meu terceiro ponto, sobre um método claro e rigoroso, nunca foi o objetivo de Hazony.[23] Tais textos não precisam ocupar mais nenhuma discussão. Mas a natureza da defesa filosófica da Bíblia Hebraica e sua relação com os autores do Novo Testamento requerem esclarecimentos de antemão, pois determinam a própria razão deste livro.

A descrição de Hazony retrata o Novo Testamento como um documento de natureza jurídica, baseada no testemunho e na teologia que flui de um evento pontual: a ressurreição de Jesus. Ele corretamente observa que a linguagem do "testemunho" espalhada por todo o NT "se apoia em metáforas extraídas de um tribunal de justiça... A metáfora jurídica é central, de fato paradigmática, para a autoapresentação dos textos cristãos".[24] Ele continua citando a revelação do mistério neste evento histórico singular e irrepetível chamado "a Encarnação" como mais uma evidência de seu tom semelhante ao de um relatório.

Hazony vê a posição de Pedro e Paulo como testemunhas, que se nomeiam e dizem que viram tais coisas com seus próprios olhos, contrastando fortemente com os textos históricos anônimos da Bíblia Hebraica, os quais estilizam teologicamente o relato da história.[25] Várias coisas podem ser ditas em resposta a isso.

Primeiro, o registro primário do evento da Encarnação não é de Paulo nem de Pedro, mas os Evangelhos de autoria anônima, histórias às quais Paulo e Pedro se referem e às quais eles se conectam. Hazony erroneamente cita a Epístola aos Hebreus como paulina, um texto de autoria anônima para um público judeu.[26]

Em segundo lugar, ao ignorar o gênero, qualquer afirmação sobre o "propósito" de um texto inevitavelmente afunda. Hazony cita as epístolas, que são cartas pessoais escritas para grupos particulares, em cidades específicas, em um momento preciso. Não importa que visão das fontes seja assumida sobre a narrativa histórica da Bíblia Hebraica, elas não têm esse público em mente. Assim, a alegação específica de ser testemunha ocular de tais eventos

---

[23] Hazony, *The philosophy of Hebrew Scripture*, p. 265.
[24] Ibid., p. 51.
[25] Ibid., p. 55.
[26] Ibid., p. 55. Pelo fato de eu haver revisado as primeiras versões do livro e falhado em notar isso, esse erro é também meu.

## 58 FILOSOFIA BÍBLICA

tem a ver com a autoridade do conteúdo epistolar e seu autor, não com o evento referenciado.

Além da confusão de gêneros, o período de redação e as culturas em toda a Bacia do Mediterrâneo também ditarão o tom e o modo. Não é minha intenção percorrer ponto por ponto aqui, mas essa noção geral de equivalência entre textos leva a suposições errôneas sobre o Novo Testamento, cuja maior parte foi escrita por judeus do primeiro século. Examinarei ainda mais essa abordagem "enciclopedista" dos textos no Capítulo 6.

Terceiro, Hazony não reconhece que os autores judeus dos textos do NT se viam em continuidade radical com a Bíblia Hebraica. Embora citem livremente a *Septuaginta* (a tradução grega da Bíblia Hebraica), isso é só o aspecto mais evidente da continuidade. Especificamente, os Evangelhos:

1. confirmam amplamente a Torá
2. afirmam a prática da Torá em Israel
3. exigem conhecimento adquirido pela prática da Torá
4. ritualizam os eventos históricos da Semana da Paixão como a Torá faz com o Êxodo
5. reificam imagens do discurso hebraico encontrados da Torá aos profetas

Os próximos capítulos o demonstrarão, mas basta dizer por ora que nenhum estudioso do Novo Testamento sensível às mesmas análises literárias que Hazony prescreve para a Bíblia Hebraica deixa de enxergar esses usos intensivos e matizados de conceitos e textos bíblicos hebraicos em todo o NT.

Quarto, o testemunho da Torá da própria história se concentra em uma série de momentos historicamente únicos e pontuais que são então ritualizados para o entendimento de Israel. A criação, o dilúvio, o êxodo e a entrada em Canaã formam o núcleo da história da Torá. A memória histórica e comunitária das alianças e esses eventos irrepetíveis são ritualizados na vida de Israel de acordo com seu calendário.

Assim também, os eventos irrepetíveis do Novo Testamento são ritualizados, por meio do batismo e da comunhão, por Jesus agindo como o arquiprofeta de Israel.[27] Tanto a Comunhão quanto o batismo representam

---

[27] N. T. Wright demonstrou de maneira convincente, ao longo da parte II de *Jesus and the victory of God*: "O melhor modelo inicial para entender essa práxis é o de um profeta; mais especificamente, a de um profeta que carrega uma mensagem urgente escatológica e, de fato, apocalíptica para Israel". E: "Todas as evidências apresentadas até agora sugerem que ele [Jesus] foi percebido como um profeta".

PELO RESGATE DA FILOSOFIA HEBRAICA  59

ritualizações a partir de rituais judaicos do primeiro século derivados, no mínimo, das purificações levíticas e da Páscoa, contudo mais provavelmente do universo ritualístico de Israel como um todo.[28] Mais uma vez, o conteúdo dos textos do Novo Testamento visa à continuidade. Demonstrarei os detalhes disso mais adiante, nos Capítulos 5 a 7.

Quinto, a questão da vida após a morte no Novo Testamento parece estar em desacordo com a Bíblia Hebraica, segundo Hazony. Muitos estudiosos argumentam que, como a Bíblia Hebraica, os autores do Novo Testamento não estão tão interessados na vida após a morte.[29]

Reiterando o ensino da Bíblia Hebraica, na morte os humanos vão para o *Sheol* (hebraico: *šĕ'ōl*; grego: *hadēs*). Após a ressurreição, todos são julgados e entram na segunda morte (metaforizada às vezes como *Geena* no NT) ou entram na nova terra e novos céus. Nem mesmo são necessários os textos do Novo Testamento para deduzir esses pontos básicos de escatologia das Escrituras hebraicas, os quais são repetidos pelos autores do NT.[30] Sobre esse tema, Hazony parece ter em mente apologistas cristãos posteriores (Clemente, Orígenes, Agostinho etc.).

Sexto, e por fim, Hazony pensa que a revelação de segredos e mistérios não se encaixa com a história ou os profetas da Bíblia Hebraica. No entanto, o discurso neotestamentário do mistério deriva exclusivamente de Deuteronômio, entre outros lugares. Hazony, portanto, foge da questão maior da revelação de mistérios e segredos na Torá.

---

N. T. Wright, *Jesus and the victory of God* (Christian Origins and the Question of God 2; Minneapolis: Fortress Press, 1996), p. 150, 196. Leonhard Goppelt também fez a mesma afirmação em *Typos: the typological interpretation of the Old Testament in the New*, trad. Donald H. Madvig (Grand Rapids: Eerdmans, 1982), p. 61-77. "É verdade que, do ponto de vista do historiador, o conceito de trabalho que guiou Jesus na tarefa do seu ministério foi o de 'profeta'": David Hill, *New Testament prophecy* (Marshalls Theological Library; London: Marshall, Morgan & Scott, 1979), p. 68. "Em suma, o Jesus do Evangelho de Marcos aparece como alguém que, em seu ensino, substitui e transcende as Escrituras mais que como alguém que faz as Escrituras apontarem para si mesmo como seu cumprimento" e, considerando a falta de citação de Jesus nas Escrituras, "isso pode muito bem ter contribuído para a impressão de autoridade que distinguia sua pregação daquela dos escribas". Hugh Anderson, "The Old Testament in Mark's Gospel", em *The use of the Old Testament in the New and other essays: studies in honor of William Franklin Stinespring*, ed. James M. Efird (Duke University Press, 1972), p. 304.

[28] Dru Johnson, *Knowledge by ritual: a biblical prolegomenon to sacramental theology* (Winona Lake: Eisenbrauns/Penn State University Press, 2016), p. 256-60.

[29] Por exemplo: Joel B. Green, *Body, soul, and human life: the nature of humanity in the Bible* (Grand Rapids: Baker, 2008); N. T. Wright, *The resurrection of the Son of God* (Christian Origins and the Question of God 3; Minneapolis: Fortress Press, 2003).

[30] Jon D. Levenson argumentou de forma persuasiva que a ressurreição está conceitualmente presente no início da Torá, em vez de ser um desenvolvimento posterior, no judaísmo do Segundo Templo: *Resurrection and the restoration of Israel: the ultimate victory of the God of life* (New Haven: Yale University Press, 2006).

60  FILOSOFIA BÍBLICA

O evento inaugural da história nacional de Israel é o Sinai, que cria um exemplo ousado da noção hebraica de revelação: Deus revelando somente para Israel coisas previamente desconhecidas. Deuteronômio 29 volta ao problema do Sinai, que foi colocado como um mistério epistemológico: Vocês viram tudo o que Deus fez, com seus próprios olhos (linguagem jurídica), *ainda que não tenham visto nada* (Dt 29:2-3; 29:1-2, Bíblia Hebraica).

Como eles poderiam ter olhos e ainda não ver? A resposta vem imediatamente: "Até hoje Yahweh não lhes deu coração para saber, nem olhos para ver, nem ouvidos para ouvir" (Dt 29:4). Essa seção de Deuteronômio termina com um ditado enigmático: "Coisas ocultas a Yahweh, coisas reveladas a nós e a nossos filhos para sempre, para que façamos todas as coisas desta *Torá*" (Dt 29:29 [28]).

Em outras palavras, o evento do Sinai tratava de quem poderia saber o quê e como. As "coisas ocultas" — *krypta*, na LXX — reveladas no Sinai devem ser realizadas, ao longo das gerações, por Israel. O *como* é o ato revelador de Yahweh apenas para eles, em vez de simplesmente ver com os próprios olhos — um tema que será regularmente empregado pelos profetas e pelos evangelhos. De fato, o evangelho mais antigo se inicia com a instrução de Jesus aos discípulos reempregando as palavras e os conceitos exatos de Deuteronômio 29, combinados com a reelaboração de Isaías em torno do tema (cf. Is 6:9,10; Mc 4:10-12).[31] O propósito declarado é revelar aos discípulos os mistérios do reino de Deus. Como a Torá, Jesus também levará seus discípulos ao topo de uma montanha onde ele receberá um destaque acima de Moisés e Elias (Mt 17:2; Mc 9:2,3; Lc 9:28-36). Os autores do Novo Testamento consideram estar descrevendo uma aliança renovada (Jr 31) e uma Torá renovada (Mt 5) com rituais em processo de "reritualização", uma prática encontrada também na Bíblia Hebraica.[32]

Em discordância com Hazony, nenhum dos evangelhos de autoria anônima enfatiza o papel dos discípulos como testemunhas oculares, mas retratam o evento como formativo para as pessoas que lideram este reino de Deus na nova aliança. Ao usar a linguagem do mistério, mostrei em outro lugar que este termo significa nada menos que a descrição enigmática da incapacidade de Israel de ver, um conceito intencionalmente derivado de Deuteronômio 29.[33]

---

[31] Examino isso extensivamente em *Epistemology and biblical theology: from the Pentateuch to Mark's Gospel* (Routledge Interdisciplinary Perspectives in Biblical Criticism 4; Nova York: Routledge, 2018), p. 110-47.

[32] Por exemplo: Eliseu toma a purificação ritual da lepra (Lv 14) e a ritualiza para Naamã, o sírio (2Rs 5:1-14). Conferir Johnson, *Knowledge by ritual*, p. 181-205.

[33] Johnson, *Epistemology and Biblical Theology*, p. 101-2.

Deuteronômio 29 deve alertar o leitor de que o mistério está sendo empregado com uma intenção específica. Portanto, o conceito do NT por trás do emprego da palavra *mystērion* não é novo; vem da sede teológica da Torá: Deuteronômio.

Hazony compreende comprovadamente bem o evento histórico que mantém os textos do Novo Testamento juntos. E ele está correto em notar que algo significativo aconteceu, o que esses textos retratam e afirmam como *testemunhado* (mais sobre isso nos Capítulos 5-7). O problema com a breve análise de Hazony diz respeito ao seu foco em características superficiais da linguagem e sua insensibilidade a gênero, em vez das estruturas conceituais, lexicais e temáticas mais profundas. Se fizermos as mesmas perguntas de uma maneira um pouco diferente, como esbocei brevemente acima, veremos a continuidade intencional do discurso dos autores judeus e gentios do Novo Testamento com a Bíblia Hebraica.

Os estudos do Novo Testamento se inclinaram comprovadamente a favor da continuidade do Novo Testamento com a Bíblia Hebraica, embora a teologia dispensacionalista da descontinuidade tenha reinado no cristianismo popular americano no último século. Da mesma forma, um supersessionismo ingênuo permaneceu uma ameaça consistente às reivindicações de continuidade. Quanto mais os estudos do Novo Testamento se desenvolveram em sua abordagem literária, um método ao qual Hazony seria simpático, mais profundas a linguagem e as construções da Bíblia Hebraica parecem estar no mundo dos autores do Novo Testamento.

## Qual é o ponto da filosofia hebraica?

Vestindo prescrições filosóficas em relatos descritivos, os autores bíblicos realizaram uma defesa discernível e coerente do raciocínio abstrato. Com uma habilidade consistente, escreveram discursos extensos através da poesia que exemplificam o raciocínio *genus/differentia*, o raciocínio jurídico do princípio ao caso, e a lógica dos sinais e maravilhas como justificação epistêmica. Como grande parte da filosofia grega, o estilo filosófico hebraico só pode ser praticado como um modo de vida comunitária. O restante deste livro será dedicado a preencher essa proposta e mostrará exemplos de como ela representa fielmente o mundo intelectual da Bíblia Hebraica e do Novo Testamento.[34]

---

[34] *N.B.*: Quando se fala em investigação filosófica ou "conhecimento" nos textos bíblicos, a maioria das pessoas considera que isso significa "filosofar sobre Deus" ou "conhecimento de Deus". Embora seja inerente à tarefa da filosofia bíblica, assim como era em grande parte da filosofia grega, *não* estou me

## 62 FILOSOFIA BÍBLICA

## Perigos interdisciplinares

*Em Orkney sou inglês;*
*na Inglaterra sou escocês;*
*na Escócia, Orcadiano.*[35]

Nas páginas seguintes, quero demonstrar de maneira suficiente, mas não conclusiva, que existe um estilo de filosofia hebraica que se estende da Bíblia Hebraica ao Novo Testamento. Eu quero comparar esse estilo hebraico com as filosofias das culturas vizinhas — filosofias mesopotâmicas, egípcias, gregas e filosofias romanas *du jour* — com as quais os autores bíblicos se relacionaram de várias maneiras.

Demonstrar que realmente existe isso de estilo filosófico hebraico requer que eu pise em ovos com meus colegas em estudos bíblicos, estudos do antigo Oriente Próximo, filosofia e teologia. Presumivelmente, isso exigiria certa competência (ou insanidade) de minha parte e caridade por parte do leitor.

Como o poeta orcadiano citado acima, criado nas Ilhas Orkney, mas agora morando em Edimburgo: entre os filósofos, este livro é de estudos bíblicos; entre os teólogos, de filosofia; entre os estudiosos bíblicos, de teologia. Nunca pertencendo totalmente a uma só comunidade acadêmica, este projeto mostra porque empreendimentos interdisciplinares como esse são vitais para a compreensão do mundo intelectual hebraico e até mesmo do nosso mundo hoje.

O objetivo é criar uma discussão vigorosa que, acredito, já deveria ter acontecido há tempos — para propor e demonstrar suficientemente uma visão robusta da filosofia hebraica abrangendo o que hoje chamamos de Escritura cristã. Isso inclui os textos judaicos helênicos dentro e fora dos apócrifos, mas vou mostrar porque eles desempenham um papel de contraste estranhamente significativo para o estilo filosófico hebraico do Novo Testamento.

Esta é uma tarefa audaciosa, que requer um argumento coerente e embasado, mas que não posso acertar inteiramente na primeira tentativa. *Existe uma filosofia hebraica da Escritura cristã? Eu acho que sim a ponto de ser óbvio para mim. Posso esboçar um exemplo esquemático de como a filosofia hebraica*

---

referindo a nada disso neste presente trabalho. O objetivo do pensamento de segunda ordem defendido nas Escrituras cristãs é promover uma comunidade diferenciada em relação ao assim chamado mundo natural, assuntos políticos, operações matemáticas, sociologia humana etc. Esses textos parecem presumir que, por meio do discernimento das nuanças em tais questões, igualmente se obtém o conhecimento de Deus (o que não deve ser confundido com o conhecimento de Deus em segunda pessoa).

[35] Agradeço a Steve Holmes por me indicar este poema. Harry Giles, "Visa wedding", *Tonguit* (Glasgow: Freight Books, 2016).

*conduz os objetivos retóricos e comunitários dos autores do Novo Testamento?* Acho que sim, mas só posso esboçar os contornos e ligar alguns pontos.

*Qual é o meu fardo?* Desenvolver o bastante esta tese, com exemplos suficientes dos textos bíblicos, para incendiar as imaginações filosóficas e exegéticas das comunidades acadêmicas envolvidas para que possam avaliar as reivindicações em áreas das Escrituras e filosofia que não posso abordar aqui. Essa conversa com estudiosos mais experientes do que eu (em todas essas áreas) é desesperadamente necessária, se não por outra razão que a paridade com reivindicações paralelas em Egiptologia, Assiriologia e filosofia da Ásia Central/Oriental.

As filosofias não ocidentais voltaram a entrar na briga com as tradições helenista e iluminista no estudo formal da filosofia. A filosofia hebraica permanece notavelmente ausente dessa corrente ecumênica atual. Alguns podem citar sua ausência dos cânones filosóficos atuais como evidência da falta de conteúdo filosófico na Bíblia hebraica. Se essa é uma visão informada e fundamentada, que assim seja. No entanto, a rejeição acrítica da afirmação da filosofia hebraica só pode servir para reforçar uma visão ingênua da literatura bíblica.

Para fazer essa afirmação, primeiro exigirei alguma flexibilidade com os termos atualmente usados na filosofia. O que chamo de "epistemológico", "metafísico" ou "ético" pode não nos parecer de imediato como se encaixando perfeitamente nos marcadores atuais para tais conceitos, se é que as categorias atuais têm definições claras e consensuais (o que não têm). No entanto, o conflito terminológico tem mais a ver com o que tradicionalmente conta como filosofia no mundo anglo-americano nos últimos séculos. Vou abordar a questão — o que conta como filosofia? — no próximo capítulo. Enquanto isso, peço licença para usar esses termos para descrever o que está acontecendo nos textos bíblicos, que podem ser avaliados quanto à precisão e à adequação à cunhagem filosófica atual após o argumento ter sido formulado.

Em segundo lugar, este livro já faz parte de uma conversa formalmente iniciada por *The Philosophy of Hebrew Scripture* [Filosofia das Escrituras Hebraicas], de Yoram Hazony, entre outros. De muitas maneiras, estou trabalhando em parceria com muitas de suas sugestões nesse volume. No entanto, este presente trabalho é também uma resposta a Hazony, como ficará claro.

Terceiro, se uma tradição hebraica de filosofia existe na Bíblia Hebraica, então devo considerar o emprego ou negligência dessa tradição no judaísmo helênico e no Novo Testamento. Os judeus do Segundo Templo ignoraram, misturaram ou estenderam a filosofia hebraica em seus textos, e minha tarefa aqui é mostrar sinais de mistura e extensão.

# ESTILOS FILOSÓFICOS

Primeira parte

Capítulo um

# O QUE CONTA COMO FILOSOFIA?

Em 2007, apresentei um artigo na Universidade de Oxford na Sociedade Britânica para a Filosofia da Religião intitulado "Por que Deus pode ser poli-presente, e não onipresente". Não foi um ensaio bem elaborado. Independentemente disso, argumentei que as Escrituras cristãs apresentam consistentemente Deus — Pai, Filho e Espírito Santo — em locais espaciais específicos, e não de forma ubiquamente presente em em todo lugar onde, de fato, há um lugar. O taoísmo, por outro lado, tem uma espécie de modelo coerente de onipresença, mas a literatura bíblica parece desinteressada em tal visão de Deus. Ainda estou debatendo se esse argumento em particular é bom ou não, mas isso não vem ao caso.

Nas perguntas que se seguiram ao trabalho, percebi que algo estava errado. A primeira pergunta foi direta ao ponto: "Por que você está aqui?" Eu gaguejei em resposta, atordoado com a pergunta. O filósofo continuou: "Quero dizer: por que você está em uma conferência de filosofia usando argumentos da Bíblia?" Ele quis dizer isso como uma pergunta construtiva, e era um bom ponto. Afinal, não era uma conferência de filosofia cristã e eu estava fazendo argumentos diretamente do cânone protestante.

De todo modo, sua pergunta simples reuniu muitas de minhas conversas com filósofos cristãos em várias conferências em uma objeção particularmente direta. Nessas conversas, os filósofos cristãos muitas vezes ficavam perplexos com minhas repetidas tentativas de encontrar pensamento filosoficamente rigoroso nas próprias Escrituras. Fiquei igualmente perplexo com o porquê de eles não verem a literatura bíblica como um rico recurso para o pensamento filosófico.

Acho justo dizer que todas as nossas perplexidades combinadas mudaram bastante nas últimas décadas.[1] De nossa parte, os estudiosos da literatura bíblica aprenderam a dizer melhor o que queremos dizer. Eu escrevi várias obras para demonstrar o que seria uma "filosofia bíblica", incluindo este livro. Filósofos cristãos provaram estar mais dispostos a se envolver com o pensamento especulativo das Escrituras de maneiras mais sofisticadas.

O ceticismo em relação a mera premissa — que a Bíblia contém filosofia — tem sido o obstáculo mais proeminente e recorrente nessas conversas. Dois filósofos judeus, Shalom Carmy e David Shatz, resumem bem o sentimento: "Muito do que a Bíblia tem a dizer sobre assuntos de manifesta importância filosófica parece primitivo para sensibilidades filosóficas posteriores."[2] Os filósofos podem ser céticos por uma boa razão: eles precisam ver em primeira mão o conteúdo rigorosamente filosófico presente nas Escrituras.

Defenderei uma distinção de três partes nas tradições literárias que poderia nos ajudar a esclarecer por que obras literárias como Sêneca e Deuteronômio são textos filosóficos e não meramente especulativos ou acadêmicos. Podemos detectar um estilo filosófico pelo uso de lógica, rigor, raciocínio de segunda ordem e argumentos para tal raciocínio. Nem todos os escritos acadêmicos da antiguidade exploram noções de segunda ordem e nem todos os raciocínios argumentam segundo um estilo particular de pensamento. Por essa razão, se pensadores helenísticos como Sêneca se encaixam na filosofia, o mesmo acontece com Deuteronômio.

Mas também pode haver alguma hipocrisia em nossa afeição pelo estilo de discurso helenístico. Embora eu não me aproprie de sua dicotomia revelação-razão em todos os seus detalhes, Yoram Hazony argumenta que somente em nossa miopia intelectual podemos ignorar os aspectos de revelação divina alegados pelas filosofias grega e romana. Hazony mostra com um mínimo de exemplos que a revelação divina sustenta a tradição filosófica helenística, mesmo se optarmos por ignorá-los. Citando passagens de Parmênides, Empédocles, Heráclito e Sócrates, ele lembra que todos eles atribuem partes de seu pensamento racional à revelação divina. Seu resumo perturba nossa percepção geral da filosofia grega como baseada unicamente na razão:

---

[1] Jaco Gericke localiza essa mudança no ano 2000. "When historical minimalism becomes philosophical maximalism", *Old Testament essays* 27, n. 2 (2014), p. 412-27.

[2] Shalom Carmy e David Shatz, "The Bible as a source for philosophical reflection", em *History of jewish philosophy*, ed. Daniel H. Frank e Oliver Leaman (Nova York: Routledge, 1997), p. 14.

O que esses textos sugerem é o seguinte: durante os duzentos anos entre Jeremias [o profeta bíblico] e Platão, floresceu uma tradição filosófica — a mesma tradição que deu origem à filosofia ocidental — na qual a capacidade de conduzir investigações filosóficas era frequentemente vista como parcial ou totalmente dependente de revelação ou alguma outra forma de assistência divina.[3]

Embora essa influência divina no filósofo não seja nova nem reveladora, Hazony observa que Bertrand Russell a admite sem maior exploração em sua história da filosofia.[4] Uma obra mais recente e mais focada, de Shaul Tor — *Mortal and Divine in Early Greek Epistemology* [O Mortal e o Divino na Epistemologia Grega Inicial] — chega a uma conclusão semelhante: "Existe um cisma artificial na erudição entre as concepções dos primeiros filósofos gregos como pensadores sistemáticos e relacionais e como poetas, místicos e figuras religiosas".[5]

No passado, eu poderia ter presumido tacitamente que o raciocínio rigoroso fundamenta e permeia toda a filosofia grega, o que pareceria excluir as Escrituras cristãs como fonte de pensamento filosófico[6]. Mas Hazony desfaz efetivamente a rigorosa dicotomia razão-revelação ao simplesmente reconhecer o que é óbvio: tanto a literatura grega quanto a hebraica incorporam o que chamamos de razão e revelação.

Pierre Hadot argumentou que a filosofia helenista se preocupava principalmente com a prática da vida vivida aperfeiçoada por meio de "exercícios espirituais".[7] A filosofia não tratava meramente de definições, argumentos e discursos que passamos a considerar como características da filosofia grega. Assim, o frágil paradigma da razão-contra-revelação deve ser rejeitado ou reparado, mesmo que apenas nas suposições que trazemos para esses textos.

---

[3] Yoram Hazony, *The philosophy of Hebrew Scripture* (Nova York: Cambridge University Press, 2012), p. 9.

[4] Ibid., p. 9-10.

[5] Shaul Tor, *Mortal and divine in early greek epistemology: a study of Hesiod, Xenophanes, and Parmenides* (Cambridge Classical Studies; Nova York: Cambridge University Press, 2017), p. 7. Ou, como disse um resenhista, "para Tor, a epistemologia grega primitiva pode ser racional — isto é, lógica e sistemática — e ainda profundamente religiosa e até teológica". Hilary Bouxsein, resenha de *Mortal and Divine in Early Greek Epistemology: A Study of Hesíodo, Xenófanes and Parmênides, Classical Review*, 8 de abril de 2020, disponível em: https://bmcr.brynmawr.edu/2020/2020.04.08/.

[6] Yoram Hazony, *The philosophy of Hebrew Scripture*, p. 1-27. O *The Journal of Analytic Theology* dedicou quatro ensaios em resposta ao livro de Hazony. *The Journal of Analytic Theology* 2 (2014), p. 238-81.

[7] Pierre Hadot, *What is ancient philosophy?* trad. Michael Chase (Cambridge: Harvard University Press, 2002) [No Brasil: *O que é a filosofia antiga?* (Loyola, 1999)]; *Philosophy as a way of life: spiritual exercises from Socrates to Foucault*, trad. Michael Chase (Oxford: Blackwell, 1995).

Para aqueles que consideram a literatura bíblica uma revelação de Deus por meio dos profetas, isso não exclui a possibilidade de que esses profetas argumentassem com o leitor por meio de histórias, poesias, leis e muito mais. Ainda mais impressionante, os profetas exigiam que suas audiências empregassem a razão para que compreendessem a revelação — embora a epistemologia hebraica rapidamente complicasse isso.

Biblistas notaram a perspicácia literária que criou esses textos em suas formas finais, textos que entrelaçam temas complexos e argumentos detalhados com maestria. Assim que os estudiosos retornaram a leituras literariamente sensíveis dos textos bíblicos, eventualmente uma repetida questão veio à tona: o que aqueles antigos autores e editores hebraicos pensavam que estavam fazendo ao elaborar esses textos dessas maneiras particulares? Eles parecem pensar que estavam moldando algo dentro do mundo conceitual de seu público, mas o quê?

Em outras palavras, o ofício da escrita por trás do texto evidenciou um senso de propósito, e eu quero propor que um dos propósitos da literatura bíblica é prescrever um método ritualizado para pensar sobre o mundo tanto em suas granularidades históricas quanto abstrato-transcendente. Por toda parte, um método epistemológico discreto é prescrito, desenvolvido e apresentado repetidamente em sua forma de *genus* (conhecimento propriamente dito) e *differentia* (conhecimento errôneo). Ter o método epistêmico adequado é tão primário que chega a ser determinante na formação e nos limites adequados da filosofia ontológica, metafísica, ética e política de Israel.

## O QUE TEM SIDO CONSIDERADO COMO FILOSOFIA?

Roma || Grécia || **Israel** || Mesopotâmia || Egito

Se pedíssemos à maioria dos estudiosos para agrupar os mundos intelectuais das culturas apresentados acima de acordo com a afinidade, provavelmente poderíamos adivinhar as respostas com antecedência. A maioria dos estudiosos bíblicos e filósofos/teólogos inevitavelmente juntarão Grécia e Roma intelectualmente, e então classificarão Israel/Egito/Mesopotâmia como um grupo distinto quase em oposição ao helenismo:

Roma, Grécia |----------------------------------| **Israel**, Mesopotâmia, Egito

Curiosamente, os antigos estudiosos do Oriente Próximo colocam os hebreus com os gregos (e os romanos a reboque) como inovadores intelectuais no Crescente Fértil, libertos dos egípcios e babilônios, assim:

Roma, Grécia, **Israel** |-------------------------------| Mesopotâmia, Egito

Em outras palavras, aqueles que estudam os mundos intelectuais do antigo Crescente Fértil colocam o mundo do pensamento da Bíblia Hebraica no campo do helenismo. Observe as reações de Frankfort ao pensamento abstrato encontrado em toda a Bíblia Hebraica:

> Essa concepção [hebraica] de Deus representa um grau tão alto de abstração que, ao alcançá-lo, os hebreus parecem ter deixado o reino do pensamento mitopoético. O Antigo Testamento é notavelmente pobre em mitologia do tipo que encontramos no Egito e na Mesopotâmia.[8]
> É possível detectar o reflexo das crenças egípcias e mesopotâmicas em muitos episódios do Antigo Testamento; mas a impressão avassaladora deixada por esse documento não é de derivação, mas de originalidade.[9]
>
> Restava aos gregos (seguindo os hebreus) [...] descobrir uma forma de pensamento em que o mito foi inteiramente superado.[10]

Houve alguma reação recente aos estudiosos que sustentavam essas opiniões. No entanto, essa crítica não se concentrou em suas observações sobre os textos hebraicos em seus contextos, mas nas teorias mais gerais de progressivismo que informaram seus pontos de vista sobre os avanços do pensamento.[11] Suas conclusões sobre as distinções entre esses mundos intelectuais ainda precisam ser avaliadas.

Apesar dessas conclusões bastante estimulantes propostas entre assiriólogos e egiptólogos, evidências anedóticas sugerem que a maioria dos filósofos e teólogos cristãos hoje (junto com muitos biblistas!) colocariam o intelectualismo da Bíblia Hebraica juntamente com a Babilônia e Luxor enquanto *opostos ao* da antiga Atenas.

---

[8] Henri Frankfort *et al.*, *The intellectual adventure of ancient man: an essay on speculative thought in the ancient near east* (Chicago: University of Chicago Press, 1946), p. 367.

[9] Ibid.

[10] Ibid., p. 373.

[11] "O resultado foi uma obra de grande originalidade, mas também de não pouca fidelidade ao progressivismo, segundo o qual a história cultural, intelectual e cognitiva é vista como uma inexorável evolução e a cultura (as artes, a tecnologia e a ciência) é vista como agente de controle, conhecimento e distanciamento cada vez maior da natureza ao longo da história". Francesca Rochberg, "A critique of the cognitive-historical thesis of the intellectual adventure", em *The adventure of the human intellect: self, society, and the divine in ancient world cultures*, ed. Kurt A. Raaflaub (*Ancient world: comparative histories*, Hoboken: Wiley-Blackwell, 2016), p. 16-28.

72  FILOSOFIA BÍBLICA

Estudiosos fluentes na filosofia do helenismo também veem afinidades entre o distinto estilo filosófico "cristão" (ou seja, suas raízes hebraicas) e o helenismo,[12] sugerindo que as alturas do seu naturalismo filosófico nunca foram capazes de romper com a mitologia: "No sentido de que a concepção de movimento de Aristóteles é efetivamente um animismo transmutado, mostra-se novamente quão menos bem sucedidos os gregos foram do que os hebreus na demitologização dos antigos mitos da criação".[13]

Dadas as reflexões acima, podemos até incluir a Bíblia Hebraica como afirmando o que os gregos mais tarde reconheceriam como uma filosofia: um modo de vida particular baseado no pensamento abstrato sobre física e ética.

Voltaremos a essas reflexões em capítulos posteriores. Mas, por ora, devemos nos perguntar: por que a ideia de um estilo filosófico implícito nos textos bíblicos soa exótica para todos, exceto para aqueles que são especialistas em filosofias antigas do helenismo e do Crescente Fértil?

Alguns podem argumentar que os gêneros da literatura bíblica não se prestam ao filosofar. Essa objeção parece ter em mente que a literatura bíblica consiste principalmente em narrativa, lei, poesia, genealogia, parábola, aforismo e muito mais. No entanto, a diversidade de gêneros literários nunca excluiu certas obras de serem consideradas filosofia nos departamentos de filosofia moderna.

Mesmo que a questão do que conta ou não como filosofia propriamente dita não seja consensual entre os filósofos de hoje, recentemente tem sido um tópico de interesse.[14] Considere o amplo espectro da literatura dentro da Bíblia cristã e, em seguida, observe que os filósofos sempre se envolveram e defenderam o pensamento crítico de segunda ordem derivado de uma amplitude de meios literários. Revendo a amplitude das formas literárias comumente associadas aos filósofos mais influentes ensinados na academia anglo-americana

---

[12] "Quando começou, o cristianismo... anunciou o iminente fim do mundo e a vinda do reino de Deus. Tal mensagem era completamente estranha à mentalidade grega e às perspectivas da filosofia; antes, estava *inscrita no universo intelectual do judaísmo*, que o cristianismo subverteu, *mas não sem preservar algumas de suas noções fundamentais*. Nada, ao que parece, poderia ter previsto que, depois de um século da morte de Cristo, alguns cristãos apresentariam o cristianismo não apenas como uma filosofia — isto é, um fenômeno cultural grego —, mas como a única e eterna filosofia!" (grifo nosso). Hadot, *What is ancient philosophy?*, p. 238)

[13] Colin E. Gunton, *The triune creator: a historical and systematic study* (Grand Rapids: Eerdmans, 1998), p. 31.

[14] Por exemplo, Justin Weinberg, "What kinds of things count as philosophy?", *Daily Nous* (*blog*), 11 jun. 2015, disponível em: http://dailynous.com/2015/06/11/what-kinds-of-things-count-as-philosophy/; Eric Schwitzgebel, "What philosophical work could be", *The splintered mind* (*blog*), 11 jun. 2015, disponível em: http://schwitzsplinters.blogspot.co.uk/2015/06/what-philosophical-work-could-be.html.

O QUE CONTA COMO FILOSOFIA? 73

hoje, a objeção a um gênero ou forma particular faz menos sentido. Considere o que Gericke chama de "variedades de exegese filosófica":[15]

*Diálogo com uma história embutida* (Sócrates)
*Manual* (Epiteto)
*Alegoria* (Platão; Gettier; Frank Jackson, por exemplo,
   "O que Maria não sabia")
*Sentenças* (Pedro Abelardo)
*Disputas* (Aquino)
*Entradas de meditação* (Descartes)
*Pós-escrito pseudônimo* (Kierkegaard)
*Tratados* (Locke, Hume)
*Diários* (Marco Aurélio)
*Reflexões pessoais* (Camus)
*Aforismos* (Cícero, Nietzsche)
*Ensaio* (Montaigne)
*Novela* (Nietzsche)

Esta lista revela o que é óbvio: filósofos anglo-americanos exigem de seus colegas e alunos imersão em uma ampla gama de gêneros literários. Além disso, eles parecem adotar uma postura bastante inclusiva — literariamente falando — sobre o que conta como filosofia. A saber, uma antologia recém--lançada — *Philosophy through Science Fiction Stories* [Filosofia através de Histórias de Ficção Científica] — reúne mais de vinte ensaios de ficção científica recém-escritos destinados à exploração filosófica por meio da ficção.[16]

Fora a estranha inclusão de Eclesiastes (*Qohelet*) nos cursos de existencialismo ou de filosofia do significado da vida, as Escrituras cristãs simplesmente não contam como filosofia para a maioria dos filósofos de hoje. Além de anedotas e intuições, é difícil determinar por que isso acontece (se é que ainda acontece). Em caridade argumentativa, deve-se supor que a razão principal para essa exclusão, especialmente em meio a uma cultura filosófica de tal inclusão literária, deve ser ou a falta de conteúdo filosófico dentro da literatura bíblica ou a falta de compreensão sobre como essa literatura faz filosofia. Acredito que tudo isso aconteça por causa da última opção.

---

[15] Jaco Gericke, *The hebrew bible and philosophy of religion* (Society of Biblical Literature Resources for Biblical Study 70; Atlanta: Society of Biblical Literature, 2012), p. 43.

[16] Helen De Cruz, Johan De Smedt; Eric Schwitzgebel (eds.), *Philosophy through science fiction stories* (Nova York: Bloomsbury, 2021).

## FILOSOFIA COMPARADA: INCLUINDO A FILOSOFIA HEBRAICA

Uma quantidade suficiente de obras acadêmicas agora pontilha o horizonte acadêmico para que levemos a sério as alegações de que indianos, chineses, babilônios, egípcios e hebreus foram civilizações que pensaram e escreveram filosoficamente.[17] Departamentos de filosofia no ocidente desvalorizam ou ignoram a filosofia comparativa a fim de se identificarem com uma imagem particular do fazer filosófico, na maioria das vezes analítico ou continental. Em estilo e conteúdo, "de inspiração helenista e ancestralidade europeia" não seria uma caricatura injusta da maioria. E, assim, em nossas tradições de pensar e falar, o nome — *philosophia* — diz tudo. A filosofia é grega![18]

Richard King inicia seu livro sobre filosofia indiana pressentindo que deve atacar defensivamente a negligência da filosofia comparada na academia ocidental: "A principal motivação por trás desse trabalho é desafiar o paroquialismo da 'filosofia ocidental' e contribuir para o crescimento de um campo relativamente novo e muito difamado conhecido como 'filosofia comparada'".[19] King escreveu essas palavras em 1999, e agora é um fato que as filosofias chinesa e indiana realmente estão no cardápio de matérias ministradas pelos departamentos de filosofia no Ocidente, e não mais relegado apenas aos departamentos de ciências da religião. No entanto, a filosofia da literatura bíblica permanece quase, talvez inteiramente, inexistente nesses mesmos departamentos.

A consternação com o paroquialismo ocidental também provavelmente levou a um recente artigo de opinião do *The New York Times* intitulado: "Se a filosofia não diversificar, vamos chamá-la do que ela realmente é", que mais tarde se tornou o livro *Taking Back Philosophy* [Tomando de volta a filosofia].[20] A suges-

---

[17] Para literatura e modo de vida babilônios como filosofia, ver: Marc Van De Mieroop, *Philosophy before the greeks: the pursuit of truth in ancient Babylonia* (Princeton: Princeton University Press, 2016). Para literatura hebraica como filosofia: Gericke, *The Hebrew Bible and philosophy of religion*; Michael Carasik, *Theologies of the mind in biblical Israel* (Studies in Biblical Literature 85; Oxford: Peter Lang, 2005); Hazony, *The philosophy of Hebrew Scripture*; Dru Johnson, *Epistemology and biblical theology: from the Pentateuch to Mark's Gospel* (Routledge Interdisciplinary Perspectives on Biblical Criticism 4; Nova York: Routledge, 2018); etc.

[18] Para uma pesquisa adequada das filosofias do mundo antigo e moderno em referência à tese atual, veja Jaco Gericke, "Possible analogies for a philosophy of ancient Israelite religion", em *The Hebrew Bible and Philosophy of Religion*, p. 155-98.

[19] Richard King, *Indian philosophy: an introduction to Hindu and Buddhist thought* (Washington: Georgetown University Press, 1999), p. xiii.

[20] Jay L. Garfield e Bryan W. Van Norden, "If philosophy won't diversify, let's call it what it really is", *The New York Times* (Opinion Pages), 11 maio 2016, disponível em: *www.nytimes.com/2016/05/11/opinion/if-philosophy-wont-diversify-lets-call-it-what-it-really-is.html*.

O QUE CONTA COMO FILOSOFIA? 75

tão do autor é renomear a maioria dos departamentos de filosofia como "Departamento de Filosofia Europeia e Americana" devido à óbvia falta de diversidade. O livro foi gerado a partir da resposta esmagadoramente positiva ao artigo de opinião e abordou o que o autor viu como a "pseudo-argumentação que normalmente é usada para descartar a filosofia que está fora do cânone anglo-americano".[21] Outros filósofos indígenas apresentaram queixas semelhantes.[22]

No entanto, até mesmo o *Oxford Handbook on World Philosophy* — um volume inteiro dedicado à filosofia não ocidental — cobre filosofias chinesas, islâmicas e indianas, mas nenhum pensamento antigo do Oriente Próximo.[23]

Costica Bradatan recentemente conectou o viés ocidental na filosofia com o problema de definir o campo da própria filosofia:

> Uma conversa animada tem ocorrido ultimamente sobre a filosofia dominante no Ocidente contemporâneo e a maneira como ela trata as tradições não-ocidentais de pensamento como insuficientemente filosófica. Tal viés, embora grave, é apenas um sintoma — um entre muitos — de como a filosofia paroquial e purista não se entende. Não apenas outras tradições filosóficas são facilmente descartadas, mas dentro da própria tradição ocidental gêneros importantes, pensadores, coleções de obras inteiras são rejeitados com a mesma arrogância.[24]

A citação de artigos de jornais nacionais aqui é intencional. A forma como definimos o que conta como filosofia é de interesse e consideração públicos. A tarefa deste livro é levar a discussão, mesmo entre nossos colegas filosoficamente ecumênicos, além de suas fronteiras desenhadas a lápis para considerar a inclusão do pensamento do Oriente Próximo — e neste caso: o pensamento hebraico.

---

[21] Bryan W. Van Norden, *Taking back philosophy: a multicultural manifesto* (New York: Columbia University Press, 2017), p. 16.

[22] Cf. A filosofia aborígine na Austrália: "O conhecimento aborígene é inseparável de questões sobre quem deve ser educado, como os guardiões do conhecimento são tratados na Austrália moderna, por que tal conhecimento é marginalizado e como pode ser vital em um momento em que a civilização oscila à beira de um precipício". David Rutledge, apresentador, "Thinking the Country", *The Philosopher's Zone*, 7 jul. 2019, disponível em: www.abc.net.au/radionational/programs/philosopherszone/thinking-the-country/11278558. Veja também: Arindam Chakrabarti e Ralph Weber (eds.), *Comparative philosophy without borders* (Nova York: Bloomsbury, 2016).

[23] Jay L. Garfield and William Edelglass, eds., *The Oxford Handbook of World Philosophy* (New York: Oxford University Press, 2013).

[24] Costica Bradatan, "Philosophy Needs a New Definition," *Los Angeles Review of Books*, December 17, 2017, disponível em: https://lareviewofbooks.org/article/philosophy-needs-a-new-definition/.

## 76 FILOSOFIA BÍBLICA

Além da falta de diversidade de perspectivas ensinadas nos departamentos de filosofia de língua inglesa, a Bíblia enfrenta uma ameaça histórica e persistente de explorar seu conteúdo filosófico. Persiste uma afirmação há muito desmascarada de que os antigos semitas eram incapazes do tipo de pensamento objetivo e abstrato necessário para fazer filosofia.

Com o progressivismo modernista e o evolucionismo em mãos, estudiosos como Johannes Pedersen e Thorleif Boman especularam sobre antigas tendências intelectuais — desde os supostos escritos não abstratos dos antigos semitas até as ideias transcendentes dos gregos sobre os quais o alvorecer da luz filosófica supostamente brilhou.[25] Os próprios escritos bíblicos testemunharam a progressão, que até gerou uma abordagem neurológica evolucionária dos textos bíblicos.[26]

Alguns de seus insights descritivos, especialmente os de Boman, levaram a sério uma abordagem nativista do pensamento hebraico e não devem ser descartados imediatamente. Por outro lado, esses estudiosos exageraram ao afirmar que os israelitas não realizavam o pensamento abstrato de acordo com os primeiros escritos da própria Bíblia Hebraica. Apesar do debate e da refutação definitiva de sua afirmação no consenso acadêmico, essas ideias

---

[25] Embora Boman e Pedersen (e Tresmontant os seguindo) tenham feito observações que tinham profundidade e precisão sobre aspectos da cognição exibidos nos textos hebraicos, suas alegações mais grandiosas sobre a dicotomia entre as mentalidades hebraica e grega foram descartadas pela maioria. A avaliação desfavorável de James Barr dessas críticas das duas mentalidades foi definitiva. Para Barr, essas teorias da dicotomia hebraico-grega foram baseadas na natureza da linguagem — a filologia da mente nos textos existentes da Bíblia hebraica. A tréplica básica de Barr visa a afirmação errônea de duas mentalidades expressas pelas línguas das pessoas representadas. Primeiro, se o hebraico representa a mentalidade do "verbo" e o grego a do "substantivo", essa dicotomia reflete sua mentalidade por si só ou a natureza dos textos? Barr defende o último, apontando o aspecto fenomenológico dos textos existentes: "O veículo típico do pensamento hebraico é a narrativa histórica ou a previsão futura, ambas as formas de literatura em que o verbo provavelmente será de grande relevância". James Barr, *The Semantics of Biblical Language* (Eugene: Wipf and Stock, 1961), 15.

Sua segunda grande crítica aponta para a natureza vaga da própria comparação. Boman et al. construíram uma teoria da mente que inclui sua própria mentalidade européia e grupo linguístico indo-europeu em contraste com a mentalidade hebraica e o grupo linguístico semítico. Isso cria uma comparação ineficaz para a qual Barr levanta uma implicação penetrante: "[Se] a língua grega pode ser de alguma forma correlacionada com certas características estáticas ou abstratas do pensamento grego, como (digamos) a língua albanesa, que também é indo-europeia, se relaciona com essas características?" Barr, *Semantics*, p. 18.

Cf. Thorleif Boman, *Hebrew Thought Compared with Greek*, trad. Jules L. Moreau (Library of History and Doctrine 1; London: SCM, 1960); Johannes Pedersen, *Israel, Its Life and Culture* (2 vols.; Oxford: Geoffrey Cumberlege, 1959); Claude Tresmontant, *A Study of Hebrew Thought*, trad. Michael Francis Gibson (Nova York: Desclee, 1960). Para uma análise mais completa do debate da mente greco-hebraica, veja Carasik, *Theologies of the Mind in Biblical Israel*, p. 1-11; Dru Johnson, *Knowledge by Ritual: A Biblical Prolegomenon to Sacramental Theology* (Winona Lake: Eisenbrauns/PennState Press, 2016), p. 96-9.

[26] Julian Jaynes, *The Origin of Consciousness in the Breakdown of the Bicameral Mind* (Toronto: University of Toronto Press, 1976).

O QUE CONTA COMO FILOSOFIA? 77

progressivistas e evolucionistas sobre a filosofia antiga criaram raízes e ocasionalmente afloram aberta ou veladamente no discurso acadêmico de hoje.

Se descartamos imediatamente a ideia da filosofia hebraica, então não é que as Escrituras não contenham filosofia ou um estilo filosófico. Em vez disso, sequer tentamos abordar as Escrituras cristãs sistematicamente com essa pergunta para chegar a uma conclusão: existe uma filosofia a ser traçada nas Escrituras cristãs?

## FATORES COMPLICADORES

Primeiro, as Escrituras têm conteúdo filosófico? Dito de outra forma, a literatura bíblica tem uma visão coerente, um fio de pensamento de segunda ordem sustentável e discernível? Por "pensamento de segunda ordem", quero dizer apenas algo demonstrável como "pensamento sobre pensamento" ou "pensar sobre a natureza das coisas como tal".[27] (Eu vou esclarecer mais à frente ao distinguir obras *acadêmicas* e *especulativas* da *filosofia* em si.)

Como Marc Van De Mieroop argumentou recentemente em seu livro *Philosophy before the Greeks* [Filosofia antes dos gregos], se definirmos a filosofia pelos discursos estilisticamente distintos do helenismo, então somente os gregos e seus descendentes intelectuais/literários diretos podem fazer *filosofia*.[28]

No entanto, se o pensamento *especulativo* é aquele que envolve raciocínio de segunda ordem rigoroso e sustentado, então a Escritura certamente contém especulação filosófica.[29] Um grupo de pesquisa recente (A Segunda Ordem de Pensamento no Antigo Crescente Fértil, Universidade de Aarhus)[30] foi formado para defender a ideia de que a tradição helenista da filosofia emerge em um campo já existente com linhagens mais antigas de tradições intelectuais, remontando a mil anos antes de Sócrates *e incluindo a tradição bíblica hebraica*.

Em segundo lugar, como descobrir adequadamente o que as Escrituras têm a dizer sobre a natureza das relações metafísicas, estados epistemológicos,

---

[27] David Edmonds e Nigel Warburton aparesentam, "What Is Philosophy?", *Philosophy Bites*, November 14, 2010, disponível em: http://philosophybites.com/2010/11/what-is-philosophy.html.

[28] Van De Mieroop, *Philosophy Before the Greeks*, p. 1–12.

[29] Para um breve exemplo disso, ver meu ensaio "A Biblical Nota Bene on Philosophical Inquiry", *Philosophia Christi* (Blog), Evangelical Philosophical Society Symposium, disponível em: www.epsociety .org/library/articles.asp?pid=238.

[30] Esta unidade de pesquisa incluiu acadêmicos da Columbia University (Nova York), Aarhus University (Dinamarca) e North-West University (África do Sul), http://pure.au.dk/portal/en/projects/the-origins-of -pensamento de segunda ordem(4a620d0e-ab46–4659-ab58–38 ffb4d63198).html.

78 FILOSOFIA BÍBLICA

meta-ética, lógica e mais?[31] Sejamos brutalmente honestos neste ponto. Alguns na filosofia e na teologia cristãs baseiam suas ideias principalmente a partir dos discursos de suas tradições e depois encontram secundariamente nas Escrituras o que parece apoiá-las. A maioria de nós vai se pegar fazendo isso em alguns pontos. No entanto, podemos considerar essa metodologia específica como a *forma mais baixa de filosofia que envolve as Escrituras cristãs*: batizar nossas idéias contemporâneas com textos-prova.

Igualmente problemático, recorrer ao estudo de palavras-chave– "saber" para epistemologia ou "tempo" para metafísica — fornece lentes de má qualidade para investigar as Escrituras e muitas vezes distorce nossa compreensão da Bíblia acerca de tais temas. Examinarei o vocabulário bíblico mais central para a epistemologia nos capítulos 8-10. Surpreendentemente, a palavra-chave epistemológica mais óbvia, "saber" (hebraico: *yāda'*; grego: *ginōskō/eidon*), é um termo inadequado para entender a amplitude da epistemologia bíblica. Portanto, a metodologia, que abordarei no Capítulo 4, é crucial para como esse projeto deve prosseguir.

A filosofia hebraica deve ser examinada e exposta em seus próprios termos dentro da filosofia comparada. O mundo intelectual hebraico não depende de "ser parecido com" outras formas de filosofia. Isto deveria também servir para reforçar o fato de que a filosofia grega *não* é o padrão pelo qual todas as outras tradições serão medidas.

Terceiro, como o conteúdo filosófico das Escrituras deve se relacionar com nosso método e pensamento filosóficos? Essa questão é difícil porque poucas pessoas publicam obras que lidam diretamente com o estilo filosófico das Escrituras. Assim, vários estudiosos tiveram de traçar uma linha tênue ao mesmo tempo que teriam de andar sobre ela — aprendendo a avaliar como as Escrituras devem moldar nossa filosofia e teologia. Certamente, houve influências norteadoras, porém, elas infelizmente foram quase que inteiramente causadas por teólogos bíblicos e raramente por filósofos.

Como poucos estudiosos trabalham no mundo filosófico da própria literatura bíblica, nossas metodologias tiveram de se cristalizar por meio de um processo de tentativa-e-erro. Tivemos de criar metodologias que nos dessem confiança acadêmica em seus resultados.

---

[31] Questões metodológicas semelhantes foram colocadas em filosofias não ocidentais, mas a questão já pode presumir a superioridade da filosofia ocidental. Textos e gêneros de escrita díspares nunca impediram os estudiosos ocidentais de perceber conteúdo filosófico em poesia, meditações, reflexões, narrativas e muito mais. A filosofia comparada continua presumindo que esses textos e gêneros díspares também podem conter conteúdo filosófico em contextos não ocidentais. Ver também John S. Mbiti, *African Religions and Philosophy* (London: Heinemann, 1969).

O QUE CONTA COMO FILOSOFIA? 79

É claro que deve haver algum valor para o pluralismo metodológico em tais atividades. Vários métodos mutuamente enriquecedores podem nos ajudar a avançar coletivamente em direção a um objetivo comum. Mais estudiosos bíblicos e filósofos publicando nesta área certamente poderiam criar um bem-vindo pluralismo metodológico.[32] Mas a situação atual, que eu saiba, é que acadêmicos judeus e ateus estão levando a literatura bíblica mais a sério, filosoficamente falando, do que os filósofos e teólogos cristãos. Tal pluralismo inevitavelmente resultará da diversidade de compromissos dos acadêmicos também.

## DEFINIÇÕES DE FILOSOFIA

Para manter uma consistência modesta em filosofia comparada, divido as fontes antigas em três categorias: erudição, especulação e filosofia. Definir "filosofia" gera florestas espinhosas de noções conflitantes vindas dos próprios filósofos. A dissecação típica do termo grego em *phileō* (amor) e *sophia* (sabedoria) não será suficiente. Como Colin McGuinn argumentou recentemente no *The New York Times*, existem poucas evidências de amor à sabedoria no trabalho de filósofos profissionais hoje. Como a busca apaixonada da sabedoria não é o que os filósofos realmente fazem, ele sugere que se abandone a propaganda enganosa:

> Tenho uma proposta ousada: deixemos de lado o nome "filosofia" para a disciplina assim chamada e substituamos por um novo. O nome atual é obsoleto, enganoso e prejudicial — passou em muito da data de validade... Refletindo nosso viés, também podemos querer descrever a nós mesmos como fazendo "ciência ôntica", pelo menos até que nossa afinidade com as ciências seja absorvida — então podemos abreviar para "ôntica".[33]

Seu diagnóstico e solução podem errar por exagero de austeridade, mas sua tese é válida. "Filosofia" como título para a profissão é um nome impróprio para a maioria dos filósofos profissionais de hoje.

---

[32] Por exemplo, eu (cristão), Yoram Hazony (judeu), Seizo Sekine (um estudioso japonês) e Jaco Gericke (ateu) trabalhamos em construções filosóficas na Bíblia Hebraica, mas a partir de diferentes metodologias e compromissos de fé. Não acho que todas as abordagens sejam igualmente frutíferas. Para minha avaliação dessas abordagens, veja minha revisão comparativa de Sekine e Gericke no *Journal of Analytic Theology* 4 (2016).

[33] Colin McGuinn, "Philosophy by Any Other Name," *The New York Times* (*The Opinion Pages*), March 4, 2012, disponível em: https://opinionator.blogs.nytimes.com/2012/03/04/philosophy-by-another-name/.

80  FILOSOFIA BÍBLICA

Diversas respostas para a pergunta "o que é filosofia?" abundam entre os filósofos. O podcast *Philosophy Bites* dedicou um episódio inteiro de 27 minutos para buscar uma definição de filosofia entre filósofos profissionais. Mais de uma dúzia de filósofos deram definições muito variadas, algumas qualificando-se como interpretações, mas tornou-se óbvio que os filósofos profissionais têm visões muito diferentes entre si sobre a natureza de sua tarefa.

Esses exemplos sugerem que seria fútil exigir que inauguremos nossa proposta definindo a filosofia de uma vez por todas. No entanto, fora do *pedigree* helenista, deve haver um modelo para delinear o que conta como filosofia quando os textos antigos não seguem o estilo nem a substância dos estilos tacitamente aceitos pela filosofia europeia de linhagem grega.

Portanto, não desejo definir filosofia em si, mas distinguir estilos filosóficos de outras tradições intelectuais e literárias para examinar os vários textos e gêneros da literatura bíblica e os textos dos povos vizinhos de Israel. A distinção em três partes — erudição, especulação e filosofia — atuará como um modelo para esta tarefa de distinguir diferentes tipos de literatura ou discursos no antigo Oriente Próximo. A saber, a diferença qualitativa concentra-se na sistemática e no rigor como indicativos de textos eruditos, no uso de pensamento de segunda ordem como indicativo de textos especulativos e na defesa de um método particular de pensamento de segunda ordem como indicativo de textos de filosofia. O termo "filosofia", aqui, designa um estilo filosófico como tradição histórica, não a natureza da filosofia em si. Por isso, vou distinguir os três tipos de obras produzidas nos antigos mundos intelectuais do Mediterrâneo e do Oriente Próximo:

1. textos *eruditos* (rigorosos/sistematizados)
2. textos *especulativos* (exibem o pensamento de segunda ordem)
3. textos *filosóficos* (advogam um ou mais métodos de moldar o pensamento de segunda ordem)

Essas categorias não são inerentemente inclusivas ou exclusivas umas das outras e não necessariamente progridem de 1 para 3. Discussões eruditas ou especulativas podem ser defendidas, mas somente discussões especulativas se tornam filosofia quando são defendidas metodologicamente. Portanto, posso diferenciar obras antigas na Grécia, como os poemas epigramáticos de Símias de Rodes, como eruditas, mas não especulativas.[34]

---

[34] Símias escrevia tanto sobre gramática quanto sobre peças textuais práticas, criando poemas fisicamente moldados na página de acordo com o conteúdo do poema.

O QUE CONTA COMO FILOSOFIA? 81

Por erudito quero dizer que existe um sistema claro e logicamente elaborado de relacionamentos dentro ou entre os textos. Os textos de adivinhação babilônicos podem ser bons candidatos para o pensamento erudito exibido em textos. Essas listas de presságios desenvolvem sistematicamente relações de *modus ponens* (Se P, então Q) sobre uma miríade de fenômenos observáveis. Discutirei mais detalhadamente sua lógica e sistematicidade no Capítulo 2. De todo modo, atendem, no mínimo, ao padrão de erudição.

Para dar um exemplo contemporâneo, os meteorologistas hoje participam de uma atividade erudita — observando, registrando e calculando. Por causa desse rigor, um meteorologista pode fazer juízos ponderados sobre o futuro. Da mesma forma, na Bíblia Hebraica, as listas do censo de Esdras (por exemplo, 2:1-70) podem contar como uma atividade erudita: rigorosa, lógica e ordenada de acordo com conexões patrilineares, mas não destinada a exibir ou defender raciocínio de segunda ordem.

Por especulativo, quero dizer a escrita que demonstra o pensamento de segunda ordem, que geralmente é interpretado como pensamento sobre pensamento ou pensamento sobre a natureza da realidade à parte de qualquer instância individual dela. Van De Mieroop argumenta que as inovações dos escribas dentro das exaustivas listas de palavras mesopotâmicas — mantidas em duas línguas simultaneamente — vão além do mero jogo de palavras e evidenciam um tipo de pensamento especulativo.[35] Falarei mais sobre isso no próximo capítulo, mas observar escribas se esbaldando em pensamento especulativo coloca a tese de Van De Mieroop no nível especulativo, não necessariamente no filosófico.

Por filosofia, não estou incluindo o pensamento meramente rigoroso de segunda ordem, mas o pensamento prescritivo de segunda ordem em relação aos suspeitos usuais: pensamento político, epistemologia, metafísica, ética e muito mais. Por exemplo, quando Hugh Benson argumenta que existe um método socrático distinto nos diálogos socráticos, ele vê a defesa do método como um indicador formal da filosofia socrática e, eventualmente, causando a sentença de morte de Sócrates[36]. Tratar a defesa pública como distintivo de uma tradição filosófica pode parecer inicialmente estranho até considerarmos que a defesa de um método de raciocínio de segunda ordem tem um pedigree respeitável na história da filosofia.

---

[35] Van De Mieroop, *Philosophy before the Greeks*, p. 59–84.
[36] Hugh H. Benson, "Socratic Method", em *The Cambridge Companion to Socrates*, ed. Donald R. Morrison (Cambridge Companions to Philosophy; Cambridge: Cambridge University Press, 2010), p. 179–200.

## 82   FILOSOFIA BÍBLICA

Distinguir as tradições filosóficas pelo método adotado aqui oferece duas vantagens. Primeiro, a força pessoal por trás do estilo filosófico significa que ele tinha algum valor em seu próprio contexto. Por exemplo, Van De Mieroop mostrou um estilo de pensamento de segunda ordem em ação entre os escribas babilônicos na maneira como eles brincavam especulativamente com a linguagem e os presságios. No entanto, como alguém poderia discernir se isso era um estilo normativo de raciocínio ou se os escribas acreditavam que este era um método discreto para entender seu mundo? A possibilidade de que o intelectualismo babilônico seja especulação não o exclui de ser filosofia da maneira que o diferenciei aqui, apenas que a defesa do estilo de pensamento abstrato ainda não foi demonstrada.

Os compêndios babilônicos de textos e habilidades exibiam uma surpreendente variedade de conhecimento magistral, o que mais tarde impressionou os gregos. Quando Diodoro da Sicília visita a Mesopotâmia, a pergunta prenha em sua descrição da adivinhação babilônica (caldeia) é: como eles administram essas enciclopédias de detalhes? Ele responde que a adivinhação é um ofício de família, e por isso as crianças treinam esse modo de pensar desde a infância. (Ele observa a distinta vantagem do pai como professor que, portanto, não precisa sofrer com alunos desafiadores[37].) Transmitir uma tradição erudita é certamente uma forma de defesa; no entanto, não está claro se os próprios textos promovem tal defesa e os textos não exigem um método exclusivamente especulativo.

Em segundo lugar, a defesa pública nos permite ver o estilo como necessariamente incluindo elementos metodológicos no filosofar ao mesmo tempo que exclui outros. Compare as especulações dos escribas babilônicos com os diálogos socráticos. No ensino de Sócrates, fica claro que o próprio autor quer que os leitores entendam que Sócrates tem um método particular que ele está promovendo e praticando para entender o mundo de forma mais verdadeira — mesmo que esse método tenha como objetivo principal perturbar o conhecedor. Mais tarde, Platão vai eventualmente difamar outros filósofos por causa de seus métodos infrutíferos.[38] Embora Platão seja cético em relação aos alunos que queiram transformar seu ensino em um sistema unificado,

---

[37] Diodorus Siculus, *Library of History*, Vol. 1, trad. C. H. Oldfather (Cambridge: Loeb Classical Library, 1933), p. 447.

[38] Aparentemente desencorajado pela prática deformada do método socrático de Diógenes, Platão descreve Diógenes, o cínico, como "um Sócrates enlouquecido". *Diogenes Laertius*, Livro 6, Capítulo 54. NB, esta carta tem autoria contestada. Salvo indicação em contrário, todas as referências a fontes gregas clássicas fora do Novo Testamento são da Loeb Classical Library.

O QUE CONTA COMO FILOSOFIA? 83

seus escritos defendem um estilo filosófico discreto de raciocínio abstrato sobre o pensamento e a natureza da realidade.[39]

Mais será dito no Capítulo 2 sobre tradições eruditas, especulativas e filosóficas em vários gêneros literários e textos nas Escrituras cristãs e no antigo Oriente Próximo. Por enquanto, essas categorias nos dão uma maneira de pensar sobre textos que eram mais focados nas interações das pessoas com deuses do que em direcionar as pessoas sobre como elas deveriam pensar sobre a natureza da própria realidade. No entanto, na Bíblia Hebraica e nos textos do Novo Testamento encontramos uma defesa pública contínua de um processo epistemológico que envolve compromissos metafísicos.

Tal como as pretensas convicções de Platão sobre seus ensinamentos que não poderiam ser resumidas em um livro, o foco bíblico no método filosófico requer ver algo novo na mesma velha realidade, imbuída na comunidade como um modo de vida. Como a visão das formas de Platão, o objetivo final da filosofia hebraica não pode ser verdades escritas e passadas para o próximo aluno.

Embora eu discuta os movimentos especulativos no antigo Oriente Próximo e o helenismo de forma mais geral, este não será um trabalho de filosofia comparada. Não definirei a filosofia hebraica comparando-a categoricamente com o pensamento grego, egípcio ou babilônico. As comparações serão úteis em muitos lugares como pontos de referência e inevitáveis ao discutir o judaísmo helenístico e o Novo Testamento. Mas, em geral, o estilo hebraico de defender uma maneira de raciocinar por meio de problemas filosóficos deve falar por si.

## O ESTILO FILOSÓFICO DO HELENISMO

As questões filosóficas básicas têm variado pouco ao longo dos milênios, mas existe nas Escrituras cristãs um estilo hebraico de levantar questões abstratas, raciocinar por meio delas e oferecer respostas distintas a essas questões. A característica mais marcante da filosofia hebraica não é o uso de diversos gêneros literários (por exemplo, narrativa, direito, poesia etc.), mas o acúmulo de instâncias em usos padronizados que apontam para um princípio abstrato.

Para ilustrá-lo filosoficamente, contando e recontando relatos históricos de *cadeiras* em relação de aliança com Yahweh, a *cadeiridade* e seu significado filosófico seriam apontados para o leitor. Instâncias *de*, estrutura retórica

---

[39] Platão, *Epistle* VII.

## 84 FILOSOFIA BÍBLICA

*sobre*, uma estrutura lógica *dentro* de narrativas, e mais, podem ser como flechas invisíveis por meio das quais as instâncias de cadeiras se tornam ao longo das Escrituras, por assim dizer, mais do que objetos filosóficos a serem estudados, mas vetores filosóficos que se tornam coerentes apenas ao serem integrados no todo. Isso nem sempre é o caso, mas é frequentemente como as ideias abstratas são elaboradas na Bíblia Hebraica, refletindo os antigos modos de raciocínio do Oriente Próximo em contraste aos modos gregos tipicamente lineares posteriores.

Em um ponto da história da Grécia, filosofar se assemelhava a esse estilo indutivo/abdutivo. A primeira obra de Nietzsche, *Birth of Tragedy* [Nascimento da Tragédia], argumentava que a tragédia grega era a forma mais pungente de epistemologia.[40] Ou pode-se dizer, em defesa de Nietzsche: se queremos ajudar profundamente alguém a compreender melhor algo, não as leve por meio de premissas até uma conclusão. Em vez disso, crie um teatro para envolver todo o indivíduo dentro da comunidade.

Na nova literatura revolucionária de Platão, pode-se argumentar que a filosofia socrática também funcionou de maneira não linear, onde exemplo após exemplo pretendiam perturbar e distrair o homem que pensa que entende algo tão simples quanto a justiça. No entanto, um claro traço linear dessa ruptura pode ser observado nos diálogos socráticos, revelando que o método parece ser apenas casualmente exemplarista. Em retrospectiva, parece seguir um caminho roteirizado para um fim específico. O fim do jogo, para Sócrates, não parece ser uma definição delineada, mas uma nova disposição do conhecedor — uma mudança existencial.

Tomando em consideração esses dois aspectos diferentes do helenismo — engajamento teatral e argumento linear — o termo "helenismo" servirá aqui *apenas* como uma caricatura do mundo intelectual e das tradições que se seguiram e reagiram a Sócrates. Conforme empregado aqui, o "helenismo" ignorará a visão abdutiva idealizada de Nietzsche da epistemologia presente nas tradições intelectuais do teatro grego.

Além disso, os estilos literários variaram significativamente ao longo da história intelectual do helenismo. No helenismo, vislumbramos fábulas, teatro, diálogos, narrativas, tratados/ensaios e muito mais, a maioria dos quais emprega argumentos lineares e exemplos padronizados empilhados

---

[40] Friedrich Nietzsche, *The Birth of Tragedy and Other Writings*, ed. Raymond Geuss e Ronald Speirs; trad. Ronald Speirs (Cambridge Texts in the History of Philosophy; New York: Cambridge University Press, 1999) [No Brasil: *O nascimento da tragédia* (Cia. das Letras, 2007)].

O QUE CONTA COMO FILOSOFIA? 85

para formar um argumento. Assim, qualquer caricatura da filosofia do helenismo sempre deixará de fazer justiça a uma tradição tão rica, mas algumas características gerais podem ser esboçadas.

Procuro aqui esboçar um estilo filosófico desde Sócrates até as expressões romanas da tradição. Por "estilo", quero dizer que os textos revelam coletivamente um modo geral de argumentação e um conjunto de convicções que permitem que as formas particulares de argumento funcionem.

A metáfora do estilo se baseia num conjunto de convicções e expectativas daqueles que dominam bem a tradição, o que permite um fim particular. No estilo filosófico helenístico, por exemplo, o discurso linear não era um fim, mas um instrumento para a prática da justiça.[41]

Se o estilo filosófico é o coletivo abrangente de traços, então eu dividiria o "estilo" da filosofia grega em duas categorias: (1) seu *modo* de argumento (não confundir com a forma particular do argumento, como silogismo, entimema, questionamento maiêutico, etc.) e (2) suas *convicções* sobre a extensão e a tarefa da investigação, incluindo as visões necessárias da psicologia e da sociologia envolvidas na compreensão intelectual.

## Modos filosóficos

Primeiro, o helenismo geralmente favoreceu um *modo linear* de argumento, rastreável na forma e autônomo na função. As escolas helenísticas de filosofia às vezes ordenavam essa linearidade na lógica formal, mas o cerne de linearidade fica claro na filosofia grega primitiva. É claro que existem exceções notáveis ao estilo linear. Os estoicos helenísticos como Epiteto e Marco Aurélio certamente se afastaram de um estilo linear em algumas de suas obras. Mas este é precisamente o ponto: pensamos em uma coleção solta de entradas de diário — *a la Meditações* de Aurélio — como se desviando de algum padrão básico no estilo filosófico grego.

Por *rastreável* na forma, quero dizer que o argumento segue um caminho distintamente dedutivo, mesmo que argumentos indutivos sejam empregados ao longo do percurso. Como no diálogo socrático e na descrição das formas de Aristóteles, os leitores podem traçar diretamente o fluxo unilateral do argumento retroativamente, da conclusão às premissas. Mesmo quando o objetivo de Sócrates é apenas mostrar à pessoa que eles não sabem o que pensam

---

[41] "[O] discurso era filosófico apenas se ele fosse transformado em um estilo de vida." Hadot, *What Is Ancient Philosophy?*, p. 173.

## 86 FILOSOFIA BÍBLICA

que sabem, a fila de argumentos guia o participante por um caminho. E, como ambas as metáforas — "fila" e "caminho" —, eles são tipicamente lineares.

Existem exceções significativas ao estilo linear, a saber, os estoicos romanos posteriores que, notavelmente, costumam ser comparados com as epístolas de Paulo. Mais uma vez, as *Meditações* de Marco Aurélio não podem ser acusadas de empregar um estilo linear de argumentação. Da mesma forma, Sêneca enfatiza a vida vivida não linear dos filósofos acima das palavras de seus discursos: "Platão, Aristóteles e toda a multidão de sábios que estavam destinados a seguir cada um seu caminho diferente tiravam mais proveito do caráter do que das palavras de Sócrates. Não foi a sala de aula de Epicuro, mas a convivência sob o mesmo teto, que fez Metrodoro, Hermarco e Polieno grandes homens".[42]

Quero ser cuidadoso ao observar que, apesar dessas exceções, a caricatura geral do pensamento grego, em sua literatura, favorece o argumento linear.

Por *autônomo* na função, quero dizer que cada estágio do argumento deve ser válido por conta própria. Induções, evidências empíricas e deduções são empregadas como unidades autônomas em direção a um argumento maior. Embora cada passo do argumento possa ser contextualizado histórica ou literariamente para maior compreensão, os argumentos não dependem de tais contextos para validade — para serem dedutivamente eficazes.[43]

### Convicções filosóficas

O estilo filosófico do helenismo carrega um conjunto de convicções. O termo "convicções" pode soar como se tivéssemos deixado o mundo da filosofia e entrado em alguma esfera moralista. No entanto, Gary Gutting demonstrou que ainda hoje, mesmo nos esforços analíticos mais cortantes, argumentos dedutivamente lineares não determinam as recepções favoráveis de ideias filosóficas entre filósofos analíticos. Algumas das críticas analíticas mais famosas do século 20 não contêm argumentação dedutivamente sólida, mesmo que sejam lineares na abordagem. Ele cita a recepção favorável de "Two Dogmas of Empiricism" ["Dois Dogmas do Empirismo"] de Quine — um renomado ensaio de um importante logicista — como um excelente exemplo: "Ainda mais do que a crítica do segundo dogma, esta declaração final da visão holística de conhecimento e realidade de Quine é surpreendentemente

---

[42] Sêneca, *Epístola* VI.
[43] Por exemplo, o papel da argumentação em *Euthyphro* de Platão, *Enchiridion* de Epíteto, etc.

O QUE CONTA COMO FILOSOFIA? 87

indiscutível... O holismo de Quine... parece apoiado por nada mais do que uma retórica persuasiva. Sua apresentação é impressionante como um manifesto ou programa filosófico, mas não como um argumento convincente para uma conclusão".[44]

Gutting continua mostrando que os filósofos, como os cientistas, muitas vezes aceitam argumentos lineares não baseados em suas funções autonomamente lógicas e dedutivas, mas principalmente em intuições e convicções absorvidas por meio de suas tradições.[45] Considerados juntos, os estudos de caso de Gutting revelam que convicções são centrais para a comunidade filosófica e desempenham um papel descomunal no julgamento de novos argumentos. Portanto, devemos considerar sobriamente o papel de quatro convicções a seguir.

Primeiro, parece haver o que eu chamaria de uma tendência *domesticacionista* na investigação filosófica helenista: que a maior parte ou toda a verdadeira natureza da realidade pode ser deduzida pelo poder da razão, mesmo que isso implique os "exercícios espirituais" de alguma escola filosófica em particular (Estóico, Cético, Platão, etc.). Como um fazendeiro trazendo um cavalo intacto para o estábulo, o filósofo luta e decompõe as aparências astutas e enganosas do mundo no reino compreensível do espírito. E, de fato, isso resume a tarefa da investigação humana. Por exemplo, Epiteto ecoa esse sentimento ao relacionar a tarefa da filosofia aos domínios de controle: "A filosofia não pretende obter para nós nada fora de nosso controle. Caso contrário, estaria a tratar de assuntos que não lhe dizem respeito" (*Discursos* I, 15).[46]

Embora Sócrates certamente tenha uma inclinação ao mistério em suas inquisições, as escolas de filosofia que se seguiram, nem tanto. Para ele, somos criaturas historicamente vinculadas e, portanto, a natureza de nossa investigação não pode ser ancorada apenas em nossa compreensão historicamente contingente. Como Epiteto diz mais tarde, "se não tivermos compreendido e refinado completamente o instrumento [isto é, a lógica] pela qual analisamos outras coisas, como podemos esperar entender [aquelas outras coisas] com alguma precisão?[47] Parte do objetivo, então, visa uma habilidade individual de transcender as instâncias históricas para abstrair livremente de nossa experiência mediada.

---

[44] Gary Gutting, *What Philosophers Know: Case Studies in Recent Analytic Philosophy* (New York: Cambridge University Press, 2009), p. 30.

[45] Gutting, *What Philosophers Know*, p. 91–101, 121.

[46] Epictetus, *Discourses and Selected Writings*, trad.. Robert Dobbin (New York: Penguin Books, 2008).

[47] Epictetus, *Discourses*, I, 17.

## 88   FILOSOFIA BÍBLICA

Em segundo lugar, várias escolas tomaram diferentes caminhos *abstracionistas*, mas todas assumiram o poder da mente para transcender, alegando que a abstração oferece a verdadeira forma da realidade em consideração. A realidade, quando estudada à parte da história, produz a devida ordem e tranquilidade da alma. Platão usa um desses exercícios de contemplar tudo, literalmente *tudo*, para avaliar o valor de uma pessoa: "Você acha que uma mente acostumada a pensamentos de grandeza e a contemplação de todos os tempos e de toda existência pode considerar a vida do homem uma coisa de grande preocupação?"[48] O problema de uma mente sem limites em um corpo muito limitado evidencia esse tipo de convicção domesticadora que sonha: "Se ao menos fôssemos ilimitados, então poderíamos saber".

É o sábio filosófico que então encontrou tal liberdade da mente, que pode obter uma totalidade de compreensão só dele, *em abstração* de outros: "A consciência que ele tem do mundo é particular ao sábio. Somente o sábio nunca cessa de ter o todo constantemente presente em sua mente."[49]

Em terceiro lugar, a psicologia do estilo filosófico do helenismo propõe um modelo de compreensão fortemente *mentalista*: "os primórdios da ambição filosófica durante este período envolviam o desejo de alcançar, *por meio da investigação racional, uma compreensão mais profunda da natureza e do funcionamento* do mundo e, portanto, do nosso lugar nele".[50] Embora o ritualismo desempenhe um papel pesado na "religião" e na educação grega e romana, a investigação filosófica do helenismo enfatizou o que acontece na mente — a "equanimidade da alma".[51] O que agora podemos chamar de "eventos mentais" atua como o local primário e devido das práticas filosóficas.

Poderíamos ser tentados a caracterizar o famoso discurso *maiêutico* de Sócrates em si como um ritual corporificado. Afinal, um homem que tira um tempo para estimular verbalmente outro homem com perguntas destinadas a gerar conhecimento integrado na mente é, pela maioria das definições, um rito corporificado. Mas a corporificação é um fator epistemicamente complicado para Sócrates e aqueles que o seguiram, pois, para eles, o corpo muitas vezes atua como fonte de engano. No final das contas, para qualquer ritual necessário para a prática espiritual da filosofia helenística, o objetivo desse

---

[48] Platão, *A República*, 486a.
[49] Bernhard Groethuysen citado em Hadot, *What Is Ancient Philosophy?*, p. 229.
[50] Grifo meu. James Warren, "The World of Early Greek Philosophy", em *The Routledge Companion to Ancient Philosophy*, ed. James Warren and Frisbee Sheffield (New York: Routledge, 2014), p. 5.
[51] Hadot, *What Is Ancient Philosophy?*, p. 221.

O QUE CONTA COMO FILOSOFIA? 89

rito era a transformação individual da mente/alma. Assim, o helenismo se baseia em uma convicção *mentalista* em seu estilo filosófico.

Quarto, a sociologia que procede dessa psicologia e antropologia *mentalistas* também estabelece, às vezes, uma convicção *classista* dentro do helenismo. A tendência *classista* significa que apenas alguns podem compreender por meio da investigação filosófica, enquanto outros, não por conta de sua constituição. Para Platão, a cisão recaiu ao longo das fronteiras socioculturais, que são reificadas pela preconizada divisão da alma:

> Razão equivale a estadistas/filósofos.
> O espírito/paixões equivalem a guardiões.
> Apetite equivale a artesãos e agricultores.[52]

Na maioria das escolas de filosofia — com exceção do desejo de Platão de ver as mulheres como guardiãs na *República* V — as mulheres e a classe trabalhadora foram eliminadas do método filosófico. Tal classismo era frequentemente associado ao estoicismo — "essa noção de um sábio superior à humanidade, isento de falhas e infortúnios... era um conceito comum a todas as escolas."[53] Esse classismo teria aumentado nas escolas romanas devido à textualização dos filósofos e ao conhecimento necessário para entrar nos debates. James Warren define o cenário: "Neste período, [a filosofia] permaneceu em grande parte restrita a uma comunidade próxima de intelectuais que estavam bem-informados sobre os pontos de vista uns dos outros e, com toda a probabilidade, se envolviam em reuniões próximas e detalhadas, provavelmente face-a-face, debatendo uns com os outros."[54]

O supramencionado não pode servir como *a* definição do estilo filosófico do helenismo, mas sim, uma coleção de marcadores genéticos precisos o suficiente para fazermos distinções entre o helenismo e outros estilos antigos de filosofar (por exemplo, egípcio, mesopotâmico e israelita).

À medida que descrevo o estilo filosófico das Escrituras nos próximos capítulos, já foram notadas semelhanças com o helenismo em ênfase e prática. *What is Ancient Philosophy?* [O que é filosofia antiga?], de Pierre Hadot faz essa afirmação de forma mais dramática, demonstrando que a filosofia grega não

---

[52] Platão, *A República*, Livro IX.
[53] Émile Bréhier, *Chrysippe*, citada em Hadot, *What Is Ancient Philosophy?*, p. 232.
[54] James Warren, "Hellenistic Philosophy: Places, Institutions, Character", no *The Routledge Companion to Ancient Philosophy*, ed. James Warren e Frisbee Sheffield (New York: Routledge, 2014), p. 394.

# 90 FILOSOFIA BÍBLICA

se ajuntava apenas em torno da fogueira do discurso racional. Em vez disso, a filosofia helênica acendeu tochas na estrutura política e nas esferas adjacentes da cultura. A filosofia era *praticada* ao lado do discurso, não apenas *discutida*.

Nesse sentido, há uma inclinação ritualista para a filosofia grega "como modo de vida", mesmo que os ritos tenham como foco a convicção mentalista voltada para a formação espiritual do indivíduo. Sugestões recentes foram feitas de que a atual tradição analítica da teologia poderia se padronizar como um "modo de vida" dessa mesma maneira e por razões semelhantes. [55]

A filosofia grega tipicamente demonstrava a conquista da compreensão por meio do domínio de práticas de vida. Por exemplo, quando Hípias volta a questionar Sócrates sobre o significado da justiça, Sócrates se refere à sua vida:

> "De fato, Hípias! Você não notou que eu nunca cesso de declarar minhas noções do que é justo?"
> "E como você pode chamar isso de uma descrição?"
> "Eu os declaro por minhas ações, de qualquer maneira, se não por minhas palavras. Você não acha que atos são melhores evidências do que palavras?"
> "Sim, muito melhor, claro; pois muitos dizem o que é justo e fazem o que é injusto; mas ninguém que faz o que é justo pode ser injusto."[56]

Portanto, a prática corporificada é a filosofia, "que é a vida e a existência da pessoa justa que melhor determina o que é justiça"[57].

Voltando ao cristianismo primitivo, Hadot observa uma ênfase semelhante na prática da vida como formação da alma. Ignorando amplamente os textos bíblicos, ele salta para os escritos cristãos helênicos de Clemente, Orígenes, Agostinho e outros. Ele observa acertadamente em seus textos: "Como a filosofia grega, a filosofia cristã se apresentou tanto como um discurso quanto como um modo de vida."[58]

Mas Hadot pula, quase inteiramente, o estilo filosófico do Novo Testamento, para não mencionar a Bíblia Hebraica. Essa omissão é uma lacuna que pretendo corrigir em parte. Foi fácil para a apologética helênica-cristã sintética na igreja primitiva beber do "vocabulário e dos conceitos da filosofia

---

[55] William Wood, "Analytic Theology as a Way of Life", *Journal of Analytic Theology* 2 (May 2014): 43–60.

[56] Platão, *Xenofonte Memorabilia*, 4.4:10-11.

[57] Hadot, *What Is Ancient Philosophy?*, p. 31.

[58] Hadot, *What Is Ancient Philosophy?*, p. 31.

O QUE CONTA COMO FILOSOFIA? **91**

secular". [59] A pergunta que eu vou tentar responder neste livro é: as Escrituras cristãs, compostas tanto pela Bíblia Hebraica quanto pelo Novo Testamento, mantêm um estilo filosófico estável e discernível apesar do emprego de vocabulário filosófico e construções das culturas vizinhas?

## Por que filosofia "hebraica"?

Eu uso o termo "filosofia hebraica" para me referir ao estilo filosófico da Torá que será levado adiante no restante da Bíblia Hebraica e no Novo Testamento. Certamente os eruditos bíblicos perguntarão: Por que não chamar isso de "filosofia semítica" ou usar algum outro termo como "israelita", "judaica" ou "judaíta" para modificar "filosofia"?

O termo "hebraica" refere-se apenas ao idioma e às pessoas de quem a Bíblia Hebraica descende. Claro, esses textos chegam até nós em grego (ou seja, a LXX), tão logo quando chegam em hebraico. Porém, mais importante, os textos bíblicos hebraicos não têm traços de helenismo no conteúdo. Eu poderia ter escolhido "filosofia israelita" ou "filosofia judaica", que sinaliza o problema com qualquer termo que eu use. Cada termo carrega suposições históricas e complexidades que às vezes são perpendiculares para o que estou defendendo aqui.

O termo hebraico, com as questões que levanta e os problemas implícitos a ele, me dá uma designação adequada para um estilo filosófico antecedente ao helenismo e distinto de outras escolas especulativas do antigo Oriente Próximo. Esse estilo não pertence necessariamente aos judaítas em retorno do exílio; embora se pudesse argumentar que eles tinham as mãos editoriais finalizadoras desses textos.

Talvez pudéssemos considerá-la filosofia judaica nesse sentido. Mas o judaísmo que surge do período do Segundo Templo como uma religião irmã ao lado do cristianismo torna o termo "judeu" complicado demais para meus propósitos. "Filosofia israelita" parece perder de vista a origem judaíta desses textos. "Semita" tem muita amplitude para ser útil, pois incluiria efetivamente árabes, assírios e muito mais.

Assim, o termo "filosofia hebraica" terá que servir. "Hebraica" oferece, pelo menos, uma maneira de vincular minimamente a coleção existente de textos com a linguagem que remonta ao século X a.C e o grupo geral de pessoas associado a ambos.

---

[59] Hadot, *What Is Ancient Philosophy?*, p. 31.

## O que distingue a filosofia hebraica?

O estilo filosófico hebraico será explorado mais detalhadamente no Capítulo 3. Por enquanto, uma lista abreviada pode esboçar o estilo e as formas distintivas dos argumentos hebraicos que persistem no Novo Testamento.

A percepção hebraica do cosmos cria as condições a partir das quais se pode conceituá-lo. Quero dizer que, por exemplo, se vemos o cosmos como tendo uma causa e efeito estritos nas relações baseadas no que agora chamamos de "as leis da física", então nossos exames e conclusões sobre as operações do mundo seguirão de acordo. Quais aspectos do cosmos atuaram como os referentes primários para o intelectualismo hebraico?

1. Os relatos da Criação hebraica estabelecem uma estrutura metafísica discreta para o cosmos dando primazia às relações pessoais entre Deus e todos os objetos do universo. Deus regula e ordena todos os movimentos e objetos do cosmos.
2. A primeira história (Gn 2 e 3) centraliza-se no estabelecimento de uma estrutura epistemológica para explorar criticamente o cosmos.[60]
3. Verdade e justificação implicam ação pessoal e não apelos brutos à necessidade lógica. Os argumentos dedutivamente lógicos são sólidos com base nas pessoas envolvidas, não apenas na coerência interna das deduções.
4. Uma comunidade criticamente engajada, ou não, refletindo sobre atos divinos na história caracteriza-se como o estilo de explorações de segunda ordem de naturezas e relações na realidade.
5. Este estilo de filosofia hebraica é reificado no discurso e nos atos do profeta autorizado Jesus de Nazaré.
6. Nos discursos e nas epístolas dos apóstolos, a reflexão sobre o discurso e os atos de Jesus atinge um status equivalente ao discurso e à ação divina na Bíblia Hebraica.

Essa coleção mínima, que poderia ser facilmente expandida, enquadra as condições sob as quais Israel pensa abstratamente sobre o mundo ao seu redor.

Por exemplo, um termo carregado religiosamente como "temor de Yahweh" age filosoficamente na Bíblia Hebraica. O temor de Yahweh, inclusive o discernimento que se desenvolve a partir desse temor, é formativo intelectualmente. De acordo com Provérbios, há algo em confiar que "Yahweh é o criador" que

---

[60] Johnson, *Epistemology and Biblical Theology*, p. 17–55.

mudará a maneira como você pensa sobre a justiça e as estruturas políticas, a ética e o próprio conhecimento: "A sabedoria [baseada no "temor de Yahweh"] discerne o todo em relação às suas partes individuais... com base no reconhecimento de que mesmo dados exaustivos são inadequados, pois são as relações entre as coisas que tornam o conhecimento mais útil."[61]

A menos que tais conceitos sejam reverenciados como intelectualmente formativos, eles também podem distanciar os pensadores ocidentais modernos de uma compreensão interna dos tópicos de segunda ordem explorados na literatura bíblica.

Quanto ao estilo da filosofia hebraica, da Bíblia Hebraica ao Novo Testamento, a argumentação vem tanto em pacotes familiares como em estranhos. Demonstrarei na Parte II deste livro que o estilo hebraico de filosofia dá primazia aos textos narrativos e instrucionais no treinamento de uma comunidade filosófica de discípulos, todos voltados para o discernimento. A filosofia hebraica é uma tradição epistemicamente centrada: quem sabe o que e como.

O estilo da filosofia refere-se então àqueles elementos que enquadram e obrigam os modos de argumentação de acordo com as convicções exigidas. No Capítulo 3, discuto os dois modos (pixelado, em rede) e as quatro convicções (ritualista, transdemográfica, misterionista, criacionista) centrais ao estilo hebraico de filosofia.

As formas específicas de argumentação filosófica são os métodos literários adequados para explorar temas de acordo com o estilo. Os autores bíblicos empregam todas ou algumas das seguintes formas de raciocínio para atingir esse objetivo:

1. Narrativas como argumento
2. Definição por *genus* e *differentia*
3. Raciocínio analógico
4. Listas e pensamento taxonômico
5. Lógica pré-aristotélica com verdade não binária[62]
6. Relações discerníveis de causa e efeito

---

[61] Ryan P. O'Dowd, *Proverbs* (The Story of God Bible Commentary. Grand Rapids: Zondervan, 2017), p. 34–35.

[62] Por lógica pré-aristotélica, quero dizer apenas que as regras mais básicas do *modus ponens* e do *modus tollens* parecem operar nos julgamentos. Dar primazia a uma visão não binária da verdade não exclui as predicações verdadeiras/falsas de uma visão hebraica da lógica, mas torna as determinações de verdade/falsidade questões secundárias. Susanne Bobzien, "Ancient Logic", *Stanford Encyclopedia of Philosophy*, Summer 2020 ed., ed. Edward N. Zalta, disponível em: https://plato.stanford.edu/archives/sum2020/entries/logic-ancient/.

## FILOSOFIA BÍBLICA

Muito mais será dito sobre cada um deles nos próximos capítulos, mas esta lista já revela métodos filosóficos familiares e estranhos ao estilo mais comumente praticado no Ocidente hoje.

### CONCLUSÕES

Agora que a possibilidade de que as Escrituras cristãs possam contar como filosofia foi estabelecida, podemos prosseguir. Neste livro, explorarei a questão em voga: existe uma filosofia bíblica das Escrituras cristãs? Ao colocar os textos variados do cânone cristão ao lado de seus pares intelectuais, espero mostrar que não apenas as Escrituras cristãs defendem uma forma discreta de percepção filosófica, mas que nosso mundo intelectual hoje compartilha mais coisas em comum com o mundo conceitual das Escrituras cristãs do que dos gregos, egípcios ou mesopotâmios. Nesse sentido, seu alcance prescritivo ainda pode se estender a nós.

Capítulo dois

# FILOSOFIA ANTES DOS GREGOS

## O CONTEXTO INTELECTUAL DO ANTIGO ORIENTE PRÓXIMO

Antes de mergulhar no conteúdo filosófico das Escrituras cristãs, é importante entender que os autores bíblicos estão sempre se envolvendo e, ao mesmo tempo, criticando as filosofias e práticas que os cercam. Em nenhum lugar das Escrituras cristãs se pode alegar que os autores meramente recitam mitos babilônicos, folclore egípcio ou doutrinas do médio platonismo. Todos eles aparecem nos textos bíblicos, mas na maioria das vezes como um contraste, uma parte de um argumento maior para afirmar o que é louvável, ou uma reorientação para longe do pensamento errôneo.

Para continuar a distinguir a filosofia hebraica de outros estilos, o antigo contexto do Oriente Próximo nos ajudará a ver a discreta trajetória filosófica de Israel, bem distinta das tradições literárias de seus pares. Estudiosos como Peter Machinist consideraram a natureza teologicamente distinta de Israel com base principalmente em seu relacionamento com Yahweh, a proximidade de Yahweh e muito mais.[1] No entanto, o estilo retórico pronunciado de Israel recebeu menos exame.[2]

---

[1] Peter Machinist, "The Question of Distinctiveness in Ancient Israel: An Essay", em *Ah Assyria...: Studies in Assyrian History and Ancient Near Eastern Historiography Presented to Hayim Tadmor*, ed. Mordechai Cogan and Israel Eph'al (Scripta Hierosolymitana 33; Jerusalem: Magnes Press, 1991), p. 196–212.

[2] Os exames óbvios da retórica filosófica de Israel seria a obra de Thorleif Boman, Michael Carasik, Yoram Hazony, Henri Frankfort, Jaco Gericke, etc.

96   FILOSOFIA BÍBLICA

Neste capítulo, concentro-me em teologia, metafísica, epistemologia e ética, resumindo grosseiramente o que os estudiosos do antigo Oriente Próximo concluíram sobre esses impérios e populações que se enraizaram na Mesopotâmia, no Levante e no Egito. Embora este resumo seja necessariamente generalizante e incompleto, espero que forneça uma descrição suficiente para pensar sobre como os hebreus se apropriam e criticam o mundo intelectual do antigo Oriente Próximo a partir de sua tradição de escrita independente.

## A AVENTURA INTELECTUAL DO HOMEM ANTIGO

Em 1946, Henri Frankfort publicou pela primeira vez uma coleção de ensaios sobre o intelectualismo antigo intitulado *The Intellectual Adventure of Ancient Man: An Essay on Speculative Thought in the Ancient Near East*[3] [A aventura intelectual do homem antigo: um ensaio sobre o pensamento especulativo no Antigo Oriente Próximo]. Os ensaios foram feitos com base em palestras suas e de seus colegas do Instituto Oriental da prestigiosa Universidade de Chicago: Thorkild Jacobsen, William A. Irwin e John A. Wilson. A síntese de Frankfort da filosofia potencial de todas as três regiões — Egito, Mesopotâmia e Israel — começa e encerra o volume, uma síntese a qual retornarei. O livro foi amplamente lido nos estudos do antigo Oriente Próximo, mas muito menos nos estudos bíblicos.

Um viés comum de meados do século 20 é digno de nota: os autores compartilham uma tendência progressivista e defendem abertamente a capacidade de transcender o mito como a marca registrada da literatura totalmente filosófica. Esse tipo de progressivismo *du jour* era esperado na era do positivismo. De acordo com Frankfort et al., os egípcios e os babilônios eram pré-científicos — meticulosos em registrar o mundo ao seu redor, mas sem uma análise teórica para unir os dados. Por outro lado, os gregos abstraíram objetos como *ideias* e *formas* para fundamentar especulativamente suas observações empíricas dos céus e da terra um milênio depois. O volume de Frankfort quer explicar o abismo entre o pré-cientismo dos babilônios e o mundo completamente abstrato conceitualmente dos gregos.

Representando bem sua comunidade acadêmica, a assiemóloga Francesca Rochberg acredita que a crítica progressivista de Frankfort não é mais sustentável à luz das últimas décadas de pesquisa. *Intellectual Adventure* [Aventura

---

[3] Henri Frankfort et al., *The Intellectual Adventure of Ancient Man: An Essay on Speculative Thought in the Ancient Near East* (Chicago: University of Chicago Press, 1946), p. 37.

# FILOSOFIA ANTES DOS GREGOS 97

Intelectual], de Frankfort, *The Golden Bough* [O Galho de Ouro], de Sir James Frazer, e *Early Physics and Astronomy* [Física e Astronomia Iniciais], de Johannes Pedersen, todos se maravilham com a complexidade matemática da astrologia mesopotâmica, mas lamentam que ela não possa ser "científica" porque foi destinada à "agourologia": o estudo da previsão de eventos históricos coordenados com presságios.[4]

Rochberg lamenta o que esses trabalhos negligenciaram coletivamente: a astrologia mesopotâmica de fato tem uma base teórica, era matematicamente preditiva e "os critérios de demarcação usados anteriormente para justificar uma separação rigorosa da ciência de outras formas de conhecimento e prática não eram necessários nem suficientes para uma definição universal de ciência".[5]

Mais simplesmente, se definirmos "ciência" como "o que os gregos fizeram", então os resultados serão bem previsíveis. Uma definição paralela e igualmente problemática de filosofia parece seguir a mesma tendência (ver Capítulo 1). Rochberg e outros sugerem que, ao examinar a estrutura lógica, o funcionamento interno da astrologia babilônica e a proeza preditiva de sua habilidade astrológica, a fronteira pré-científica/científica não é mais útil.

Revisitando um ponto dos primeiros capítulos, muitos ficariam surpresos ao descobrir que, quando *The Intellectual Adventure of Ancient Man* examina as realizações eruditas do Egito, da Mesopotâmia e dos hebreus, Frankfort et al. separaram a tradição intelectual hebraica para elogios. Especificamente, foram apenas os hebreus, segundo Frankfort e Irwin, que transcenderam as instâncias concretas da história para abstrair do mundo ao seu redor. Embora Frankfort e seus colegas ainda acreditem que a Bíblia Hebraica está presa ao mito, por ser necessário para estruturar seu pensamento, esses estudiosos se maravilham com a realização intelectual dos textos bíblicos. Para eles, o pensamento hebraico exibe uma ordem e um grau de intelectualismo diferentes.

Esses assiriólogos e hebraístas celebram os hebreus acima de outras literaturas antigas do Oriente Próximo de uma maneira raramente testemunhada no mundo da erudição bíblica. "[Os hebreus] propuseram, não teoria especulativa, mas ensino revolucionário e dinâmico[6]." Frankfort destaca a inércia intelectual do monoteísmo para o que agora parece ser suposições comuns: "Esta

---

[4] Francesca Rochberg, *The Heavenly Writing: Divination, Horoscopy, and Astronomy in Mesopotamian Culture* (New York: Cambridge University Press, 2004), p. 30–43. Ver também Eric Voegelin, *Order and History: Israel and Revelation*, ed. Maurice P. Hogan (The Collected Works of Eric Voegelin; Columbia: University of Missouri Press, 2001), p. 93–4.

[5] Rochberg, *The Heavenly Writing*, p. 288.

[6] Frankfort et al., *The Intellectual Adventure of Ancient Man*, p. 373.

## 98 FILOSOFIA BÍBLICA

concepção de Deus representa um grau tão alto de abstração que, ao alcançá-lo, os hebreus parecem ter deixado o reino do pensamento mitopoético."[7] Perceptivamente, Frankfort nota que a paralelomania desenfreada — encontrar paralelos literários entre a Bíblia Hebraica e os textos mesopotâmicos — precisa ser calibrada segundo os textos hebraicos, que apresentam inovações não encontradas em outros lugares: "É possível detectar o reflexo das crenças egípcias e mesopotâmicas em muitos episódios do Antigo Testamento; mas a impressão esmagadora deixada por esse documento não é de derivação, mas de originalidade".[8] O mais extraordinário para muitos de nós é que ele enxerga as raízes da civilização ocidental moderna *não no mundo greco-romano*, mas emergindo da Bíblia Hebraica. Seu assombro merece nossa atenção, pois essa premissa básica ressurgiu na judaica recente, notadamente nas obras de David Novak, Yoram Hazony, Joshua Berman e Jeremiah Unterman:[9]

> A fronteira entre o mundo antigo e o moderno deve ser traçada, não no mar Egeu ou no médio Mediterrâneo, mas nas páginas do Antigo Testamento, onde encontramos as realizações reveladas de Israel nos domínios do pensamento, sua facilidade na expressão literária, seus profundos insights religiosos e seus padrões de ética individual e social.[10]

Concordo com muitos dos insights oferecidos por Frankfort et al., muitos dos quais permanecem subestimados nos estudos bíblicos. Não posso, no entanto, propagar seu viés de que o mito é uma forma incapaz de especulação em um sistema filosófico. O mito da "religião intelectualmente insípida baseada em mitos" tem algum atrativo na avaliação da coerência de um sistema de pensamento. No entanto, o mito religioso não pode contar automaticamente com um sistema de pensamento em todos os casos, como quando uma narrativa da criação é essencial para a compreensão da filosofia de todo o sistema. Se sim, então, as cosmogonias científicas atuais baseadas na Teoria do Big Bang não

---

[7] Frankfort et al., *The Intellectual Adventure of Ancient Man*, p. 369.

[8] Frankfort et al., *The Intellectual Adventure of Ancient Man*, p. 367.

[9] David Novak, *Jewish Social Ethics* (New York: Oxford University Press, 1992); *Athens and Jerusalem: God, Humans, and Nature* (The Gifford Lectures 2017; Toronto: University of Toronto Press, 1992); Yoram Hazony, *The Philosophy of Hebrew Scripture* (New York: Cambridge University Press, 2012); Joshua A. Berman, *Created Equal: How the Bible Broke with Ancient Political Thought* (New York: Oxford University Press, 2011); *Ani Maamin: Biblical Criticism, Historical Truth, and the Thirteen Principles of Faith* (Jerusalem: Magid, 2020); Jeremiah Unterman, *Justice for All: How the Jewish Bible Revolutionized Ethics* (Philadelphia: Jewish Publication Society, 2017).

[10] Grifo meu. Frankfort et al., *The Intellectual Adventure of Ancient Man*, p. 224.

FILOSOFIA ANTES DOS GREGOS 99

passariam pelo padrão de transcendência do mito de Frankfort. De acordo com o relato de um filósofo britânico, a evolução também não passaria pelo critério de corte.[11] Por uma questão de história, os cientistas de hoje muitas vezes desconhecem meticulosamente os fundamentos teóricos de seu trabalho. A ignorância da filosofia da ciência e da epistemologia científica, em particular, tem sido relatada de forma anedótica em toda a academia. No entanto, apesar dessa ignorância, não assumimos que sua erudição seja infrutífera.

Com esta brevíssima história dos estudos de intelectualismo do antigo Oriente Próximo em mãos, volto-me agora para os mundos de pensamento do Egito e depois da Mesopotâmia. Nas tradições de escrita dessas duas civilizações, se pudermos reduzi-las a duas, um estilo filosófico é discernível, porém, este é mais fino do que o que encontraremos na Bíblia Hebraica e no NT.

## EGITO

A uniformidade de culto, arte e linguagem permaneceu excepcionalmente estável ao longo de três mil anos de história egípcia. Apesar da complexidade do panteão e da teologia egípcias, da evolução para o monoteísmo à sua superação,[12] e das teologias políticas da criação concorrentes, a continuidade radical da cultura egípcia supera qualquer coisa conhecida no mundo antigo ou moderno. Essa continuidade que emerge ao lado de uma sociedade aglomerada em uma longa e estreita faixa de terra que margeia o rio Nilo explica parcialmente a circunferência conceitual que permite e impede o desenvolvimento no mundo intelectual egípcio. O que era ao mesmo tempo conceitualmente maravilhoso acabou se mostrando inflexível.

Jan Assmann torna esta uniformidade inabalável comovente em sua representação ficcional de um homem visitando um memorial. Ele pondera o que a noção de "história" significaria para um egípcio romano (ca. 125 EC) lendo as paredes hieroglíficas de um monumento inscrito no quarto milênio AEC. Por causa da impossibilidade de nos solidarizarmos com tais circunstâncias, vale a pena ler (e visualizar!) na íntegra:

Imaginemos por um momento o caso de um egípcio educado vivendo no período do Império Romano — sob Adriano [ca. 125 EC], digamos — e

---

[11] Mary Midgley, *Evolution as a Religion: Strange Hopes and Strange Fears*, ed. rev. (New York: Routledge, 2002).

[12] Por exemplo, o Período Amarna da décima-oitava dinastia.

# 100   FILOSOFIA BÍBLICA

visitando as ruínas do templo mortuário de Djoser da Terceira Dinastia [ca. 3000 AEC]. Este homem poderia ler não apenas as inscrições deixadas durante uma época que remonta a mais de dois mil e oitocentos anos... mas também os grafites hieráticos de outros visitantes antes dele — mil e quinhentos anos antes! Contemplava o monumento com a consciência de pertencer à mesma cultura; sua identificação cultural, portanto, se estenderia por milhares de anos e resultaria não de uma educação pessoal excepcional ou "senso de história", mas de seus parâmetros culturais atuais, que garantem que o antigo seja tão bem preservado no novo que torna a identificação com isso possível. No Egito, o antigo permaneceu presente; nunca se tornou estranho no sentido de representar algo definitivamente deixado para trás, algo irrecuperável ou imemoriável.[13]

Seria um gesto forçado dizer que o Egito tinha uma filosofia discernível, mas certamente tinha um mundo intelectual robusto com relações metafísicas complexas e uma epistemologia funcional centrada no raciocínio analógico. A metafísica e a epistemologia dos egípcios eram ambas baseadas em narrativas da criação, que mudaram e entraram em conflito ao longo do tempo. Como Israel, as narrativas da criação do Egito moldaram como os egípcios se entendiam, o que presumivelmente é o motivo pelo qual a teologia mênfita posterior conscientemente recontou a história da criação do Egito para justificar Mênfis como o poder regional, por exemplo.[14] Ao contrário das Escrituras de Israel, as narrativas de criação do Egito se originaram em locais egípcios e diferentes relatos envolviam deuses diferentes, muitas vezes revelando manobras políticas.

Nos anos de declínio, quando a deterioração das pirâmides lembrava aos egípcios uma antiga e gloriosa era de permanência, a promessa de poder político eterno através dos reis-deuses do Egito também se desfez, produzindo especulações existenciais sobre o valor do homem e do poder político.[15]

O sucesso ou o fracasso da realeza também produziu reações literárias. Os hinos faziam serenatas da idade de ouro das pirâmides. Séculos mais tarde, cantos fúnebres lamentavam os tempos difíceis em uma era de monumentos açoitados pelo vento que agora eram evidências megalíticas da deterioração

---

[13] Jan Assmann, *The Mind of Egypt: History and Meaning in the Time of the Pharaohs*, trad. Andrew Jenkins (New York: Metropolitan Books, 1996), p. 20.

[14] Voegelin, *Order and History*, p. 98.

[15] Estou pensando aqui na "Canção do Harpista", *Order and History*, p. 98.

FILOSOFIA ANTES DOS GREGOS    101

da confiança nos deuses-reis[16]. Então Voegelin resume: "Quando os símbolos da eternidade [monumentos de pedras] eles mesmos passaram, a tentativa de construir a eternidade materialmente neste mundo deve ter parecido convincentemente fútil."[17] Esses chamados Tempos de Problemas foram diagnosticados através da arqueologia, mas principalmente através dos escritos que questionam o valor do projeto dinástico.

Os egípcios, vivendo em uma terra exótica, falavam de si mesmos como estranhos para o resto do mundo. John Wilson chamou isso de o "rasgo verde" que é o Egito, uma faixa fértil que se estende desde as margens do Nilo, orlada por falésias e cortando o deserto aberto do Mediterrâneo em direção ao sul.[18] Uma única estrada poderia trazer notícias e comércio ao longo daquele sulco fértil do Baixo ao Alto Egito.

Quero discutir brevemente os princípios centrais e estáveis que contribuíram para o mundo intelectual do Egito. Embora sejam tratamentos concisos, pretendo trazer o leitor para o mundo da literatura bíblica e seus interlocutores naturais de um período que vai do Bronze tardio à Idade do Ferro (1200-400 AEC). A literatura egípcia remonta muito mais longe (cerca de 3000 AEC), mas esses pontos de interesse filosófico nos ajudarão a entender o pensamento explicitamente filosófico da Bíblia Hebraica em comparação com o Egito. Para entender seu cosmos, podemos considerar que qualquer sistema intelectual no Egito depende da aceitação aos seguintes aspectos de seu mundo de pensamento:

- Criação do cosmos à base de água: o Egito foi fundado durante a criação do cosmos, onde o universo começou como um "monte primordial", sendo em sua origem *tirado da água*.
- Os egípcios raciocinavam analogicamente a partir da experiência com sua localização física peculiar ao longo do Nilo.
- Embora não seja peculiar ao Egito, o pensamento egípcio sobre o cosmos covariou com a estrutura política de seu tempo.
- Os reis-deuses egípcios governavam dentro de uma filosofia política enraizada metafisicamente.
- A literatura egípcia dá apenas indícios de sua antropologia epistemológica.

---

[16] Frankfort et al., *The Intellectual Adventure of Ancient Man*, p. 71, 80.

[17] Voegelin, *Order and History*, p. 133.

[18] Frankfort et al., *The Intellectual Adventure of Ancient Man*, p. 31.

## 102  FILOSOFIA BÍBLICA

Como esses aspectos do pensamento egípcio se desdobram, entrelaçam e se transformam ao longo de milênios, vou reduzi-los a esses três temas: cosmologia da criação, epistemologia e metafísica da filosofia política, para dar uma amostra de seu mundo especulativo.

## Criação

Foi esse corredor verdejante de uma nação chamada "Egito", com suas inundações sazonais, que deu origem, literalmente, à história da criação. Qualquer descrição da criação egípcia pode ser anotada em versões posteriores do relato. Os personagens e locais da criação mudarão com o tempo, e até mesmo uma história suplementar surgirá para explicar como os humanos são formados por meio do sopro da vida.

De certa forma, a coleção de relatos da criação do Egito se assemelha ao relato duplo da Bíblia Hebraica: duas criações lado a lado, mas de perspectivas diferentes. Eles se apegam a esses dois relatos, não em tensão, mas como complementares. A criação primitiva do mundo acontece a mando de um deus principal, mas os humanos são feitos à mão na roda de oleiro de Khnum. Ao contrário do relato do Egito, no entanto, nenhum indício de uma teogonia de deus existe na Bíblia Hebraica.[19]

Deuses e humanos são criados em diferentes relatos no Egito. O relato teogênico começa com o primeiro deus Atum espirrando (ou ejaculando) a primeira coleção de oito deuses.[20] O relato antropogênico retrata o deus Khnum (não um dos oito deuses originais) criando pequenos humanos do lodo do Nilo e a deusa Heket dando-lhes o "sopro da vida" antes de colocá-los a caminhar.[21]

Embora várias iterações de cosmogonia povoem a literatura egípcia, seu consenso básico centra-se em uma colina primordial que se ergue das águas primordiais do caos (o Nilo), de onde brota a vida. Isso supostamente refletiu um fenômeno local de inundação do Nilo que, ao recuar, revelou colinas lamacentas que rapidamente ganharam vida com plantas. A criação foi um processo de animação divina da natureza estabelecendo a supremacia egípcia.

---

[19]James K. Hoffmeier, "Some Thoughts on Genesis 1 & 2 and Egyptian Cosmology", *Journal of the Ancient Near Eastern Society* 15 (1983): 39–49. Veja também: Tony L. Shetter, "Genesis 1–2 in Light of Ancient Egyptian Creation Myths", April 22, 2005 (https://bible.org/article/genesis-1-2-light-ancient-egyptian-creation-myths), o qual sumariza parte da sua dissertação: Tony L. Shetter, "The Implications of Egyptian Cosmology for the Genesis Creation Accounts" (PhD diss., Asbury Theological Seminary, 2005).

[20] Referência ao Hino à Ptah: Frankfort et al., *The Intellectual Adventure of Ancient Man*, p. 51–60.

[21] Henri Frankfort, *Ancient Egyptian Religion: An Interpretation* (New York: Columbia University Press, 1948), p. 20–1.

FILOSOFIA ANTES DOS GREGOS 103

Todas as versões da história da criação incluem os deuses sendo atribuídos e animando os elementos do que chamaríamos de "mundo natural". A teologia egípcia atribuía deuses à terra (Geb), ao vento (Amon), ao sol (Ra), à atmosfera (Shu) e ao leão (Sekhmet), e até mesmo o próprio rei faraônico torna-se deificado por um deus. Os deuses foram colocados junto com os fenômenos naturais, embora seja indiscernível se os egípcios pensavam que os deuses existiam onipresentemente nos fenômenos naturais ou localmente. Por exemplo, não está claro se *Sekhmet* está presente em todos os leões individuais, na espécie como um todo, ou se manifesta em leões particulares em circunstâncias distintas.

Eles projetaram sua compreensão do mundo *egípcia-mente*, ou, pode-se dizer, que *egipciaram* conceitualmente todos os lugares que não fossem o Egito[22]. Notavelmente, esses relatos da criação acontecem *no Egito*. O Egito é tanto o centro do universo que os egípcios descreveram outras regiões "miseráveis asiáticas" em termos de sua experiência centrada no Nilo. Eles descreveram outros países, onde chove, como tendo seu Nilo no céu.

No pensamento deles, o próprio Egito era a norma normativa do cosmos — desde seu rio que corria para o norte até suas inundações sazonais. A centralidade do Egito em seu próprio universo de pensamento se estendia além dos relatos da criação em seu vocabulário. Por exemplo, embora muitas sociedades tenham feito distinções rígidas de dentro para fora (israelita/gentio, grego/bárbaro etc.), o próprio termo egípcio para "humano" se referia exclusivamente aos egípcios. Estrangeiros não eram, literalmente, humanos, segundo oseu léxico. A palavra para "terra" se referia à terra *do Egito*. Como disse John Wilson, "Os egípcios eram egocêntricos e tinham seu próprio tipo de isolacionismo condescendente".[23] (Esses fatores — isolacionismo e o senso de superioridade do Egito — tornam quase inconcebível o relato bíblico dos comentários da rainha Sabá sobre Salomão em 1 Reis 10).

Seu isolacionismo manteve uma uniformidade ampla e longa ao longo de milênios de dinastias. Mas a força cultural do Egito pode ter sido o que também restringiu as sensibilidades transcendentes em seu pensamento. Assim, Jan Assmann acredita: "Quanto mais compacta e não diversificada é uma cultura, menos capaz ela é de se engajar em autocrítica e mudança".[24] Em contraste com os aspectos autocríticos e dinâmicos do pensamento hebraico,

---

[22] Frankfort et al., *The Intellectual Adventure of Ancient Man*, p. 37-8
[23] Wilson em Frankfort et al., *The Intellectual Adventure of Ancient Man*, p. 37
[24] Assmann, *The Mind of Egypt*, p. 16.

104    FILOSOFIA BÍBLICA

o rígido universo de pensamento do Egito era tanto seu legado duradouro quanto possivelmente sua debilidade filosófica.

A história da criação egípcia era central no mundo especulativo dos egípcios. O mesmo é verdade para a Bíblia Hebraica e o Novo Testamento, onde os relatos gêmeos de criação, sua força retórica e as esferas conceituais que abordam também moldarão o pensamento hebraico. O deus hebreu cria e eventualmente comissiona uma família para que "todas as famílias da terra sejam abençoadas" (Gn 12:3). Esta família deixou a Mesopotâmia e peregrinou entre os hititas, depois desceu por Canaã e chegou aos egípcios. Possivelmente, foi a natureza cosmopolita e criticamente engajada dos relatos da criação hebraica, ou seus tecidos conectivos na formação de Israel como uma nação nômade, que explica a falta de tal isolacionismo hebreu.

## Epistemologia

O Egito antigo não parece defender uma visão particular do conhecimento em seus escritos.[25] No entanto, isso não impediu os estudiosos de especularem amplamente sobre os conceitos construídos por sua experiência fenomenológica da terra. Esse tipo de raciocínio baseado na experiência tem sido chamado de "raciocínio analógico" e provou ser frutífero para explicar a rede de modelos e metáforas que se proliferam em nossas descrições da realidade hoje, incluindo modelos conceituais na epistemologia científica.[26]

Permita-me um breve aparte sobre o raciocínio analógico para esclarecer algumas das discussões em torno do pensamento especulativo egípcio (cf. Capítulo 9 para uma discussão mais completa do raciocínio analógico). O raciocínio analógico tenta descrever como usamos conceitos derivados do entendimento corporificado ou analogias para examinar ou racionalizar uma ideia. Por exemplo, se eu reclamar, "Divorciar a ética da prática médica trará consequências inimagináveis", estou usando algo mais do que uma metáfora para tornar a ideia compreensível. Neste exemplo, baseio-me no conhecimento do leitor sobre "divórcio" como uma lamentável separação de duas

---

[25] Em um grupo de trabalho com Jan Assmann e Amr El-Hawary, entre outros (*Second Order Thinking in the Ancient Fertile Crescent Conference*, Aarhus, Dinamarca, 2017), discutimos a ideia de uma epistemologia egípcia antiga e El-Hawary apresentou um artigo convincente sobre um possível *playground* epistêmico criado pela chamada estela das palavras cruzadas (Amr El-Hawary, "New Platonic, Post-Structuralistic — Except Modern: Ancient Egyptian Representations of Pre-modern Dynamic Thinking". No entanto, é difícil saber se esse artefato apresenta um texto epistemológico amplo ou se é uma peça pontual.

[26] Mary Hesse, *Revolutions and Reconstructions in the Philosophy of Science* (Brighton: The Harvester Press, 1980); *The Structure of Scientific Inference* (London: Macmillan Press, 1974).

FILOSOFIA ANTES DOS GREGOS 105

coisas que deveriam estar unidas. É uma analogia forte porque o divórcio costuma estar *envolto* em emoções intensas, *rompimento* de relacionamentos e pode *prejudicar* psicologicamente os cônjuges e seus filhos. (Observe que "envolto", "rompimento", e "prejudicar" são todos descritores metaforicamente *empregados*, assim como o é "empregado".) Sem falar na outra analogia que está sendo usada para conceituar o problema do divórcio: ele não pode acontecer sem "consequências inimagináveis".

George Lakoff e Mark Johnson *desferiram* um *ataque total* em 1980 no literalismo ingênuo com seu livro *Metaphors We Live By* [Metáforas pelas quais vivemos]. Eles argumentaram que praticamente todas as maneiras como nós *enquadramos* a realidade com palavras requerem metáforas *profundamente integradas*. [27] Em obras posteriores, Lakoff e Johnson cada um *construiu* sua teoria de metáfora para sugerir que as nossas *estruturas* conceituais em si *fluem* da nossa experiência corporificada e da nossa habilidade de *empregar* analogias de modo imaginativo.[28]

Por exemplo, porque experimentamos causa e efeito empurrando ou puxando um objeto físico com nossos corpos (por exemplo, empurrando um carrinho de compras), nós os conceituamos como diferentes formas de COMPULSÃO, que podemos então *estender* em nosso raciocínio abstrato. Em matemática e lógica dedutiva, podemos pensar no exemplo da necessidade lógica. A raiz quadrada de 961 ($\sqrt{961}$) deve necessariamente ser igual a 31, e não poderia ser outra resposta. Por que não poderia ser de outra forma? Trinta e um (31) é exigido pela necessidade lógica da matemática — é preciso que seja assim, por causa da dedução. Como *chegamos* a esse sentido abstrato de "é preciso" e não apenas "é possível"? Observe que não tentamos justificar logicamente a necessidade da conclusão lógica. Afinal, que argumento poderíamos tentar *empregar* a seu favor?

O primeiro volume de *Principia Mathematica* de Alfred Whitehead e Bertrand Russell é uma dessas tentativas. Ao longo de um livro de 700 páginas, eles tentam justificar dedutivamente que $1 + 1 = 2$.[29] Infelizmente, Whitehead e Russell não foram bem sucedidos. Mas, mesmo que tivessem

---

[27] George Lakoff e Mark Johnson, *Metaphors We Live By* (Chicago: University of Chicago Press, 1980); veja o desenvolvimento posterior de Johnson: Mark Johnson, *The Body in the Mind: The Bodily Basis of Meaning, Imagination, and Reason* (Chicago: University of Chicago Press, 1987). Para exemplos precisos da matemática, veja George Lakoff, *Women, Fire, and Dangerous Things: What Categories Reveal about the Mind* (Chicago: University of Chicago Press, 1989), p. 353-69.

[28] Johnson, *The Body in the Mind*; Lakoff, *Women, Fire, and Dangerous Things*.

[29] Alfred North Whitehead e Bertrand Russell, *Principia Mathematica*, Vol. 1, 2. ed. (New York: Cambridge University Press, 1963).

## 106 FILOSOFIA BÍBLICA

sido, a maioria das pessoas não recorre ao *Principia Mathematica* para justificar a necessidade lógica de que "a raiz quadrada de 961 deve necessariamente ser igual a 31". Lakoff e Johnson argumentaram que, em vez disso, usamos nosso análogo conceitualizado de COMPULSÃO — aprendido apenas por meio de nosso corpo — e analogicamente *mapeamos* esse senso de COMPULSÃO para a ideia (a convicção, na verdade) de necessidade lógica. As soluções matemáticas são convincentemente verdadeiras, como empurrar um carrinho de compras para forçá-lo a avançar. Sem *cair* no *fundo* dos problemas metalógicos do século 20, podemos simplesmente notar que conceitos analógicos são úteis para pensar sobre o Egito e outras culturas (incluindo o Ocidente moderno).

Voltando ao intelectualismo do Egito, os estudiosos afirmam que seu mundo conceitual estava *inundado*[30] de tais concepções analógicas. Três exemplos fáceis e uma noção mais complexa demonstram esse tipo de conceituação em ação: (1) o deus do vento, (2) o curso do sol como morte-renascimento, (3) categorias binárias conceituadas a partir da topografia e (4) a permanência eterna do rei através da manifestação do rei-deus.

Primeiro, e mais simples, o deus Amon (que eventualmente se fundiu com Ra para se tornar Amon-Ra) é o deus do vento, mas também um deus que permanece oculto. A própria palavra *amun* significa "escondido" ou "invisível". Hinos para Amon refletem sobre este jogo de palavras: "Aquele que se esconde, seu nome é Amon".[31] Basicamente, a experiência do vento como uma força invisível, porém poderosa, é divinizada no deus Amon, um dos deuses supremos na teologia egípcia posterior. A relação conceito-experiência é forte neste exemplo.

Em segundo lugar, os humanos não têm experiência bruta da realidade, mas presumivelmente interpretamos nossa observação direta dos eventos diários por meio de modelos, narrativas e esquemas. Portanto, estruturas conceituais antigas construídas a partir de observações diárias diferem de como podemos conceituar os mesmos eventos hoje. Por exemplo, a narrativa moderna de uma Terra girando em referência ao Sol afetará os conceitos que comparamos com nossa experiência. Faz todo o sentido para nós se raciocinarmos analogicamente sobre as probabilidades de ganhar na loteria dizendo: "O sol está sempre brilhando sobre alguém" — mesmo que a

---

[30] A partir desse ponto em diante, eu não vou colocar em itálico metáforas e analogias.
[31] Jan Assmann, *God and Gods: Egypt, Israel, and the Rise of Monotheism* (Madison: The University of Wisconsin Press, 2008), p. 64.

FILOSOFIA ANTES DOS GREGOS 107

lógica dessa afirmação seja estatisticamente ilusória.[32] Essa declaração seria incoerente no antigo Egito por razões que discutirei. Por outro lado, não faria sentido para nós a partir de nossa experiência interpretada do sol se disséssemos: "O sol nos ensina que você tem que morrer, então batalhe para renascer todos os dias".

Para os antigos egípcios, o sol atravessa o céu todos os dias no barco de Ra, que é retratado em textos posteriores como o deus criador. Como o cosmos é um disco plano, o desaparecimento do sol no final do curso de Ra significa que ele foi engolido pela escuridão. Morto, ele luta no submundo durante a noite com uma serpente e renasce todos os dias para navegar pelo céu no navio de Ra mais uma vez. Assim, os egípcios carregavam em si um padrão básico de morte-batalha-renascimento de pensamento analógico e o empregavam conceitualmente para raciocinar sobre seu cosmos. Observe que a narrativa ou o esquema que alguém traz para a experiência de um nascer do sol determina que tipo de raciocínio analógico será conceitualmente possível.

A escuridão representa a apreensão sobre se Ra poderá vencer e soltar o sol pela manhã — nos dois sentidos de "soltar".[33] Esse medo da escuridão vai além do medo genérico que todos devemos vencer em nós mesmos. Levando os argumentos de Hume sobre inferências indutivas à sua conclusão mais completa e aterrorizante, a escuridão de cada noite é, em última análise, a incerteza sobre o destino de Ra. (Agora podemos apreciar quão incisivamente a penúltima praga das trevas de Êxodo pretendia aterrorizar o Egito.)

A construção diária de morte-batalha-renascimento também descreve a jornada anual do Nilo da recessão à inundação. Por meio das narrativas da criação, os egípcios viram algo diferente do que vemos no céu: um drama entre um deus poderoso e uma viagem noturna incerta. A saída conceitual da jornada noturna do sol torna-se morte-batalha-renascimento — um conceito que eles então aplicaram livremente à inundação anual do rio. É um conceito que não pode ser construído hoje a partir do nosso modelo de sistema solar com uma Terra em rotação.

---

[32] Carl Gustav Hempel demonstrou por meio de equivalência lógica que uma afirmação como "todos os corvos são pretos" poderia ser logicamente confirmada pela observação de qualquer instância de um objeto não preto que também não seja um corvo, por exemplo. Esse paradoxo continua sendo uma dificuldade para a lógica básica da confirmação até hoje. "Studies in the Logic of Confirmation (I)", *Mind* 54 (1945): 1-26.

[33] Frankfort et al., *The Intellectual Adventure of Ancient Man*, 48. [N. do R.: no original, "deliver" se refere tanto ao ato do deus egípcio entregar o sol toda manhã para fazer seu percurso quanto salvá-lo de ser engolido pela escuridão].

108   FILOSOFIA BÍBLICA

Terceiro, embora os estudiosos debatam a fonte do dualismo, uma clara concepção de binários em equilíbrio ocorre com frequência nos textos e na arte egípcios. Esse não é o tipo de dualismo antagônico encontrado no zoroastrismo persa posterior.[34] Esse dualismo binário ou simétrico postula cada esfera da vida dualisticamente. No cosmos, encontramos os opostos esperados de céu/terra, norte/sul, etc. E, na esfera política, os reis são graciosos e aterrorizantes.[35]

Muito parecido com o dualismo na Bíblia Hebraica (por exemplo, céu/terra, bênção/maldição, bem/mal, etc.), os termos do dualismo egípcio parecem apontar para categorias epistêmicas que ajudam a dividir o universo mais do que para reivindicações ontológicas sobre a realidade. Ao contrário de nossos conceitos binários contemporâneos em oposição absoluta (por exemplo, liga/desliga), esses pares expressam equilíbrio e simetria, o que não necessariamente implica oposição (possivelmente refletindo o princípio egípcio de ordem: ma'at).

Quarto, um conceito complexo de permanência do Estado se desenvolve analogicamente de várias formas. Os monumentos de pedra exalam a analogia do estado eterno. Maciços e firmes, esses monumentos de construção onerosa pontilhavam o vale do Nilo. Sua presença uniforme de geração em geração facilitava analogias com o favor eterno dos deuses sobre o Egito. Ainda mais, a escrita e a arte encontradas nesses monumentos evidenciam a uniformidade milenar mencionada acima (por exemplo, o romano egípcio de Assmann no túmulo) e tornaram a história antiga imediatamente presente.

Uma versão complexa do estado-permanência pode ser vista na presença de deuses em animais.[36] Os deuses estavam de alguma forma presentes em uma espécie, embora, novamente, não esteja claro em que grau e extensão.[37] Apesar da ambiguidade, Frankfort observa que as manifestações divinas em animais podem também ter contribuído para a confiança de um egípcio

---

[34] Frankfort et al., The Intellectual Adventure of Ancient Man 41; Voeglin, Order and History, p. 106.

[35] Frankfort et al., The Intellectual Adventure of Ancient Man, p. 71.

[36] Henri Frankfort, Kingship and Gods: A Study of Ancient Near Eastern Religion as the Integration of Society and Nature (Chicago: University of Chicago Press, 1948), p. 16.

[37] Faraó é Hórus, e desse deus pouco se sabe. Seu símbolo é o falcão, mas não sabemos se o pássaro foi pensado de alguma forma como sendo apenas a manifestação do deus; se o deus estava incorporado, temporária ou permanentemente, em um único pássaro ou na espécie como um todo; ou se o falcão foi usado como um sinal referente a uma divindade muito mais intangível. A última possibilidade não exclui as outras, e os paralelos modernos sugerem, como veremos, que não devemos esperar uma doutrina rígida sobre questões desse tipo, mas sim uma crença fluida de inter-relação que pode assumir quase qualquer forma específica (Frankfort, Kingship and Gods, p. 37)

FILOSOFIA ANTES DOS GREGOS    109

médio em um estado eterno. Como assim? "Os animais nunca mudam [de geração em geração], e neste aspecto especialmente eles parecem compartilhar — em um grau desconhecido para o homem — a natureza fundamental da criação."[38] Assim como as pirâmides podem ter fornecido analogias de estabilidade desconhecida entre os humanos — os quais olham, falam e se comportam cada um de maneira diferente — as ovelhas não parecem mudar de geração em geração.

Eric Voegelin acredita que a linha analógica de pensamento vai da espécie ao animal individual, e depois do animal ao rei.[39] Se os deuses se manifestam por meio de uma espécie, então a comunidade é maior que o indivíduo, porque "a espécie animal, sobrevivendo à existência do homem individual, aproxima-se da duração do mundo e dos deuses".[40] O deus criador também se manifesta no rei (daí o termo "deus-rei" que tenho usado por toda parte). Voegelin então esclarece como um deus se manifesta para toda a sociedade: "O deus, portanto, pode se manifestar não em qualquer homem aleatório como representante da espécie, mas apenas no governante como representante da sociedade".[41]

A metafísica da relação deus-rei surgirá novamente, mas vale a pena notar essas narrativas e esquemas que podem ter transmitido analogicamente construções metafísicas difíceis por meio da experiência corporificada da vida egípcia. Se essa era a intenção da literatura ou se foi uma consequência da teologia da deificação do Egito não pode ser determinado. A permanência e a presença do deus junto ao povo atingem a vivência do antigo egípcio em vários ângulos, mas sempre reforçando o estado eterno por meio de uma sucessão de faraós como reis-deuses.

Ao lado do raciocínio analógico, seria negligente deixar de lado o que alguns poderiam educadamente chamar de raciocínio complementar. Frankfort chama esse fenômeno de "multiplicidade de abordagens", onde "lado a lado, certas reflexões *limitadas*... foram consideradas *simultaneamente* válidas, cada uma em seu próprio contexto".[42] A não ser que essa seja uma forma de especulação metafísica, essa visão complementar dos contrafactuais pode nos dar vertigem. E não está claro o que está por trás da capacidade de acreditar

---

[38] Frankfort, *Ancient Egyptian Religion*, p. 13.
[39] Voegelin, *Order and History*, p. 112–3.
[40] Voegelin, *Order and History*, p. 113.
[41] Voegelin, *Order and History*, p. 113.
[42] Frankfort, *Ancient Egyptian Religion*, p. 4.

110  FILOSOFIA BÍBLICA

simultaneamente em várias afirmações sobre a natureza da realidade que não nos parecem compatíveis hoje.

Por exemplo, em relação à física da abóboda do céu e como ela se sustentava acima da terra, Wilson especula: "Deveríamos querer saber em nossa imagem se o céu foi sustentado por postes ou foi sustentado por um deus; o egípcio responderia: 'Sim, é sustentado por postes ou sustentado por um deus — ou repousa sobre paredes, ou é uma vaca, ou é uma deusa cujos braços e os pés tocam a terra."[43] Esse tipo de conversa sobre o cosmos pode mostrar um respeito à tradição acima de tudo e, portanto, não posso torná-la significativa epistemologicamente para além disso.

Para ser justo, muitos cristãos podem fazer afirmações semelhantes sobre a natureza de Deus, especialmente na teologia trinitária. Mas tais declarações teológicas provavelmente honram as tradições trinitárias mais do que revelariam os próprios pensamentos dos oradores sobre a ontologia da Trindade. Da mesma forma, reivindicações sobre a abóboda do céu podem não representar as reivindicações de trabalhadores cotidianos egípcios, mas de sua tradição literária.

Finalmente, sugestões para a antropologia da epistemologia egípcia podem ser encontradas no modelo interno/externo do pensamento humano. A teologia mênfita inicial reformulou a narrativa da criação para centrar-se no deus Ptah e estabelecer Mênfis como a capital da criação e do Egito. Em relação a como alguém conhece, são descritos os decretos de criação de Ptah como seus sentidos. Os sentidos informam seu coração. Mas os pensamentos provenientes do coração são então pronunciados pela língua:

> [Ptah prevalece] pensando [como coração] e ordenando [como língua] tudo o que ele deseja.

> A visão dos olhos, a audição dos ouvidos, a respiração do nariz, eles relatam ao coração.

> Ele [o coração] faz surgir todo pensamento, e a língua anuncia o que o coração pensa.[44]

Novamente, não está claro o quão representativo isso seria de uma antropologia epistêmica amplamente aceita. Mas o coração como sede da lógica

---

[43] Wilson in Frankfort et al., *The Intellectual Adventure of Ancient Man*, p. 45.

[44] Citado em Voegelin, *Order and History*, p. 92–3. Ver também Miriam Lichtheim, *Ancient Egyptian Literature: The Old and Middle Kingdoms* (Berkeley: University of California Press, 1973), p. 50–4.

e da volição geralmente se adequa com a noção hebraica de órgãos epistêmicos: coração, olhos e ouvidos. Essa conexão entre o coração e a língua também pode trair o que todo egípcio mais temia: a língua revelando atos que o coração lembra no julgamento após a morte, tornando assim alguém inapto além do túmulo.

## Metafísica da filosofia política

Semelhante ao seu culto religioso, as construções metafísicas do antigo Egito mudaram pouco ao longo do tempo. Gostaria de mencionar apenas alguns tópicos que melhor nos situarão para explorar mais tarde a Bíblia Hebraica e o NT: consubstancialidade, justiça baseada em princípios (*ma'at*) e construções duais de tempo.

Primeiro, como sugerido acima, a ascensão da realeza faraônica acabou levando à visão de reis-deuses. O próprio faraó não era ontologicamente um deus; antes, o deus se manifestou no faraó e ao Egito por meio do faraó. Nesse sentido, os deuses eram *consubstanciais* ao rei, e somente a ele. Esta não é uma relação deus-homem monofisista, mas um homem *como o rei* em quem o deus se manifesta enquanto permanece distinto do rei. O deus está presente no Egito como um todo na medida em que o deus está presente no rei que governa o Egito, mantendo a pessoa distintivamente divina e o poder do deus (como as fórmulas dos credos cristãos podem chamá-los), sem confusão.

Ao contrário de uma manifestação de deus-criatura em espécies animais, a relação deus-rei era metafisicamente única e sustentava questões sobre a estabilidade do estado eterno entre uma sucessão de governantes humanos. Após a morte, os reis passaram a estar com os deuses, que davam ao seu governo nesta vida um efeito duradouro além da morte.

Em segundo lugar, a coisa mais próxima de uma substância abstrata e geral no antigo Egito é a de *ma'at*. Ao contrário da Torá, o Egito manteve uma distinção nítida entre justiça (*ma'at*) e religião formal. A justiça para os vulneráveis estava sob a égide do rei; a justiça que ordenava as coisas adequadamente contra o caos (*isfet*) era controlada na esfera litúrgica. No culto egípcio, *ma'at* estava focado não na justiça para os pobres como na Bíblia Hebraica, mas na ordem e equilíbrio entre deuses e humanos.[45] A realeza era um ofício político estabelecido na criação, de modo que o ordenamento metafísico da

---

[45] Assmann, *God and Gods*, p. 11.

## 112   FILOSOFIA BÍBLICA

justiça inclui o governo político do rei contra o caos no reino.[46] O termo em si deriva analogicamente do seu significado mais cotidiano de "nivelamento, regularidade, retidão", elevando-se quase ao status do princípio metafísico de "justiça".[47] O paralelo mais próximo do *ma'at* na cultura grega seria algo como *logos* — conformidade à ordem racional das coisas.

Terceiro, tendo mencionado a permanência do estado eterno acima, a natureza do tempo pode ser vista tanto politicamente quanto de maneira mais geral. Como a maioria das culturas de hoje, a cultura egípcia tratava o tempo como cíclico e linear. Assmann não pode evocar uma noção contemporânea de tempo linear familiar para nós que teria uma contrapartida direta no Egito. Ele divide suas duas ideias de tempo pela linguagem de "tornar-se" (*neheh*) e "ser" (*djet*):

> Neheh, ou tempo cíclico, é a interminável recorrência do mesmo; é gerado pelo movimento dos corpos celestes e, portanto, determinado pelo sol. ... Os ciclos vêm e vão, e o que toma forma nos ciclos individuais desaparece novamente na esperança de um devir renovado.[48]

*Djet* é sobre tempo e estabilidade e, portanto, se conectará intimamente com ideias sobre o estado, mas não necessariamente contribuirá para uma ideia de história onde há um esquema de começo, meio e fim:

> *Djet* está associado ao conceito de estabilidade, de permanecer, de durar, de ser permanente; seu signo é o da terra, seus símbolos são a pedra e a múmia, seu deus, Osíris, que guarda o reino dos mortos. *Djet* é uma dimensão sagrada da eternidade, onde o que se tornou — que amadureceu em sua forma final e é até então perfeito — é preservado em permanência imutável. Este é precisamente o significado do nome carregado por Osíris como senhor de *djet*: "Wennefer" significa "aquele que dura em perfeição". Portanto, *djet* não é um conceito linear de tempo, mas sim a suspensão do tempo.

Lembrando aquele egípcio romano fictício lendo os hieróglifos milenares em uma tumba, podemos entender por que uma noção linear de tempo não

---

[46] Frankfort, *Ancient Egyptian Religion*, p. 54.
[47] Frankfort et al., *The Intellectual Adventure of Ancient Man*, p. 108.
[48] Assmann, *The Mind of Egypt*, p. 18.

FILOSOFIA ANTES DOS GREGOS    113

tem tanta função conceitual para os egípcios quanto para nós hoje. A vasta uniformidade das estruturas sociais tornou o passado antigo presente para o egípcio em uma cultura isolada que materialmente se trancou em um cosmos e uma vida após a morte *egipcionados* — uma vida após a morte que tomou diretamente de onde essa vida parou.

Em contraste, na jornada para a morte descrita pela Bíblia Hebraica, a descida ao Sheol se segue pela ressurreição e oferece um sentido notavelmente linear e pontuado da história.[49] Nadamos hoje nas águas hebraicas da história, isolando-nos do senso egípcio de tempo regulado por ciclos vivificantes e uma estrutura política duradoura que prossegue através e para além da morte.[50] A partir desse breve esboço, agora é óbvio que não podemos afirmar que os egípcios estavam defendendo a especulação sobre a metafísica. No entanto, eles certamente construíram e pensaram com conceitos metafísicos densos. Essas construções geralmente ligadas ao modo de vida do Estado, e assim à vida em sociedade.

No final, é difícil descrever um estilo particular de método filosófico defendido em toda a literatura do Egito. Seus conceitos analógicos de deuses, tempo, duração política, animais, humanidade, estrutura cosmológica e muito mais podem ser explorados filosoficamente, mas os autores egípcios não parecem inclinados a essa tarefa. Por esta razão, podemos descrever o mundo intelectual dos egípcios como *erudito* e possivelmente *especulativo*, mas não como *filosofia*.[51]

## Filosofia mesopotâmica

Como o Egito, as várias potências regionais entre o Tigre e o Eufrates também se estenderam por milênios, mas com uma homogeneidade cultural consideravelmente menor. Falarei sobre "filosofia mesopotâmica", mas esse termo

---

[49] Jon D. Levenson argumentou de forma persuasiva que a ressurreição está conceitualmente presente no início da Torá, em vez de ser um desenvolvimento posterior no Judaísmo do Segundo Templo: *Resurrection and the Restoration of Israel: The Ultimate Victory of the God of Life* (New Haven: Yale University Press, 2006).

[50] Mesmo que se afirme a assertiva de Assmann de que o "contramundo" dos mortos foi uma rebelião egípcia contra a morte na forma de uma religião, o ponto de continuidade permanece. Jan Assmann, *Death and Salvation in Ancient Egypt*, trad. David Lorton (Ithaca: Cornell University Press, 2005), p. 15–9.

[51] Como ressalva a este resumo, não sou um leitor primário de textos egípcios e tive que confiar fortemente nos melhores egiptólogos para este resumo. Portanto, pode ser que a filosofia da literatura egípcia ainda não tenha sido demonstrada. Gostaria de alterar as minhas conclusões aqui, se assim fosse o caso.

## 114   FILOSOFIA BÍBLICA

genérico abrange textos e tradições das bibliotecas da Suméria, Acádia, Assíria e Babilônia ao longo de três milênios.

Embora os deuses e as culturas desses impérios variassem, o idioma arcaico conhecido como sumério foi mantido com uma constância peculiar em paralelo ao acadiano até o fim do império babilônico final. Historicamente falando, os textos babilônicos eram muitas vezes os intérpretes finais das tradições mais antigas da região e, portanto, o termo "filosofia mesopotâmica" muitas vezes substituirá o termo filosofia babilônica.

Antes de examinar o estilo de pensamento filosófico babilônico, primeiro quero refletir sobre alguns temas centralizadores e peculiaridades da literatura babilônica. Assim como no Egito, as narrativas da Babilônia enquadram os conceitos que se constroem a partir da experiência vivida. Ao contrário do Egito, a Babilônia tinha vários idiomas, clima e terreno altamente díspares, facções políticas, deuses inconstantes e diversas capitais imperiais, todos criando um mundo conceitual robusto. Isso pode ajudar a explicar por que os estudiosos acreditam que o mundo conceitual peculiar à Mesopotâmia se tornou instanciado na linguagem escrita mais do que outras culturas antigas do Oriente Próximo. Para compreender os textos especulativos, precisamos apreender o poder e a influência de suas linguagens escritas.

Primeiro, por mais inacreditável que isso possa parecer para nós, os impérios mesopotâmicos mantiveram a linguagem suméria baseada em imagens (logográficas) em escrita cuneiforme em paralelo ao acadiano, a língua silábica do povo. Durante a maior parte da história da Babilônia, o sumério era uma língua não falada conhecida apenas por seus eruditos, como se fosse um latim da Babilônia. Textos de adivinhação e presságio foram escritos principalmente na língua falada do acadiano, mas as listas lexicais mantiveram os paralelos sumérios.[52] Ainda mais notável, e ao contrário de qualquer coisa hoje, os babilônios "tratavam o sumério e o acadiano como línguas paralelas que funcionavam em harmonia" e "consideravam as línguas inerentemente ligadas"[53]. A maneira como eles traduziram as palavras baseadas em imagens do então extinto sumério nas palavras baseadas em sílabas do acadiano revela como eles pensavam sobre os objetos sendo traduzidos.

As histórias da criação emergem novamente como centrais para estabelecer o mundo intelectual da cultura. Com relação às duzentas linhas finais

---

[52] Marc Van De Mieroop, *Philosophy before the Greeks: The Pursuit of Truth in Ancient Babylonia* (Princeton: Princeton University Press, 2017), p. 7.

[53] Van De Mieroop, *Philosophy before the Greeks*, p. 7.

FILOSOFIA ANTES DOS GREGOS 115

da narrativa da criação de Marduk no *Enuma Eliš*, o assiriologista Marc Van De Mieroop observa que a sequência de nomenclatura não é meramente um adendo: "Todo aspecto da civilização surgiu no momento da criação por meio desse processo de nomenclatura".[54]

A criação garantiu o conhecimento do mundo real porque os deuses haviam assim ordenado: "Tudo foi feito de acordo com o plano divino". Além disso, Van De Mieroop acredita que a extensa lista de atributos de Marduk naquele adendo ao relato da criação gerou uma circunstância textual que justificou o conhecimento, mas exigiu um alto grau de alfabetização qualificada tanto em sumério quanto em acadiano: "Para entender até mesmo um único nome [do deus Marduk] ou uma palavra o leitor tinha que conhecer as regras de interpretação na íntegra."[55] A criação do cosmos e a compreensão textual poliglota são, portanto, companheiros inseparáveis no empreendimento especulativo da Babilônia.

Em segundo lugar, histórias de criação, listas lexicais e presságios funcionavam como formas de exploração especulativa. Em grande parte da erudição do século 20, suposições evolucionistas e progressivistas excluíram a mitologia do mundo racional da filosofia a priori. Estudiosos basearam isso na crença da era axial de que o pensamento especulativo racional surgiu por intelectuais rompendo seus laços com tradições míticas mais antigas (à la Frankfort et al.) — como eles presumem que os gregos o fizeram. Só então os antigos poderiam abandonar metodologicamente seus mitos por causa do exame filosófico. Cabia então a esses mesmos estudiosos ponderar como uma civilização poderia ser tão sistematicamente genial em suas proezas intelectuais e, simultaneamente, manter histórias fantasiosas sobre a realidade que, em última análise, os impediram de transcender o mundo imediatamente real diante deles.

Mary Douglas criticou os pressupostos progressivistas, argumentando que o pensamento analógico e o racional-instrumental representam dois estilos filosóficos diferentes de abordar e avaliar a natureza de algo. O raciocínio racional-instrumental, que identifica o modo frequentemente associado ao Ocidente moderno, exibe uma certa direção e fluxo de universais para particulares:[56]

---

[54] Van De Mieroop, *Philosophy before the Greeks*, p. 9.
[55] Van De Mieroop, *Philosophy before the Greeks*, p. 10.
[56] Grato a Eric Smith por destacar essa conversa para mim. "The Sumerian Mythographic Tradition and Its Implications for Genesis 1–11" (PhD diss., University of Bristol, 2012).

## 116  FILOSOFIA BÍBLICA

> Nossa lógica é baseada em relações parte-todo, teoria dos tipos, implicações causais e implicações lógicas. Organiza a experiência em termos teóricos. A construção racional a partir dela sempre se afasta do particular concreto para o universal. Acima de tudo, a ordenação racional que empregamos pressupõe uma estrutura ou um padrão único, completo, totalizante e fechado.[57]

Os textos fornecem instâncias particulares que supostamente requerem abstração, o que exige um foco em lógica indutiva. Apoiando-se nas explicações de Hall e Ames sobre a literatura acadêmica na dinastia Han da China, Douglas acredita que o raciocínio analógico difere na medida em que postula exemplos concretos sem uma estrutura linear de raciocínio. Em vez disso, esses exemplos são dados em um esquema de relacionamentos "correlatos" e "sugestivos".[58]

Assim, também, Van De Mieroop descreve esse mesmo estilo de pensamento erudito na Babilônia, "explorando cumulativamente questões caso a caso".[59] Essas longas descrições entediantes de um rei no fim da saga da criação "não eram jogos de palavras, mas análises que visavam revelar a verdade. Os eruditos babilônicos compreenderam a realidade por meio de sua forma escrita. Suas leituras eram, portanto, exercícios de epistemologia."[60]

No mito, retratar uma batalha para domar águas caóticas e trazer ordem pode ser uma maneira de raciocinar analogicamente. Se tivéssemos apenas um mito de criação, pouco mais poderia ser dito fora da análise de sua estrutura narrativa. No entanto, os assiriólogos têm inúmeras tabuletas de presságios, listas lexicais e mitologias de teogonia, cosmogonia e antropogênese.

Terceiro, a cultura babilônica erudita tinha uma visão elevada das habilidades dos deuses para inscrever mensagens nos céus e na terra. Discutirei isso mais abaixo (veja "Adivinhação"), mas isso cria uma lente única através da qual se vê o cosmos. O universo é, literalmente, textualizado: os corpos celestes e seus movimentos, os caminhos dos animais enquanto andam, a altura das portas e os fígados dos animais podem ser "lidos" pelos poucos letrados. Os deuses podem ter se retirado do reino dos humanos, mas eles podem e vão alertar a humanidade para eventos futuros, e foi somente por meio das listas de

---

[57] Mary Douglas, *Leviticus as Literature* (New York: Oxford University Press, 1999), p. 15.

[58] David L. Hall and Roger T. Ames, *Thinking through Confucius* (Albany: State University of New York Press, 1987).

[59] Van De Mieroop, *Philosophy before the Greeks*, p. 30.

[60] Van De Mieroop, *Philosophy before the Greeks*, p. 9.

FILOSOFIA ANTES DOS GREGOS 117

presságios rigorosamente mantidas e do aprendizado habilidoso de gerações de eruditos que lhes permitiram ler esses textos divinos riscados no cosmos.

## Epistemologia

Os assiriólogos argumentam que duas formas de atividades eruditas demonstram o pensamento filosófico: "agourologia" e listas lexicais. Ambos os empreendimentos vêm de enormes bibliotecas de textos e técnicas interpretativas que precisavam ser dominadas por eruditos antigos. Ambas as coleções de tabuletas mostram jogo textual, onde escribas e adivinhos incluíam livremente presságios impossíveis (por exemplo, eclipses lunares ao pôr do sol) e neologismos (por exemplo, inventar novas palavras em uma língua suméria mais antiga e então morta). Percebendo que essas listas fazem algo mais especulativo do que meramente *listar* coisas, os eruditos designaram esses tipos de listas como *Listenwissenschaft* (a ciência das listas).

As duas questões pertinentes a esta obra são: como esses dois gêneros — lexical e listas de presságios — buscam transcender as instâncias individuais de jogo de palavras ou presságios para explorar a natureza geral de algo? E, ao fazê-lo, estão defendendo uma metodologia exclusiva para o pensamento filosófico? Em última análise, esses projetos eruditos complexos revelam tendências epistêmicas mais do que epistemologia — uma noção elaborada de quem pode saber o quê e como. Eles são especulativos, mas não podem se provar como filosofia.

Duas características gerais do mundo intelectual da Mesopotâmia atuam como pontos cardeais de entrada em seus projetos eruditos: os deuses falavam textualizando toda a realidade e os eruditos mantinham um registro diglota dos presságios e das palavras necessárias para "ler" o mundo textualmente inscrito.

**Adivinhação.** Como os deuses inscreveram toda a realidade com portentos, a adivinhação e a "agourologia" permitiam que a realidade fosse lida por aqueles treinados no ofício. Evidências recentes sugerem que as habilidades foram transmitidas como um negócio de família.[61] Os eruditos babilônicos

---

[61] Durante o primeiro milênio, o conhecimento autoritativo estava localizado em textos tradicionais, que eram cuidadosamente transmitidos de uma geração para outra — pelo menos em teoria. Esse conceito imutável de conhecimento e autoridade é uma ferramenta valiosa para colecionar bibliotecas, para narrativas fundamentais ou para exibir conhecimento universal por meio de referências intertextuais. Quando se trata de aplicação prática, no entanto, o conhecimento pré-diluviano é mais um fardo do que um ativo (Niek Veldhuis, "The Theory of Knowledge and the Practice of Celestial Divination", em *Divination and Interpretation of Signs in the Ancient World*, ed. Amar Annus [Seminários do Instituto Oriental 6; Chicago: University of Chicago Press, 2010], p. 87)

118  FILOSOFIA BÍBLICA

coletaram seu conhecimento especializado de como interpretar o mundo textualizado em vastas bibliotecas de tabuletas. Eles discerniram esses sinais por meio de análise lógica e prática.

Uma formação de nuvens, um gato cruzando o caminho de alguém, um eclipse lunar, o fígado de uma ovelha sacrificada e qualquer outra coisa poderia ser a tábua sobre a qual os deuses escreveram suas mensagens. Assim, antigos eruditos registraram em detalhes seus estudos empíricos da realidade para descobrir o que os deuses estavam dizendo — de modo casual como a habilidade costumava ser.

No entanto, Van De Mieroop nos lembra que o esporte deles não era meramente empírico: "A teoria babilônica do conhecimento era até certo ponto empírica — a observação era crucial. Também estava fundamentalmente enraizada em uma racionalidade que dependia da leitura informada. A realidade tinha que ser lida e interpretada como se fosse um texto."[62] O mesmo foi feito da Revolução Copernicana na história da ciência. Ao ver todos os eventos cósmicos como quantificáveis, eles poderiam ser registrados e analisados. Em outras palavras, nosso cosmos poderia finalmente ser lido.[63]

A análise da linguagem e dos sinais divinos baseava-se no conhecimento secreto que também foi transmitido pelos deuses na criação, sobreviveu ao dilúvio e foi mantido pela classe erudita.[64] Os babilônios às vezes viam esses julgamentos sendo transmitidos a partir do tribunal dos deuses. Sua tarefa era direta, se não excessivamente complexa:

---

[62] Van De Mieroop, *Philosophy before the Greeks*, p. 9.

[63] Michael Polanyi, *Personal Knowledge: Towards a Post-Critical Philosophy* (Chicago: University of Chicago Press, 1962), p. 3–4.

[64] "A cosmovisão representada pela série de presságio não é um determinismo irrevogável, no sentido de que todo evento é causalmente determinado por uma cadeia ininterrupta de ocorrências anteriores. Os presságios revelaram um futuro condicional, melhor descrito como uma decisão judicial dos deuses." Amar Annus, "On the Beginnings and Continuities of Omen Sciences in the Ancient World" [Sobre os primórdios e continuidades das ciências do presságio no mundo antigo], em *Divination and Interpretation of Signs in the Ancient World* [Advinhação e Interpretação dos Sinais no Mundo Antigo], ed. Amar Annus (Seminários do Instituto Oriental 6; Chicago: University of Chicago Press, 2010), 2. A valorização do conhecimento como segredo tende a colocá-lo em um sistema de conhecimento mantido exclusivamente pelos deuses e passado por uma estreita cadeia sucessiva. Ver Alan Lenzi, *Secrecy and the Gods: Secret Knowledge in Ancient Mesopotamia and Biblical Israel* (Arquivos do Estado de Estudos Assírios XIX; Helsinque: Projeto de Corpus de Texto Neo-Assírio, 2008), p. 45-64. "Todo o conhecimento importante foi revelado pelos deuses antes do tempo do dilúvio e os sábios e reis dos dias atuais devem seu conhecimento, diretamente, aos sábios primordiais." As versões do primeiro milênio de Gilgamesh fazem de "Gilgameš um herói letrado, aquele que escreveu suas aventuras e, assim, permitiu que as gerações posteriores lucrassem com as lições que ele aprendeu." Veldhuis, "The Theory of Knowledge", p. 77-8.

FILOSOFIA ANTES DOS GREGOS 119

A adivinhação babilônica é baseada em uma proposição muito simples: as coisas no universo se relacionam umas com as outras. Qualquer evento, por menor que seja, tem um ou mais correlatos em algum outro lugar do mundo. Isso nos foi revelado nos dias [pré-diluvianos] pelos deuses, e nossa tarefa é refinar e expandir esse corpo de conhecimento.[65]

A "agourologia" e a adivinhação provocada — como pedir a um deus para imprimir um sinal no fígado de uma ovelha ou levantar fumaça — se baseavam em longas listas de condicionais que seguiam estritamente a estrutura do *modus ponens*: se *P*, então *Q*. Se o adivinho vê um evento sinalizador (a prótase), e especialmente se esse signo se coordena com outros presságios conhecidos (prótases), então o resultado (apódose) se segue inevitavelmente.

Essa construção simples parece ter criado uma estrutura metodológica rigorosa muito mais do que forneceu uma ciência preditiva. Como diz Francesca Rochberg, "Ancoradas em sua estrutura lógica rígida, as listas de condicionais 'se *P*, então *Q*' provaram ser um instrumento eficaz para fazer conexões, *e também serviu como um dispositivo sistematizador*."[66] O grande motivo de preocupação, para nós, embora não para os babilônios, era a frequência com que o evento de sinalização (prótase) realmente correspondia ao resultado (apódose). No mínimo, existia uma alta correspondência entre interpretar esses presságios e a ansiedade de quem procurava saber o resultado, muitas vezes um rei. Nesse sentido, muitos assiriólogos notaram que a adivinhação era muito menos sobre eventos futuros e mais sobre as ansiedades reais presentes.

Com que autoridade eles interpretaram o mundo textualizado? A autorização e a habilidade que sustentam o ofício erudito foram transmitidas por gerações, remontando à fundação do mundo. Benjamin Foster resume esta linhagem-de-conhecimento a partir de Gilgamesh: "De acordo com a Epopéia de Gilgamesh, o alfa e o ômega do conhecimento foi entender o que aconteceu antes do dilúvio, que foi visto como o início do tempo empírico."[67]

---

[65] Ulla Koch-Westenholz, *Mesopotamian Astrology: An Introduction to Babylonian and Assyrian Celestial Divination* (Carsten Niebuhr Institute Publication 19; Copenhagen: Museum Tusculanum Press, 1995), p. 18—9.

[66] Grifo meu. Francesca Rochberg, "'If P, then Q': Form and Reasoning in Babylonian Divination" em *Divination and Interpretation of Signs in the Ancient World*, ed. Amar Annus (Oriental Institute Seminars 6; Chicago: University of Chicago Press, 2010), p. 25.

[67] Benjamin R. Foster, "Transmission of Knowledge", em *A Companion to the Ancient Near East*, ed. Daniel C. Snell (New York: Wiley-Blackwell, 2004), p. 247.

120  FILOSOFIA BÍBLICA

A proeminência da palavra escrita como característica central do empreen-dimento aparece novamente com todas as variações de adivinhação e leitura de presságios. A adivinhação tornou-se "uma ciência sistematizada, cobrindo quase todos os fenômenos e permitindo previsões detalhadas de eventos impre-vistos... O avanço tecnológico que possibilitou o desenvolvimento foi a escrita — somente a escrita poderia armazenar a imensa quantidade de dados."[68]

Sem a textualização dos presságios observados e dos resultados relacio-nados, o empreendimento erudito não existiria, embora alguma forma popu-lar dele provavelmente persistiria. A textualização e a gravação de grandes quantidades de eventos possibilitaram uma ciência textualizada de leitura do cosmos como um texto. No entanto, ao longo de séculos de prática, a jornada foi melhor que o fim: "adivinhação não era nada mais e nada menos do que um meio de prever o futuro — não muito confiável, talvez, mas o melhor que eles tinham."[69]

Subsequentemente, a prática da adivinhação como entendida através desses textos é melhor representada como uma ciência do que como uma epistemologia. No entanto, muitos de nós não podemos colocar a adivinhação antiga e as ciências genéticas modernas, por exemplo, no mesmo espectro. Em sua hábil crítica às tentativas anacrônicas de desacreditar a adivinhação da Babilônia como ciência, Rochberg faz um apelo modesto:

> Mas como ciência... [adivinhação] revela o que para uma determinada comunidade constitui conhecimento, habilidade de raciocínio e, de alguma forma relativa, verdade — especificamente, verdade derivada de tal raciocínio. As milhares de declarações condicionais compiladas em séries de presságios são essenciais para entender como os escri-bas babilônios e assírios percebiam e concebiam o mundo em que funcionavam, como pensavam sobre o que conectava ou relacionava as proposições que compõem as condicionais e, consequentemente, o que constituía para eles conhecimento, habilidade de raciocínio e até verdade.[70]

Van De Mieroop sustenta que isso descreve uma epistemologia, onde as teo-rias não estão na frente e no centro; em vez disso, o princípio da teorização

---

[68] Koch-Westenholz, *Mesopotamian Astrology*, p. 14–5.
[69] Koch-Westenholz, *Mesopotamian Astrology*, p. 18.
[70] Rochberg, "If P, then Q," [Se P, então Q] 25.

FILOSOFIA ANTES DOS GREGOS 121

reside no efeito cumulativo de aprender a compreender a lógica dos textos e eventos que descrevem: "Eles não constroem teorias, mas desenvolvem exemplos com base em princípios subjacentes. Seu raciocínio é pontilhista, cumulativo, explorando ativamente as questões caso a caso. [...] Eles revelam o que os babilônios pensavam sobre a realidade; eles revelam uma epistemologia babilônica."[71] Nem todos concordam, e alguns estudiosos não escondem seu ceticismo. Para eles, a coleção de textos de adivinhação mesopotâmicos nada mais é do que uma concatenação de "ciências observacionais, atitudes de senso comum e crenças religiosas".[72]

**Lexicografia.** Não só tentaram compreender um mundo divinamente textualizado, mas os babilônios também trabalharam com duas línguas lado a lado: o sumério não falado, conhecido apenas pelos estudiosos, e o acadiano. Para esses antigos estudiosos, as duas línguas eram bilaterais, ou seja, correspondiam de forma idêntica de uma língua para a outra. Isso tomou a forma de léxicos, listas de palavras traduzidas entre o sumério e o acadiano. Essas listas às vezes tinham mais de dez mil termos e remontam ao terceiro milênio a.C.

Esse bilateralismo entre as línguas parece notável aos assiriólogos, considerando as diferenças entre as duas línguas. O sumério usa uma escrita de logograma (imagem/caractere) traduzida de maneira cuneiforme, enquanto o acadiano usa uma escrita silábica, análoga aos ditongos silabizados do latim æ ou œ, também traduzidos em cuneiforme. Para o olho destreinado, as linguagens podem ser bem parecidas na tabuinha de argila.

Como uma analogia grosseira desse sistema lexical peculiar, isso seria comparável à Biblioteca do Congresso dos Estados Unidos manter em paralelo aos livros em inglês uma cópia em ASCII ou emoticons — "lado a lado em colunas paralelas" na página (por exemplo, « — « ¬ || ||).[73]

Esse uso bilateral de línguas extintas e vivas fornece a Van De Mieroop exemplos suficientes para reivindicar algo mais do que tradução nessas listas. Ao observar como os eruditos babilônicos traduziram e inventaram termos na coluna suméria morta, podemos ver como eles pensavam sobre os objetos de estudo em suas listas de palavras.

Até o cético Amar Annus admite que a hipotética "curiosidade enciclopédica" dos escribas exige explicação, pois "passa confortavelmente pela

---

[71] Van De Mieroop, *Philosophy before the Greeks* [Filosofia antes dos Gregos], 30–31.

[72] Annus, "On the Beginnings and Continuities of Omen Sciences in the Ancient World," [Sobre os primórdios e continuidades das ciências do presságio no mundo antigo] 13.

[73] Para esclarecer, « — « ¬ || || foi minha débil tentativa de representar logograficamente "lado a lado em duas colunas paralelas" em escrita ASCII.

## 122 FILOSOFIA BÍBLICA

fronteira do observável".[74] As listas lexográficas, centenas de palavras em longas colunas de sumério-acadiano, é precisamente onde os estudiosos modernos encontram o jogo lexical e as hipóteses. Assim como eles inventaram presságios hipotéticos para representar a lógica de alguma imagem de adivinhação interessante para eles, eles também podem ter brincado com personagens sumérios, inventando palavras para descrever e preencher o que pode estar faltando na outra coluna do entendimento. Van De Mieroop considera isso como especulação: "Eles criavam palavras inventadas que nunca apareciam fora desse tipo de texto e não tinham nenhum uso prático."[75]

Assim, Van De Mieroop se concentra na lexicografia como a evidência da epistemologia, com a qual ele parece querer dizer "como eles pensavam" e não "como eles pensavam sobre o pensamento". Sua metáfora para as práticas escribas de espalhar um conceito por toda uma coleção de obras, o que ele chama de "pontilhismo", merece nossa atenção:

> Os babilônios listaram casos em que foram aplicados, progredindo sistematicamente através do que podem parecer infinitas variantes menores que, como uma pintura pontilhista, acabam fornecendo uma imagem clara. Cada afirmação tinha significado apenas dentro do contexto geral. A lógica da lexicografia foi impressa nas mentes de qualquer um que se envolveu com a erudição escrita desde o primeiro momento de aprendizagem.[76]

Mas a "lógica da lexicografia" descreve uma tradição que preconiza uma incursão metodológica necessária para o discernimento, o que poderia indicar um estilo filosófico e não apenas especulativo.

### Conclusões sobre a filosofia mesopotâmica

Nenhuma defesa explícita de um método ou métodos aparece na adivinhação ou nos textos lexicais. Nada os move da especulação para a filosofia. Embora certamente envolvesse com um domínio epistêmico sistematizado, a falta de método me impede de rotular esse empreendimento como uma epistemologia propriamente dita, como a construí neste trabalho.

---

[74] Annus, "On the Beginnings and Continuities of Omen Sciences in the Ancient World", p. 13
[75] Van De Mieroop, *Philosophy before the Greeks*, p. 37.
[76] Van De Mieroop, *Philosophy before the Greeks*, p. 187.

FILOSOFIA ANTES DOS GREGOS 123

O que os eruditos babilônicos praticaram ao longo dos séculos pode ser chamado de epistemologia no sentido mais simples diagnosticável: tradições que foram defendidas por meio de instrução familiar que formaram o mundo de pensamento textualizado da comunidade. Alguma "lógica da lexicografia" deve ter existido, o que por si só denuncia algum aspecto de restrições metodológicas. Considerando isso, estou inclinado a concordar com Rochberg e dizer que os elementos crescentes da comunidade científica parecem presentes, e concordar com Van De Mieroop que alguma epistemologia deveria ter existido, traços dos quais os textos apenas sugerem. Menos aparente é o papel da avaliação crítica e conexões de causa e efeito no mundo real (isto é, análise estatística de previsões), tornando o mundo intelectual da Babilônia um caso claro de especulação e ciência, mas um caso limítrofe de filosofia. Ulla Koch-Westenholz também se pergunta sobre essa lacuna e aponta para a falta de continuidade na análise da realidade celestial acima: "Com a ascensão da astronomia matemática no século 5 a.C., pela qual tornou possível calcular os movimentos dos planetas e prever eclipses, é difícil entender como tais eventos podem ser vistos como acidentes portentosos ou comunicações voluntárias dos deuses."[77]

De fato, é difícil compreender como a destreza preditiva da matemática da Babilônia e os sinais divinamente designados se encaixam metafisicamente. Ao sairmos desse período e dessa cultura, reconhecemos uma mistura desconcertante de raciocínios lógicos e empíricos, mas apresentados em estilo pontilhista (o que chamarei de "pixelado") com adivinhação aleatória, e ambos ao lado de uma capacidade emergente de prever o movimento celestial. Como Amar Annus concluiu sobre essas perplexidades, "Mesmo que nem todas as teorias babilônicas de signos façam sentido para uma mente moderna 'eticamente', pode não ser errado supor que elas certamente o fizeram 'emicamente' para os participantes dessa cultura."[78]

## Conclusões (e uma nota sobre a Teoria da "Era Axial")

Meu objetivo aqui se concentrou em explicar e explorar o contexto intelectual em que a Bíblia Hebraica apareceu. Até onde eu sei, a maioria dos biblistas e teólogos — e principalmente filósofos — parecem desconhecer tais estudos, agrupando as Escrituras Hebraicas junto com uma pilha de tradições religiosas

---

[77] Koch-Westenholz, *Mesopotamian Astrology*, p. 22.
[78] Annus, "On the Beginnings and Continuities of Omen Sciences in the Ancient World", p. 13

## 124 FILOSOFIA BÍBLICA

antiquadas que falavam e pensavam apenas sobre religião. Nem tanto para os chamados orientalistas que elogiavam as conquistas intelectuais da Bíblia Hebraica em comparação com os universos de pensamento egípcios e mesopotâmicos. De fato, eles colocam o universo do pensamento hebraico em aliança com o helenismo, que traz o pensamento da era axial para a Bíblia Hebraica.

A era axial destaca-se como uma teoria central para todas as discussões dos mundos intelectuais antigos. Em poucas palavras, postula que houve um tempo em que o pensamento de segunda ordem não existia. Através de alguma concatenação de forças culturais e políticas, a filosofia surgiu em um aglomerado de civilizações, mesmo quando esses povos não pareciam influenciar uns aos outros. Especificamente, a idade axial está ligada à persistência de uma cultura em *romper com* a mitologia estabelecida como explicação das operações do cosmos e *adentrar o* pensamento abstrato: pensar sobre o próprio pensar e pensar sobre a natureza de uma cadeira para além da cadeira embaixo de mim agora mesmo.

Yehuda Elkanna define o giro axial como qualquer tentativa de ter "imagens de conhecimento": "A resolução consciente de desmistificar o mundo não trata apenas do mundo; trata-se também de um esforço para guiar os próprios pensamentos: pensar sobre o pensar... enquanto consistir em pensamentos *sobre o mundo*, não [é] pensamento de segunda ordem."[79]

O egiptólogo Jan Assmann abre ainda mais a definição para incluir o ceticismo de uma cultura em relação ao *status quo* intelectual "à luz de novos conceitos 'transcendentais' de verdade e ordem"[80]. Assmann prefere ver uma cascata de verdades transcendentes que surgiram no Egito ao longo dos séculos, em vez de uma guinada singular para o pensamento de segunda ordem.

A discussão que se segue sobre o estilo filosófico hebraico da Escritura cristã complicará o quadro de inovação criado pela teoria da era axial. Mais tarde, argumentarei por que a Bíblia Hebraica mostra "imagens de conhecimento" como centrais para sua tarefa, mas, por enquanto, quero deixar a conversa axial de lado, pois seu sucesso não determina o desempenho de minha tarefa aqui.

---

[79] Yehuda Elkanna, "The Emergence of Second-Order Thinking in Classical Greece" em *The Origins and Diversity of Axial Age Civilizations*, ed. Shmuel Noah Eisenstadt (Albany: State University of New York Press, 1986), p. 40.

[80] Assmann, *God and Gods*, p. 76.

# FILOSOFIA HEBRAICA

Segunda parte

Capítulo 3

# O ESTILO FILOSÓFICO HEBRAICO

[Os hebreus eram] sem iguais no poder e no escopo de seu intelectualismo crítico.[1]

Foi somente em virtude de seu humor cético que os pensadores hebreus foram capazes de alcançar uma visão de mundo que ainda molda a nossa visão.[2]

Henri Frankfort escreveu essas palavras, refletindo sobre centenas de páginas dos resumos de seus colegas sobre o intelectualismo de Egito, Israel e Mesopotâmia. Quando as Escrituras Hebraicas foram examinadas lado a lado com a literatura dos impérios circunvizinhos ao longo de milênios, foi a literatura hebraica que se destacou, só encontrando um rival a altura na tradição grega posterior. Em seu próprio tempo, Israel era "sem igual". Alguns teólogos e filósofos cristãos podem achar o espanto de Frankfort chocante. O que ele viu nesses textos bíblicos que o fez pensar neles como exibindo tal "poder e escopo" em um "humor cético"?

Frankfort viu um "intelectualismo crítico" hebreu que permitiu transcender conceitos que aprisionam impérios vizinhos apesar do brilho de suas capacidades intelectuais. Quero me concentrar na frase de Frankfort

---

[1] Henri Frankfort et al., *The Intellectual Adventure of Ancient Man: An Essay on Speculative Thought in the Ancient Near East* (Chicago: University of Chicago Press, 1946), p. 234.

[2] Grifo meu. Henri Frankfort et al., *The Intellectual Adventure of Ancient Man*, p. 234.

128 FILOSOFIA BÍBLICA

"intelectualismo crítico", porque ao usar essa descrição ele chama a atenção para o que distingue a filosofia hebraica de tradições intelectuais próximas: argumentação e avaliação crítica.

Para estabelecer que há pensamento filosófico defendido nos textos bíblicos centrais, diferenciarei entre estilo, modos e convicções. Os modos e convicções do estilo filosófico referem-se ao conjunto de características, condições e predisposições que permitem que certas formas de raciocínio funcionem. Formas de raciocínio referem-se a tipos particulares de lógica, argumento e justificação usados dentro do estilo. Assim, um filósofo romano e um pensador judeu helenístico podem empregar a história ou a forma dedutiva de argumento por diferentes razões e para diferentes fins estilísticos.

## O ESTILO DA FILOSOFIA HEBRAICA

Ao argumentar em favor de um estilo filosófico essencialmente socrático, Hugh Benson observa uma forma, uma estratégia e um pressuposto epistemológico encontrado nos diálogos socráticos.[3] A forma consiste em interrogar os supostamente "sábios" e, quando suas respostas são consideradas deficientes, defender outra forma de pensar. A estratégia "requer... que o interlocutor reconheça ou esteja ciente de seu [próprio] compromisso doxástico", para mostrar sua incoerência última.[4] O pressuposto epistemológico é que uma "concepção robusta de conhecimento ou sabedoria" implica coerência doxástica.

Da mesma forma, proponho que o estilo hebraico consiste em modos de levantar problemas filosóficos, muitas vezes em contraposição à sabedoria dos povos vizinhos de Israel e pedindo ao leitor que pense nos compromissos doxásticos exigidos por eles. Assim como se discerne um "método socrático" nos textos díspares que descrevem Sócrates, um conjunto particular de disposições e compromissos são necessários para ver esse estilo filosófico nas Escrituras cristãs.

Ao lado de uma epistemologia adequada defendida no texto, uma batida constante *de* descrições e acusações *contra* entendimento errôneos e incoerentes pulsa ao longo das Escrituras. Da Torá aos Profetas e aos Evangelhos, a dureza de coração e "ter olhos e não ver" são apenas duas dessas acusações. Isso inclui uma série de episódios em que personagens bíblicos suportam testes ou os criam

---

[3] Hugh H. Benson, "Socratic Method" em *The Cambridge Companion to Socrates*, ed. Donald R. Morrison (Cambridge Companions to Philosophy; Cambridge: Cambridge University Press, 2010), p. 179–200.

[4] Benson, "Socratic Method", p. 193.

O ESTILO FILOSÓFICO HEBRAICO 129

para ter confiança no que sabem, em um bom dia (por exemplo, Nm 5:11-31), ou morrem em seu erro em um dia não tão bom (por exemplo, Nm 16:1-35).

Não desejo sugerir que o estilo hebraico seja de qualquer forma socrático. Eu só quero destacar a semelhança: ser capaz de discernir um estilo coerente de filosofia em textos antigos com o pensamento de segunda ordem retratado em todos eles.

O artigo de Peter Machinist *"The Question of Distinctiveness in Ancient Israel"* [A Questão da Distinção no Antigo Israel] joga um balde de água fria na abordagem da "lista de características" para tais tarefas.[5] Eu quero demonstrar que o estilo filosófico é distinto e distinguível das tradições de seus pares. No entanto, os marcadores genéticos que apresentarei não se enredam na armadilha de desenvolver uma "lista de características". Primeiro, Machinist está preocupado com o fato de os estudiosos estenderem demais sua análise do pensamento hebraico para além dos textos curados e redigidos da Bíblia hebraica. Em segundo lugar, noções superficiais como "monoteísmo como crença em um deus" não são distinguíveis de formas sutis de henoteísmo, por exemplo. Consequentemente, uma simples lista de traços em comparação com outras culturas não poderia esclarecer genuinamente diferenças significativas o suficiente para resistir ao escrutínio.

Proponho que a literatura bíblica funciona como uma tradição filosófica coletada com curadoria, e os marcadores genéticos de seu estilo têm nuances o suficiente para detectar movimentos filosóficos únicos nos textos. Esses marcadores genéticos não são meros traços, mas formam uma unidade orgânica dentro do estilo. Essa unidade orgânica criará então dificuldades para a posterior hibridização do estilo hebraico no judaísmo helenístico. Demonstrarei que os autores do Novo Testamento (examinados nesta obra) exibem uma inclinação originalista, buscando manter a unidade orgânica hebraica.

O estilo filosófico que quero demonstrar apresenta esse conjunto de atributos: *pixelado, entrelaçado, ritualista, transdemográfico, misterionista* e *criacionista* (Tabela 1). Posso apenas oferecer breves exemplos de cada um através das Escrituras cristãs, que estão longe de ser completos. Pretendo que sejam ilustrações do estilo com seus modos e convicções, em vez de exemplos da própria filosofia.

Em resumo: o estilo filosófico hebraico consiste em (1) modos de argumentação e (2) convicções.

---

[5] Peter Machinist, "The Question of Distinctiveness in Ancient Israel: An Essay" in *Ah, Assyria .. .: Studies in Assyrian History and Ancient Near Eastern Historiography Presented to Hayim Tadmor*, ed. Mordechai Cogan and Israel Eph'al (Jerusalem: Magnes Press, 1991), p. 196–212.

# 130 FILOSOFIA BÍBLICA

## TABELA 1 • Estilos filosóficos hebraico e helenístico

| | BÍBLIA HEBRAICA | TRADIÇÃO HELENISTA |
|---|---|---|
| Estilo Filosófico | Modos de Argumento: | Modos de Argumento: |
| | 1. Pixelado (estrutura)<br>2. Entrelaçado (literatura) | 1. Linear<br>2. Autonomista |
| | Convicções: | Convicções: |
| | 3. Misterionista<br>4. Criacionista<br>5. Transdemográfico<br>6. Ritualista | 3. Domesticacionista<br>4. Abstracionista<br>5. Classista<br>6. Mentalista |

Mais basicamente, o estilo filosófico hebraico:

1. apresenta exemplares que são organizados sistematicamente (pixelados)
2. é desenvolvido intertextualmente a partir da Torá e dos Profetas para os Evangelhos e além (entrelaçado)
3. reconhece regularmente a incapacidade lógica de compreender exaustivamente a natureza da realidade *em si* (misterionista)
4. fundamenta-se na noção de Yahweh como criador e sustentador atual (criacionista)
5. deve ser entendida através de uma matriz de participação ritual (ritualista)
6. visa desenvolver competências em todas as posições sociais de Israel (transdemográfico)

*Advertência ao leitor*: Estou ciente de que os filósofos trarão para este livro um conjunto específico de questões tradicionais de suas várias butiques de filosofia. O objetivo deste livro é principalmente descrever com precisão a filosofia nativa das Escrituras cristãs. Somente uma vez que tenhamos compreendido algo central para a filosofia hebraica podemos começar a colocar suas questões e insights em conversa com outras filosofias.

## Pixelado

Por "pixelado", quero dizer que os autores bíblicos definem os contornos de uma abstração de segunda ordem com imagens *de* e episódios *sobre* um

O ESTILO FILOSÓFICO HEBRAICO 131

conceito por meio de iterações e reiterações em narrativa, lei e poesia.[6] Assim como um pixel participa da montagem da imagem exibida em uma tela, os argumentos das Escrituras são abordados e reificados em vários locais ao longo das Escrituras. Para ver o padrão de segunda ordem emergir, é preciso dar um passo para trás e absorver toda a imagem, que necessariamente inclui cada pixel discreto.

Ou, como Benjamin Sommer descreve: "Fala-se em termos concretos que tipificam o pensamento especulativo mais antigo do Oriente Próximo, empregando *uma retórica não sistemática, embora auto-consistente*".[7] Qualquer história, conjunto de leis correlatas, ou aforismos alcançará indutivamente o princípio dessas representações, recuando para induzir suas conexões.

Como exemplo, ao qual retornarei no Capítulo 10, nenhuma discussão sobre justificação epistêmica pode ser encontrada nas Escrituras cristãs. Há episódios — pixels de justificação epistêmica — que parecem representar um tema com variação. Através dessas instâncias, um padrão consistente do que contava como justificação epistêmica emerge quando a situação aperta. Como as pinturas pontilhistas de Georges Seurat (por exemplo, "Um domingo em La Grande Jatte — 1884"), o próprio ponto ou pixel só se torna significativo dentro do agregado.

Em comparação, os estudiosos fizeram uma observação semelhante sobre a diferença entre o que estou chamando de "pixelado" por um lado e "linear" por outro, no campo da lógica. Susanne K. Langer (uma aluna de Alfred North Whitehead!) cunhou a dicotomia entre forma de raciocínio "apresentativas" versus "discursivas":

> O simbolismo apresentativo como um veículo normal e predominante de significado amplia nossa concepção de racionalidade muito além das fronteiras tradicionais, mas nunca viola a fidelidade à lógica no sentido mais estrito.[8]

Ela contrasta simbolismo apresentativo com discursividade:

---

[6] Este conceito foi emprestado do assiriologista Marc Van De Mieroop, que usou a metáfora "pontilhista" em suas afirmações sobre a epistemologia mesopotâmica.

[7] Grifo meu. Deve-se notar que Sommer citaria diversas fontes nos textos unificados (ou seja, Hipótese Documental) como uma razão para isso. Benjamin D. Sommer, *Revelation and Authority: Sinai in Jewish Scripture and Tradition* (New Haven: Yale University Press, 2015), p. 24.

[8] Susanne K. Langer, *Philosophy in a New Key: A Study in the Symbolism of Reason, Rite, and Art* (New York: New American Library, 1948), p. 79.

## 132 FILOSOFIA BÍBLICA

Essa propriedade do simbolismo verbal é conhecida como discursividade; por esta razão, apenas pensamentos que podem ser organizados nessa ordem peculiar podem ser falados, de algum modo; qualquer ideia que não se preste a essa "projeção" é inefável, incomunicável por meio de palavras. É por isso que as leis do raciocínio, nossa formulação mais clara de expressão exata, às vezes são conhecidas como as "leis do pensamento discursivo".[9]

A antropóloga Mary Douglas mais tarde associará a dicotomia da razão de Langer com sua própria formulação a respeito disto. Razão apresentativa torna-se "ordenação analógica" para Douglas, e o raciocínio discursivo torna-se "raciocínio racional-instrumental".[10] Se existe uma ideia generalizável que abranja Van De Mieroop (pointilismo), Langer (representacional) e Douglas (analógico), isso é tudo o que quero dizer com pixelizado: muitas instâncias variadas apresentadas para discernir sua coerência.

A variedade fervilhante de metáforas para Deus — pastor, galinha mãe de seus pintinhos, guerreiro, oleiro, pai, marido, rei etc. — denuncia o impulso de pixelização dos autores bíblicos de deixar uma imagem mais completa de Deus emergir de uma tela bem pontilhada.

Como exemplo prático de um problema epistemológico, a história de abertura de Gênesis já requer um leitor criticamente engajado, e por "criticamente engajado" estou incluindo críticas às palavras de cada personagem, ações e motivos, incluindo as de Deus. Neste exemplo, a questão é quem pode guiar o homem e a mulher no Éden para um conhecer melhor? A resposta que a maioria de nós traz para o texto está surpreendentemente ausente da história. O autor não nos diz a quem o casal do Éden deve ouvir; antes, o autor nos mostra, mas não dentro dessa história em si.

Em resumo, um deus-criador singular faz as coisas e as coloca em seus devidos lugares. Ele faz um homem e o comissiona com as instruções mais simples imagináveis: coma de todas as árvores, menos uma. Então ele leva o homem a descobrir a mulher construída pelo deus-criador. Tudo parece normal até que uma serpente começa a falar, semeia dúvida no entendimento da mulher (com o homem assistindo silenciosamente), e contradiz as palavras do deus-criador: "Certamente não morrerão! Deus sabe que, no dia em que dele comerem, seus olhos se abrirão, e vocês serão como Deus, conhecedores do bem e do mal" (Gn 3:4-5).

---

[9] Grifo original. Langer, *Philosophy in a New Key*, p. 66.
[10] Mary Douglas, *Leviticus as Literature* (New York: Oxford University Press, 1999), p. 15–29.

O ESTILO FILOSÓFICO HEBRAICO 133

O narrador se esforça para mostrar que cada coisa que a serpente diz se torna realidade. Eles não morreram naquele dia (cf. Gn 2:17; 3:4). De fato, segundo o autor, o homem não morreu até mais de 300.000 dias depois (Gn 5:5), se os números forem lidos categoricamente. Seus olhos foram abertos, conhecendo o bem e o mal, assim como a serpente havia dito (cf. Gn 3:5, 7). E, de acordo com Deus, eles "se tornaram como um de nós, sabendo o bem e o mal" (cf. Gn 3:5,22).

Tudo isso para dizer que o próprio texto abre com uma história que exige que o leitor seja cético em relação ao deus-criador e possivelmente confie em uma espécie capciosa. A narrativa bíblica exige uma leitura crítica, e os leitores devem percorrer boa parte da história antes de poderem afirmar que o homem estava errado ao rejeitar a instrução do deus-criador. Só quando comparamos a recontagem do evento em Gênesis 16 — outra mulher "tomando" e "dando" coisas a um homem — ao lado de Gênesis 27 — uma mulher procurando obter uma bênção — podemos ver surgir um padrão que nos faria duvidar da decisão de Eva de ouvir a serpente em Gênesis. Somente na fase final do Gênesis encontramos o primeiro homem — José — que "não quis ouvir" a voz de uma mulher com um desejo enviesado, a esposa de Potifar. Finalizando o texto de Gênesis, agora coletamos indutivamente um potencial *genus* e *species* de práticas errôneas através de estruturas narrativas semelhantes e conceitos cuidadosamente amarrados com um uso padronizado da linguagem.[11]

Quando chegamos a outra necessidade de alimentação divinamente atendida, desta vez no deserto, Deus instrui o povo a comer até se fartar, assim como no Éden. E, assim como nas instruções para o homem, o profeta Moisés propaga a condição mais básica para a coleta de alimentos imagináveis: não coletar no Sábado (Êx 16). Conhecemos a configuração — coma até ficar satisfeito, com uma condição — e o resultado é previsível. O objetivo dessa alimentação divina também se dá em termos epistemológicos. Deus envia o maná "para que eu possa prová-los" a fim de saber "se eles andarão na minha *torá* ou não" (Êx 16:4). E, para o povo, Deus lhes dá carne e pão para que "todos saibam que foi Yahweh quem os tirou da terra do Egito" (Êx 16:6).

*Quem sabe o quê e como* se apresenta como o conflito central para ser resolvido tanto no Éden como aqui novamente na alimentação do maná durante o êxodo. Essas duas histórias compartilham a linguagem particular do Éden e as estruturas conceituais da história. Em um conjunto de histórias, Eva, Sara,

---

[11] A construção linguística que une essas instâncias envolve um "tomar" feminino e "dar" algo ao macho com o comentário ou comando "escute ela/minha voz". Dru Johnson, *Epistemology and Biblical Theology: From the Pentateuch to Mark's Gospel* (Routledge Interdisciplinary Perspectives on Biblical Criticism 4; New York: Routledge, 2018), p. 41–55.

## 134 FILOSOFIA BÍBLICA

Rebeca e a esposa de Potifar exigem que seus homens ouçam sua voz enquanto eles fazem seus planos. Em três casos — os de Eva, Sarai e da esposa de Potifar — o tipo errado de conhecimento está em jogo: conhecimento do bem e do mal e conhecimento sexual inadequado. "Saber" e "fazer sexo" são usados de forma intercambiável na Bíblia Hebraica, embora "conhecer" (*yāda'*) como sexo seja mais raro, mas algum vínculo conceitual opera aqui.[12] Da mesma forma, o Éden e a doação do maná são histórias paralelas ao conhecimento como o resultado natural do teste, tanto para Deus quanto para os israelitas.

Em suma, embora nada interno à lógica de Gênesis 3 ajude a responder se o casal deveria ter ouvido a serpente e encarnado seu ritual prescrito de comer, a totalidade pixelizada de recontagens dessa história em tema e variação delineiam os contornos de uma resposta — gerando *genus* e a *differentia* de conhecimento que foi certo e errado.[13]

A mera presença de narrativas sem raciocínio linear não implica o tipo de leitura pixelizada que estou sugerindo como distintamente hebraica. No estilo hebraico, os exemplares ganham complexidade e variedade ao serem revelados. E isso parece razoável. Se o objetivo é desenvolver um discernimento nuançado, então textos repletos de complexidade oferecem as melhores campos de provas para testar o desenvolvimento de tal pensamento de segunda ordem.

Por exemplo, as narrativas de Abrão desafiando Yahweh sobre sua terra prometida (Gn 15:8) e questionando Yahweh sobre a destruição de Sodoma (Gn 18:22-32) cria um rico conflito de fundo na história do sacrifício de Isaque (Gn 22:1). Como assim? Abraão, que interpretou mal as promessas de Deus de uma nação e prostituiu sua esposa duas vezes (Gn 12, 20), leva seu filho ao monte Moriá sem protestar (Gn 22). Qualquer que seja a explicação que possamos desenvolver sobre os princípios metaéticos que guiariam alguém nessa situação, a complexidade do caráter de Abraão fornece os pontos de referência para pensar sobre o que sustenta cenas tão contrastantes de ceticismo e fidelidade nos textos. As leis levíticas sobre o sacrifício de crianças e o casamento com meia-irmã fornecem mais parceiros de diálogo para esta tapeçaria eticamente complexa sendo tecida em Gênesis 22 (cf. Lv 18).[14]

---

[12] Há apenas alguns casos de 174 no Pentateuco onde "conhecer" (*yāda'*) é empregado para significar "intimidade sexual". Embora rara, a intimidade sexual faz parte do alcance semântico do termo.

[13] Este breve vislumbre sobre os relatos bíblicos requer um exame abrangente que possa justificar essas conexões. Para uma análise exegética detalhada da epistemologia da Torá, veja Johnson, *Epistemology and Biblical Theology* [Epistemologia e Teologia Bíblica].

[14] Veja a obra de Shira Weiss sobre a utilidade filosófica do desenvolvimento de personagens eticamente ambíguos nas narrativas bíblicas: *Ethical Ambiguity in the Hebrew Bible: Philosophical Analysis of Scriptural Narrative* (Nova York: Cambridge University Press, 2018).

O ESTILO FILOSÓFICO HEBRAICO  135

Notavelmente, nenhum autor bíblico tenta subscrever esses princípios éticos com noções éticas estreitas, como "a justiça de Abraão", apesar de essa noção estar prontamente disponível em Gênesis. Em vez disso, a força precipitada e fraca de Abraão está em plena exibição ao lado de sua justiça creditada para com Yahweh. O leitor ou ouvinte tem que trabalhar com essas histórias e leis pixeladas para ver, se houver, o que os une. Esse estilo pixelizado de raciocínio abstrato parece endêmico ao projeto intelectualista das Escrituras cristãs, e é sinalizado pela reutilização pixelizada de linguagem, conceitos e enredos.

## Entrelaçado

O estilo estrutural *entrelaçado* refere-se à prática literária de dependência intra e intertextual de ideias desenvolvidas em coordenação *com* (intra) ou significado derivado *de* (inter) outros textos. Em outras palavras, o próprio raciocínio exige que o leitor converta ou contextualize material de outro lugar na coleção imaginada de obras, mas alerta o leitor para essa demanda ao estabelecer entrelaçamentos literários claros para esse outro material.

É óbvio para qualquer leitor das Escrituras cristãs que os autores bíblicos não definem descaradamente seus termos ou os conceitos aos quais aludem. De fato, a busca por definição pode violar o próprio ponto filosófico que está sendo defendido. Em vez disso, instâncias tornam-se coerentes pela compreensão de seu entrelaçamento dentro do todo. Podemos considerar o entrelaçamento literário como uma boa prática interpretativa, e é, mas o entrelaçamento a que me refiro aqui também inclui as expectativas do autor em relação aos leitores.

Por exemplo, no Evangelho de Lucas (Lc 20:27-39), os saduceus abordam Jesus para definir a natureza da ressurreição em relação aos relacionamentos conjugais aqui e agora. O narrador apresenta os personagens categoricamente como "alguns saduceus, aqueles que dizem que não há ressurreição...". (Lc 20:27). Tomando emprestado um cenário do livro apócrifo de Tobias, eles perguntam a Jesus: Se uma mulher é casada e viúva sete vezes, de quem ela é esposa na ressurreição? Eles parecem presumir que todas as relações conjugais normais se aplicam.

A resposta de Jesus parece abolir a relação conjugal na era da ressurreição: "Os filhos desta era *casam-se e são dados em casamento (gamousin kai gamiskontai)*, mas os que forem considerados dignos de tomar parte na era que há de vir e na ressurreição dos mortos não se casarão *nem serão dados em casamento (oute gamousin oute gamizontai)*" (Lc 20:35).

## 136 FILOSOFIA BÍBLICA

Muitos têm tomado essa resposta a esses que negam a ressurreição como sendo a aniquilação definitiva de Jesus da instituição do casamento, uma relação familiar fundamentada na própria Criação. No entanto, para o leitor da literatura entrelaçada de Lucas, essa frase "casar e dar em casamento" deve despertar seu interesse. Por um lado, "casar e dar em casamento" aparece precisamente um outro lugar no Evangelho de Lucas, que também aborda o *eschaton*: o ensino de Jesus sobre seu retorno e julgamento da humanidade (Lc 17:27).[15] Nesse contexto, Jesus descreve as pessoas inconscientes nos dias de Noé e a destruição de Sodoma e Gomorra. O que eles estavam fazendo para merecer a aniquilação em massa?

[As pessoas nos dias de Noé] estavam:

comendo e bebendo, casando-se e dando-se em casamento (*egamoun egamizonto*),

[As pessoas em Sodoma e Gomorra] estavam:

comendo e bebendo, comprando e vendendo, plantando e construindo

Considerando o que sabemos sobre Sodoma e Gomorra desde Gênesis, podemos ter ficado surpresos ao descobrir que os crimes que Jesus listou não eram crimes. Embora não seja linguisticamente paralelo à versão grega, Jeremias uma vez aconselhou os exilados na Babilônia a fazerem *as mesmas coisas* quase seis séculos antes: construir, plantar, casar e dar em casamento (Jr 29:5-7, TM; Jr 36:1-7 LXX) (Figura 1).

No entrelaçamento literário de Lucas, a frase "casar e dar em casamento" não pode significar em Lucas o que claramente poderia significar em outra ocasião. O mesmo vale se estendermos a análise para os paralelos entrelaçados em Mateus e Marcos (Mt 22:30; 24:38; Mc 12:25). Para o Jesus de Lucas, essa frase não se referia ao casamento na ressurreição; pelo contrário, *parece abordar a mentalidade daqueles que estão cegos para o julgamento vindouro*, ou algo nesse sentido.

Anteriormente em Lucas, esse tipo de cegueira aparece como uma crítica contínua de Jesus (cf. Lc 12:54-56). Isso explica a pergunta cortante latente no que Jesus descreve como pessoas que estão prontas para a ressurreição. Ele os chama de "aqueles que são dignos de tomar parte nesta era", insinuando que

---

[15] Os paralelos são entrelaçados com Mt 22:30, 24:38; Mc 12:25.

os saduceus não são dignos. O que começa como uma lição metafísica sobre o casamento termina com uma repreensão. A linguagem específica dessa repreensão nos entrelaçamentos literários dos Evangelhos Lucano e Sinótico equiparava os saduceus às pessoas que morreram no dilúvio e em Sodoma e Gomorra por não prestarem atenção.

O Jesus de Lucas já nos preparou para a epistemologia separatista dos saduceus. Anteriormente, Jesus castiga os fazendeiros galileus como "hipócritas" porque eles podem interpretar a meteorologia em seu próprio benefício, mas não podem aplicar a mesma habilidade de interpretação "neste tempo presente" (Lc 12:54-56). Eles podem "ver" as implicações invisíveis de uma nuvem subindo (ou seja, a possibilidade de chuva) ou ventos inconstantes (ou seja, calor escaldante), mas, hipocritamente, eles não "interpretam o tempo presente". Lucas desenvolve uma visão bastante robusta de pontos cegos epistemológicos devido a maus hábitos e obstinação. Por mais estranho que pareça aos ouvidos não acostumados, "casar e dar em casamento" opera em uma matiz de metáforas que retratam um *status quo* apático focado nas economias da presente era e uma inconsciência habitual do julgamento divino iminente.

**FIGURA 01** ♦ Relação "casar-se e dar-se em casamento".

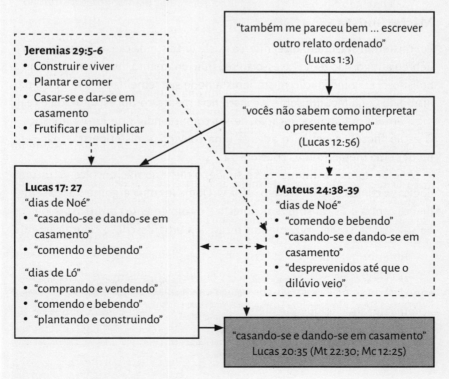

138   FILOSOFIA BÍBLICA

Não só a filosofia hebraica é pixelada, mas as imagens de interesse filosófico nos textos bíblicos tornam-se coerentes quando entrelaçadas em Lucas, depois entre os evangelhos e finalmente nos textos bíblicos de forma mais ampla. Nesse caso, a retórica do julgamento nos Evangelhos Sinóticos entrelaça adequadamente a metafísica ética da ressurreição mais do que as palavras literais do próprio diálogo. As relações metafísicas entre as pessoas após a ressurreição são deixadas de lado enquanto Jesus se concentra na preparação ética necessária para a era vindoura, enfatizando seu julgamento em ambos os textos com a frase peculiar "casar e dar em casamento".

Os exemplos se multiplicam facilmente com o que John Hollander, e mais tarde Michael Fishbane e Richard Hays, identificam como metalepse, alusão e eco.[16] Esse tipo de entrelaçamento se verifica dentro dos gêneros (Evangelhos Sinópticos, sabedoria, código legal, etc.) bem como entre deles. Às vezes, os códigos legais se entrelaçam com a narrativa e vice-versa, uma prática que examinarei no próximo capítulo. Também descreverei meu método para assegurar integridade e consistência em uma compilação diversificada de literatura no próximo capítulo, incluindo a capacidade de discernir *genus* e *differentia* de tais exemplos.

## Misterionista

Por misterionista, quero dizer que, se existe um sistema causal fechado para o hebreu antigo, não temos acesso ao seu funcionamento interno ou estruturas holísticas. Essa inclinação misterionista pode ser semelhante à do misterianismo de Colin McGinn sobre a consciência mente-corpo: estruturada e real, mas, em última análise, incapaz de ser compreendida de forma holística.[17] O estilo filosófico hebraico advoga uma convicção misterionista, mas sem perder uma metanarrativa criacionista.

Apesar do que comumente se supõe, o mistério não envolve estruturas ilógicas e conhecimento secreto. W. V. O. Quine fez uma argumentação semelhante contra o fisicalismo reducionista e os movimentos positivistas lógicos de sua época.[18] Esses movimentos buscavam uma descrição cientificamente

---

[16] John Hollander, *The Figure of Echo: A Mode of Allusion in Milton and After* (Berkeley: University of California, 1981); Michael A. Fishbane, *Biblical Interpretation in Ancient Israel*; *Biblical Myth and Rabbinic Mythmaking*; Richard Hays, *Echoes of Scripture in the Letters of Paul* (New Haven: Yale University Press, 1989).

[17] Colin McGinn, *The Problem of Consciousness* (Oxford: Blackwell, 1991).

[18] W. V. O. Quine, "Epistemology Naturalized", em *Naturalizing Epistemology*, 2. ed., ed. Hilary Kornblith (Cambridge: MIT Press, 1997), p. 15–32; "Natural Kinds", em *Ontological Relativity and Other Essays* (New York: Columbia University Press, 1969), p. 114–38.

O ESTILO FILOSÓFICO HEBRAICO 139

redutiva dos fenômenos em um sistema fechado de relações físicas e causais. Se o cosmos é química em um sistema fechado, então, eventualmente, a física deve ser capaz de reduzir e descrever qualquer evento, seja ele psiquiátrico, químico ou de engenharia. A árvore do conhecimento que cientistas e lógicos coproduziram estaria enraizada em axiomas incontroversamente verdadeiros onde dados científicos reunidos indutivamente podem ser enxertados e, assim, fundamentados dedutivamente.

Empregando a ajuda de Nelson Goodman, Carl Hempel e Kurt Gödel, Quine mostrou que tal sistema de verdades e relações logicamente conectado acaba sendo logicamente impossível de completar — onde todas as verdades são demonstráveis sem apelar para verdades fora do sistema. É simplesmente impossível haver um sistema fechado que possamos justificar de forma compreensível para nós mesmos. Antes do trabalho matemático preliminar das conclusões de Quine, os autores bíblicos se manifestaram contra o positivismo lógico em seus dias.

*Qohelet* (Eclesiastes), o narrador, tenta mapear exaustivamente o sistema fechado de relações que constitui o cosmos. Embora tenha todos os meios disponíveis para o conhecimento, ele termina reconhecendo que Deus é o criador e que somente o criador pode compreender o sistema criado:

> Quando voltei a mente para conhecer a sabedoria e observar as atividades do homem sobre a terra, daquele cujos olhos não veem sono nem de dia nem de noite, então percebi tudo o que Deus tem feito. Ninguém é capaz de entender o que se faz debaixo do sol. Por mais que se esforce para descobrir o sentido das coisas, o homem não o encontrará. O sábio pode até afirmar que entende, mas, na realidade não o consegue encontrar (8:16,17).

> Assim como você não conhece o caminho do vento, nem como o corpo é formado no ventre de uma mulher, também não pode compreender as obras de Deus, o Criador de todas as coisas (11:5).

A única resposta adequada do homem à luz de tal ignorância concentra-se em Deus como criador, participação ritual na comunidade e busca de sabedoria de especialistas dentro da comunidade. O "pregador" (*qōhelet*) faz um cálculo do que pode ser conhecido e traça uma linha que não deve e não pode ser cruzada epistemicamente. Portanto, o enquadramento misterionista é justamente isso: uma estrutura, um quadro com limites naturais a serem discernidos através do treinamento:

## 140 FILOSOFIA BÍBLICA

> Lembre-se do seu Criador nos dias da sua juventude, antes que venham os dias difíceis (12:1).
>
> *Cuidado, meu filho; nada acrescente a eles.* Não há limite para a produção de livros, e estudar demais deixa exausto o corpo. Agora que já se ouviu tudo, aqui está a conclusão: Tema a Deus e guarde os seus mandamentos, pois isso é o essencial para o homem. Pois Deus trará a julgamento tudo o que foi feito, inclusive tudo o que está escondido, seja bom, seja mal (12:12-14).

Da mesma forma, quando Jó e seus amigos tentam puxar a cortina para entender a maquinaria cósmica, Jó é confrontado não por um deus, mas pelo criador do cosmos (Jó 38).

Não devemos confundir esse tipo de linha misterionista com o uso do termo "mistério" (*mystērion*) no Novo Testamento. Como argumentei no capítulo de introdução, esse uso de ocultação no NT coloca o mistério em um processo de revelação e bloqueia áreas que não são proveitosas para especulação (cf. Dt 29:29/Mc 4:10).

Semelhante ao objetivo do questionamento de Sócrates, o estilo filosófico hebraico implica um agnosticismo generalizado: porque sabemos que não compreendemos completamente X, então provavelmente deveríamos atenuar a forma como falamos sobre Y.

Alguns sugeriram que esse tipo de misterionismo na Bíblia enfatiza espanto e admiração. O fato de que a admiração é central em como pensamos sobre a natureza do divino, por exemplo, também indica essa convicção misterionista.[19]

## Criacionista

Por criacionista, refiro-me à convicção da filosofia hebraica de fundamentar sua metafísica, ética, epistemologia e muito mais no evento de criação de Gênesis 1-3 que flui historicamente para a história atual de um israelita. A disposição criacionista pressupõe contiguidade com uma narrativa cosmológica

---

[19] Ohaneson traça essa linguagem de "assombro" e "maravilha" por toda a Bíblia Hebraica e reflete sobre suas implicações para os limites prescritivos da Teologia do Ser Perfeito. Heather C. Ohaneson, "Turning from the Perfection of God to the Wondrousness of God: Redirecting Philosophical-Theological Attention in Order to Preserve Humility", em *The Question of God's Perfection: Jewish and Christian Essays on the God of the Bible and Talmud*, ed. . Yoram Hazony e Dru Johnson (Philosophy of Religion — World Religions 8; Leiden: Brill, 2018), p. 211-30.

O ESTILO FILOSÓFICO HEBRAICO 141

e genealógica particular. Como o Egito e a Mesopotâmia, um retorno às narrativas da criação, aos temas da criação e à linguagem da criação percorre todo o pensamento filosófico das Escrituras cristãs.

A maioria dos textos bíblicos, explícita ou implicitamente, presume uma estrutura metafísica criacional, onde Yahweh organiza e ordena o cosmos como um campo de objetos separados dele e uns dos outros. Nada semelhante à unidade bramanista, ao panteísmo ou ao panenteísmo deriva dos textos bíblicos.

A formação e o comissionamento da humanidade por Yahweh, a descoberta guiada da mulher, e a unidade do par biologicamente sexuado raramente é mencionada diretamente após Gênesis 4. No entanto, vemos a presunção disso em quase toda a literatura bíblica.

Por exemplo, Levítico detalha a maioria, mas não todas as relações sexuais inadequadas sob o princípio geral de "parente próximo" (Lv 18:6). Nem todas as combinações sexuais que os humanos eventualmente inventarão fazem parte da lista de relações específicas a serem evitadas (Lv 18:6-23; 20:10-21). Levítico até aborda contato sexual inapropriado entre marido e mulher durante a menstruação (Lv 18:18). Em toda a instrução detalhada sobre o contato sexual, nem uma vez os textos bíblicos prescrevem patentemente como deve ser um relacionamento sexual adequado. Eles simplesmente presumem que Gênesis 2 cobre esse terreno como o *genus*, e os perigos de proliferação de outros contatos sexuais são listados taxonomicamente como a *differentia* (veja a discussão "Definição por Genus/Differentia" na seção abaixo).

Em uma pergunta sobre corrupção conjugal (a *differentia*), Jesus assume que o entrelaçamento se estende até o *genus* de Gênesis 2 como o relacionamento normativo (Mt 19:4-6). Nisso, ele reitera que o normativo foi dado na descrição da criação, e Jesus esperava que sua audiência também compartilhasse sua presunção. O normativo, para Jesus, deveria ser encontrado no relato metaeticamente descritivo da criação.

Estou tentando chamar a atenção para a tendência dos autores bíblicos de se concentrar na história e no lugar.[20] Porque Yahweh criou esse universo e situou a humanidade no mapa da Mesopotâmia, toda a filosofia hebraica tem que se referir de alguma maneira significativa à história iniciada e entrelaçada desde a criação. Ao definir os contornos metafísicos do casamento, Jesus enraíza seu pensamento na criação e espera que seus ouvintes também o façam.

---

[20] O trabalho de Craig Bartholomew sobre o papel do lugar no cânone cristão é um modelo exemplar. *Where Mortals Dwell: A Christian View of Place for Today* (Grand Rapids: Baker Academic, 2012).

## 142 FILOSOFIA BÍBLICA

## Transdemográfico

> No que diz respeito a Jeremias, nenhum indivíduo está isento dessa exigência de investigação independente... Aqui, assim como em todos o resto das Escrituras, a sabedoria é encontrada nas ruas — uma metáfora que se refere àquelas experiências do dia a dia da vida de um povo que são públicas e acessíveis a todos.[21]

Embora Hazony extraia o ponto em Jeremias, o compromisso com a razão que está disponível e se exige de todos é único e impressionante na literatura antiga. Por "transdemográfico", quero dizer que o objetivo do empreendimento filosófico nas Escrituras cristãs visa promover um corpo social discernente com perspectivas diversas, mas mutuamente enriquecedoras, da realidade. Nenhum indivíduo pode ser "o filósofo hebraico". Nem Moisés nem Jesus se aventuraram em ser o filósofo singular; em vez disso, ambos foram retratados como especialistas em uma comunidade que podiam adequadamente levar outros a ver o que estava lá antes deles.

A epistemologia transdemográfica foca no saber-como [know-how]: discernimento socialmente distribuído para compreender adequadamente os fatos e estados de coisas (saber-que). Isso é reconhecer que o corpo individual sempre pratica o pensamento filosófico dentro do corpo social, formado desde a juventude por especialistas. Moisés foi formado para liderar os israelitas e ensinou os planos para o tabernáculo, mas foram dois outros especialistas que foram capazes de concretizá-lo (Êx 36:1). Diversos fluxos de conhecimento criam força na cultura transdemográfica, assim como vemos no empreendimento científico ou nas humanidades hoje.[22]

As convicções transdemográficas não permitem um inclusivismo ingênuo, mas sim uma dispersão de perícia. Formas díspares de participação incluíam todos os que se juntaram a Israel. O sumo sacerdote, os profetas, os sacerdotes, os reis, os pais, os filhos, as mães, os leprosos, os migrantes, os juízes e os anciãos, todos tinham acesso e discernimento diferentes que traziam à comunidade. A Torá e mais tarde Jesus e seus apóstolos esperavam que a comunidade empregasse esses tipos díspares de know-how para compreender

---

[21] Yoram Hazony, *The Philosophy of Hebrew Scripture* (New York: Cambridge University Press, 2012), p. 165–66.

[22] Comparando a visão de treinamento da Bíblia Hebraica com a Mesopotâmia, Shawn Flynn diz: "Esta instrução religiosa [hebraica] idealiza um tipo particular de instrução religiosa especializada e a encoraja para cada família." *Children in Ancient Israel: The Hebrew Bible and Mesopotamia in Comparative Perspective* (New York: Oxford University Press, 2018).

O ESTILO FILOSÓFICO HEBRAICO 143

intelectualmente noções de segunda ordem. A transdemografia surge mais claramente em Deuteronômio, onde o objetivo da instrução de Deus visava "um povo sábio e discernente" (4:6). As muitas vozes de seus conhecimentos compartilhados eram acessíveis e distribuídas entre uma comunidade discernente, como na comunidade científica, que é precisamente o que torna o empreendimento robusto e discernente.

Voltando a Lucas 12, Jesus articula a expectativa transdemográfica de forma mais pungente quando repreende as comunidades agrícolas por não verem o que estava claramente à sua frente. Vemos a ponta afiada de seu desapontamento quando ele os chama de "hipócritas" (12:54-56):

> Dizia ele à multidão: "Quando vocês veem uma nuvem se levantando no ocidente, logo dizem: 'Vai chover', e assim acontece. E quando sopra o vento sul, vocês dizem: 'Vai fazer calor', e assim ocorre. Hipócritas! Vocês sabem interpretar o aspecto da terra e do céu. Como não sabem interpretar o tempo presente?

Jesus percebe que eles podem ver as implicações invisíveis dos padrões climáticos, um golpe que acerta diretamente sua confiança em Deus para o fornecimento de água enquanto vivem em uma terra seca e desprovida de grandes rios com fluxo regular. Quando eles olham para uma pequena nuvem, eles veem chuva. Observe, porém, que a pequena nuvem não é chuva. Em vez disso, eles puderam discernir que a pequena nuvem é um indicador de chuva futura e atualmente invisível aos olhos. Por outro lado, quando eles veem o vento invisível soprando do sul (ou seja, do Egito), eles discernem ventos abrasadores vindo, os quais afetarão suas colheitas.

Mas por que Jesus os chama de "hipócritas", um termo geralmente reservado para pessoas profundamente preocupadas em parecer justas?[23] Dada sua capacidade de discernir habilmente as condições meteorológicas, especialmente quando diretamente conectadas aos seus meios de subsistência, a ira de Jesus é direcionada à incapacidade deles de empregar *esse mesmo discernimento* para a presente circunstância de seus ensinamentos e maravilhas. Por isso, tendo olhos, não viram o invisível, mas ainda discernível, império de Deus que estava a caminho.

---

[23] Jonathan T. Pennington, *The Sermon on the Mount and Human Flourishing: A Theological Commentary* (Grand Rapids: Baker Academic, 2017), p. 91–2.

144 FILOSOFIA BÍBLICA

Jesus esperava que mesmo a meteorologia preditiva pudesse desenvolver uma comunidade transdemográfica que fornecesse ferramentas para ver esses eventos-Jesus de maneira diferente, captando as implicações invisíveis que deveriam fluir deles. São hipócritas, dentro da lógica da narrativa, porque aplicam seu discernimento em uma faceta das preocupações imediatas da vida, mas não no âmbito do evento histórico do "império de Deus" sendo revelado a eles.

O foco epistemologicamente centralizado da filosofia hebraica visa aprimorar o discernimento na comunidade. Nos próximos capítulos, pretendo mostrar como os apelos proféticos utilizam a lógica clássica, como os profetas revisitam a Torá a partir de várias perspectivas temáticas e variações, e o reconhecimento de uma convicção misterionista de base que rejeita tanto o reducionismo quanto as tentativas de uma compreensão exaustiva do cosmos. Mas todas essas reificações, apelos, interpretações e muito mais exigem a sabedoria de uma comunidade com competências diversas. Esperava-se que sua tradição de sabedoria, ao contrário de todas as outras civilizações antigas, se espalhasse para todos: mulheres, homens, crianças, idosos, estrangeiros e nativos, igualmente.

## Ritualista

Exclusivos à Bíblia Hebraica entre seus pares, os rituais são designados para efeito epistemológico e para moldar a comunidade. Eu argumentei em outro lugar que todas as atividades pedagógicas e cognitivas são inerentemente ritualísticas e corporificadas.[24] Contudo, por "ritualista", eu quero dizer que os autores bíblicos são explicitamente conscientes da função epistêmica dos rituais e os empregam expressamente em prol do conhecimento preciso. Não apenas gera conhecimento, mas também ajuda Israel a se tornar um tipo particular de comunidade, que inclui, mas não se limita, ao seu mundo intelectual compartilhado.[25]

Na Torá, Moisés instrui os hebreus a realizar ritos para conhecer. O tipo de conhecimento que resulta de uma performance ritual é um tipo de discernimento. Levítico 23 fornece o exemplo mais claro disso, embora a Bíblia Hebraica e o Novo Testamento estejam repletos de rituais epistemologicamente

---

[24] Dru Johnson, *Knowledge by Ritual: A Biblical Prolegomenon to Sacramental Theology* (Journal of Theological Interpretation Supplements 13; Winona Lake: Eisenbrauns/ PennState Press, 2016).

[25] Grato a Michael Rhodes por me fazer enxergar o que eu realmente queria dizer aqui.

O ESTILO FILOSÓFICO HEBRAICO  145

focados. [26] Para a Festa das Tendas de uma semana (*sukkōt*), as instruções são concisas, mas diretas. Os israelitas devem construir tendas e viver nelas com suas famílias por sete dias. O autor de Levítico prossegue afirmando o motivo da incursão de uma semana nas normalidades da vida: "para que os descendentes de vocês saibam que eu fiz os israelitas morarem em tendas (*sukkōt*) quando os tirei da terra do Egito. Eu sou o Senhor, o Deus de vocês".

Esse propósito epistêmico revela muito sobre o uso de rituais, memoriais, testes e cerimônias em Israel. Observe que Sukkot se concentra num fato histórico a ser conhecido (o que alguns filósofos chamam de saber-que sabem): "que eu fiz os israelitas morarem em tendas quando os tirei da terra do Egito". Mas o que quer que Levítico pretenda fazer conhecido, não pode ser conhecido adequadamente à parte da comunidade e ritual pelos quais deve ser entendido (ou seja, "Morem em tendas durante sete dias", Lv 23:42). Ou, na linguagem da epistemologia contemporânea, praticavam ritos para saber-fazer, para saber-que propriamente.

A ritualização torna-se o *modus operandi* da filosofia hebraica, assim como os rituais de caminhada *peripatética* corporificada possibilitaram a técnica *maiêutica* do parto de Sócrates para recordar o conhecimento. A Torá não promove um único ritual como paradigmático ou suficiente para a compreensão, mas coreografa um calendário e uma matiz de ritos entrelaçados com comportamentos éticos que preparam os ritos para serem aceitos por seu deus. Essa prescrição de uma vida ritualizada surgirá novamente no Novo Testamento, onde os rituais da Torá e os ritos culturalmente improvisados do Judaísmo do Segundo Templo serão re-ritualizados para a comunidade cristã da nova aliança. Na presente obra, comunidades estratificadas por rituais de discernimento virão à tona em minha discussão sobre a filosofia da ciência no Capítulo 8.

## Resumo

Esses dois elementos estruturais (pixelamento, entrelaçamento) e quatro convicções (misterionista, criacionista, transdemográfica e ritualista) formam os marcadores genéticos do estilo filosófico hebraico. Quando eles estiverem presentes, argumentarei que vemos um estilo particular de filosofia sendo praticado, distinto dos vizinhos de Israel no antigo Crescente Fértil e, posteriormente, nos conquistadores do norte do Mediterrâneo. Além disso, esses

---

[26] Eu abordo a epistemologia ritual ao longo das Escrituras cristãs em detalhes na minha obra *Knowledge by Ritual*.

146  FILOSOFIA BÍBLICA

aspectos do estilo hebraico serão distinguidos dos modos particulares de discurso filosófico.

## As formas hebraicas de argumentação

Ao construir um estilo filosófico hebraico, os textos bíblicos empregam vários instrumentos literários: história, discurso estilizado, poesia, lei, aforismos compilados e outras formas e gêneros verbais. Como eles argumentam por meio de uma história ou poema, por exemplo? Vemos a argumentação não apenas no conteúdo de uma história ou poema, mas perguntando por que foi escrito dessa forma, com que propósito e com que finalidade. Da mesma maneira, jornais e cientistas contam histórias sobre o cosmos, mas leitores habilidosos também entendem que estão sempre defendendo algo. Abordarei a mecânica de como os textos debatem conosco no Capítulo 4.

Por causa da diversidade de textos, não podemos confiar em estudos de palavras que ingenuamente tentam abranger as Escrituras cristãs. Os autores têm suas maneiras de contar a história e argumentar, o que significa que a epistemologia não pode ser descoberta apenas estudando o uso da palavra *yāda'* (hebraico: "conhecer") ou *ginōskō* (grego: "conhecer"). Por exemplo, a palavra hebraica *yāda'* é usada em toda a Bíblia Hebraica para descrever discernimento (Gn 3:22), crença confiável (Gn 15:8,13), sexo conjugal (Gn 4:1), estupro (Gn 19:6) e confirmação (Gn 18:21; 22:12). Todos esses usos estão apenas em Gênesis. Ainda outros conceitos e linguagem estão intimamente ligados ao conhecimento em Gênesis e além, a saber, a relação de "ouvir" (*šāma'*) com "ver" (*rā'â*). Como Owen Barfield uma vez colocou: "Para qualquer um que tente construir uma metafísica em estrita conformidade com os cânones e categorias da lógica formal, o fato de que os significados das palavras mudam, não apenas de época para época, mas de contexto para contexto, é certamente interessante; mas é interessante apenas porque é um incômodo."[27] Primordial para a minha tarefa é entender como os autores bíblicos utilizam linguagem diferente para se referir a estruturas conceituais mais profundas. No entanto, assim como é o caso da filosofia hoje, cada autor e editor terá formas preferenciais de falar sobre as mesmas estruturas conceituais.

Quais são, então, as principais formas de argumentação usadas no estilo filosófico hebraico? Eu ofereço as seguintes formas de explorar e defender

---

[27] Owen Barfield, *Poetic Diction: A Study in Meaning* (Middletown: Wesleyan University Press, 1974), p. 61.

O ESTILO FILOSÓFICO HEBRAICO  147

uma metodologia de raciocínio abstrato, ou raciocínio de segunda ordem. Outros podem estar presentes, mas estes criam a caixa de ferramentas essencial para muitos autores bíblicos defenderem uma metodologia filosófica:

1. narrativas como argumento; discursiva e de apresentação
2. definição por *genus* e *differentia*
3. raciocínio analógico e metáfora
4. ambientes de aprendizagem ritualizados
5. paradigma taxonômico de criação
6. Lógica pré-aristotélica não restrita a uma noção binária de verdade
7. presunção de relações discerníveis de causa e efeito

## Narrativas como argumentos

No Capítulo 4, examino com mais detalhes como mapear argumentos a partir de narrativas. Mas, primeiro, vale considerar a proposta básica de que as narrativas podem ser uma forma de argumento.[28] O fato de as Escrituras cristãs serem estruturadas, a grosso modo, como uma grande narrativa em uma coleção poética corresponde ao modo entrelaçado e à convicção criacionista. Alguns sugeriram que somente na Bíblia Hebraica encontramos um esforço intelectual programático sempre autoconsciente de sua história se desenrolar com começo, meio e fim. Essa afirmação de exclusividade pode ser muito forte, mas o entendimento está correto. A história é importante porque os autores bíblicos empregam consistentemente seu trabalho filosófico na história. Isso implica o autor sempre ter consciência do papel do oráculo, lei ou história na metanarrativa, mesmo que você queira conceber toda a coleção de textos como uma obra de poética.

Como uma história funciona como um argumento? Como os filósofos descobriram, a história pode ser uma maneira de introduzir um tópico filosófico rigoroso e complexo e dizer algo sobre ele usando a força persuasiva da narrativa.

Mas, primeiro, devemos reconhecer o papel persuasivo da história na filosofia e na ciência contemporâneas, porque os estudiosos normalmente não associam histórias a uma explicação analítica rigorosa.

---

[28] Sem ter que concordar com todos os detalhes, os filósofos estão fazendo argumentos afinados sobre o poder filosófico da narrativa na ficção, história e jornalismo, mas também na história da filosofia. Cf. Peter Kivy, *Once upon a Time: Essays in the Philosophy of Literature* (Nova York: Rowman e Littlefield, 2019); Garry L. Hagberg (ed.), *Fictional Characters, Real Problems: The Search for Ethical Content in Literature* (Nova York: Oxford University Press, 2016); John Woods, *Truth in Fiction: Rethinking Its Logic* (Nova York: Springer, 2018).

148   FILOSOFIA BÍBLICA

Considere os argumentos de químicos e filósofos que tentam defender uma explicação particular dentro de seus campos. Uma abordagem padrão para explicar por que um elétron permanece na órbita do núcleo de um átomo emprega uma história. Sabemos que os elétrons não estão em "órbita", e imaginá-los como tal pode injetar uma metáfora distorcida ao pensar sobre a localização de um elétron em relação ao núcleo. Aqui está como uma explicação científica lidou com isso (adicionei o cenário, caracterização, conflito, tensão e resolução):

> **[Conflito]** É problemático considerar elétrons como pequenos pedaços de matéria orbitando um pedaço maior de matéria. Na verdade, eles não se comportam dessa maneira.

> **[Caracterização]** Um elétron não pode ser pensado como um planeta, mas sim como uma espécie de nuvem de probabilidade... Para entender o comportamento do elétron, temos que pensar onde essa nuvem será mais densa, ou onde haverá a maior probabilidade de um elétron estar, ou onde há carga negativa máxima.

> **[Tensão]** Vamos imaginar a jornada em direção ao núcleo próton-hidrogênio novamente.

> **[Cenário]** Porém, imagine como você faria se estivesse medindo cada pequeno volume de espaço com um probabilitômetro. Longe do núcleo, o probabilitômetro não registraria virtualmente nenhuma probabilidade de carga negativa. À medida que você se aproxima lentamente, o medidor sobe cada vez mais, até registrar a maior probabilidade no núcleo. A chave aqui é entender que proceder em linha reta procurando um pequeno volume de espaço a certa distância do núcleo não é a melhor maneira de medir a probabilidade de um elétron estar em qualquer volume particular do espaço. Não estamos intrigados sobre se o elétron está acima, abaixo, à esquerda ou à direita do núcleo. Queremos apenas a uma certa distância. Significando que poderia estar em qualquer lugar em uma "concha" esférica ao redor do núcleo, quanto mais nos afastamos do núcleo do átomo, menos provável é que o elétron desse átomo seja encontrado.

> **[Clímax]** Portanto, a maior probabilidade de encontrar o elétron será o raio do "ponto ideal" onde o volume da casca é grande o suficiente para que

O ESTILO FILOSÓFICO HEBRAICO 149

a probabilidade seja alta, mas a distância do núcleo não é muito grande para a probabilidade ser baixa.

**[Resolução]** Faça um gráfico disso e você descobrirá que a maior probabilidade do elétron está perto do centro do átomo, mas não dentro dele.[29]

Nesse modo padrão de explicação científica, há personagens e cenário (elétron, prótons, núcleo etc.), um conflito claro e uma trama que aumenta a tensão ao oferecer várias explicações, uma das quais eleva a trama ao seu clímax e fornece sua resolução. É uma explicação fundamentada como enredo.

Os argumentos filosóficos geralmente adotam uma abordagem narrativa semelhante. O conflito pode ser expresso como intuições ingênuas, intuições profundas, velhas discussões, "nós costumávamos pensar..." e muito mais. Por exemplo, um evento de filosofia pública recentemente construiu esta explicação narrativa para a visão metafísica de que "o tempo realmente existe", apresentado por três palestrantes. Eu resumi a apresentação deles aqui:

Cenário/personagens: eles explicam conceitos de tempo, nossas medidas de tempo, como sentimos diferentemente o tempo, etc.

Conflito: abrem com algumas intuições sobre o tempo ou o que as tradições nos ensinaram (por exemplo, "temos muitas intuições sobre o tempo, como: o presente é mais real que o passado ou o futuro").

Tensão: eles oferecem várias abordagens ao tempo (por exemplo, presentismo, eternalismo e teorias de blocos crescentes), mas todas têm problemas que as tornam inconclusivas.

Clímax: eles dizem que a física do tempo sob a teoria da relatividade e o fluxo unidirecional da entropia criam argumentos convincentes para a existência do tempo.

---

[29] Esther Inglis-Arkell, "Why Don't Electrons Just Fall into the Nucleus of an Atom?", *io9/ Gizmodo* (Blog), disponível em: http://io9.gizmodo.com/why-dont-electrons-just-fall-into-the-nucleus-of-an-ato-1597851164/.

# 150 FILOSOFIA BÍBLICA

Resolução: eles concluem que a visão de cápsula do tempo explica melhor tanto a física quanto nossas intuições sobre o tempo.[30]

Os elementos constituintes de uma história, o que faz a história fluir e funcionar, estão todos presentes neste argumento sobre se o tempo existe. A narrativa se desenrola no ouvinte. Nós, o público, entramos na história, com nossas vagas noções de tempo, perplexidades, insatisfações e, finalmente, nosso alívio ao encontrar alguma solução lógica. A lógica básica da abordagem narrativa da argumentação científica e filosófica não é a lógica clássica ou proposicional em si. Em outras palavras, por que não oferecer apenas um argumento proposicionalmente enunciado e dedutivamente válido? Poderíamos ter dito apenas:

P1: SE todas as intuições sobre o tempo obtêm garantia epistêmica suficiente,

E SE o tempo é um conceito adequado para algo que existe,

ENTÃO, algumas teorias conceituam adequadamente nossas intuições mapeando adequadamente o tempo real,

SE E SOMENTE SE nossas noções de tempo real e tempo em si se referem ao mesmo objeto ontológico, a saber, o tempo.

P2: O presentismo é uma teoria do tempo que possui características X, Y e Z.

P3: O presentismo tem dificuldade em explicar os fenômenos A, B e C.

P4: O eternalismo é outra teoria do tempo que possui características M, N, O e P.

P5: O eternalismo pode explicar A, B e C, o que o Presentismo não pode.

P6: A teoria do bloco crescente tem características D, E e F.

... e assim por diante.

Essa formalização de um argumento sobre o tempo se proliferará muito além do ponto que estou defendendo aqui. A complexa série de premissas pode eventualmente ser colocada em lógica simbólica para produzir argumentos dedutivamente válidos em uma lista cada vez maior de premissas que podem aparecer em alguma conclusão extraída do exposto.

---

[30] Este é o meu resumo de um argumento recente sobre a realidade do tempo apresentado por Elay Shech (Universidade Auburn) e Jonathan Tallant (Universidade de Nottingham), apresentador David Rutledge, "Three Things You Should Know about Time", *The Philosopher's Zone*, agosto 27, 2017, disponível em: www.abc.net.au/radionational/programs/philosopherszone/the-three-things-you-should-know-about-time/8817626/.

O ESTILO FILOSÓFICO HEBRAICO  151

*Por que não usar argumentos formais, do tipo que aprendemos em lógica?* Várias razões serão oferecidas nos próximos capítulos. Contudo, basicamente, não podemos manter em mente todas as premissas ocultas e articuladas em nosso espaço conceitual necessárias simultaneamente para fazer os cálculos de argumentos proposicionais formalizados. No entanto, de alguma forma, quando o mesmo argumento é colocado em uma estrutura narrativa, podemos compreendê-lo.

*Por que usar um arco narrativo para argumentar?* Proponho que o argumento dedutivo tenha as mesmas características básicas que tornam a história uma forma de argumento tão persuasiva: *alívio epistêmico*. Quando um conflito inicia formalmente uma narrativa, nós, os ouvintes, sentimos tensão sobre o estado não resolvido do conflito. Quando resolvido adequadamente, nos sentimos satisfeitos, como se o nó fosse desfeito. Se levado a sério, isso aponta para um aspecto desconfortável da lógica, seja narratológica ou simbólica: *a necessidade lógica sempre tem um componente emocional-cognitivo.* É necessário aliviar *as tensões emocionais dentro de nós* para nos satisfazer logicamente. Isso não reduz a necessidade lógica a "alívio" emocional, mas reconhece que nossas emoções estão envolvidas em qualquer função abstrata de necessidade, incluindo operações matemáticas.

Atualmente, alguns filósofos argumentam que nem os próprios filósofos aceitam argumentos baseados em sua força dedutiva ou na evidência oferecida, mas na plausibilidade que cria uma condição na qual eles estão prontos para aceitar o argumento.[31] Esse sentimento flerta com preparação emocional e narratológica para ouvir argumentos.

No pensamento matemático, as emoções desempenham um papel significativo em nossa análise. Em seu livro *How Humans Learn Mathematically* [Como os humanos aprendem matematicamente], David Tall resume a pesquisa empírica sobre a aquisição e facilitação de habilidades matemáticas:

> Desta forma, há uma relação íntima entre emoção e progresso no pensamento matemático. Se, em qualquer estágio, o aluno encontrar uma nova situação problemática, o aluno confiante, que tem um histórico anterior de conseguir, é mais provável que veja o novo problema como um desafio a ser superado, enquanto o aluno que já

---

[31] Como William G. Lycan argumentou recentemente e com ousadia: "Nenhum filósofo jamais avaliou sua crença segundo a evidência". *On Evidence in Philosophy* (Nova York: Oxford University Press, 2019), p. 67.

## 152 FILOSOFIA BÍBLICA

está sentindo a tensão pode se sentir alienado e tornar-se cada vez mais insatisfeito.[32]

Esse raciocínio emotivo também pode explicar o alto volume de poesia na Bíblia Hebraica e no Novo Testamento, onde os profetas entregam as mensagens mais cruciais em uma lógica poética distinta. Para nós pós-românticos, a poesia tem sido associada a um sentimentalismo logicamente ralo e cheio de metáforas. No entanto, ao longo de grande parte da história literária, a poesia funcionou como crítica perspicaz precisamente por causa do alcance de suas implicações. Robert Alter sugere que o poder da poesia, como a narrativa e a lógica, deriva precisamente de suas implicações, do vocativo direto e dos elementos cognitivo-emocionais: "O instrumento poético de expressão, no entanto, gerou poderosos significados que pressionaram além da ocasião imediata; e a autoridade imaginativa com que a história foi transformada em um teatro de esperanças e medos atemporais explica por que esses poemas ainda falam a nós tão poderosamente".[33]

O mesmo pode ser dito dos conjuntos de problemas dedutivos. Eles podem apresentar um conflito, mesmo na forma mais rudimentar de um silogismo. As premissas criam uma tensão a ser resolvida e acreditamos que a resolução deve fluir pela necessidade da lógica. Fiz alusão ao perímetro conceitual desse conceito de "necessidade lógica" no Capítulo 2, mas uma coisa é clara: *problemas lógicos resolvidos oferecem alívio epistêmico à pessoa que os resolve.* Nem a natureza nem a fonte desse alívio podem ser sondadas aqui, *mas esse alívio epistêmico também não pode ser um atributo inteiramente objetivo do próprio problema lógico.*

Filósofos, cientistas e autores bíblicos, entre outros, empregam a descrição narratológica como um modo lógico de *executar* e *defender* o raciocínio abstrato. No Capítulo 4, abordarei o funcionamento interno do argumento narratológico e como podemos discernir premissas que logicamente pertencem às conclusões.

## Definição por *Genus/Differentia*

Como o estilo da filosofia hebraica prefere a demonstração pixelizada, seria insuficiente chamá-la de filosofia a menos que essas instâncias pixeladas

---

[32] David Tall, *How Humans Learn to Think Mathematically: Exploring the Three Worlds of Mathematics*, p. 26

[33] Robert Alter, *The Art of Biblical Poetry*, nova edição revisada (Edinburgh: T&T Clark, 2011), p. 162.

O ESTILO FILOSÓFICO HEBRAICO 153

diferenciassem exemplos concretos de um princípio daqueles exemplos que não se encaixam. A observação de Aristóteles é suficiente aqui: essa definição deve identificar as propriedades que distinguem o objeto, e como diferenciar o que apenas compartilham semelhanças superficiais com ele. Os autores bíblicos seguem a mesma linha de demonstração de o-que-é (*genus*)/o-que-não-é (*differentia*).[34] Isso move efetivamente o mundo intelectual hebraico do *especulativo* para defender uma *filosofia*, dirigindo como alguém deveria pensar sobre um tópico abstrato e também o que está fora dos limites.

Por exemplo, a história de abertura da humanidade — a solidão do homem no Éden — representa um episódio de discernimento de *genus/differentia*. O homem está só e isso "não é bom" (Gn 2,18). Então o homem é colocado em uma trajetória destinada a terminar na descoberta de sua companheira adequada. É digno de nota que o caminho para a descoberta do *genus* — "Finalmente, osso dos meus ossos" — passa pela nomeação de animais entre os quais "não encontrou para si uma ajudante adequada" (Gn 2:20).[35] De alguma forma, a diferença dos animais leva o homem a descobrir — à primeira vista — sua companheira adequada. Exemplos de tais distinções de *genus/differentia* abundam à medida que exploramos o estilo filosófico hebraico.

## Raciocínio analógico e metáfora

O raciocínio analógico é a forma de raciocínio que requer que nossos conceitos sejam formados por meio e em nossos corpos para que certas ideias se tornem lógicas para nós. Por exemplo, se ouvimos que "a trajetória profissional de Judy está decolando", sabemos que isso é uma coisa boa, em geral. No entanto, qualquer análise gramatical dessa frase seria forçada a levar em conta sua incoerência. Como podemos dar algum sentido a essa frase?

A frase que junta "trajetória profissional" e "decolando" requer esquemas e conceitos para mediar o significado para nós. Para ser mais específico, não há um mundo onde uma profissão possa estar em uma trajetória, muito menos decolar, no sentido simples dos termos, ou pelo mero escrutínio da gramática e sintaxe. Particularmente, precisaríamos entender o que é uma

---

[34] *Genus/differentia* são os equivalentes para o grego: γενος/διαφορα. Ver Aristóteles, *Posterior Analytics* II:13.

[35] Umberto Cassuto argumenta que *māsā'* (Gn 2:20) deve ser interpretado como reflexivo para o homem "ele não encontrou por si mesmo." Umberto Cassuto, *A Commentary on the Book of Genesis* (Jerusalem: Magnes Press, 1961), p. 133.

154   FILOSOFIA BÍBLICA

trajetória, que só sabemos porque vetorizamos fisicamente de um lugar para outro, do ponto A ao ponto B. Uma vez que só podemos conceber a partir da nossa experiência física o que é uma "trajetória", podemos empregar analogicamente o conceito de "trajetória" e aplicá-lo a outras coisas que avançam no tempo, como uma profissão. Contudo, mesmo aqui, "profissão/profissional" é uma coleção de eventos considerados significativos e rastreados ao longo do tempo.

Observe que também há noções corpóreas de tempo e progresso integradas no termo "trajetória profissional". O mesmo vale para "decolar", o que contribui para um análogo decididamente diferente após a corrida espacial do que antes. "Decolar" pode significar partir, como em "Joey está decolando" ou como "deixar a atmosfera da Terra". Para a maioria de nós, "decolar" provavelmente desperta nossa experiência quanto a algo que está estagnado por um longo tempo e então de repente se move em uma direção progressivamente positiva (ou seja, um lançamento de foguete).

Todos esses significados *requerem* uma experiência corpórea, pessoal ou imaginada, que forneça paralelos conceituais para o significado e conecte o análogo à declaração atual para tornar a frase compreensível.

As metáforas e os análogos não são decorações dispensáveis para a tarefa, mas funcionam cognitivamente de uma forma que o discurso supostamente "literal" não pode. [36] Metáforas e modelagem mental aparecem em estreita afinidade com o raciocínio analógico. Como as metáforas não podem ser traduzidas em proposições sem perdas, sua capacidade de provocar o raciocínio em nós as torna aptas ferramentas filosóficas. Erin Heim descreve a função cognitivo-linguística única de metáforas que encontramos pela primeira vez: "[Metáforas] são capazes de moldar como uma pessoa concebe a realidade; uma metáfora verdadeiramente criativa comunica verdades que não têm paráfrase literal". [37] E quando as metáforas empregam um modelo, como um constructo científico, "esses modelos criam novas conexões e conhecimento que é acessível apenas por meio dessas metáforas específicas". [38]

De fato, quando ouvimos novas metáforas, simulamos cognitivamente aspectos da metáfora para raciocinar através das relações. Alguns pesquisadores das ciências cognitivas acreditam que isso significa que as metáforas

---

[36] Veja Heim para uma crítica da falsa dicotomia: literal versus figurativo. Erin M. Heim, *Adoption in Galatians and Romans: Contemporary Metaphor Theories and the Pauline Huiothesia Metaphors* (Biblical Interpretation Series 153; Leiden: Brill, 2017), p. 69-71.

[37] Heim, *Adoption in Galatians and Romans*, p. 70.

[38] Heim, *Adoption in Galatians and Romans*, p. 71.

O ESTILO FILOSÓFICO HEBRAICO 155

podem gerar novos conceitos abstratos. [39] Ouvir "A China é um tigre de papel" pode ser uma metáfora morta para alguns, onde o significado é conhecido e pode ser aplicado diretamente à China. No entanto, se não ouvimos essa metáfora, estamos simulando visualmente um tigre de papel em nossos cérebros e tentando descobrir o significado do próprio objeto "tigre de papel" e, em seguida, sua relação com a China. Já que essa frase carrega conotações emocionais e pode carregar informação privilegiada para pessoas do grupo (ou seja, aqueles que já entendem a metáfora do "tigre de papel"), ela não é traduzível como um enunciado individual. Ela faz mais do que a chamada linguagem literal pode fazer porque constrói um modelo visual em nós e nos estimula a entender as novas relações que estão se formando.

A literatura bíblica está *repleta* desse raciocínio *não decorativo*, tanto analógico quanto metafórico. A frase aparentemente comum "ouvir a voz" ganha status técnico como uma metáfora para a obediência em toda a Bíblia Hebraica e no NT. Nenhuma palavra distinta para "obedecer" existe em hebraico ou grego do NT. Em vez disso, o termo "ouvir/ouvir" (hebraico: *šāmaʻ*/grego: *akouō*) torna-se uma metáfora para se submeter a alguém. De fato, a frase "obedecer à voz" tenta traduzir a metáfora que está sendo empregada. Mas, obviamente, não se pode obedecer a uma "voz". A frase toca nas estruturas de poder social, indica estados internos e, na epistemologia bíblica, determina o que pode ser "visto" (ou seja, conhecido) no mundo objetivamente real. Mais sobre isso nos Capítulos 8–10.

Ler os usos repetidos de "ouvir a voz" sem traduzi-los para "obedecer à voz" não apenas cria uma imagem — uma voz procedente de uma pessoa para outra –, mas também invoca uma dinâmica de poder entre os dois e aumenta a tensão: como eles vão responder? Eles vão ouvir?

No NT, o ensino de Jesus está cheio de metáforas sobrepostas explicitamente destinadas a serem simuladas visualmente para entender um conceito abstrato. O Evangelho de Lucas até mostra Jesus lutando verbalmente com a adequação das metáforas sobrepostas — semente e fermento:

> Então Jesus perguntou: "Com que se parece o Reino de Deus? Com que o compararei? É como um grão de mostarda que um homem semeou em sua

---

[39] Anja Jamrozik et al., "Metaphor: Bridging Embodiment to Abstraction" em *Psychonomic Bulletin and Review* 23, n. 4 (2016): 1080–89; Raymond W. Gibbs, Jr.; Teenie Matlock, "Metaphor, Imagination, and Simulation: Psycholinguistic Evidence" em *The Cambridge Handbook of Metaphor and Thought*, ed. Raymond W. Gibbs, Jr., p. 161–76 (New York: Cambridge University Press, 2008); "Metaphor Interpretation as Embodied Simulation," *Mind & Language* 21 (2006): 434–58.

156 FILOSOFIA BÍBLICA

horta. Ele cresceu e se tornou uma árvore, e as aves do céu se fizeram ninhos em seus ramos". Mais uma vez ele perguntou: "A que compararei o Reino de Deus? É como o fermento que uma mulher misturou com uma grande quantidade de farinha, e toda a massa ficou fermentada" (Lc 13:18-21).

Jesus *engavetou* o discurso linear por causa de metáforas *sobrepostas* pixeladas, *impregnadas* de imagens visuais, para *fabricar* conceitos difíceis de traduzir de outro modo. Paulo *apimenta* liberalmente seus discursos *lineares* com metáforas *ricas* de *domínios* tão diversos quanto esportes (1Co 9:24), arranjos legais (Rm 3:4), adoção (Gl 4:5), fezes (Fp 3:8), paternidade (1Co 3:2), e cada *canto* da vida vivida para *criar* e *transmitir* as noções abstratas que ele estava tentando fazê-los *absorver*.[40]

Embora não seja exclusivo da literatura bíblica, deve-se ficar atento ao uso generalizado da razão analógica e da metáfora para entender como o próprio estilo filosófico hebraico funciona. Se declaramos que a metáfora é meramente ilustrativa ou filosoficamente inferior, sem demonstração, então cortamos um caminho vital para entender o pensamento hebraico, mas também nosso próprio pensamento.

## Ambiente de aprendizagem ritualizado

Argumentei em *Knowledge by Ritual* [Conhecimento pelo ritual] que os ritos da Bíblia Hebraica e do Novo Testamento têm um objetivo epistemológico implícito e às vezes explícito.[41] Em outras palavras, Israel deve praticar os rituais a fim de saber o que Deus está lhe mostrando — ver essas mesmas coisas com uma nova visão. Rituais são roteirizados para obter conhecimento, muitas vezes necessário para a sobrevivência. Nessa visão, os rituais tipicamente são práticas normais estrategicamente reorientadas para um novo fim, ou seja, a compreensão qualificada.

O que, precisamente, um israelita veio a saber por meio da prática desses ritos é outra questão. Que os rituais eram inerentemente falas epistemológicas

---

[40] A difusão das metáforas que iluminam nosso vocabulário é destacada aqui. Ao colocar em itálico as metáforas neste último parágrafo, você pode ver meu uso delas para raciocinar analogicamente com você. Veja mais: George Lakoff e Mark Johnson, *Metaphors We Live By* (Chicago: University of Chicago Press, 1980); Mark Johnson, *The Body in the Mind: The Bodily Basis of Meaning, Imagination, and Reason* (Chicago: University of Chicago Press,1987). Para exemplos precisos da matemática, veja: George *Lakoff, Women, Fire, and Dangerous Things: What Categories Reveal about the Mind* (Chicago: University of Chicago Press, 1989), p. 353-69.

[41] Johnson, *Knowledge by Ritual*.

O ESTILO FILOSÓFICO HEBRAICO 157

trata da defesa metodológica — um estilo filosófico. Israel deve realizar ritos para conhecer — para se tornar um povo sábio e com discernimento. Busca-se um conhecimento com forma ritualizada e com função de discernir.

## Listas e pensamento taxonômico

Listas de objetos, ações e ritos podem ser uma forma de gerar paradigmas e condições de raciocínio pela natureza dos itens listados. Ao incitar um processo hierárquico de *genus/differentia*, as listas inexauríveis da literatura bíblica criam categorias e condições — um paradigma conceitual para o leitor aplicar ao mundo das coisas que não estão na lista. O nome técnico para este estilo de pensamento de segunda ordem é *Listenwissenschaft* — "ciência das listas"– notado pela primeira vez na assiriologia e na egiptologia. Antropólogos hoje estão revisitando essa antiga forma de intelectualismo-de-listas para propor "que as listas podem ser consideradas genuínas tecnologias de pesquisa".[42]

O uso de listas varia dentro da Bíblia Hebraica e do Novo Testamento. Embora normalmente pensemos em genealogias, códigos legais e afins como listas, Michael V. Fox propõe que as longas listas de aforismos em Provérbios seguem o gênero de *Listenwissenschaft* para produzir "sabedoria didática israelense".[43] Jacob Neusner descreve o efeito epistêmico das listas dessa forma: "Esse modelo de pensamento define a classificação como o meio de provar proposições, então estabelece um conjunto de características que formam uma regra que nos compele a chegar a uma determinada conclusão".[44]

Assim, listas desse tipo exemplificam o estilo pixelizado mais diretamente. Mais uma vez, Levítico descreve relações sexuais proibidas (Lv 18:1-18) e, em seguida, comportamentos sexuais que são proibidos dentro de relacionamentos permitidos e inadmissíveis (Lv 18:19-23). Cada lista relata proposições sobre relacionamentos sexuais sob a descrição de princípios: "Nenhum de vocês se aproximará de qualquer um de seus parentes próximos para descobrir nudez" (Lv 18:6). O paradigma que está sendo conceitualizado é algo como "relações genéticas e não genéticas entre parentes próximos". A lista a seguir descreve alguns comportamentos sexuais não permitidos dentro e fora de relacionamentos sexuais legítimos: com o cônjuge (18:19), com o cônjuge

---

[42] Staffan Müller-Wille; Isabelle Charmantier, "Lists as Research Technologies" *Isis* 103, n. 4 (2012): 743.

[43] Michael V. Fox, "Egyptian Onomastica and Biblical Wisdom" *Vetus Testamentum* 36, n. 3 (1986): 302.

[44] Jacob Neusner, "The Mishnah's Generative Mode of Thought: *Listenwissenschaft* and Analogical Contrastive Reasoning", *Journal of the American Oriental Society* 110, n. 2 (1990): 317.

## 158 FILOSOFIA BÍBLICA

de outro (18:20), com o mesmo sexo (18:22) e com um animal (18:23), com a proibição de sacrifício de crianças injetada entre essas proibições (18:21).

Nem a lista de Levítico 18 nem a do capítulo 20 esgota as possibilidades. Podemos facilmente conceber pessoas e cenários que não estão na lista. Dependendo do conceito de lei que se traz para esses textos, a lista que define "parentes próximos" não proíbe o sexo com a avó. Na segunda lista de comportamentos sexuais proibidos, não há menção de fazer sexo com a esposa de um estranho, uma mulher que não é casada, um cadáver etc. Contudo, nós ainda presumimos que esses itens teriam sido incluídos numa lista mais exaustiva.

Vale notar que essa lista aparentemente abrangente se silencia radicalmente quanto ao que é um relacionamento sexual *adequado* (*genus*), e não aborda vários atos sexuais que parece condenar. No entanto, se o objetivo é estabelecer um conjunto de traços compartilhados que formam um paradigma que nos compele a chegar a uma determinada conclusão, então a lista é abrangente na formação de um paradigma suficiente que pode se estender a novas circunstâncias. Assim, uma lista de modelagem de paradigma envolve o raciocínio de segunda ordem de seu público. Isso explica por que uma lista tão preocupada com a atividade sexual (mas não com desejo ou atração) não diz apenas que tipo de relacionamento sexual é necessário, o que pode ser presumido pelo entrelaçamento a Gênesis 2.

Da mesma forma, as epístolas de Paulo praticam essa forma distinta de raciocínio. Um paradigma de princípios é estabelecido e então conceitualizado com a lista que se segue, muitas vezes composta estrategicamente a partir de uma reinterpretação de listas conhecidas na cultura romana. Por exemplo, Romanos 1 termina com um paradigma de pessoas que "desprezaram o conhecimento de Deus" e, portanto, foram entregues a uma "disposição mental reprovável, para praticarem o que não deviam" (Rm 1:28). Como Levítico 18, ele inclui listas dentro de listas onde um princípio é declarado, e então exemplos concretos são dados para engrossar o conceito (Rm 1:29-31):

> Tornaram-se cheios de toda sorte de injustiça, maldade, ganância e depravação. Estão cheios de inveja, homicídio, rivalidades, engano e malícia.
>
> São bisbilhoteiros, caluniadores, inimigos de Deus, insolentes, arrogantes e presunçosos; inventam maneiras de praticar o mal; desobedecem a seus pais; são insensatos, desleais, sem amor pela família, implacáveis.

O uso da lista feito por Paulo nos força a encontrar os conceitos comuns (*genus*) sem ter uma *differentia* igualmente concisa e instrutiva. Como Levítico 18 sobre

O ESTILO FILOSÓFICO HEBRAICO 159

a questão da sexualidade, esta passagem não dá um exemplo positivo rápido daqueles que "reconhecem a Deus" e "fazem o que deve ser feito".

A *Listenwissenschaft* argumenta com o leitor, forçando-o a conceber o que une essas coisas. Ele o guia a pensar sobre sexualidade, ou reconhecer Deus, além dos atos históricos particulares de sexo ou atos justos listados. O paradigma exato da sexualidade que Levítico constrói para o leitor aqui não é meu objetivo aqui. Demonstrar que Levítico e Paulo procuram argumentar com o público sobre a natureza da sexualidade e do temor de Deus *como taos* é meu objetivo principal aqui.

Todas as listas são filosóficas nas Escrituras cristãs? Não e, inversamente, alguns estudiosos bíblicos observaram apenas a função erudita das listas para criar relacionamentos lógicos.

A *Listenwissenschaft* pode adotar o pensamento taxonômico como uma forma de raciocínio, até mesmo em taxonomias sobre tópicos mundanos. Listas de nações e animais usam categorias abstratas que revelam algo sobre o que une os membros individuais. "Amoritas" é um termo genérico usado para se referir a um grupo específico de nacionalidades e etnias. Assim também com "burro", uma categoria de *genus* que inevitavelmente incluía várias espécies, mas também critérios que eram definitivos para o que um burro não é (*differentia*). Como os israelitas dividiram seu universo por listas revela categorias ontológicas.

Refletindo sobre dois aspectos do pensamento científico nas línguas bíblicas e listas taxonômicas na Bíblia Hebraica, a interpretação de Rolf Knierim identifica essas listas como *eruditas*, mas não necessariamente como tratados de abstração de segunda ordem:

> Essas línguas [hebraico, aramaico, grego] são estruturadas de forma clara e lógica, e os textos nelas baseados são, em sua maior parte, o resultado de intensa atividade intelectual: pensamento conceitualizado, composição disciplinada e argumentação racional como na antiga ciência da retórica. Elas são tudo menos impressionistas, tanto em sua poesia quanto em sua prosa. Elas [taxonomias] são produtos de esforços organizados para compreender identidades individualmente distinguíveis como pertencentes a grupos conceituados, para ordenar sua listagem de acordo com certos princípios sistematizados.[45]

---

[45] Grifo do original. Rolf Knierim, "Science in the Bible" *Word and World* 13, n. 3 (1993): 245.

160  FILOSOFIA BÍBLICA

Ainda assim, sempre que vemos taxonomias ou calendários antigos, vemos pessoas se afastando do mundo das instâncias históricas concretas em direção ao pensamento abstrato. Por exemplo, os calendários modernos não agendam um "29 de março", mas, em vez disso, categorizam um dia de acordo com critérios solares, lunares ou de calendário para contar como "29 de março". Da mesma maneira, listas taxonômicas não se referem a instâncias históricas discretas de um texugo de rocha específico. Em vez disso, elas se referem a um conjunto de critérios comumente conhecidos para descrever uma espécie: uma classe com muitos membros possíveis e critérios presumidos para discernir o que é e o que não é texugo de rocha.

A evidência da abstração atende apenas a um aspecto do pensamento filosófico. Assim, tudo o que Knierim cita como "pensamento científico" cai na categoria especulativa porque, para ele, revela uma sistematicidade rigorosa e logicamente aplicada que exige especulação sobre "certos princípios sistematizados". Da mesma forma, na Babilônia, Van De Mieroop defende um uso especulativo inerente de listas lexicais e presságios. Portanto, devemos considerar listas taxonômicas de todas as variedades como candidatas à especulação de segunda ordem, mas não necessariamente filosofia, a não ser que alguma forma de defesa esteja presente. O fato de que muitas listas são usadas nas Escrituras cristãs para defender como Israel e a igreja devem viver e pensar sugere filosofia.

## Lógica pré-aristotélica não restrita a uma noção binária de verdade

Ao usar "pré-aristotélico" para modificar "lógica", estou apenas sinalizando nosso senso de lógica no sentido mais amplo possível. "Portanto..." ou "logo..." são conjunções que destacam conexões lógicas entre eventos como interpretados por narradores e autores. Outras características lógicas da poesia e da narrativa serão mapeadas mais especificamente nos próximos capítulos, mas, por enquanto, "lógico" significa apenas que há alguma implicação envolvida em toda construção de significado e que os autores bíblicos estão totalmente engajados na demonstração de tal lógica em suas histórias, leis e poesias.

Primeiro, as relações lógicas básicas, melhor descritas como pré-aristotélicas, parecem sempre estar presentes em todos os julgamentos. Os textos bíblicos exibem uma racionalidade *modus ponens* (Se P, então Q) e *modus tollens* (Se não Q, então não P), por toda parte, e às vezes até explicitamente (por

O ESTILO FILOSÓFICO HEBRAICO 161

exemplo, a lã de Gideão, Jz 6:36-40). A lógica da justificação dentro de narrativas e rituais oferece nosso melhor vislumbre dos esquemas de racionalidade em ação nas Escrituras.

Em segundo lugar, a própria linguagem bíblica em relação às noções de verdade revela uma construção diferente do que muitas vezes é suposto por nosso discurso da verdade contemporâneo. Especificamente, a verdade ou a *veraci-dade* não aparecem em contraposição à falsi-dade, mas a verdade opera em um espectro com o falso. Na Bíblia Hebraica, na Septuaginta grega e no Novo Testamento, "verdade" se refere mais intimamente à fidelidade, que cria um discurso diferente sobre a função e o significado do que poderíamos chamar de "reivindicações de verdade", "verdades absolutas" ou o substantivo definido, "a verdade". Assim, as noções bíblicas e contemporâneas de verdade podem ser comensuráveis umas com as outras, mas não podem ser consideradas unívocas.

Examinarei o uso operativo da lógica e da verdade como estruturas epistêmicas no Capítulo 9.

### Relações discerníveis de causa e efeito

A criação estabelece uma metafísica do cosmos com relações pessoais entre Deus e todos os objetos do universo. Os autores bíblicos, de todos os tipos, consideram as relações de causa e efeito discerníveis e presumidas em todo o cosmos. Por causa e efeito, quero dizer apenas uma visão em que A *causa* B ou versões mais complexas, como A+A1 *causam* B, A+A1+A2 *causam* B e quaisquer outras concatenações. Essa visão inclui Deus como uma força causal primária, duplo nível de causalidade e também Deus permitindo causas secundárias.

Quando os personagens nas narrativas bíblicas não discernem uma relação entre dois eventos, algumas relações de causa/efeito precisar ser aprendidas. Mas a visão abrangente da Torá, dos profetas, de Jesus e dos apóstolos é que o universo é "ordenado" por causa de um rei-criador que reina sobre o cosmos e assim o organiza. Mesmo essa ordem (por exemplo, a lei da gravidade, como é comumente chamada hoje) deriva da metáfora real ensinada nas Escrituras. A metáfora das "leis da física" originalmente implicava a noção de um rei e legislador a quem o universo físico estava sujeito.

Isso quer dizer que não encontramos um mundo bizarro de causa e efeito nas obras literárias de Israel, mas um mundo semelhante a como pensamos sobre o mundo hoje.

## A FILOSOFIA HEBRAICA NO CONTEXTO DO ANTIGO ORIENTE PRÓXIMO

Finalmente, tendo examinado os universos intelectuais do Egito e da Mesopotâmia no capítulo anterior, as diferenças entre o estilo filosófico hebraico e eles devem agora parecer impressionantes. No que diz respeito às semelhanças, a *pixelação* certamente pode ser atribuída à especulação mesopotâmica e hebraica em seus textos, se não ao Egito também. A convicção *criacionista* de que a história primeva atua como um referente primário atravessa o mundo do pensamento do antigo Crescente Fértil. Mas é aqui que as semelhanças desaparecem.

A convicção *ritualista* ocupa o centro do palco em todas as culturas antigas (e modernas), mas apenas no estilo hebraico os próprios rituais funcionam abertamente dentro de uma epistemologia que busca desenvolver a sabedoria *transdemográfica*.

Uma breve nota sobre adivinhação e profecia: o estilo da filosofia hebraica inclui o uso da tecnologia do tabuleiro de ouija, como lançar sortes sacerdotais (ou seja, *'ûrîm* e *tummîm*). No entanto, essa prática, conforme registrada na Bíblia Hebraica e no Novo Testamento, contrasta com a adivinhação praticada no Egito e na Mesopotâmia. Praticada apropriadamente em tempos de necessidade de socorro, lançar sortes foi a resposta de Deus a servos aparentemente fiéis que não conseguiam discernir como proceder (cf. 1Sm 23:1-3; At 1:23-26).

*O que o ouija hebraico não é*: Há pouca evidência de leitura de sinais/presságios nas Escrituras cristãs; em vez disso, vemos mais a orientação pessoal forjada por meio de agentes autorizados, geralmente profetas. Ao contrário da Mesopotâmia, o Deus de Israel não inscreveu textualmente o universo para que fosse lido por uma elite de adivinhos. Embora José e Daniel raciocinem com reis dentro de tais culturas de adivinhação, os profetas hebreus, por sua vez, não são uma elite. Os profetas chegam à cena com origens variadas — da realeza egípcia que se tornaram pastores (por exemplo, Moisés) a nativos locais resistentes chamados ao ofício (por exemplo, Jeremias, Amós).

Na metafísica da realeza, os reis hebreus não poderiam ser mais diferentes dos faraós egípcios. Por lei, os reis israelitas deveriam vir do povo (Dt 17:14-20). O primeiro rei messiânico (ou seja, um rei ungido profeticamente escolhido por Yahweh) veio até mesmo da capciosa tribo de Benjamim (por exemplo, Saul), uma tribo quase aniquilada por suas atrocidades semelhantes a Sodoma (Jz 19). A presença de Deus não reside no rei, pelo contrário, passa a residir fisicamente na sede de culto do Tabernáculo e, mais tarde, no Templo.

O ESTILO FILOSÓFICO HEBRAICO 163

Ao contrário dos babilônios, a Torá não textualiza o cosmos ou o explora por meio do uso lúdico do léxico, mas usa pessoas autorizadas e textualmente instanciadas para instruir os hebreus de volta à vida encarnada e ritualizada para entender seu mundo.

Este estilo filosófico genuinamente novo, distinto dos pares de Israel e dos estilos filosóficos helenistas posteriores, compartilha afinidades profundas com visões contemporâneas de ética, política e prática científica.

## CONCLUSÕES

A tradição bíblica hebraica defende um método particular para o pensamento de segunda ordem? A defesa está diretamente ligada à natureza epistêmica do próprio ritual hebraico. Se conhecer é um processo de autoridades prescreverem práticas encarnadas para dispor os conhecedores em direção ao entendimento, então a participação ritual explicitamente ordenada de Israel também funciona como sua epistemologia defendida.

Se alguém tem que "fazer isso" para "saber aquilo", então vemos o estilo filosófico de conhecimento de Israel ativamente defendido no texto onde as autoridades são autenticadas a Israel especificamente para ordenar aos israelitas que "façam isso" e às vezes mais especificamente, "façam isso para saber aquilo" (por exemplo, Gn 15:7-21; Lv 23:42).

Elevando-se acima do nível dos textos eruditos, os autores bíblicos perseguem um discurso filosófico por meio de várias formas de argumento. O que israelitas e não israelitas podem vir a conhecer depende inteiramente de prestar atenção aos profetas que Yahweh autenticou para eles, e então encarnar a vida ritual prescrita por esses profetas para ver o que os profetas estão mostrando a eles. Mas, porque Yahweh *comanda essa estrutura epistemológica distinta*, dando razões históricas e racionais suficientes para confiar nela, sugiro que esse método de pensamento na Bíblia Hebraica vai além da especulação erudita e adentra claramente no domínio de defender uma filosofia própria.

Capítulo 4

# MAPEANDO A FILOSOFIA NA NARRATIVA, LEI E POESIA

A própria fórmula "*naus* significa navio" é errada. *Naus* e navio ambos significam uma coisa, eles não significam um ao outro.[1]

Mapear o estilo filosófico hebraico corre o risco de cair em uma série de erros. Devemos cobrir séculos, idiomas, mudanças tecnológicas, impérios, bem como uma diversidade de autores e editores anônimos. A metáfora do "mapeamento" revela linhas de conexão que se ramificam como uma árvore em crescimento a partir das narrativas centrais da literatura bíblica.[2] A metáfora do mapa significa que estamos traçando o que presumivelmente já existia no texto em algum ponto da história do texto.

Essa investigação literária requer uma sensibilidade para as redes intertextuais entre passagens, textos finais, coleções literárias e códices. Assim como C. S. Lewis lamentou a ingenuidade filológica de sua época ao reduzir duas línguas a significados equivalentes (por exemplo, *naus* = navio), preocupo-me em como navegar filosoficamente pelos textos variados das Escrituras cristãs.

---

[1] C. S. Lewis, *Surprised by joy: the shape of my early life* (San Francisco: HarperOne, 2017), p.140 [*Surpeendido pela alegria* (Rio de Janeiro: Thomas Nelson Brasil, 2021)].

[2] Peguei essa analogia ("arbocrescente") emprestada de Marc Van De Mieroop, *Philosophy before the Greeks* (Princeton: Princeton University Press, 2017).

# MAPEANDO A FILOSOFIA NA NARRATIVA, LEI E POESIA 165

Embora a compilação e a edição fizeram com que esses textos chegassem a seus estados atuais, a especificidade com que alguns estudiosos bíblicos marcam suas fontes parece subdeterminada pelos dados bíblicos e pelas fontes históricas. O foco literário deste estudo suscita toda espécie de questões críticas de origem que eu gostaria de reprimir (ou deixar de lado). Comentários editoriais e voz narrativa guiam essa tarefa, mas não reivindico nenhum arranjo hipotético particular de fontes em relação às divisões *dentro do texto*.

Uma filosofia hebraica, portanto, não é um estilo filosófico javista ou deuteronomista (embora tais projetos certamente correspondam a minha obra).[3] Minha tarefa é discernir uma filosofia, no sentido de uma crítica da tradição, com sensibilidade literária à Bíblia Hebraica e aos textos judaicos posteriores das Escrituras cristãs. A obra de Jaco Gericke mapeia as noções filosóficas com base no javismo em seu livro publicado SBL [Sociedade de Literatura Bíblica] em 2012, *The Hebrew Bible and Philosophy of Religion* [A Bíblia Hebraica e a Filosofia da Religião].[4] Defendi um pluralismo metodológico para o método de *crítica filosófica* proposto por Gericke em meu recente volume *Epistemology and Biblical Theology* [Epistemologia e Teologia Bíblica].[5] Vemos a crítica filosófica como uma forma de crítica bíblica, mas a seleção de textos para exame não é endêmica à forma de crítica.

Assim, a diversidade na crítica filosófica poderia incluir exames das formas posteriores de textos ou construções javistas, sacerdotais, eloístas ou deuteronomistas apenas — embora as dificuldades surjam independentemente da coleção de textos e fontes examinadas.

Sendo conservador, eu poderia escolher uma coleção incontroversamente minimalista de textos sacerdotais para examinar ou poderia examinar a mais ampla coleção fisicamente intacta e sob curadoria — como os assiriologistas e estudiosos dos Manuscritos do Mar Morto costumam fazer. Inclino-me para o último, mas com a perspectiva de que posso ter de dialogar com o primeiro.

Especificamente, então, meu projeto de mapear a *filosofia hebraica* refere-se à defesa dos antigos hebreus de um estilo particular de pensamento de

---

[3] Alguns têm argumentado que essas fontes de divisões hipotéticas em si representam argumentos baseados em princípios entre os autores judeus e os editores. Ver Benjamin D. Sommer, *Revelation and authority: Sinai in Jewish Scripture and tradition* (New Haven: Yale University Press, 2015).

[4] O javismo não deve ser confundido aqui com os textos javistas das Hipóteses Documentais. Jaco Gericke, *The Hebrew Bible and philosophy of religion* (Society of Biblical Literature Resources for Biblical Study 70; Atlanta: Society of Biblical Literature Press, 2012).

[5] Dru Johnson, *Epistemology and biblical theology: from the Pentateuch to Mark's Gospel* (Routledge Interdisciplinary Perspectives on Biblical Criticism 4; New York: Routledge, 2018), p. 1–16.

segunda ordem, conforme traçado através da literatura bíblica que teve origem incontroversa *nos últimos vinte e três séculos ou mais.*

Se tomarmos a Bíblia hebraica e os textos do Novo Testamento em suas formas finais brutas, embora nenhuma forma final absoluta pareça plausível, como podemos ser fiéis a textos que foram interpretados de forma tão variada e com agendas e ideologias diversas?

Sugiro que tratemos o texto como um jogo, como Banco Imobiliário ou sinuca. As regras para esses jogos são suficientemente complexas e ambíguas para que sempre se acumulem "regras da casa" onde quer que sejam jogados. Essas variantes locais são negociadas de antemão para definir as expectativas adequadas para o jogo. Embora possam variar de casa para casa, as "regras da casa" também têm limites que, se ultrapassados, violariam a natureza do jogo em si.

Por exemplo, se uma "regra da casa" para um jogo de bilhar permitir o uso de qualquer bola como bola branca, isso distorceria a natureza material do jogo (ou seja, porque apenas uma bola é completamente branca), mas não parece *violá-la*. Talvez seja assim que algumas pessoas brincam com crianças ou pessoas que não são habilidosas o suficiente para usar a bola branca todas as vezes. No entanto, se a "regra da casa" removesse completamente os tacos de bilhar ou as bolas de bilhar ou a lousa, isso seria um jogo completamente diferente. Da mesma forma, se removêssemos os dados ou cartas de propriedade do Banco Imobiliário, poderíamos ter violado a estrutura material do jogo.[6] Algo sobre o jogo se manifesta de forma perceptível a partir dos materiais incluídos na caixa. Tudo na caixa destina-se a ser usado em jogo.

Como sabemos a intenção do jogo? Só estou tentando argumentar que a interpretação precisa respeitar as estruturas básicas dos textos da mesma forma que respeitaríamos as estruturas materiais do Banco Imobiliário. Tudo o que vem na caixa, por assim dizer, tem uma função intencional. A linguagem, o gênero, a história e as estruturas literárias são como o tabuleiro, as peças do jogo, o dinheiro, as casinhas de plástico e assim por diante. Não vou ignorar ou jogar fora as peças estruturais da literatura bíblica; nem vou reorganizar as peças para adequá-las à minha tese, espero. Abordo essa preocupação neste capítulo como os critérios de *persistência* e *relevância* para discernir elementos filosóficos estruturais na literatura bíblica.

---

[6] Sou grato a Stephanie Johnson por me forncercer essa analogia de jogos de aptidão e de "regras da casa".

As "regras da casa" podem variar de uma tradição de erudição bíblica para outra. Algumas "regras da casa" examinam textos em busca de conteúdo teológico ou vozes silenciadas às margens. Quanto a mim e minha casa, nosso foco será nos desenvolvimentos filosóficos como apresentados nas estruturas dos textos bíblicos. Esses elementos filosóficos, na caixa, são tão demonstráveis quanto o discurso econômico discernível na estrutura material do jogo do Banco Imobiliário — embora raramente sejam discursos filosóficos abertos da maneira que esperamos no Ocidente.

## CONVICÇÕES METODOLÓGICAS

Como discernir o conteúdo filosófico dos textos bíblicos? Certamente o leitor está vivenciando uma crescente preocupação com a metodologia. De todo modo, como verificaremos a comensurabilidade dentro e entre textos escritos com séculos de diferença? Eu também compartilho dessa preocupação. A maneira mais breve de aliviar um pouco de sua cautela metodológica é dizer que meu processo irá:

1. avaliar as formas literárias dos textos em si, enquanto textos — não assumindo que Gênesis examinará um tópico semelhante ao Êxodo, por exemplo;
2. buscar paridade formal, lexical e conceitual — indo além de meros estudos de palavras para entender como um texto pode explorar tópicos sem nomeá-los em um vernáculo particular (embora alguns termos e expressões realmente se tornem estereotipados);
3. trabalhar na lógica das estruturas formais literárias; parábolas não serão tratadas como narrativas, nem a poesia como prosa; e
4. manter um modelo metodológico para determinar quais textos representam adequadamente a filosofia hebraica sob consideração.

Em relação a esse último ponto, a questão de um estilo filosófico hebraico gira em torno de quais textos se explora e como se desenvolvem uma exegese dentro desses textos. Por isso, quero detalhar os critérios empregados aqui para determinar as redes e as passagens adequadas para o exame filosófico.

A Teoria de Detecção de Sinal (TDS) oferece uma estrutura categórica semelhante ao que eu quero realizar. A TDS divide um fluxo de dados de entrada de acordo com o sinal desejado em quatro casos possíveis: acertos, erros, falsos positivos e rejeições corretas. Para nossos propósitos, o sinal

168    FILOSOFIA BÍBLICA

desejado é alguma concatenação do estilo da *filosofia* e não textos meramente *acadêmicos* ou *especulativos*. Assim, a tese deste livro nos sintoniza com aquelas categorias sob as quais se devem enquadrar as passagens bíblicas:

- *Acerto*: defende pensamento de segunda ordem com um estilo demonstrável (*genus*);
- *Erro*: defende pensamento de segunda ordem que passou despercebido;
- *Falso positivo*: passagens que superficialmente parecem advogar pensamento de segunda ordem, porém foram erroneamente classificadas como "acerto";
- *Rejeição Correta*: passagens que superficialmente parecem defender pensamento de segunda ordem, mas que não o fazem (*differentia*)

Procuro desenvolver o número máximo de "acertos" e "rejeições corretas" com o mínimo de "falsos positivos" e "erros". No entanto, espero que haja muito mais "erros" do que "acertos" porque minha tarefa não pode esgotar as possíveis instâncias de "acertos" nas Escrituras cristãs. Em vez disso, pretendo demonstrar razões para comprovar o estilo hebraico de filosofia que persiste no Novo Testamento e que se tornará então uma lente para os olhos de qualquer outra pessoa que o adote.

Neste volume, procuramos histórias, poemas, leis e muito mais, que demonstrem e exibam estruturalmente o estilo de filosofia hebraica. Essencialmente, o que conta como filosofia hebraica é sinalizado de várias maneiras em textos díspares das Escrituras cristãs. Meu uso das categorias da TDS apenas fornece uma maneira de conceituar a tarefa em termos de confiança bayesiana. No entanto, ainda cabe questionar como eu justifico um "acerto" ou uma "rejeição correta".

## Modelo literário para discernir "acertos"

Para tanto, seguirei um modelo resumido em três princípios: *presença, persistência* e *relevância*.[7] Em primeiro lugar, a *presença* de conteúdo filosófico argumentativo será considerada quando ele aparecer tanto em termos lexicais quanto conceituais ou na estrutura formal de um texto (a resolução, o conflito central da narrativa etc.).

---

[7] Essa seção (Modelo literário para discernir "acertos") foi adaptada da sua forma original conforme apareceu em Johnson, *Epistemology and biblical theology*, p. 7.

MAPEANDO A FILOSOFIA NA NARRATIVA, LEI E POESIA 169

Em segundo lugar, além da presença conceitual/lexical em um texto, o autor bíblico deve perseguir *persistentemente* o tema. Com isso, quero dizer que o autor parece desenvolver intencionalmente o tópico e não como uma instância idiossincrática pontual. A persistência faz com que esse tópico represente um interesse dentro da estratégia retórica do autor.

Terceiro, o conteúdo filosófico deve ter *relevância* para a história central que está sendo contada ou a instrução em mãos. Simplesmente notar um personagem descobrir algo durante uma narrativa como um movimento positivo na retórica da narrativa não a qualifica para investigação. No entanto, quando uma passagem ou uma rede de passagens pixeladas atendem a todos os três requisitos de *presença, persistência e relevância*, cruza-se o limite para uma análise aprofundada revelar um possível caso de filosofia hebraica.

## O NORMATIVO VESTIDO DE DESCRITIVO

O Evangelho de João, embora escrito em um dialeto vulgar do grego *koiné*, faz movimentos retóricos sofisticados em momentos-chave da história. Ele se move da narrativa de terceira pessoa para a prescrição de segunda pessoa num ato límpido e sem atritos, de um modo não encontrado em nenhum outro lugar do Novo Testamento, ou possivelmente em qualquer outra literatura antiga.

No que diz respeito à reação desconfiada de Tomé às boas-novas dos discípulos sobre a ressurreição, João pinta a história com um foco vívido na falta de confiança de Tomé em seus colegas (Jo 20:19-29). O final longo de Marcos pinta o quadro de forma semelhante: "censurou-lhes a incredulidade e a dureza de coração, *porque não acreditaram nos que o tinham visto depois de ressurreto*" (Mc 16:14). Essa cena supõe que a única pessoa que não estava presente para ver o Jesus ressuscitado também se recusa a confiar nos relatos de seus colegas sobre a ressurreição. Assim, João usa vez após vez a linguagem da confiança (*pistis*) para descrever a teimosia de Tomé: "Se eu não puser a minha mão..., não crerei" (Jo 20:25) O Jesus ressuscitado então aparece e castiga Tomé por não confiar em seus pares: "Pare de duvidar e creia" (Jo 20:27).

Agora, veja o arremate notavelmente sutil, onde João pega uma história sobre um evento e quebra a quarta parede com o leitor, falando com ele em um discurso direto sobre a questão de confiar no relato de um discípulo sobre aquilo que o próprio ouvinte/leitor não viu. Em outras palavras, o leitor se tornou Tomé (20:29-31):

# 170 FILOSOFIA BÍBLICA

Então Jesus lhe disse: "[...] Felizes os que não viram e creram [no relato dos discípulos]".

Jesus realizou na presença dos seus discípulos muitos outros sinais miraculosos, que não estão registrados neste livro. Mas estes foram escritos *para que vocês* [os ouvintes/leitores] *creiam* [de acordo com o narrador] que Jesus é o Cristo, o Filho de Deus e, crendo, tenham vida em seu nome.

Em um rápido conjunto de frases, o narrador liga a história e o leitor. Começando com a descrição, ele então se volta sem esforço para o normativo. A questão agora envolvida neste movimento retórico é: quanto do Evangelho de João deveria funcionar de "forma normativa disfarçada de descritivo"? Neste epílogo, João inclui todo o seu evangelho "escrito neste livro" como normativamente descritivo; o mesmo acontece com Lucas em seu prólogo (Lucas 1:1-4). É difícil deixar de notar a mesma força retórica por trás de Mateus e Marcos, ou de Gênesis a Reis.

Gordon Wenham defendeu algo semelhante nas porções narrativas do Pentateuco.[8] Ao identificar cuidadosamente a perspectiva autoral e os leitores ideais, emergem os propósitos retóricos do autor — mais fortes em alguns casos do que em outros. No relato da criação local em Gênesis, Wenham vai mais longe ao afirmar uma inferência universal de segunda ordem a partir da descrição de como "deixar e partir" (2:24): "O escritor também deixa bem claro no final do capítulo que a história tem relevância universal, pois ele apela a ela para explicar um princípio geral".[9]

Sugiro com Wenham e outros que estas não são meras histórias, seja qual for o gênero em que os coloquemos. São argumentos completos destinados a persuadir o ouvinte a confiar ou a reificar as razões de sua confiança no movimento teopolítico do Caminho. No caso do final de João, o narrador chama a atenção para o fato de que o *próprio evangelho pretendia participar de uma discussão pixelada*. Mais instâncias podem ser adicionadas, mas esta coleção de instâncias em formato narrativo foi feita para persuadir você, ouvinte/leitor.

As narrativas descritivas e a poesia das Escrituras sinalizam suas prescrições por vários meios. Por exemplo, a narração fria de uma história sem

---

[8] Gordon J. Wenham, *Story as Torah: reading Old Testament narrative ethically* (Grand Rapids: Baker Academic, 2000). Ver também John Barton, *Ethics in ancient Israel* (New York: Oxford University Press, 2017).

[9] Wenham, *Story as Torah*, p. 30.

MAPEANDO A FILOSOFIA NA NARRATIVA, LEI E POESIA 171

comentários pode servir como a *differentia*, o oposto do princípio defendido. Contudo, claramente, as consequências negativas podem indicar o propósito da história e as prescrições implícitas. O mesmo pode ser verdade para o diálogo estilizado (por exemplo, Gn 22:1-14; 1Sm 15:13-25; Mc 4), parábolas sem interpretação (Lc 16:19-31), o recontar histórias usando a mesma forma e linguagem, mas diferentes cenários/personagens (cf. Gn 19; Jz 19; ou Gn 1:28-30; Gn 9:1-10), e a reificação de um tema com variação (por exemplo, Pv 10:11; 12:10; 13:5).[10] Marc Arvan, um acadêmico que pesquisa sobre budismo, ilustra isso de maneira simples: "Eu estou ciente de como o normativo geralmente é travestido de descritivo. 'São sete horas', diz a mãe, mas o que ela quer dizer é 'Levante-se! Você tem que ir para a escola.'"[11] Assim também fazem os autores bíblicos.

## ARGUMENTO NARRATOLÓGICO

Como muitas tradições filosóficas antigas, a tradição hebraica criou histórias didáticas para vários propósitos, um dos quais é a instrução filosófica. Não é controverso dizer que, ao longo dos últimos três séculos, as tradições filosóficas e científicas europeias superaram efetivamente a narrativa bíblica — estou pensando em Kant e Lessing, entre outros. Os efeitos das novas ciências (*Wissenschaften*) e do estudo científico da história (*Geschichtswissenschaft*) afetaram dramaticamente o curso dos estudos bíblicos, reduzindo as explicações a formas isoladas e não narrativas de discurso lógico.[12]

Como argumentei no Capítulo 3, várias formas de explicação operam criando um conflito lógico que aumenta para uma resolução que produz um descanso epistémico dentro de nós. No entanto, nossa tradição cultural no Ocidente nos tenta a pensar em narrativas como mero mito, entretenimento, ilustração, história, arte ou alguma combinação de tudo isso. Mas pode ser que as narrativas centrais em uma coleção de textos funcionem como argumentos centrais sobre a natureza dos humanos e do cosmos.

Na Escritura cristã, identificar narrativas centrais imediatamente reposiciona outras histórias como marcadores de enredo na lógica da narrativa

---

[10] Pelas minhas contas, existem 26 paralelismos sobre justo/ímpio espalhados ao longo dos capítulos 10—26 de Provérbios. Isso representa uma coleção literária que tanto exibe o estilo pixelado quanto o modo *genus/differentia*.

[11] Marc Arvan, "What Counts as Philosophy? On the Normative Disguised as Descriptive", *The Philosophers Cocoon*. Disponível em: http://philosopherscocoon.typepad.com.

[12] Essa perda do foco narrativo foi difundida por Hans W. Frei, *The eclipse of biblical narrative: a study in eighteenth and nineteenth century hermeneutics* (London: Yale University Press, 1974).

172 FILOSOFIA BÍBLICA

mais abrangente. Se tomarmos a sequência da criação e da história primeva em Gênesis 1—11 como central para toda a Escritura cristã, então o êxodo, as conquistas e os exílios são marcadores de enredo que levam a uma grande narrativa presa dentro no conflito da criação que deu errado. Se tomarmos o êxodo ou os exilados como centrais, então a criação torna-se uma história de fundo —um modelo de desobediência que leva ao exílio.

Paul Ricoeur alega que os humanos são criaturas de "trama incipiente". E porque estamos sempre tramando a nós mesmos e tudo o que vivenciamos em uma estrutura narrativa, temos o que ele chama de "forma transcultural de necessidade".[13] A narrativa oferece uma estrutura lógica para a miríade de experiências em nossas vidas. *Como um silogismo, ela nos dá uma maneira formal de processar a história como sendo considerações sobre a natureza das coisas.*

Nossa tênue compreensão da lógica pode nos levar a acreditar que dispositivos lógicos como os silogismos deixam o reino da história, supostamente entrando no espaço abstrato da razão. Se isso for verdade, então por que os tópicos e o conteúdo da análise filosófica sempre se assemelham a experiências e objetos de pessoas na história e não, digamos, à textura das rochas a 157 milhas de profundidade na crosta terrestre, abaixo de Dallas, Texas?

Da mesma forma, o químico que se tornou filósofo Michael Polanyi observou a falha generalizada nas ciências em entender o que é "relevante", por conta de suas visões ingênuas de objetividade. Ele entendia que os cientistas eram altamente tradicionais e certamente enviesados a ver no objeto de estudo um significado que outros não podiam ver. Como ilustração, Polanyi observou nossa propensão a celebrar eventos porque eles acontecem em intervalos numerados redondos (por exemplo, o décimo aniversário de um cientista).

> Seria racional que alguém que voltasse de uma visita a uma exposição relatasse a estranha coincidência de ser o 500.000º visitante. Ele pode até ter sido oferecido, como tal, um presente de cortesia pela administração, como foi o caso no Festival da Grã-Bretanha em 1951. Mas ninguém diria que foi uma estranha coincidência que ele fosse o 573.522º visitante, embora as chances disso sejam ainda menores do que as de ser o 500.000º.

---

[13] Paul Ricoeur, *Time and narrative*, vol. 1, trad. Kathleen McLaughlin (Chicago: University of Chicago Press, 1984), p. 52-3 [No Brasil: *Tempo e narrativa*, 3 vols. (WMF Martins Fontes, 2011)]. Esbarrei pela primeira vez nessa passagem de Ricoeur por meio de Craig G. Bartholomew, *Introducing biblical hermeneutics: a comprehensive framework for hearing God in Scripture* (Grand Rapids: Baker Academic, 2015).

MAPEANDO A FILOSOFIA NA NARRATIVA, LEI E POESIA   173

> A diferença é, obviamente, que 500.000 é um número redondo, enquanto 537.522 não é.[14]

Por ser significativo para a estrutura narrativa de nossas histórias de vida, favorecemos determinados tipos de números, objetos e eventos. Preferimos o que achamos significativo, o que atua como um mecanismo de classificação para quais premissas se aceitam para nossas explorações intelectuais. Destacamos fatos particulares e os valorizamos acima de outros em nosso raciocínio filosófico *em detrimento dos dados crus da experiência sensorial ou da lógica de argumentos dedutivos*. Como Gary Gutting mostrou na história da filosofia analítica, argumentos dedutivamente lineares não determinam as recepções favoráveis de ideias filosóficas entre filósofos analíticos.[15] Gutting mostrou que ideias foram aceitas em grande parte com base em intuições. Para Polanyi, a filosofia sempre implica a capacidade de reconhecer o significado, de aprimorar o mundo intuitivo de nossos julgamentos. Da mesma forma, como tramamos nosso mundo em enredos, nossas narrativas conterão implicações para o que vemos como relevante (ou não) nas histórias que criamos para raciocinar sobre a realidade.

Na seção seguinte, reviso vários aspectos-chave da estrutura narrativa que permitem que as histórias funcionem como uma forma de argumento: a estrutura lógica de uma história, a força retórica de uma história e a autoridade do narrador.

## Estrutura lógica da história

> Por esta razão, a poesia [isto é, a história dramática] é mais filosófica e mais séria do que a história. A poesia tende a expressar os universais e a história, os particulares.
>
> (Aristóteles, Poética, IX)[16]

Em sua *Poética*, Aristóteles explora a lógica da história. Para ele, os enredos devem ser coerentes e lógicos, e os bons são surpreendentes — mas seus

---

[14] Michael Polanyi, *Personal knowledge: towards a post-critical philosophy* (Chicago: University of Chicago Press, 1962), p. 35.

[15] Gutting demonstra como as intuições e as convicções dos filósofos, *e não argumentos dedutivos*, têm sido aceitas na comunidade analítica filosófica. Gary Gutting, *What philosophers know: case studies in recent analytic philosophy* (New York: Cambridge University Press, 2009).

[16] Aristóteles, *Poetics*, trad. Malcolm Heath (Nova York: Penguin, 1996), 16. 1451 [No Brasil: *Poética* (Editora 34, 2015)].

174 FILOSOFIA BÍBLICA

elementos surpreendentes não podem se relacionar ilogicamente com o enredo.[17] Ele discute como boas descobertas epistêmicas ocorrem não apenas dentro da história, mas também para o público. Aristóteles distingue eventos necessários ao enredo e despreza aqueles que não têm conexão lógica, que ele chama de "episódicos".[18] Bons enredos, então, alinham os eventos logicamente necessários uns com os outros a fim de criar uma corrente causal que termina na descoberta — em outras palavras, a resolução.

As narrativas, na maioria dos casos, possuem uma lógica bem estruturada que move o leitor das premissas à conclusão. O autor encena a história no cenário, introduz os personagens, inicia o conflito e aumenta a tensão dentro da história que almeja a resolução — às vezes com um clímax e às vezes o clímax e a resolução se juntam em um evento. Pela lógica da narrativa, semelhante aos argumentos dedutivos, a resolução deve resolver o conflito logicamente. Ao contrário de um argumento dedutivo, as narrativas nem sempre são transparentes sobre quais facetas da história atuam como premissas. As premissas são descobertas no processo, por assim dizer.[19]

Da mesma forma que os silogismos e outras deduções afins, a história precisa ser lida ou ouvida para que a lógica funcione. Histórias e deduções requerem esforço humano para sair da tensão interna de suas premissas em direção a suas conclusões. Os semioticistas chamam isso de "dimensão paratática"; enquanto a sintaxe é a ordenação adequada com a qual Aristóteles estava preocupado, a parataxe é o movimento lógico através de uma sequência. Como disse Esther Meek: "Ninguém vai do ponto A ao ponto B, mesmo em um silogismo dedutivo, sem esforço humano".[20] Dedução lógica e narrativas funcionam de acordo com os nossos esforços e a tensão criada *dentro de nós*, a qual tem como objetivo a resolução *para nosso descanso epistêmico* — queremos que as tensões se resolvam. Assim, narrativas e silogismos podem ser mapeados desta forma:

**Cenário**   [delineando o quadro em que o conflito é discernível]

**Conflito**   [tensão inicial introduzida no cenário]

---

[17] Aristóteles, *Poetics*, VIII-IX, 1452a.

[18] Aristóteles, *Poetics*, IX.

[19] Um sentimento semelhante sobre o emprego da opacidade e da transparência na narrativa pode ser encontrado em Peter Lamarque, *The opacity of narrative* (New York: Rowman & Littlefield, 2014).

[20] Esther L. Meek, *Longing to know: the philosophy of knowledge for ordinary people* (Grand Rapids: Brazos Press, 2003), p. 64.

| | |
|---|---|
| **Clímax** | [ponto mais alto de tensão em relação lógica direta com o conflito inicial] |
| **Resolução** | [segue-se do conflito criado por personagens no cenário] |
| **Premissa 1** | [premissa: sem tensão] |
| **Premissa 2** | [premissa: tensão cognitiva criada pela relação das premissas] |
| **Conclusão** | [decorre do conflito criado pela tensão (não pela sintaxe, símbolos, etc.)] |

Em outras palavras, uma vez que conhecemos o conflito ou a resolução de uma história, só então podemos encontrar as premissas correspondentes.

Por que usar a narrativa como estilo filosófico, ao invés do argumento discursivo? Primeiro, nossa capacidade de raciocinar em abstrato com proposições primitivas é comprovadamente frágil. A pesquisa sobre a natureza da forma retórica e da argumentação tem mostrado consistentemente que as pessoas treinadas em lógica são muitas vezes incapazes de realizar a operação mais primitiva de *modus ponens* (ou seja, Se P, então Q) em forma abstrata.

Os resultados bem conhecidos da *Wason Selection Task* (WST), uma tarefa que exige que os participantes do experimento resolvam o problema lógico mais simples, revelaram que a grande maioria de nós não pode aplicar adequadamente as regras do *modus ponens* ou *modus tollens* mesmo logo depois de ter aprendido as regras.[21] Menos de 10% poderiam selecionar corretamente o resultado de P → Q na tarefa, com a porcentagem subindo para 13%, *depois de ter estudado lógica por um semestre inteiro*. Essa incapacidade de aplicar as regras mais básicas da lógica também exige maiores explicações porque os participantes foram notavelmente bem-sucedidos na aplicação da *mesma regra lógica* em situações concretas ou familiares. Em outras palavras, quanto mais abstrato o problema — mesmo em sua forma mais básica de P → Q — maior a probabilidade de as pessoas não conseguirem resolvê-lo com sucesso a 80% do tempo. Volto ao enigma revelado por este estudo empírico no Capítulo 9.

Dentro dos silos de estilo das filosofias regionais, a agora clássica dicotomia entre o estilo de filosofia continental e o analítico confirma essa presunção quando se trata sobre o que é rigor. Não é segredo que os filósofos analíticos muitas vezes veem o estilo continental como carente de rigor e

---

[21] Para um resumo dessa pesquisa em suas várias interações, ver John H. Holyoak et al., "Learning Inferential Rules", *Naturalizing Epistemology*, 2 ed., ed. Hilary Kornblith (Cambridge: MIT Press, 1994), p. 359—92.

176 FILOSOFIA BÍBLICA

precisão, como dependente demais da experiência vivida. Filósofos continentais veem o estilo analítico como obcecado pela sistemática, apegado a detalhes e distante da realidade. William Wood, um filósofo com pelo menos um pé no estilo analítico, observa que a diferença de definição de "rigor" não equivale à diferença qualitativa de rigor de estilo:

> Há um certo triunfalismo ingênuo em ação aqui [no estilo analítico]. De alguma forma, duvido que filósofos ou teólogos continentais valorizem alegremente a escrita vaga, prolixa, incoerente, livre de rigor e pouco clara. Além disso, o que conta como uma escrita clara, parcimoniosa e rigorosa varia de acordo com a comunidade para a qual se escreve [...] Observe também que alguém com compromissos continentais pode razoavelmente chamar a escrita analítica de "fina" em vez de "clara", e podem razoavelmente chamar a escrita continental densamente alusiva de "rica" em vez de "obscura". As virtudes retóricas não transcendem a socialização disciplinar. *A filosofia analítica não é a linguagem não mediada do pensamento.*[22]

Em segundo lugar, seguindo a sugestão de Wood, devemos considerar os modos filosóficos como uma descrição sutil *versus* uma descrição densa. A descrição de fenômenos ornamentados muitas vezes não pode ser reduzida a uma demonstração proposicional. O "triunfalismo" observado aqui pode se aplicar mais especificamente ao pressuposto, admitido sem demonstração, de que todos os fenômenos podem ser suficientemente conceituados para que os instrumentos analíticos sejam lidos como a seção de esportes de um jornal. Portanto, selecionar antecipadamente os modos analíticos como o principal meio de exame pode excluir os objetos centrais de estudo em favor de objetos na periferia que se ajustam ao estilo. Em resumo, quando você carrega um martelo analítico, tudo parece um prego não analisado. O fato de os autores bíblicos não usarem argumentos discursivos analiticamente para demonstrar ou explorar conceitos abstratos não pode ser usado contra eles *ceteris paribus*.

Terceiro, as narrativas bíblicas ancoram seus argumentos na criação e na história (a convicção criacionista). Mesmo se considerarmos histórias como Rute ou Jonas como fictícias, elas ainda contam com a presença pactual de Israel no Levante, de acordo com as narrativas sobre criação, patriarcas e êxodo.

---

[22] Grifo meu. William Wood, "On the New Analytic Theology, or: The Road Less Traveled", *Journal of the American Academy of Religion 77*, n. 4 (December 2009): 949.

MAPEANDO A FILOSOFIA NA NARRATIVA, LEI E POESIA 177

Voltando à *Poética* de Aristóteles, o estilo hebraico pode nos forçar a divergir de sua análise nesse ponto criacionista. Aristóteles acredita que o uso da história pelo dramaturgo entra na briga dos universais precisamente porque evita o particular histórico. No entanto, ambos não são mutuamente excludentes e colocar o poeta contra o historiador só revela os modos de literatura e discurso valorizados no pensamento de Aristóteles sobre a argumentação literária.

Atualmente, nossos próprios esquemas conceituais para argumentos dedutivamente válidos provêm de muitos lugares, mas certamente têm um pé no movimento do positivismo lógico. Foi a epistemologia cartesiana e o positivismo lógico que se basearam na lógica dedutiva com o verdadeiro e o falso em oposição polar um ao outro. Em nossa atual "era digital", verdadeiro e falso foram mapeados para sinais de tensão alta/baixa (cf. ligado/desligado, um/zero, etc.) em nossos dispositivos eletrônicos de estado sólido. Contudo, permanece uma questão sobre o quanto esse esquema de análise verdadeiro/falso pode capturar e analisar adequadamente os argumentos pixelados da antiguidade hebraica, se é que o podem.

Autores bíblicos confiam em um público israelita experiente que, a partir de coleções de narrativas históricas e vida ritual, poderia apreender um processo epistemológico que promovesse o discernimento — o padrão-ouro bíblico de conhecimento. Isto para dizer: *se todos os argumentos — dedutivos, narratológicos, indutivos, poéticos etc. — se apoiam na tensão cognitivo-emocional criada no próprio filósofo, uma tensão que busca alívio epistêmico na resolução concreta, então devemos questionar se a engenharia digital no século 20 pode ter nos municiado com metáforas inadequadas ao descrever o argumento lógico em termos binários.* Como argumentou a filósofa analítica Eleonore Stump, a história pode igualar ou rivalizar com essas formas de analiticidade no argumento. Se restringirmos nossas análises aos instrumentos racionais que preferirmos, podemos ficar cegos para o discurso que não se encaixa.[23]

Relembrando a pergunta inicial — por que usar história pixelada e não a discursiva? —, poderíamos igualmente perguntar: por que usar argumento discursivo e em que ponto as premissas primitivamente reduzidas se tornam tão artificiais que se desconectam logicamente do objeto de estudo? Em outras palavras, de que lado devemos errar, rigor primitivo ou abdução florida? Os acadêmicos estão agora desenvolvendo métodos que imitam a visão antiga

---

[23] Eleonore Stump, *Wandering in darkness: narrative and the problem of suffering* (New York: Oxford University Press, 2010).

da habilidade filosófica das narrativas.[24] Os autores bíblicos tendiam para o lado de deixar o discernimento para leitores experientes (transdemográficos) e seu discernimento era mantido pela participação ritual em uma sociedade ética orientada pela Torá (ritualista).

## Força retórica da história

Juntamente com as conexões lógicas, a forma e o conteúdo de uma história afetam sua capacidade de argumentar. Não é surpresa que os melhores argumentos narratológicos declarem claramente o conflito, demonstrem uma série sucessiva de eventos causalmente conectados de acordo com o enredo e então resolvam coerentemente o conflito de uma maneira que explique a maioria ou todos os eventos do encadeamento causal.

Esse uso da narrativa como argumento tem sido estudado mais de perto na argumentação jurídica. No drama da explicação jurídica, promotores e defensores têm que contar a história mais convincente sobre "os fatos do caso".

James Voss et al., estudaram os efeitos da coerência das narrativas do tribunal, focando especificamente na "ficção que é feita para parecer história".[25] Essas ficções são as estórias que os advogados criam, não sabendo se elas refletem diretamente os eventos históricos do crime. Em vez disso, essas estórias foram cuidadosamente montadas para estabelecer um argumento coerente. Sem surpresa, Voss descobriu que os argumentos mais convincentes foram os que resolveram o maior número de conexões causais entre os fatos centrais do caso. No entanto, ele também manipulou as narrativas sob julgamento para avaliar quando as narrativas convincentes desmoronam. Se os fatos do caso conforme narrados pelo promotor forem reorganizados a ponto de eles interromperem a coerência causal para o júri, os jurados consequentemente considerarão o réu inocente:

> Como as narrativas nessas três condições continham os mesmos fatos, os resultados precisam ser atribuídos à forma como as informações críticas

---

[24] Ex.: Michael Boylan, *Fictive narrative philosophy: how fiction can act as philosophy* (Routledge Research in Aesthetics; New York: Routledge, 2019).

[25] "O presente estudo sustenta a ideia de que uma narrativa em circunstâncias particulares pode ser vista como um componente do argumento; isto é, uma narrativa pode ser usada como uma razão que apoia uma afirmação da mesma forma que uma razão apoia uma afirmação em um entimema [um argumento com uma premissa oculta]. Além disso, o presente estudo distingue entre o apoio a uma afirmação proveniente dos fatos fornecidos na narrativa e a história criada pela tecelagem desses fatos". James F. Voss et al., "On the Use of Narrative as Argument", *Narrative comprehension, causality, and coherence: essays in honor of Tom Trabasso*, ed. Susan R. Goldman et al. (Nova York: Routledge, 1999), p. 235

foram apresentadas. [...] *Os participantes foram bastante sensíveis à quebra da ordem cronológica e à falta de coerência* [...] se [o advogado] apresentasse uma narrativa um tanto incoerente, o respeito pela competência desse advogado provavelmente seria diminuído [...] e o convencimento [...] seria relativamente baixo.[26]

Este estudo deixou questões por resolver sobre quanto detalhe precisa ser contido em uma narrativa para aumentar o convencimento, *mas não se questionou que a narrativa possa funcionar como um argumento.* As narrativas, dependendo de como são contadas, têm uma força retórica que compele ou paralisa o senso de necessidade lógica do ouvinte em direção à conclusão.

Em segundo lugar, a extensão da história revela sua natureza como argumento. Várias técnicas narratológicas podem tornar as histórias mais ou menos eficazes como argumentos. Histórias longas e detalhadas, como as de Abraão em Gênesis ou Davi em 1 e 2 Samuel, podem examinar o personagem e a persistência do compromisso pactual de Deus, apesar da ruína dos personagens humanos em exibição nos textos.

A brevidade da história e a ausência de detalhes altamente desejáveis também podem ter o efeito de focar o leitor na lógica da história. A criação da humanidade no Éden, o assassinato de Abel por Caim, a geração de Noé e a cidade de Babel (Gn 1—11) são narrativas anêmicas em detalhes quando comparadas com o espetáculo da história de José (Gn 37—50), o não patriarca. Ansiamos por histórias sobre a física da criação, a vida de Moisés na casa do Faraó, as personalidades dos juízes, os decretos administrativos dos reis de Israel e Judá, a infância de Jesus e muito mais. A ausência de detalhes levou muitos comentaristas cristãos e judeus a adicionar histórias ou detalhes para preencher as lacunas ao longo dos milênios.

Mas, de acordo com as regras da casa, nos submetemos ao fato material de que essas histórias são intencionais em sua brevidade e vocabulário notoriamente "lacônico" como parte do processo intelectual hebraico.[27] Fábulas, diferentemente das tragédias e comédias, também vêm deliciosamente e deliberadamente em embalagens compactas porque a moral da história está presumivelmente em jogo. A forma literária, o que inclui sua brevidade, decorre de seu foco epistemológico — o que se supõe entender do texto.

---

[26] Grifo meu. Voss, "On the Use of Narrative as Argument", p. 245–6.

[27] "A narrativa bíblica é famosamente lacônica." Robert Alter, *The art of Bible translation* (Princeton: Princeton University Press, 2019), p. 41.

## Autoridade do narrador

Em sua astuta obra sobre estruturas narratológicas na filosofia, Sky Marsen descreve o papel único do narrador em relação ao leitor: "Toda construção discursiva tem uma fonte imanente e organizadora central, o apresentador da informação, ou narrador, que é responsável por quantidade, detalhe, ordem hierárquica e, potencialmente, avaliação explícita das informações apresentadas".[28] Novamente, vemos essa formulação exata declarada abertamente no comentário narrativo do Evangelho de João. O apresentador do evangelho testemunhou muitos relatos dignos de registro, "mas estes foram escritos para que vocês creiam que Jesus é o Cristo, o Filho de Deus e, crendo, tenham vida em seu nome" (Jo 20:31).

De acordo com Marsen, o narrador se apresenta de duas maneiras: logicamente como o enunciador do enunciado e fiduciariamente na medida que "uma relação de confiança ou cumplicidade é formada entre o leitor e a fonte da enunciação".[29] Os leitores tendem a aceitar tacitamente que o narrador tem autoridade para contar a estória, omitindo e incluindo detalhes, mas sempre no comando da sequência retórica de eventos do conflito à resolução.

Mostrando um possível problema em nossa herança iluminista, deveríamos nos surpreender que identifiquemos narradores mesmo que sejam diferentes do verdadeiro autor de uma história, enquanto, ao mesmo tempo, ignoramos a questão de quem narra o argumento dedutivamente enquadrado.[30] De muitas maneiras, a história atua como uma ferramenta mais crítica em nossa cultura, não apenas retransmitindo uma sequência lógica de eventos, mas sendo instigada por um funcionário explícito — o narrador — que pode ser analisado criticamente ao lado de seu argumento. Atualmente, o silogismo goza de mais compromissos fiduciais cegos da parte de intelectuais ocidentais do que a história.

Da mesma forma, Polanyi acredita que o empreendimento científico está repleto de compromissos fiduciários e esses compromissos permitem sua eficácia básica. O "programa fiduciário" não para na ciência; estende-se a todo o empreendimento intelectual:

---

[28] Sky Marsen, *Narrative dimensions of philosophy: a semiotic exploration in the work of Merleau-Ponty, Kierkegaard and Austin* (London: Palgrave Macmillan, 2006), p. 66.

[29] Marsen, *Narrative dimensions of philosophy*, p. 67–8.

[30] Até o suposto pai da filosofia analítica, Gottlob Frege, acreditava que não devemos negligenciar a afirmação pessoal na lógica. A simbologia lógica de Frege incluía um símbolo, que todas as proposições deveriam ter "⊢" implicitamente precedendo-as, onde a placa indica "eu afirmo isso" (ou seja, ⊢P). Gottlob Frege, *Grundgesetze der Arithmetik*, em *Translations from the Philosophical: Writings of Gottlob Frege*, ed. Peter Geach and Max Black (Oxford: Blackwell, 1960), vol. 1, §5.

MAPEANDO A FILOSOFIA NA NARRATIVA, LEI E POESIA  181

> Devemos agora reconhecer mais uma vez a crença como a fonte de todo conhecimento. Assentimento tácito e paixões intelectuais, o compartilhamento de um idioma e de uma herança cultural, afiliação a uma comunidade de mentalidade semelhante: esses são os impulsos que moldam nossa visão da natureza das coisas, na qual confiamos para nosso domínio das coisas. Nenhuma inteligência, por mais crítica ou original que seja, pode operar fora de tal estrutura fiduciária.[31]

Destaco a autoridade do narrador para transmitir o óbvio em todos os empreendimentos intelectuais: devemos dar confiança a quem nos narra os argumentos e as evidências. Longe de ser um inflado efeito colateral do ceticismo generalizado, essa confiança é a graxa que faz girar as engrenagens da racionalidade. Em uma história, tendemos a considerar a pessoa que está narrando e se ela merece nossa confiança. Em sistemas dedutivos de razão, tendemos a aumentar nossa fé no sistema, mesmo quando nenhuma razão lógica para apoiar esse aumento de fé tenha sido demonstrada dedutivamente[32].

## A LÓGICA DO DIREITO E AS LEIS NARRATIZADAS

O papel da lei e sua interação com as narrativas bíblicas tem sido muito debatido pelos rabinos e sábios e, mais tarde, pelos biblistas. No entanto, pelo menos duas considerações podem ser feitas em relação às leis da Torá e seu papel na Escritura cristã: (1) as leis exploram a natureza das relações trabalhando do princípio para os casos concretos e (2) a filosofia jurídica hebraica adota uma abordagem distintamente empática, empregando técnicas narrativas de explorar pontos de vista.

Joshua Berman argumentou recentemente que nossos conceitos de estruturas jurídicas devem ser ajustados para ler a literatura antiga no Crescente Fértil. Por causa da relevância da responsabilidade civil nos sistemas jurídicos

---

[31] Grifo meu. Polanyi, *Personal knowledge*, p. 281.

[32] Estou me referindo aos teoremas da incompletude de Kurt Gödel, dos quais ele concluiu: "Para qualquer sistema de proposições, é logicamente impossível provar que todas as proposições verdadeiras são verdadeiras dentro do sistema. Em outras palavras, em um universo lógico de discurso, sabemos de muitas afirmações que são verdadeiras, mas que não podemos provar de dentro do sistema. Portanto, em qualquer conjunto de declarações que se acredite serem logicamente conectadas, devemos ter fé na verdade das declarações além de nossa capacidade de provar logicamente seu valor de verdade". Kurt Gödel, "On formally undecided propositions of *principia mathematica* and related systems", in: *From Frege to Gödel*, ed. Jean Van Heijenoort (Cambridge: Harvard University Press, 1977), p. 592-616.

## 182 FILOSOFIA BÍBLICA

britânico e americano, abordamos as leis individuais esperando uma legislação estatutária. Berman afirma que esses conceitos estatutários são anacrônicos e cegam o leitor para como essas "leis" funcionam epistemologicamente nos textos e na sociedade israelita. Em vez disso, as leis bíblicas "eram compêndios prototípicos de leis e normas éticas".[33] Em outras palavras, tais "leis" não são estatutos como comumente definidos hoje: normas que nomeiam cada delito e então são observadas ou violadas. Em vez disso, criam-se conceitos em estudos de caso para instruir Israel sobre como se deve existir como nação. Veremos esse critério de conceituação na interação de princípios jurídicos e casos concretos na Bíblia hebraica e no Novo Testamento.

## De princípios a casos concretos

Primeiro, como exemplo de exame que vai do princípio ao caso, considere a declaração do *lex talionis* ("olho por olho") em Êxodo, que aparece três vezes na Torá (Êx 21:24; Lv 24:20; Dt 19:21). As variações da declaração em Levítico e Deuteronômio se encaixam diretamente em seus contextos, onde está em jogo a equidade para aqueles que planejam ou cometem assassinatos.

No entanto, sempre foi difícil aplicar esse princípio como uma simples lei, como se fosse para ser observada ou violada. Os rabinos antigos notaram rapidamente um problema na lógica da lei.[34] E se um homem com um olho furar o olho de um homem com dois olhos? O problema, veja bem, é que o princípio do "olho por olho" aparentemente visa a paridade na retaliação, restringindo a vingança apenas ao que foi prejudicado. Mas se um caolho perde o olho pela regra do "olho por olho", causando cegueira permanente, então a regra seria seguida enquanto o princípio seria simultaneamente violado. Enigmas semelhantes surgem rapidamente: agressão sexual, perda de membros etc.

No entanto, quando vista em seu contexto literário, a lei "olho por olho" de Êxodo aparece como um princípio sobre como não tratar os servos que subsistem sob o patrocínio de seu empregador. Em um trecho de ensino sobre escravos e seus parentes, o texto faz vários apartes sobre brigas que terminam em assassinato ou não. Um aparte em particular inclui dois homens brigando,

---

[33] Joshua Berman, *Inconsistency in the Torah: ancient literary convention and the limits of source criticism* (New York: Oxford University Press, 2017), p. 116.

[34] R. Shimon Bar Yochai raciocina na Mishná que um homem cego estaria assim isento da lex *talionis*. *b. Bava Qamma* 84a–b.

MAPEANDO A FILOSOFIA NA NARRATIVA, LEI E POESIA 183

agora com uma mulher grávida envolvida (Êx 21:22-24).[35] Esse aparte parece ter nada a ver com o tratamento dos escravos, mas fala diretamente sobre injustiças sendo pagas de acordo com o dano (Êx 21:22). E então vem a declaração "olho por olho", mas observe as declarações seguintes (Êx 21:24-27):

> Mas, se houver danos graves, a pena será vida por vida, olho por olho, dente por dente, mão por mão, pé por pé, queimadura por queimadura, ferida por ferida, contusão por contusão.
>
> Se alguém ferir o seu escravo ou sua escrava no olho e o cegar, terá que libertar o escravo como compensação pelo olho.
>
> Se quebrar um dente de um escravo ou de uma escrava, terá que libertar o escravo como compensação pelo dente.

Êxodo declara e então aprimora um princípio — "olho por olho" — materializado na ilustração concreta de golpear o escravo. "Olho por olho", de acordo com o relato de Êxodo, cria proteções contra abuso físico para os servos. As leis sobre perdas e danos de propriedade decorrem imediatamente dessas declarações. Embora eu não queira aliviar a regulamentação da servidão nesses textos, a filosofia jurídica aparentemente desenvolvida nesta seção envolve um princípio com exemplos concretos que condenam qualquer empregador que possa pensar em tratar um escravo como se fosse uma besta de carga, para ser açoitado ou agredido. Além do mais, as histórias da Torá e o material legal condenam os maus-tratos de outras coisas vulneráveis, tanto a flora quanto a fauna, em prol de sua proteção (cf. Gn 9:8-17; Êx 20:10; 23:12,24; Dt 5:14; 20:19).

Nesse contexto, golpear um escravo no olho ou no dente — e suponho ser um princípio que se estenda a qualquer parte do corpo – viola o princípio do "olho por olho". Isso também significa que o aparte sobre dois homens brigando funciona como uma ilustração dos tipos de danos a serem compensados.

O princípio discute de forma ambígua uma reivindicação agregadora: a noção de retorno pelo dano. No entanto, surpreendentemente, os exemplos viram o jogo, instruindo os proprietários de escravos a não serem os agressores, ou eles sofrerão a perda financeira, "porque o escravo é a sua prata"

---

[35] Como prova de que a briga com uma mulher grávida é perpendicular aos códigos sobre escravos, Bernard S. Jackson observa que encadear este exemplo concreto específico com a instrução "dente por dente" não faz sentido, "o feto... dificilmente pode perder um dente". *Wisdom-Laws: a study of the mishpatim of Exodus 21:1–22:16* (Nova York: Oxford University Press, 2006), p. 185.

(Êx 21:21). Ao instruir os hebreus sobre como eles devem ou não agir em relação aos escravos, a lei em Êxodo está moldando fisicamente seu conceito de dano e retribuição pelo dano — ou seja, a pessoa de posição privilegiada pode ser aquela que terá que compensar.

No Sermão da Montanha de Mateus, Jesus também carrega o ônus desse princípio sobre o ouvinte. ""Vocês ouviram o que foi dito: 'Olho por olho e dente por dente'. Mas eu lhes digo: [...] se alguém o ferir na face direita, ofereça-lhe também a outra." (Mt 5:38– 39). Se o princípio em Êxodo 21:24 se concentrasse apenas na retribuição pelo dano, então, ouvindo isso, podemos criar um *ad extra* para uma dessas regras proposicionais:

1. Se alguém quebrar meus bens, terá que me reembolsar.
2. Se me ocorrer algum dano, então me é permitido causar danos na mesma moeda.
3. Se a Condição *A* prevalecer, então a pessoa que cometeu a Condição *A* torna-se vulnerável em relação a mim.

No entanto, os exemplos que se seguem em Êxodo 21 reformulam a ética concreta e seus princípios:

4. *Se sou eu quem maltrata* meu escravo, meu escravo será compensado com a liberdade.
5. *Se sou eu quem explora* aqueles que são vulneráveis em relação a mim (por exemplo, meu escravo), então me tornarei vulnerável a eles (por exemplo, ao perder o seu serviço).

Como ocidentais do século 21, as Regras 1-2 podem ser as primeiras apropriações que vêm à mente ao ler a passagem "olho por olho". Não podemos saber se os antigos hebreus ouviriam tais regras e veriam a si mesmos como sujeitos ativos ou passivos dos crimes. É certo que é bastante natural que leiamos os estatutos criminais e presumamos que seríamos a vítima se essas circunstâncias surgissem. A Regra 3 é minha tentativa de abstrair as Regras 1-2. As regras 4-5 provavelmente nunca viriam à mente sem uma extensa reflexão, ou talvez não, dependendo de quem está refletindo.

No entanto, narrativizar o princípio "se um de vocês ferir seu escravo ..." cria um drama visualizável, com cenário e personagens, para ilustrar o princípio. Além disso, a dramatização do princípio coloca quem ouve a instrução na posição de malfeitor e o escravo como vítima do malfeitor.

MAPEANDO A FILOSOFIA NA NARRATIVA, LEI E POESIA 185

O fato de Jesus seguir uma lógica semelhante de uma lei composta por um princípio seguido de uma ilustração concreta confirma sua afirmação correspondente de que ele "não veio abolir a Torá ou os Profetas" (Mt 5:17). Ele faz a interpretação de acordo com as Regras 1-3 e encoraja o ouvinte a se imaginar como o vulnerável, quer o ouvinte esteja certo ou não. Na linguagem da Regra 3, "Se a Condição A for alcançada, então a pessoa que perpetrou a Condição A torna-se vulnerável em relação a mim", Jesus recomenda:

6. Mesmo que você não tenha cometido a Condição A contra alguém que é vulnerável em relação a você, torne-se vulnerável à pessoa que o trata como se você a tivesse cometido.

Outro exemplo da reafirmação do Decálogo por Levítico (Lv 19:1-14) inclui o princípio — "não oprimirás o teu próximo nem o roubarás" (Lv 19:13) — concretizado em favor do empregado. O que significa roubar ou oprimir o próximo? A próxima declaração refina o princípio: "Não retenham até a manhã do dia seguinte o pagamento de um diarista" (Lv 19:13). Reter os salários é uma forma de opressão e roubo, presumivelmente porque se rouba do trabalhador a comida necessária por conta do dia de trabalho e do amanhã.

O direito, como a narrativa e a poesia, constrói matrizes de sentido por meio da pixelação. Se estiver correto, confiar em interpretações aqui e ali de leis-chave não nos renderá o conteúdo filosófico que está sendo examinado pela literatura jurídica pixelizada. Pretendo aqui apenas demonstrar que a própria lógica das partes jurídicas exige esse pensamento dialético — de princípio para caso concreto e vice-versa — que estreita e aguça a natureza da noção jurídica que está sendo defendida ao mesmo tempo em que se expande o número de casos a serem considerados.

Mary Douglas defende uma abordagem análoga aos princípios jurídicos, onde as leis levantam questões de princípios que são então explicados adicionalmente, por meio de mais exemplos:

Em vez de explicar por que uma instrução foi dada, ou mesmo o que ela significa, acrescenta-se outra instrução semelhante, e outra e mais outra, produzindo assim seu efeito altamente esquematizado. A série de analogias localiza um caso particular em um contexto. Ela expande o significado. Às vezes as analogias são hierarquizadas, uma dentro da outra formando conjuntos inclusivos, ou às vezes elas estão em pares opostos ou conjuntos em contraste. Elas fazem as vezes de explicações causais.

186  FILOSOFIA BÍBLICA

Se alguém perguntar: Por que essa regra? A resposta é que está em conformidade com aquela outra regra. Se alguém perguntar: Por que essas duas regras? A resposta é uma categoria maior de regras nas quais elas são incorporadas como subconjuntos ou de algumas das quais são distinguidas como exceções. Muitos livros de direito procedem dessa maneira concêntrica e hierárquica. Em Levítico, o padrão de oposições e inclusões geralmente é toda a explicação que vamos obter. Em vez de argumento, há analogia.[36]

Embora ela cite isso como expansão, a expansão é para criar uma estrutura, que então estreita a gama de princípios subjacentes às leis. Por um lado, é incontroverso dizer que tanto os princípios quanto as circunstâncias se expressam em leis particulares. Por outro lado, adotar um determinado sistema ou princípio nos códigos jurídicos torna-se uma tarefa em que leis e contextos literários têm prioridade para estruturar o sistema.

## Base empática do direito

Os estudiosos notaram uma base empática única para a ação ética nas leis da Torá, que as entrelaça diretamente com as narrativas de Israel. Essa orientação empática emerge mais claramente nas instruções levíticas sobre relações com vizinhos e estrangeiros. O que começa com resistir à vingança e, em vez disso, amar o próximo (Lv 19:18) intensifica-se com a ordem adicional de amar igualmente o estrangeiro (gēr), "pois todos vocês eram estrangeiros (gērim) na terra do Egito, eu sou Yahweh, seu Deus" (Lv 19:34).

Ao pensar nas leis em coordenação com as narrativas que elas podem presumir, podemos ver como a experiência histórica de Israel cria as condições para o tratamento de hebreus nativos, escravos, imigrantes, animais, campos, casas e pessoas em circunstâncias vulneráveis. Notavelmente, se não existe uma história real de Israel, então o raciocínio ético de Levítico e outros ensinamentos jurídicos lutam para encontrar seu fundamento.

Costuma-se dizer que a chamada Regra de Ouro — faça aos outros o que gostaria que fizessem a você — encontra sua primeira expressão hebraica aqui em Levítico. Os cientistas da religião citam o fato de que muitas das religiões do mundo têm uma versão da Regra de Ouro, do confucionismo e do hinduísmo ao zoroastrismo e o islamismo. Alguns se perguntam se a Regra

---

[36] Mary Douglas, *Leviticus as literature* (New York: Oxford University Press, 1999), p. 18.

de Ouro encontra sua expressão racionalista mais tarde no imperativo categórico de Kant. Mas a formulação hebraica da Regra, que pode ser sua versão mais antiga, está entrelaçada ao ethos nacional de Israel que consiste em amar estrangeiros (xenofilia) por causa da história pessoalmente vivida por Israel. Uma vez que experimentou nacionalmente o que é ser um estrangeiro e ser explorado, Israel deve empaticamente cuidar dos estrangeiros e ser vigilante contra práticas de exploração quando estrangeiros habitarem com Israel (Lv 19:33-37).

Jonathan Burnside enxerga os entrelaçamentos entre narrativas e instrução jurídica nos mandamentos da Torá sobre asilo (por exemplo, cidades de refúgio) na terra de Israel. Sua afirmação não depende apenas das conexões entre leis particulares e a história de Israel (por exemplo, o êxodo e Lv 19:34), mas também sobre a estrutura literária e retórica das leis em sua forma canônica. Burnside argumenta que a fuga de Israel de uma acusação de assassinato "factualmente incorreta" no Egito cria a convicção de que é necessário construir cidades de refúgio onde indivíduos acusados de assassinato podem fugir e ali passar pelo devido processo legal.

Quanto ao posicionamento da lei e a história com a qual ela parece cooperar, Burnside observa que o posicionamento bíblico não é descuidado: "Muitas vezes acontece que a maneira como a lei bíblica é estruturada e organizada internamente determina o significado de seu conteúdo".[37] Por outro lado, considere a proibição da necrofilia no parlamento britânico em 2003. Burnside aborda como nossas sensibilidades estatutárias atuais não exigem ordem lógica: "Não há razão para que apareça naquele ponto específico do estatuto, e seu significado não seria afetado se aparecesse em outro lugar". Por considerar que a lei bíblica é inerentemente relacional e narratologicamente organizada, Burnside conclui: "O comportamento em relação ao *gēr* [estrangeiro] é concebido como uma extensão de diversos relacionamentos: o relacionamento dos israelitas com seus conterrâneos, a própria experiência deles de terem sido *gērim* e sua relação com Deus".[38]

---

[37] Jonathan Burnside, *God, justice, and society: aspects of Law and legality in the Bible* (Nova York: Oxford University Press, 2010), p. 21.

[38] Burnside, *God, Justice, and society*, p. 28. Alguns biblistas mostraram ceticismo em relação a tal leitura de textos jurídicos, mas em grande parte a partir da posição de análise incompleta (ou seja, não considerando todos os textos jurídicos da Bíblia hebraica) ou crítica de fonte (ou seja, a estrutura literária ignora as múltiplas fontes de essa literatura). Dada a natureza do projeto de Burnside, a primeira crítica parece relevante e a segunda provavelmente revela um desacordo fundamental sobre a natureza e as fontes da literatura bíblica. Ver Madhavi Nevader, "At the end returning to questions of beginnings: a response to Jonathan Burnside", *Political Theology* 14, n. 5 (2013): 619–27.

## 188 FILOSOFIA BÍBLICA

Burnside traça o aspecto peculiar da lei de refúgio em Êxodo a episódios paralelos em narrativas em que indivíduos e até Israel precisavam de refúgio.[39] Seu relato é rico em paralelos multifacetados, os quais posso examinar apenas parcialmente. De seus muitos exemplos, dois demonstram mais claramente o que ele vê no ensino legal entrelaçado com a narrativa do êxodo de Israel.

Moisés mata um egípcio, o que o obriga a fugir e buscar refúgio com Jetro, o midianita. Leis posteriores dividirão os assassinatos em três categorias: assassinatos acidentais, assassinatos "por impulso" e os maliciosamente premeditados. Mas não sabemos em qual categoria o ato de assassinato de Moisés se enquadra. Ele foge e encontra refúgio fora do Egito.

O ato de cumplicidade de Israel com o assassinato do primogênito do Egito também força a nação a fugir e eventualmente buscar refúgio longe do faraó. Em ambos os relatos, Moisés e Israel não são responsáveis perante a lei de Noé ("Quem derramar sangue do homem, pelo homem seu sangue será derramado." Gn 9:6), indicando a Burnside que seus atos de assassinato são acidentais ou que seriam justificados pelo calor do momento.

Esse modelo do refúgio também explica uma peculiaridade das leis bíblicas sobre refúgio, mais tarde definidas como cidades de refúgio: elas dizem respeito apenas a atos de assassinato. Previsões em códigos legais para buscas de asilo não eram incomuns no antigo Oriente Próximo, mas incluíam "escravos e artesãos fugitivos, militares fugitivos e prisioneiros civis de guerra, soldados desertores e camponeses endividados, para citar alguns".[40] As restrições de asilo de Israel se encaixam no padrão narrativo da necessidade experimentada de Israel por refúgio do Egito após sua cumplicidade no assassinato de Yahweh do primogênito do Egito. A implementação do refúgio, então, vale-se de uma memória nacional para criar raciocínio empático em Israel. Com relação aos inevitáveis assassinatos e acusações de assassinato que estão por vir, os israelitas acusados também precisarão de julgamento e proteção, assim como Israel fez com o Egito.[41]

Como um exemplo mais simples, os ensinos das proibições sexuais em Levítico 18 parecem fundamentar suas prescrições nos erros dos patriarcas

---

[39] Jonathan P. Burnside, "Exodus and asylum: uncovering the relationship between biblical Law and narrative", *Journal for the Study of the Old Testament* 34, n. 3 (2010): 243–66. Ele também considera os chifres do altar e a necessidade de remediação sacerdotal em todos os casos de refúgio.

[40] Burnside, "Exodus and asylum", p. 263.

[41] Podemos pensar em muitos outros exemplos do mesmo tipo, como a lei de Deuteronômio sobre favorecer injustamente esposas e filhos (Dt 21:15-17), que reflete claramente a narrativa de Jacó/Lia de Gênesis. "Se um homem tem duas esposas, uma amada e a outra não amada... e se o filho primogênito pertence à não amada..." (Dt 21:15).

MAPEANDO A FILOSOFIA NA NARRATIVA, LEI E POESIA  189

de Gênesis. Poderíamos facilmente colocar os nomes dos violadores ao lado de muitos dos atos sexuais proibidos em Levítico (18:7-18): Abraão, Ló, filhas de Ló, Rúben e Judá. Mas, quando chegamos ao final dessa lista, vemos os contornos estranhamente específicos de uma narrativa bem conhecida no próprio comando: "E não tomarás uma mulher como rival de sua irmã, descobrindo sua nudez enquanto sua irmã ainda estiver viva" (Lv 18:18). É difícil ler a especificidade desta instrução e não acrescentar: "Esta é para você, Jacó!"

Independentemente se os argumentos sobre leis particulares e seus antecedentes de narrativa estão totalmente corretos em seus detalhes, os impressionantes paralelos entre história e direito implicam que ambos são formas de argumentação — a narrativa é o normativo disfarçado de descritivo e o direito é normativo a partir da narração de princípios. Em outras palavras, os textos jurídicos oferecem análise de segunda ordem e defesa em relação às narrativas.

## Leis narrativizadas

Além do exposto acima, a técnica particular dentro das declarações jurídicas de representação, caracterização e ponto de vista contribui para incitar um impulso empático. Assnat Bartor argumenta em *Reading Laws as Narrative* [Lendo as Leis como Narrativas] que a Torá replica temas familiares em antigos códigos jurídicos do Oriente Próximo, às vezes cobrindo o mesmo princípio ou ideia jurídica, mas desdobrando seu pensamento jurídico compartilhado de forma bastante singular como narrativa.[42] Em outros códigos jurídicos (cf. Código de Hamurabi), encontramos a condição e a punição mais frequentemente declaradas em condicionais brutas: "Se alguém encontra X, então deve devolvê-lo a Y".

Abordando a questão dos animais sob coação, Bartor observa que nem um dos animais do inimigo nem de um irmão devem ser ignorados se estiverem fugindo ou sofrendo sob um fardo. No entanto, a lei é enquadrada para que o público se torne um personagem com determinada perspectiva e parte de um drama em desenvolvimento:

> Se você *vir* o jumento de alguém que o odeia caído sob o peso de sua carga, não o abandone, procure ajudá-lo (Êx 23:4,5).

---

[42] Assnat Bartor, *Reading Law as narrative: a study in the casuistic laws of the Pentateuch* (Ancient Israel and its literature 5; Atlanta: Society of Biblical Literature Press, 2010).

190 FILOSOFIA BÍBLICA

> Você não *verá* o boi de seu irmão [...] e negará sua ajuda a eles; você deve levá-los de volta ao seu irmão (Dt 22:1-4).

Não que outros códigos jurídicos não tratassem de questões semelhantes de justiça, mas nenhum deles narrou seus códigos jurídicos como o faz a Bíblia hebraica. Bartor afirma que esses códigos de proteção aos animais são lei, mas também uma cena com protagonista e perspectiva:

> A descrição dos acontecimentos começa pela observação do ato de ver do protagonista. Os animais, ao que parece, haviam se perdido [...] ou se extraviado em um campo distante, antes que isso fosse percebido pelos protagonistas [*sic*]. No entanto, os leitores ficam sabendo da existência dos animais e do que aconteceu com eles apenas a partir do momento em que são vistos pelos olhos do protagonista.[43]

Por que narrar códigos legais, especialmente quando as leis hebraicas poderiam meramente repetir alguns dos códigos legais da cultura circundante que cobririam os mesmos tópicos?[44] Bartor acredita que essa forma se encaixa na função — a poesia da lei e os gêneros distintos cooperam por meio da pixelação para "imprimir significados que os seus destinatários entenderiam, internalizariam e segundo os quais agiriam. Essas 'orientações de leitura' podem ser descobertas apenas por meio de uma leitura narrativa".[45]

No Novo Testamento, essa mesma narração pode ser vista nas seções prescritivas de Paulo em suas epístolas. De maneira semelhante à Torá, Paulo instrui os coríntios a evitar carne sacrificada a ídolos, mas apenas sob certas circunstâncias (1Co 10:23-33). Observe como ele estrutura sua instrução: cenário (jantar convidado), personagens (anfitriões e convidados), conflito (conhecimento da carne usada no culto pagão). O resto de sua instrução visa resolver o conflito.

Como Bartor observou em alguns raciocínios jurídicos hebraicos, narrar o direito forma a poética jurídica que engaja a função narrativa. Nesse caso, Paulo até visualiza a perspectiva hipotética dos coríntios em cena: "Coma o

---

[43] Bartor, *Reading Law as narrative*, p. 165.
[44] Pelo fato de os registros legais da Mesopotâmia não interagirem com o código de Hamurabi, e por residirem em templos fora do alcance da maioria das pessoas, alguns estudiosos se perguntam se as leis renomadas do código de Hamurabi são mais conhecidas do público hoje do que jamais foram na antiga Mesopotâmia.
[45] Bartor, *Reading Law as narrative*, p. 184.

que lhe for *proposto*" (1Co 10:27). Ao instruir por meio de uma prescrição narrativa, o conflito demanda uma resolução para o drama, em oposição àquele que apenas ouve uma lei como "faça isso" ou "não faça aquilo". O primeiro está inserido em um arco narrativo e o segundo não. Aquele que visualiza o cenário das leis de Israel narradas de forma singular se envolve em uma matriz densa e conflitante que somente ele pode levar a um clímax e resolução.

Como a função poética pode ser encontrada no raciocínio jurídico hebraico da Torá e de Paulo, agora me volto para a própria poesia.

## A LÓGICA DA POESIA E DA NARRATIVA

Uma vez que a poesia é nosso melhor modelo humano de comunicação intrincadamente rica, não apenas solene, pesada e contundente, mas também densamente tecida com complexas conexões internas, significados e implicações, faz sentido que a fala divina seja representada como poesia[46].

Embora muitas vezes descartemos a poesia como estando fora do campo da análise racional, nosso desdém raramente se origina de uma consideração da própria forma poética. Na longa esteira do romantismo, a caricatura comum retrata a poesia como se expressasse principalmente os sentimentos de um indivíduo. A poesia bíblica hebraica faz pouco uso de rima e métrica, as características poéticas óbvias para os falantes de português não iniciados. Se não tem rima ou métrica, então o que a torna poesia? A resposta primária é sua estrutura. A duradoura tradição poética hebraica apresenta uma estrutura fortemente lógica, já demonstrando que a poesia pode funcionar como um argumento filosófico. A poesia hebraica muitas vezes assume uma forma particular que não só tem uma estrutura lógica, mas também é pixelizada, tornando-a ideal para definir um princípio abstrato à luz de casos particulares.

### Paralelismo e a lógica pixelizada da poesia

"A poesia não serve simplesmente para entreter e instruir; ela entretém para instruir."[47]

---

[46] Robert Alter, *The art of Biblical poetry*, ed. nova e revisada (Edinburgh: T & T Clark, 2011), p. 141.

[47] Robert Lowth citado em Michael C. Legaspi, *The death of Scripture and the rise of Biblical Studies* (Oxford Studies in Historical Theology; New York: Oxford University Press, 2011), p. 108.

## TABELA 2 • Paralelismo de contraste e de extensão

| A: Extensão | B: Contraste |
| --- | --- |
| Assim, quando você por elas seguir, não encontrará obstáculos; quando correr, não tropeçará[48]. | O Senhor repudia balanças desonestas, mas os pesos exatos lhe dão prazer[49]. |

A forma hebraica de paralelismo funciona como o bloco de construção mais simples do pensamento poético. Embora ritmo, rima, onomatopeia, aliteração e outros elementos estruturais possam desempenhar seus papéis (formas como quiasma, acróstico, etc.), a estrutura paralela de versos de duas linhas oferece uma forma facilmente escalável de exploração filosófica.[50]

A forma paralela geralmente funciona primeiro declarando um pensamento e depois estendendo-o ou contrastando-o (veja a Tabela 2). No caso da extensão (Exemplo A), ocorre mais do que a mera repetição de uma ideia. Robert Alter distingue a variação no segundo verso que "segue a regra da instância da categoria vir após o termo geral e, ao fazê-lo, efetua uma intensificação ou focalização do significado".[51] Esse modelo de intensificação por meio da extensão do pensamento se torna mais óbvia em exemplos numéricos: "Como poderia *um* só homem perseguir mil, ou *dois* porém em fuga dez mil (*rĕbābâ*) para fugir" (Dt 32:30). Esses exemplos de paralelismo estendido, então, não apenas negociam com sinônimos, mas frequentemente adicionam a dimensão "quanto mais" ao primeiro pensamento. Essa intensificação torna o paralelismo de extensão ideal para focar nossa atenção em um princípio coerente explorado por meio de reafirmações e esclarecimentos do mesmo princípio.

Paralelismos de contraste (Exemplo B) delineiam os limites do princípio que está sendo explorado. Juntas, essas duas formas se identificam e se distinguem em massa, tornando a poesia hebraica bem adequada para funcionar como um modo de demonstração filosófica de *genus/differentia*. Uma grande

---

[48] Pv 4:12.

[49] Pv 11:1.

[50] Embora não foque tanto na Bíblia hebraica e veja muito quiasma em alguns pontos, o argumento de John Breck para o quiasma como central para o pensamento judaico tem algum mérito. Além dos paralelismos simples discutidos aqui, Breck demonstra como os paralelismos podem ser empilhados para alcançar tarefas intelectuais mais complexas. "O paralelismo quiástico... permite que o autor bíblico expresse um conjunto complexo de afirmações". *The shape of biblical literature: chiasmus in the Scriptures and beyond* (Crestwood: St. Vladimir's Seminary Press, 2008), p. 50.

[51] Alter, *The Art of biblical poetry*, p. 24.

# MAPEANDO A FILOSOFIA NA NARRATIVA, LEI E POESIA    193

parte de Provérbios e Salmos emprega essa estrutura paralela, dando exemplos repetitivos de "tipos" com exemplos em tema e variação.

Porque o paralelismo hebraico manifesta o estilo filosófico pixelado dentro da forma de argumento *genus/differentia*, devemos considerar precisamente como ele funciona. A intensificação oferece uma lente focal, forçando um prisma de princípios sobre o objeto. Por exemplo, das quarenta e quatro ocorrências do termo "falso" *(equer)* em suas várias formas em Salmos e Provérbios, a maioria dos casos se divide numa proporção de quase 50/50 entre paralelismos de contraste e de extensão. Tomemos, por exemplo, os seguintes exemplos de extensão de "falsidade" (šeqer):

1. Adquirir tesouros por meio uma língua _falsa_, um vapor impelido e um laço de morte[52].
2. Nuvens e vento sem chuva, um homem que se gaba de um presente _falso._[53]
3. Como um porrete, uma espada ou uma flecha afiada, um homem que fala de um amigo em _falso_ testemunho.[54]

(No Capítulo 9, examino como "falsidade" *(šeqer)* e seus termos conceitualmente semelhantes não são o oposto de "veracidade" nas formas em que estamos acostumados a pensar sobre eles. Estou propositalmente ignorando este ponto aqui para fins de ilustração.)

Nos Exemplos 1 e 2, uma língua e um dom são modificados com o termo falso *(šeqer)*, o que não ajuda nós leitores modernos a entender o que se entende por "falso".[55] A estrutura poética paralela concentra-se no significado do primeiro verso em referência ao segundo. Ao fazê-lo, o versículo identifica uma "falsidade" baseada em princípios. No entanto, mesmo esse princípio de falsidade exigirá definições contrastantes para delinear o que se entende e o que não se entende por "falsidade".

---

[52] Pv 21:6.

[53] Pv 25:14.

[54] Pv 25:18.

[55] Todas as instâncias de šeqer no Texto Masorético da Bíblia Hebraica: Gn 21:23; Êx 5:9, 20:16, 23:7; Lv 5:22, 5:24, 19:11, 19:12; Dt 19:18; 1Sm 15:29, 25:21; 2Sm 18:13; 1Rs 22:22, 22:23; 2Rs 9:12; 2Cr 18:21, 18:22; Jó 13:4, 36:4; Sl 7:15, 27:12, 31:19, 33:17, 35:19, 38:20, 44:18, 52:5, 63:12, 69:5, 89:34, 101:7, 109:2, 119:29, 119:69, 119:78, 119:86, 19:104, 119:118, 119:128, 119:163, 120:2, 144:8, 144:11; Pv 6:17, 6:19, 10:18, 11:18, 12:17, 12:19, 12:22, 13:5, 14:5, 17:4, 17:7, 19:5, 19:9, 20:17, 21:6, 25:14, 25:18, 26:28, 29:12, 31:30; Is 9:14, 28:15, 32:7, 44:20, 57:4, 59:3, 59:13, 63:8; Jr 3:10, 3:23, 5:2, 5:31, 6:13, 7:4, 7:8, 7:9, 8:8, 8:10, 9:2, 9:4, 10:14, 13:25, 14:14, 16:19, 20:6.

194 FILOSOFIA BÍBLICA

No Exemplo 1, o escritor não se concentra na natureza de uma "falsa língua", mas sobre os efeitos do ganho pelo falso discurso, um tema que outros paralelismos desenvolverão. Nesse caso, a falsidade do discurso possibilita apenas ganhos de curto prazo. Isso significa que o discurso verdadeiro permite ganhos a longo prazo? Não saberemos fora de uma abordagem pixelada, empilhando as instâncias para ver como a ideia é desenvolvida e delineada entre elas.

No Exemplo 2, a promessa de chuva a partir de algo que pode dar chuva — as nuvens — é encarnada por quem se gaba de dar um presente falso:

2. Nuvens e vento sem chuva, um homem que se gaba de um presente falso[56].

Neste versículo o sábio foca no jactancioso, mas a ideia de um presente ser falso pede esclarecimento. Neste caso, o sábio dá um exemplo meteorológico, puxando vividamente a experiência de desespero de um israelita sentado sob uma nuvem vazia. Algo que poderia ter dado água não deu. E por não dar o que poderia ter sido dado — a água desesperadamente necessária para a sobrevivência — o sábio atribui falsidade ao presente.

O Exemplo 3 retrata o falso testemunho como discurso armado:

3. Como um porrete, uma espada ou uma flecha afiada, um homem que fala de um amigo em falso testemunho.[57]

Novamente, eles presumem que alguma forma de falar sobre um amigo poderia estar correta, mas. quando ele fala falsamente, é como se estivesse esmurrando, esfaqueando ou atirando no amigo. Porque ferir também pode ser "verdadeiro", os sábios não consideram o ferimento por si só fundamentalmente negativo nesse universo semântico pixelizado: "Verdadeiras são as feridas de quem ama; profusos são os beijos do inimigo" (Pv 27:6). O ferimento pode ser verdadeiro ou falso, dependendo de quem o está fazendo e com que finalidade.

Até agora, a falsidade parece incluir ganância míope, machucar e reter o que poderia (e possivelmente deveria) ter sido dado. Se nos voltarmos para

---

[56] Pv 25:14.
[57] Pv 25:18.

MAPEANDO A FILOSOFIA NA NARRATIVA, LEI E POESIA 195

dois paralelismos de contraste, poderemos notar uma noção mais clara de falsidade de segunda ordem.

4. Corretamente (*'al-kēn*) eu estimo todas as suas instruções; Eu odeio todo caminho falso (šeqer).[58]
5. Os ímpios obtêm ganhos falsos (šeqer); mas aqueles que semeiam corretamente (*sĕdāqâ*) obtêm salários verdadeiros ('emet).[59]

No Exemplo 4, o sábio justapõe a devida estima pela orientação de Deus contra a rejeição do "caminho falso". Como um caminho pode ser falso? Pensando em termos de binários verdadeiro/falso, pode ser que haja uma estrada metafórica correta para viajar e várias estradas erradas. Portanto, um é verdadeiro e os outros são todos falsos e, de alguma forma, favorecer o caminho de Deus deve incutir um desdém por outros caminhos. Por quê? Os outros caminhos são falsos, presumivelmente porque eles não fazem efetivamente o que a instrução de Deus faz: guiar praticamente ao longo do caminho (ou seja, a metáfora do caminho). Em outras palavras, o caminho falso é falso não em princípio, mas porque não funciona!

No Exemplo 5, vemos um desenvolvimento semelhante que agora responde à nossa pergunta anterior: "Isso significa que o discurso verdadeiro permite ganhos a longo prazo?" Aqui, plantar com justiça rende verdadeiros salários. Os ímpios, novamente, são míopes em seu ganho. Como seus salários são falsos? Eles não são ganhos obtidos corretamente.

Embora tivéssemos que olhar para mais exemplos de falsidade para completar o quadro, já podemos ver um princípio emergindo através da pixelação. As bordas difusas do princípio agora foram iluminadas:

> Existe uma maneira adequada de considerar e realizar nossas ações. Não seguir o caminho correto leva a pessoa à "falsidade", enquanto os sábios retratam o ato correto como "veracidade".

Falar, trabalhar, plantar, dar, ferir estrategicamente um amigo, e possivelmente mais, ter uma estrutura adequada a seguir, discernível através das instruções de Deus a Israel. Daí a divergência entre o verdadeiro e o falso variam

---

[58] Sl 119:128.
[59] Pv 11:18.

196    FILOSOFIA BÍBLICA

de acordo com a maneira correta de agir e considerar todos esses aspectos da vida cotidiana.

A capacidade do paralelismo hebraico de focalizar (extensão) e diferenciar (contrastar) uma noção a torna uma forma literária singularmente adequada para a tarefa filosófica. A discussão acima pretende demonstrar brevemente que a estrutura e o conteúdo da poesia hebraica defendem e praticam uma forma de abstração de princípios a partir de exemplos pixelados, enraizados e constantemente referenciando Deus como criador e a instrução profética dada por meio de Moisés e reconectada por futuros profetas.

## Poesia interpretando filosoficamente a narrativa

Não apenas a poesia hebraica é frequentemente usada para explorar a natureza de conceitos como "falsidade", mas também funciona às vezes como um dispositivo literário formal dentro de narrativas maiores, extrapolando ou destacando princípios implícitos na própria história. Vários casos merecem explicação.

Quando Israel entra em segurança em Êxodo 14, a narrativa descreve a ação: Yahweh fala com Moisés (Êx 14:15,26), Moisés executa as instruções de Yahweh (Êx 14:21a,27) e então os eventos acontecem de acordo com o que Yahweh disse (Êx 14:21b,28). Dentro da história, Israel teme quando o Egito se aproxima da praia (Êx 14:10-12). Moisés então fala poeticamente[60] para explicar a eles o que eles estão prestes a testemunhar (Êx 14:13):

> Não temais, permanecei firmes e vede o livramento que
> Yahweh trará a vós hoje;
> pois os egípcios que hoje vedes, nunca mais tornareis a ver.
> Yahweh lutará por vós, e vós precisam apenas descansar.

Depois, Moisés abre e fecha o mar com seu cajado na direção de Yahweh. Yahweh divide o mar com seu vento, mas, de acordo com a história, não se envolve com o fechamento do mar. A história conclui com a mesma poesia de 14:13 agora reestilizada na voz do narrador (Êx 14:30-31):

---

[60] Estou usando este termo "poético" para delinear a fala estilizada com um ritmo discernível e algum tipo de estrutura formal. Como diz Barbara Herrnstein Smith: "É um simples fato que, ao percebermos que uma sequência verbal sustenta um determinado ritmo, que se estrutura formalmente conforme um princípio de organização em contínua operação, sabemos, portanto, que estamos na presença da poesia e respondemos a ela de modo devido." *Poetic closure* (Chicago: University of Chicago Press, 1971), p. 23.

# MAPEANDO A FILOSOFIA NA NARRATIVA, LEI E POESIA 197

> Assim Yahweh salvou Israel naquele dia dos egípcios
> e Israel viu os egípcios mortos na praia.
> Israel viu a grande obra que Yahweh fez contra os egípcios.
> Então o povo temeu a Yahweh
> e confiou em Yahweh e em seu servo Moisés.

Êxodo então prossegue em um extenso poema que descreve a vitória. Cito aqui apenas uma parte que demonstra meu ponto (Êx 15:3-6,8,10,12):

> Yahweh é um guerreiro; Yahweh é o seu nome.
> Os carros de Faraó e seu exército ele lançou ao mar...
> A tua destra, ó Yahweh, gloriosa em poder —
> a tua destra, ó Yahweh, despedaçou o inimigo...
> Ao sopro das tuas narinas as águas se amontoaram ...
> Você soprou com seu vento,
> o mar os cobriu; afundaram como chumbo nas águas impetuosas...
> Tu estendeste tua mão direita, a terra os engoliu.

Este poema não é uma mera canção de vitória; ele reinterpreta o evento que acabamos de descrever na narrativa. Joshua Berman sugeriu que esses relatos mútuos colocados lado a lado se encaixam no modelo egípcio de história como exortação — intencionalmente incluindo perspectivas diferentes e conflitantes do mesmo relato visando diferentes fins exortativos.[61] Separar poema e narrativa como se fossem dois relatores da história é cometer um "erro categórico" hermenêutico. Berman conclui: "Cada relato transmite uma lição diferente para o leitor ou o ouvinte. [...] Considerando que a narrativa de Êxodo 14 discute o papel de agentes humanos como Moisés e os Filhos de Israel, o relato de Êxodo 15 retrata o evento do mar como uma batalha entre Yahweh e os egípcios."[62]

A história retrata Moisés agindo, mas o poema retrata claramente Yahweh e somente Yahweh lutando contra o Egito em nome de Israel.[63] Se os autores bíblicos pretendiam que lêssemos a história à luz do poema e vice-versa, então parece que, quando Israel viu um homem segurando um cajado e águas se mexendo, Israel viu o sopro e a mão direita de Yahweh trabalhando em seu favor. Observe que essa conclusão não vem apenas do Cântico de Moisés, mas a própria história a presume.

---

[61] Berman, *Inconsistency in the Torah*, p. 173–5.
[62] Berman, *Inconsistency in the Torah*, p. 58-9.
[63] Eu primeiro ouvi essa abordagem interpretativa para Êxodo 14 e 15 com o Yoram Hazony.

198   FILOSOFIA BÍBLICA

Israel teve de ser pré-informada de que ela iria ver Yahweh trabalhar contra o Egito (Êx 14:13) com um comentário conclusivo e simetricamente paralelo que informa ao leitor que Israel corretamente viu isso como uma obra de Yahweh em seu nome (Êx 14:31). A poesia na história da travessia (Êx 14:13, 30–31) e o Cântico de Moisés (Êx 15:1–18) moldam nossa visão do que não está descaradamente disponível apenas testemunhando ou considerando os eventos reais da história. Como Sócrates tentando fazer com que um interlocutor veja a forma transcendente do cavalo para além de testemunhar instâncias históricas de cavalos, a poesia orienta o leitor a entender por que os personagens viam Deus como um guerreiro no vento e na água — como eles viam esses eventos demonstrando a mão direita de Yahweh.

A interação entre poesia e narrativa, onde a poesia empurra o leitor para além do que é retratado e em direção à natureza da realidade que está sendo descrita, ocorre regularmente nas Escrituras cristãs. A poesia interpreta as narrativas, desde as primeiras palavras proferidas poeticamente pelo homem no Éden (Gn 2:23) até o elogio de Débora a Jael como representando intenções divinas (Jz 5:24-31); O hino de Ana que revela a causação divina invisível nas narrativas de reis messiânicos (1Sm 2:1-10); o *Magnificat* de Maria semelhante ao de Ana (Lc 1:47-56); e a explicação de Paulo da narrativa do evangelho como humildade por meio de um hino (Fp 2:9-11). A poesia defende estrategicamente uma maneira de ver a narrativa, mais do que meramente expressar o sentimento interior do poeta numa linguagem florida, como costumamos pensar.[64]

## Conclusão

A discussão acima revela algo banal sobre várias técnicas literárias, a saber, que em hebraico, história, lei e poesia nos textos bíblicos têm uma força retórica e persuasiva que os torna aptos para o engajamento filosófico. Nesse caso, negligenciar esses gêneros e formas na tentativa de mapear a filosofia da Escritura cristã nos cega essencialmente para sua gramática filosófica. Não estou afirmando que toda história, lei e poema sejam filosofia, mas que eles têm o potencial de participar da defesa de uma forma particular de raciocínio por meio de questões intelectuais de segunda ordem. Nós só podemos os ignorar, então, por nossa conta e risco.

---

[64] Quando os autores do Novo Testamento citam passagens da Bíblia Hebraica, na maioria das vezes eles citam passagens poéticas para terminar um pensamento ou demonstrar um ponto (Mt 3:3, 4:4; Rm 3:10-18 etc.) . Paulo, tanto em seus discursos em Atos quanto em suas epístolas, cita poesia — até mesmo poesia estóica às vezes — dentro de seus argumentos como fonte autorizada (por exemplo, At 17:28) e como um exemplo de resumo teológico do pensamento divino (por exemplo, Fp 2:9-11).

# PERSISTÊNCIA NO JUDAÍSMO HELENISTA

Terceira parte

Capítulo 5

# OS ESTILOS FILOSÓFICOS DO JUDAÍSMO HELENISTA

Supor que a helenização se precipita no judaísmo como se fosse o ar racional se precipitando em um vácuo intelectual negligencia o fato de que o judaísmo já tinha seu próprio estilo filosófico, na verdade, uma tradição. Em vez disso, vemos hibridização, não uma aquisição indiscriminada do estilo filosófico helenístico. Ainda mais do que um hibridismo brando com as filosofias gregas e romanas, o pensamento hebraico encontra as filosofias do helenismo para criar um uso complexo e às vezes marionetista de tópicos gregos para fins hebraicos.

Neste capítulo, esboço uma analogia do reino da linguística para quando duas línguas e culturas entram em contato: pidgin e crioulo. Em seguida, comparo os estilos filosóficos helenístico e hebraico diretamente para esclarecer suas diferenças mais proeminentes. O restante e a maior parte deste capítulo se concentram em um único paradigma elaborado na Bíblia hebraica, no judaísmo helenístico e depois no Novo Testamento. Por causa de espaço limitado, escolhi escritos judaicos helenísticos que foram paradigmáticos dessa literatura — por mais diversos que sejam — e lidei com o dilema epistemológico de Deuteronômio, a saber, a questão: podemos inferir naturalmente um criador do mundo criado, ou precisamos de assistência divina? Eu chamo isso de "dilema deuteronômico".

A partir de Deuteronômio 4 e 29, analiso as soluções para este dilema em *Sabedoria de Salomão*, Fílon e Paulo, embora eu pudesse ter incluído Doze

## 202 FILOSOFIA BÍBLICA

Patriarcas e Ben Sirá (Sirach) para estender a análise. Termino este capítulo resumido com os textos da contranarrativa hebraica que valorizam a obediência à Torá, celebrando os heróis e heroínas judeus que recusaram o hibridismo greco-hebraico: Judite, 1 Macabeus, Tobias, Susana, Oração de Azarias e outros semelhantes, incluindo textos separacionistas cúlticos de Qumran.

O contato do judaísmo com a helenização obrigou o surgimento de uma reação, seja misturando inconscientemente, apropriando-se estrategicamente ou rejeitando as teologias e filosofias do colonizador. Na medida em que o pensamento judaico[1] casava o estilo filosófico hebraico com o grego, não podemos mais falar de um pensamento puramente hebraico. O caso pode ser diferente para o Novo Testamento, como proporei no Capítulo 6.

### PIDGIN, CRIOULO E ESTILOS FILOSÓFICOS

O encontro de povos que criou línguas pidgin e crioulizadas é um análogo adequado para esses estilos filosóficos.[2] As versões pidgin da linguagem consistem em vocabulários muito pequenos baseados em necessidades mercantis de interagir com o falante da língua colonizadora. A marca registrada das versões pidgin de idiomas é pouca ou nenhuma conjugação: "Este bom preço. Quer melhor oferta, por favor." O que podemos esperar ver são formas pidgin das filosofias gregas desenvolvidas no pensamento judaico, apenas para fazer comércio intelectual com seus colonizadores gregos para cumprir as necessidades de governança, deveres litúrgicos e coisas do gênero.

A crioulização se desenvolve quando a versão pidgin de uma língua se torna uma língua com falantes nativos. O crioulo haitiano é um exemplo óbvio, onde uma forma pidgin do francês se tornou sua própria língua. O crioulo jamaicano também ilustra o inglês pidgin agora conjugado em um idioma nativo. As línguas pidgin sempre refletem o poder econômico e político, pois

---

[1] Por "judeu", quero apenas delinear o que deriva da tradição bíblica hebraica (ou seja, hebraica) daquilo que se desenvolve entre os judeus do Segundo Templo no período helenístico (ou seja, judaico).

[2] Sou grato a Matthew Lynch por sugerir a analogia de pidgin/crioulo ao pensar sobre o que acontece quando duas culturas entram em contato uma com a outra. Não sou o único a usar essa teoria linguística em outra esfera de pensamento. Vi pela primeira vez Brent Strawn utilizar a mesma analogia ao pensar sobre a alfabetização bíblica. Brent A. Strawn, *The Old Testament is dying: a diagnosis and recommended treatment* (Theological Explorations for the Church Catholic; Grand Rapids: Baker Academic, 2017), p. 59-80. C. Kavin Rowe refere-se à analogia pidgin/crioulo ao explorar a incomensurabilidade de tradições filosóficas rivais — estoica, Novo Testamento e cristã. C. Kavin Rowe, *One true life: the stoics and early christians as rival traditions* (New Haven: Yale University Press,C2016), p. 241.

OS ESTILOS FILOSÓFICOS DO JUDAÍSMO HELENISTA 203

o colonizador ou turista não aprende a língua local para se comunicar. Em vez disso, aqueles que querem fazer negócios com o ocupante ou contratado devem aprender a língua do conquistador. Quem tem mais capital ou poder político aprende menos línguas. Todo o resto "pidginiza".

Da mesma forma, em se tratando de estilos filosóficos, pode ser o caso de que o hibridismo dos estilos filosóficos grego e hebraico revele parte da visão judaica interna das proezas econômicas e políticas do pensamento hebraico? À medida que o pensamento judaico se volta para os modos e as convicções gregos sobre raciocínio de segunda ordem, podemos supor que sua confiança no estilo filosófico hebraico seja igualmente atenuada?

Mas não vemos pidgin nem crioulização do estilo filosófico grego entre os intelectuais judeus. Em vez disso, uma habilidosa mistura dos dois estilos aparece na literatura judaica helenística que, estranhamente, não é repetida nem diretamente citada pelos autores do NT. Misturando os estilos hebraico e helenístico, os textos produzidos no chamado período intertestamentário pegam emprestado do hebraico e dele desviam o centro de massa, de modo que resta apenas um verniz.[3] Quando examinamos as epístolas de Paulo, o qual também é um judeu helenístico, encontramos um uso mais insurrecional das tendências helenísticas.[4] Argumentarei que Paulo se apropria do verniz superficial do argumento helenístico para redirecionar os leitores ao conteúdo filosófico hebraico.

## ESTILO FILOSÓFICO HELENÍSTICO X HEBRAICO

Um estilo de filosofia hebraica emprega várias formas de argumento para defender um método de pensamento de segunda ordem. Nos séculos anteriores ao movimento de Jesus, os judeus se encontravam abrigados no pensamento helenístico tanto na terra de Israel quanto na diáspora. Dou exemplos apenas como paradigmas, mostrando como diferentes autores misturaram os estilos hebraico e helenístico para lidar com um problema epistemológico particular: como entender adequadamente que os objetos criados implicam um *criador*.

Alguns textos judaicos desse período exibem um movimento particular de afastamento do estilo filosófico hebraico para um estilo helenista

---

[3] Sou grato a Robbie Griggs por me ajudar a pensar sobre como descrever esse "híbrido" helênico--judaico.

[4] "Helenista" aqui se refere ao mundo intelectual pós-Aristóteles ou às apropriações romanas deste, enquanto "helenismo" é sinônimo de "o que é de origem grega".

204   FILOSOFIA BÍBLICA

modificado, mesmo que as formas de argumentação mantenham seme-lhanças. Desse modo, as formas de argumentação e literatura criam a casca externa do universo intelectual judaico helenístico. O estilo (a noz nesta metáfora) transforma-se assim de estritamente hebraico para um híbrido hebraico/helenístico.

**TABELA 3** ◆ Estilos filosóficos hebraico e helenístico

| | BÍBLIA HEBRAICA | TRADIÇÃO HELENISTA |
|---|---|---|
| Estilo Filosófico | Modos de Argumento: | Modos de Argumento: |
| | • Pixelado (estrutura)<br>• Entrelaçado (literatura) | • Linear<br>• Autonomista |
| | Convicções: | Convicções: |
| | • Misterionista<br>• Criacionista<br>• Transdemográfico<br>• Ritualista | • Domesticacionista<br>• Abstracionista<br>• Classista<br>• Mentalista |

Para ver as diferenças gerais de raciocínio, agora vale a pena comparar os dois estilos lado a lado (veja a Tabela 3, que é uma repetição da Tabela 1). Mais uma vez, essas comparações apresentam caricaturas apenas para detectar uma variação distinta de filosofar nas duas tradições. Vale lembrar: o estilo hebraico geralmente consiste em exemplares sistematicamente organizados e revisitados (pixelados), fundamentados na noção de Yahweh como criador (criacionista) pelo desenvolvimento intertextual da Torá e dos profetas (entre-laçado) a serem entendidos através de uma matriz de participação ritual (ritualista) a fim de desenvolver perícia no maior número possível de pessoas (transdemográfico), reconhecendo uma incapacidade lógica de compreender exaustivamente (misterionista) a natureza da realidade em si.

A tradição helenista não tem um cânone definido internamente e, por-tanto, essa descrição do estilo helenista de raciocínio terá uma influência mais forte em algumas tradições filosóficas do que em outras. Não é meu objetivo definir o estilo filosófico helenista sem deixar exceções, mas descrever ten-dências gerais no estilo de raciocínio por meio de noções de segunda ordem.[5]

---

[5] Bertrand Russell observou que havia um senso de tendências generalistas no cidadão ideal: "A especialização caracterizou a era [filosófica da Grécia] em todos os departamentos, não apenas no

Para tanto, discutirei o estilo filosófico do helenismo à luz do estilo da Bíblia hebraica. Claro, a realidade desses dois mundos não pode ser resumida de forma tão ordenada. E a diferença entre o estilo filosófico adotado nos textos e a realidade vivida não pode ser contabilizada aqui. Por exemplo, os diálogos socráticos descrevem o professor como uma parteira, ajudando o aluno a dar à luz seu conhecimento pré-encarnado das formas—uma descrição mentalista do conhecer usando uma rica metáfora corporificada (ou seja, a parteira). No entanto, esse processo de provocar com perguntas, reflexão e descoberta é, de fato, um processo ritualizado corporificado. Portanto, não é necessariamente antitético às preocupações ritualistas, mas centrado na atividade da mente; enquanto o ritualismo hebraico prescreve abertamente rituais para um efeito epistêmico que não pode ser obtido apenas por reflexão mental ou racionalização.

Para colocar os dois estilos em conversa, resumi os seis aspectos dos estilos e ofereço perguntas que podem ser colocadas em um texto para discernir onde ele se encaixa melhor. É claro que tais determinações exigem julgamentos que variam entre os especialistas.

*Linear* – em oposição a *pixelado*: uma tendência geral de seguir um argumento de forma dedutiva, como se segue o enredo de uma narrativa. O leitor é guiado pelo argumento e não é responsável por deduzir princípios em exemplos díspares. No entanto, o estilo linear pode operar como pixelação dentro do helenismo e do judaísmo, como veremos. Se o argumento é linear, mas as premissas e conclusões não seguem claramente no contexto narrativo, outras narrativas e exemplos entrelaçados podem ser pertinentes para completar a lógica do argumento. Perguntas a serem feitas: O texto requer a extrapolação de princípios a partir de muitos exemplos? Se linear, o argumento exibe características de validade e solidez? Um argumento linear ainda requer um fundo narrativo denso para ser eficaz?

*Autonomista* – em oposição a *entrelaçado*: argumentos, como ideias, são geralmente considerados independentes, tendo sucesso de acordo com seus próprios méritos e sem ser textualmente dependentes de outra literatura. Perguntas a serem feitas: Os argumentos funcionam independentemente ou são retratados como contingentes, participando de uma teia de história e ideias? Em termos literários, até que ponto os argumentos dependem da intertextualidade, a qual depende da compreensão que o leitor tem de outros textos?

---

mundo do aprendizado. Nas cidades gregas autogovernadas dos séculos 5 e 4, supunha-se que um homem realmente capaz seria capaz de tudo. Ele seria, conforme a ocasião surgisse, um soldado, um político, um legislador ou um filósofo". *History of Western philosophy*, p. 216 [No Brasil: *História da filosofia ocidental*, 3 vols. (Nova Fronteira, 2021)].

206 FILOSOFIA BÍBLICA

*Domesticacionista* – em oposição a *misterionista*: esta é uma suposição geral de que a compreensão pode revelar tudo o que pode ser conhecido, mesmo que por consentimento mental. Isso geralmente acompanha uma convicção correlata de que informações insuficientes ou finitude humana são problemáticas. Essa suposição pressupõe que, se tivéssemos capacidade infinita, poderíamos, possivelmente, entender tudo. Perguntas a serem feitas: Um indivíduo pode resolver todos os problemas colocados por ele mesmo sem auxílio/intervenção de Deus? A escrita sinaliza ceticismo em relação ao discernimento de noções de segunda ordem sem limites?

*Abstracionista* – em oposição a *criacionista*: o raciocínio não se baseia em um fluxo discreto da história da criação, linguagens particulares ou localização histórica. Perguntas a serem feitas: A discussão requer, inclui ou envolve logicamente algum evento histórico específico? Ela busca afastar a análise da história para o espaço abstrato da razão sem a intenção de reconectar suas descobertas?

*Mentalista* – em oposição a *ritualista*: compreender um argumento é necessariamente um processo mental, mas não necessariamente um processo corporificado. Perguntas a serem feitas: A solução dos problemas da compreensão humana é um ritual que incorpora o corpo individual e social? Ou a resolução funciona individual e mentalmente para trazer alguma tranquilidade psicológica?

*Classista* – em oposição a transdemográfico: apenas algumas pessoas podem entender esses conceitos de segunda ordem e raciocínio — ou seja, os filósofos e seus discípulos. No entanto, a maioria das ideias fundamentais não está disponível para artesãos, trabalhadores ou mulheres na maioria dos casos. Este espectro de quem pode filosofar varia de sabedoria coletivamente acessível a um foco em indivíduos que trabalham em direção à tranquilidade espiritual. Perguntas a serem feitas: O autor indica que esse raciocínio deve estar disponível para todos, ou apenas para homens, elites etc.? Este texto busca desenvolver categorias ou gradações de questão está por dentro/fora em se tratando de pensadores habilidosos?

O restante deste capítulo explora tanto a influência helenista sobre o pensamento judaico quanto sua rejeição entre os estilos de filosofia. *Sabedoria de Salomão* e Fílon oferecerão exemplos de influência irrestrita que flui do estilo do helenismo para o judaísmo. Documentos sectários de Qumran e outros textos chamados apócrifos demonstram uma abordagem rejeicionista ao estilo da filosofia helenística. Ainda outra classe de textos — sagas de herói — mostrará influência helenística mínima, mas todos os textos deste período interagem com os estilos circundantes.

OS ESTILOS FILOSÓFICOS DO JUDAÍSMO HELENISTA 207

Uma coleção heterogênea de literatura judaica abrange os dois séculos antes de Jesus. Nenhuma generalização dessa literatura capturará aceitavelmente sua amplitude. Mas examinar as reações a várias tradições filosóficas nos ajudará a pensar sobre as diferenças entre a filosofia hebraica e helenística em seus modos e convicções. Mais tarde, isso nos permitirá o movimento de retomada de recursos filosóficos hebraicos no Novo Testamento. Esses autores empregam e redistribuem intertextualmente redes profundas de pensamento da Bíblia hebraica. Esses autores não citam nem fazem alusão aos textos judaicos helenísticos de forma semelhante ou proporcional ao uso da tradição bíblica hebraica.[6]

Em vez de uma visão geral de todo o cenário de textos apócrifos e pseudo-epígrafos do período do Segundo Templo, exponho textos que interagem diretamente com a afirmação epistêmica de Deuteronômio tanto conceitualmente quanto linguisticamente. Lembre-se de que estou selecionando textos para exame com base nos três critérios de presença, persistência e relevância. *Sabedoria de Salomão*, Fílon e Paulo em Atos e Romanos todos comprovadamente ultrapassam esses três obstáculos.[7]

Especificamente, vejo um movimento do estilo hebraico para um hibridismo helenístico-hebraico. O estudo de caso a seguir mostrará uma trilha superficial do estilo de raciocínio de segunda ordem da Bíblia hebraica para os textos judaicos helenísticos e depois para o Novo Testamento. Mais uma vez, vou me referir à temática em questão como o dilema deuteronômico: *Os humanos podem inferir um criador ao refletir sobre as coisas criadas sem assistência?*[8]

## CRIAÇÃO E CONHECIMENTO: GÊNESIS 1 E DEUTERONÔMIO 4

A questão da distinção criador/criação é levantada por um artifício literário astuto em Deuteronômio, mesmo que a distinção esteja latente desde Gênesis 1. Pretendo desenvolver a convicção entrelaçada do autor

---

[6] Com a exceção singular de Judas 14 e 15.

[7] Para um exame de um problema paralelo da visão de Deuteronômio da agência moral humana e da causação divina que estuda de forma abrangente uma gama maior de textos (Paulo, Qumran, Jubileus, 4Esdras e 2Baruque) veja a dissertação de Kyle B. Wells, "Grace, obedience, and the hermeneutics of agency: Paul and his jewish contemporaries on the transformation of the heart" (tese de doutorado, Universidade de Durham, 2010); mais tarde publicado como *Grace and agency in Paul and Second Temple judaism: interpreting the transformation of the heart* (Leiden: Brill, 2014).

[8] O estoicismo parece não ter lutado com esse dilema. Ver Marcus Aurelius, *Mediations*, III, 11-13. Portanto, é um exemplo particularmente adequado de judeus helenistas pensando em um dilema com um pedigree na Bíblia Hebraica.

208  FILOSOFIA BÍBLICA

deuteronomista e então mostrar como Deuteronômio usa a clivagem concei-tual da criação do criador em sua epistemologia para responder ao dilema que o autor criou. Com essa análise em mãos, veremos como Sabedoria, Fílon e Paulo abordam o dilema deuteronomista.

Gênesis 1:1–2:4 descreve um relato da criação cósmica com um arranjo sin-gularmente padronizado de corpos celestes, animais e, finalmente, humanos. A maioria dos comentaristas vê um padrão reconhecível nas advertências de Deuteronômio contra a criação de ídolos. Sua estranha semelhança com os itens criados em Gênesis 1 o valida como um discurso sobre o valor epistêmico das coisas criadas.

Advertindo contra a idolatria, Deuteronômio lista animais e corpos celes-tes que foram proibidos de serem recriados "à semelhança" como ídolos".[9] Essa proibição é baseada no fato de que Israel, aos pés do Monte Sinai, "ouviu sua voz", contudo "não viu forma alguma" (4:15). Na lógica do texto, Israel falha em se apegar a Yahweh (4:15-24) ao moldar uma imagem de qualquer parte da criação para adorá-la. Os termos usados para descrever as coisas cria-das em ambos os textos — Gênesis 1 e Deuteronômio 4 — são os cognatos "tipo" (lĕmînēhû) em Gênesis 1 e "semelhança" (tĕmûnâ) em Deuteronômio 4.[10] De interesse específico, as criaturas/objetos na lista que foram proibidos de serem refeitos estão na Tabela 4.

A lista em Deuteronômio 4 se assemelha tanto à lista de criação de Gênesis 1 que parece formar uma prescrição, descrevendo essas coisas criadas como "coisas que Yahweh seu Deus deu a todos os povos debaixo de todo o céu" (4:19).[11] Essas criaturas/objetos foram criados, e, portanto, não devem ser con-fundidos com o criador. Por quê? Itens criados não podem ser iguais ao Deus que os resgatou do Egito (4:20).[12] Embora os estudiosos debatam como essa lista está relacionada a Gênesis 1, não existe debate sobre o fato de que eles estão de fato relacionados.[13]

---

[9] Uma versão completa desse argumento pode ser encotrada em Dru Johnson, *Epistemology and biblical theology: from the Pentateuch to Mark's Gospel* (Routledge Interdisciplinary Perspectives in Bibli-cal Criticism 4; New York: Routledge, 2018), p. 91–3.

[10] Independentemente de esses termos terem ou não sido lexicalmente conectados na mente de um leitor antigo, a noção de "semelhança" se constrói com os itens listados em Gênesis 1 e Deutero-nômio 4.

[11] Parecendo se basear no comentário de Paulo em Romanos 1, Duane L. Christensen intitula essa seção de seu comentário: "Israel is to worship the Creator - nor created images", in: *Deuteronomy 1-21:9*, ver. 2 ed., vol. 6A (Word Biblical Commentary; Nashville: Thomas Nelson, 2001), p. 82–90.

[12] É apenas aqui em Deuteronômio 4 onde vemos um apelo especial e direto à criação.

[13] MacDonald nota que Fishbane é acrítico das diferenças distintas entre a lista de Gênesis 1 e Deuterônomio 4. Nathan MacDonald, *Deuteronomy and the meaning of "monotheism"*, p. 197; Michael A.

OS ESTILOS FILOSÓFICOS DO JUDAÍSMO HELENISTA 209

**TABELA 4** • Lista da Criação de Gênesis 1 e Deuteronômio 4

| Nome do objeto | Gênesis 1 | Deuteronômio 4 |
| --- | --- | --- |
| Homem e a mulher | zākār ûnəqēbâ (1:27) | zākār 'ô naqēbâ (4:16) |
| Animais | bəhēmâ (1:24) | bəhēmâ (4:17) |
| Ave de asas | 'ôp kānāp (1:21) | kānāp 'ăšer tā 'ûp (4:17) |
| Seres rastejantes | remeś (1:24) | rōmēś (4:18) |
| Peixes do mar | bidgat hayyām (1:26) | dāgâ 'ăšer-bammayim (4:18) |
| Estrelas | hakkôkābîm (1:16) | hakkôkābîm (4:19) |

A injunção para não fazer ídolos tem uma razão dupla baseada no que eles testemunharam (ou, no que seus pais testemunharam) e na ordem da criação que, em última análise, direciona seu foco para o criador e não para a criatura. Ou, como Nathan MacDonald define, a lógica desta lista é evitar o erro ritualizado de "culto incorreto". Como saber quais seres merecem culto ritualizado? Deve-se considerar o que se tem visto na história (uma voz sem imagem) e o que se sabe de seu criador (o feitor dessas coisas criadas).

Depois de expor as penalidades quanto a fazer ídolos à semelhança das coisas criadas, Moisés apela diretamente à teofania de quando Yahweh falou do fogo (4:33), a qual só se compara ao próprio evento da criação (4:32). Essa comparação com o evento da criação é o único apelo direto desse tipo em Deuteronômio, mas sugiro que ele faz com que o leitor considere outros apelos semelhantes em outros lugares.

Deuteronômio oferece esta conclusão: "A vocês foi mostrado que vocês podem saber (lāda'at) que Yahweh é Deus; não há outro além dele" (4:35), e depois repete: "Sabei, pois, hoje [...] que Yahweh é Deus em cima nos céus e embaixo na terra; não há outro" (4:39). MacDonald toma essas duas expressões de conhecimento como constitutivas da "reivindicação relacional do Shemá sobre Israel".[14] O conhecimento necessário vem por meio do relacionamento, da experiência e, como eu tenho argumentado em outros lugares, da interpretação profética.[15]

---

Fishbane, *Biblical interpretation in Ancient Israel* (Oxford: Clarendon, 1985), p. 321.

[14] MacDonald, *Deuteronomy and the meaning of "monotheism"*. Para uma revisão das expressões sobre "conhecimento", ver Marc Vervenne, "The phraseology of 'Knowing YHWH' in the Hebrew Bible: a preliminary study of its syntax and function", *Studies in the Book of Isaiah: Festschrift Willem A.M. Beuken*, ed. Jacques van Ruiten; Mark Vervenne (BEThL 132; Leuven: Uitgeverij Peeters, 1997), p. 469.

[15] Esta seção sobre Deuteronômio 4 foi adaptada de Johnson, *Epistemology and biblical theology*, p. 91–3.

210  FILOSOFIA BÍBLICA

Aqui em Deuteronômio 4, lemos um chamado para ouvir, lembrar e proibir os ídolos como imagens da criação e um apelo ao conhecimento baseado no que Israel viu. Já que esse tema floresce por todo o Deuteronômio, Ryan O'Dowd conclui que Deuteronômio funciona com uma convicção criacionista, a saber, que "a epistemologia de Israel é fundamentada no nexo ontológico e ético do mito da criação"[16] e que "Significativamente, 4:32-39 apela a ambos os sentidos onde os sinais de Israel de 'ver' e 'ouvir' o testemunho das obras de Deus testemunham sua singularidade. Nos versículos 32-34, Israel é levado a concluir que nenhum ato como a revelação do Horeb ou a libertação do Egito ocorreu desde a criação".[17]

Embora esses textos sejam citados principalmente como prova de monoteísmo, MacDonald argumenta que essas referências apenas apoiam uma visão sobre a singularidade categórica de Yahweh, algo que Israel deveria saber a partir do contexto desta passagem.[18] Independentemente de ser uma singularidade monoteísta ou não, o conhecer em submissão a Yahweh enquanto um deus no controle da criação e da história humana parece ser parte das correções prévias de Deuteronômio para erros futuros.

Em resumo, Gênesis 1 não leva o leitor a esperar que a lista de coisas criadas possa ter alguma função epistêmica. Deuteronômio 4 também não oferece *links* explícitos para a história da criação. Em vez disso, o autor emprega o padrão único de objetos da história da criação para implicar uma rede narrativa criacionista que se entrelaça diretamente com a história do êxodo recente de Israel. O termo literário para isso seria metalepse, isto é, quando o escritor emprega boa parte de um motivo conhecido e então espera que o leitor preencha as lacunas para completar a lógica do ensino.[19] O aspecto impressionante desse tipo de raciocínio metaléptico é que nem a criação de Gênesis 1 nem a idolatria de Deuteronômio 4 chegam a tal afirmação sozinhos. No entanto, o apelo à rede intertextual criacionista por Deuteronômio 4 faz uma afirmação mais forte do que qualquer texto poderia independentemente.

Se lermos a Torá em sua ordem de curadoria, a lógica dessa passagem prescreve algo como o seguinte: Israel deveria servir ritualmente ao criador desses

---

[16] Ryan O'Dowd, *The wisdom of Torah: epistemology in Deuteronomy and the Wisdom in literature* (Forschungen zur Religion und Literatur des Alten und Neuen Testaments Band 225; Göttingen: Vandenhoeck & Ruprecht, 2009), p. 31.

[17] O'Dowd, *The Wisdom of Torah*, p. 41.

[18] MacDonald, *Deuteronomy and the meaning of "monotheism"*, p. 78–85.

[19] John Hollander, *The figure of echo: a mode of allusion in Milton and after* (Berkeley: University of California Press, 1981), p. 133–50.

OS ESTILOS FILOSÓFICOS DO JUDAÍSMO HELENISTA 211

objetos, não aos objetos em si. Essa instrução levanta as questões: Qual é a relação metafísica entre os objetos e os deuses? E como poderíamos saber disso?

Agora é óbvio que um contexto literário mais amplo está ligado a essa passagem em particular. Por causa da disposição de exemplares pixelados contados ao longo da história de Israel, focar em passagens individuais padecerá de uma sensação de incompletude.

Essa junção de Gênesis 1 com Deuteronômio 4 para formar uma única instrução prescritiva revela camadas de criacionismo, pixelação e entrelaçamento. Para entender a profundidade do que está sendo prescrito, os leitores devem compreender adequadamente a criação de Israel em uma forma textual específica (ou seja, a Torá) e outros textos relevantes.

Moisés previne os filhos de Israel quanto à idolatria iminente, o que leva a razões históricas repetitivas para este aviso óbvio para um público atento ao entrelaçamento. A advertência busca especificamente mudar o comportamento ritual, que mais tarde será examinado como o culpado do comportamento epistêmico de Israel.[20] Moisés prega esta advertência com o objetivo de sabedoria transdemográfica nacional: "Vocês devem observar [estes estatutos] diligentemente, pois isso mostrará sua sabedoria e discernimento aos povos [...] é um povo sábio e perspicaz'" (Dt 4:6).

Finalmente, enquanto alguém pode ser tentado a negar as trajetórias misterionistas neste discurso — ou seja, a voz de Deus falando diretamente do fogo — o projeto epistêmico de longo alcance de Deuteronômio afirma explicitamente o misterionismo.

Voltando ao fim de Deuteronômio, convicções misterionistas aparecem abertamente na renovação da aliança de Deuteronômio 29, outra passagem epistemológica. Moisés acusa a incapacidade de Israel de ver (29:2–4 [TM 29:1–3]) e liga isso a sua incompreensão, um movimento retórico que reaparecerá nos evangelhos. No entanto, faz dois movimentos epistêmicos ousados. Primeiro, embora Israel visse tudo com seus próprios olhos (29:2-3), Deus não lhe havia dado os órgãos epistemológicos necessários para saber: "Yahweh não vos deu coração para saber, olhos para ver e ouvidos para ouvir até hoje" (29:4). E assim a noção de visão bruta e sem assistência enfraquece. A "visão" correta de Israel (leia-se: o conhecer) só pode ocorrer pela ação de Deus sobre seus órgãos epistêmicos: coração, olhos, ouvidos. Pela lógica de

---

[20] Dru Johnson, *Knowledge by ritual: a biblical prolegomenon to sacramental theology* (Journal of Theological Interpretation Supplements 13; Winona Lake: Eisenbrauns/ PennState Press, 2016), p. 172–8.

## 212 FILOSOFIA BÍBLICA

Deuteronômio 29 (e mais tarde no cap. 30), os israelitas devem ser transformados em diferentes tipos de pessoas para que possam ver.

Se o estilo filosófico é fundamentalmente misterioso, o raciocínio de Israel sobre assuntos de segunda e terceira ordem deve permanecer consciente do ocultamento intencional de muitos assuntos de segunda ordem. Em outras palavras, o que não é discutido ou revelado não é necessariamente uma carta branca para qualquer rumo filosófico. A prescrição de reverenciar certos assuntos, que não podem e possivelmente não devem ser perscrutados intelectualmente, tem implicações éticas para a prática da filosofia em geral.

Segundo, Deuteronômio 29 termina com uma afirmação enigmática sobre quem pode saber o quê. Vou traduzir esta passagem grosseiramente do hebraico, mas o efeito estará palpável: "As coisas encobertas para Yahweh nosso Deus, mas as coisas descobertas para nós e para nossos filhos para sempre, para que cumpramos todas as palavras desta *Torá*" (29:29).

Tomados juntos (Dt 4, 10 e 29), isso cria o que chamo de "dilema deuteronômico": os humanos podem raciocinar seu caminho para Deus-como-criador estudando a ordem criada, ou Deus precisa capacitá-los a entender a criação como um sinal para além de si e em direção a um criador?[21] Esse dilema culmina em um argumento pixelado que começa na grande narrativa epistemológica de Êxodo, onde praga após praga é sinalizada com declarações "para que vocês saibam".[22] Deuteronômio 29 captura essa ambiguidade persistente acerca do conhecimento israelita, ou da falta dele: Por que muitos de vocês (israelitas) veem os sinais e maravilhas, mas não entendem (Dt 29:2-3)?

Deuteronômio levanta esse dilema para pousar na intervenção divina. Deus deve dar-lhes um "coração para saber" e circuncidar seus corações (Dt 30:6), até mesmo para que entendam os sinais e as maravilhas de Êxodo. Mas Deuteronômio não começa aí.

Em Deuteronômio 10, o autor exorta os israelitas a circuncidar seus próprios corações por amor, porque Deus escolheu seus antepassados (Dt 10:15-16). Na renovação posterior da aliança (Dt 28 e 29), a expectativa de compreensão e obediência da parte de Israel desaparece. Talvez essa aliança signifique reviver a esperança na medida em que Deus intervirá para fazer o que deveria ter sido feito. Ou, talvez seja puramente pedagógico, levando os

---

[21] Poderíamos facilmente adicionar textos que flertam com as mesmas questões, especificamente os discursos extensos em Isaías 40:18-28; 41:18-24, 28-29; 42:18-25.

[22] Para uma análise do Êxodo enquanto um discurso epistemológico, ver Johnson, *Epistemology and biblical theology*, p. 56–74.

OS ESTILOS FILOSÓFICOS DO JUDAÍSMO HELENISTA 213

israelitas a entender que eles nunca poderiam ter feito o movimento epistêmico por conta própria.

De acordo com o estilo de filosofia hebraico, Deus concede o conhecimento e uma distribuição distinta do entendimento revelado a Israel. Seus rituais a orientam de acordo com as intenções da revelação. Ao mesmo tempo, o texto afirma um misterionismo confiante, ao postular obrigações geracionais de Israel para com o conhecimento ritual, como sendo uma obrigação decorrente do que já lhe foi revelado. "As coisas reveladas para nós e nossos filhos para sempre, para fazer todas as palavras deste *torá*" (Dt 29:29).

Ao ir tão longe na estrada exegética, sei que muitos vão querer que eu siga esse caminho até o fim. Não acho que passagens como Deuteronômio 4, 10 e 29 sejam definitivas para a metafísica e a epistemologia da Bíblia hebraica, mas exibem um padrão pixelado de pensar sobre o pensamento. Especificamente, a criação só pode sinalizar um criador quando Deus dá um "coração para saber, olhos para ver e ouvidos para ouvir" (Dt 29:4).

Com esses detalhes à mão, volto-me agora para os textos judaicos helenísticos para ver as afinidades e o notável contraste com a epistemologia e o discurso metafísico que ocorrem na Torá. Meu único objetivo é mostrar a hibridização do estilo hebraico ao entrarmos no judaísmo helenístico, que contrasta com o que encontraremos nos textos do Novo Testamento.

## SABEDORIA DE SALOMÃO E O DILEMA DEUTERONÔMICO

*Sabedoria de Salomão* (doravante, *Sabedoria*) é um escrito judaico popular, datado por volta do ano 20 a.C, lido e copiado em círculos judaicos e cristãos. Embora não se encaixe perfeitamente em nenhuma forma particular de literatura, seu título capta bem o conteúdo: Sabedoria. Alguns sugeriram que é um "discurso exortativo", o que o coloca na categoria da defesa filosófica.[23] Embora superficialmente hebraico na aparência, podemos ver facilmente o domínio do helenismo sobre o pensamento do autor em sua mistura de estilos filosóficos helenistas e hebraicos.

*Sabedoria* é um texto apto a ser considerado porque explora especificamente a retórica da idolatria deuteronômica (Dt 4:15-24) usando aspectos

---

[23] David Winston, "Wisdom of Solomon", *Anchor Bible Dictionary*, vol. VI, ed. David N. Freedman (New York: Doubleday, 1992), p. 120–7; Lester L. Grabbe, "Wisdom of Solomon", *The new Oxford annotated Bible fully revised fourth edition: an ecumenical study Bible* (New York: Oxford University Press, 2010), p.1427.

214  FILOSOFIA BÍBLICA

do estilo filosófico hebraico. O escritor emprega a retórica deuteronômica desde o início: "Pois os povos viram e não entenderam ou tomaram tal coisa no coração" (cf. *1En* 5:7; *Sab* 3:9b; 4:15).[24] Mais tarde, Sabedoria explicitamente implanta a dicotomia deuteronômica de oculto/revelado, mas para acabar com o misterionismo de Deuteronômio: "Pois aprendi tanto o que está oculto quanto o que é revelado, pois a sabedoria me ensinou o criador de todas as coisas" (cf. Dt 29:29 [TM 29 :28]; *Sab* 7:21). Hull argumenta que isso se refere a uma ideia helenística chamada "simpatia universal": em que se "percebe a natureza dos laços místicos que unem tudo, desde as altas estrelas até as raízes terrestres em uma unidade palpitante, tornando o sujeito ao mesmo tempo santo, vidente, filósofo e mago".[25]

A descrição feita por *Sabedoria* da noção de sabedoria então passa a listar vinte e um atributos superlativos: "inteligente, único, impoluto, invulnerável, amante do bem, beneficente, penetrando através de todos os espíritos que são inteligentes, puros e totalmente sutis" (*Sab* 7:22-23). Tal lista se assemelha patentemente às idéias helenistas sobre divindade, especificamente pseudo-Aristóteles, mais do que qualquer coisa a ser encontrada na Bíblia hebraica.[26]

Mas é esse pareamento específico de "oculto" (*krypton*) e "revelado" (*phaneron*) que aparece em apenas um lugar na Septuaginta: Deuteronômio 29:29 (TM 29:28). No entanto, em Deuteronômio 29, o que está oculto "pertence a Yahweh" e o que é revelado "pertence a nós". Deuteronômio os coloca ritualisticamente como opostos por causa do fazer "todas as palavras/coisas desta *torá*".

Essa seção específica de Deuteronômio contém uma linha de raciocínio que mostra a necessidade da renovação da aliança. Ou seja, Israel viu todos os sinais e maravilhas contra o Egito, "diante de seus olhos", mas Deus não dá a Israel a disposição epistemológica necessária: "um coração para saber, olhos para ver e ouvidos para ouvir" (Dt 29:4). Revendo seus fracassos, essa seção de Deuteronômio termina advertindo Israel sobre a prostituição após outros deuses, exortando as gerações futuras a não invocar as maldições escritas neste "livro": "As coisas secretas (*ta krypta*) para Yahweh nosso Deus, mas as

---

[24] Os acadêmicos nem sempre perceberam as raízes deuteronômicas dessa crítica. Ex.: Barclay a cita como original a Sabedoria 13. John M. G. Barclay, *Paul and the gift* (Grand Rapids: Eerdmans, 2015), p. 410, n46.

[25] John M. Hull, *Hellenistic magic and the Synoptic tradition* (Studies in Biblical Theology 28; London: SCM Press, 1974), p. 34. Sobre "simpatia universal", ver: Polymnia Athanassiadi, *Mutations of hellenism in late antiquity* (Variorum Collected Studies Series CS1052; New York: Routledge, 2016), p. 195–6.

[26] Ver Pseudo-Aristóteles, *On the Cosmos*, 397b, 400b–401b.

coisas reveladas (*ta phanera*) a nós e a nossos filhos para sempre, para cumprir todas as palavras desta *Torá*" (29:29).

Este mesmo contraste oculto/revelado reaparece no Evangelho de Marcos (4:22); notavelmente, esse pareamento só ocorre em forma de contraposição nesses dois lugares na Bíblia hebraica e no Novo Testamento: Deuteronômio 29 e Marcos 4.[27] A raridade e a localização do contraste oculto/revelado os torna inevitáveis na presente discussão.

Em Marcos, o autor estende a retórica deuteronômica em seu projeto epistemológico. Ele coloca o emparelhamento de oculto/revelado em ordem histórica. Antigamente, as coisas eram escondidas, mas agora, o "mistério do reino de Deus" será estrategicamente revelado por meio de Jesus, primeiro aos seus discípulos (Mc 4:11), e depois a outros por meio deles. Jesus qualifica essa jornada epistemológica com "pois não há nada oculto (*krypton*) que não venha a ser revelado (*phanerōthē*)" (Mc 4:22). Como o oculto é revelado no Evangelho de Marcos? Os discípulos passam a ver o "mistério do reino de Deus" por meio de processos corporificados prescritos por Jesus para seus discípulos mais próximos (ritualismo), que são então parte do processo para todos os que confiam em Jesus (transdemográfico).

Pouco antes do extenso panorama de *Sabedoria* sobre a história da loucura de Israel e adoração de outros deuses, o escritor se atrela diretamente a uma epistemologia deuteronômica — mas com uma reviravolta. Em vez de dois domínios de conhecimento — um oculto a Deus e outro revelado a nós —, o escritor da Sabedoria aprendeu ambos à parte da prática da Torá. Isso basicamente corta a ênfase deuteronômica na execução ritual da Torá como fonte da sabedoria de Israel (Dt 29:29b).

Mais uma vez, a versão de Marcos deste mesmo emparelhamento de oculto/revelado postula Jesus como o profeta que revela essas coisas ocultas a seus discípulos por meio de rituais incorporados de cura, exorcização de demônios e alimentação milagrosa. No entanto, Marcos notavelmente restringe o programa epistemológico em Marcos 4 com as palavras duras de Isaías 6:10, a única passagem paralela gerada de Deuteronômio 29:4b na Bíblia Hebraica/Septuaginta:

> Entorpece a mente deste povo, tapa-lhes os ouvidos e fecha-lhes os olhos, para que não olhem com os olhos e escutem com os ouvidos, e compreendam com suas mentes (corações), e se convertam e sejam curados.

---

[27] Johnson, *Epistemology and biblical theology*, p. 120–1.

216 FILOSOFIA BÍBLICA

Jesus diz a seus discípulos que lhes dará "os mistérios do reino de Deus", mas eles parecem estar infelizes e desamparados ao longo do Evangelho, nunca entendendo o "mistério" — nem de longe. Embora o Evangelho de Marcos use o emparelhamento deuteronômico, os leitores precisam de algum conhecimento especial para discernir como o pessimismo de Marcos produz sinais de otimismo epistêmico.

Mesmo com esse uso emblemático do paradigma deuteronômico de oculto/revelado, vemos o autor da Sabedoria divergindo da epistemologia contida de Deuteronômio, posteriormente recuperada no Evangelho de Marcos.[28]

Voltando à Sabedoria, encontramos uma passagem que examina as advertências deuteronômicas contra a idolatria. Aqui encontramos um exame mais completo do que pode ser conhecido considerando a criação. Lembre-se, em Deuteronômio 29:2–4, Israel, por si só, não conseguia nem interpretar corretamente sinais e maravilhas contra o Egito. Otimismo sobre a capacidade de Israel de discernir por meio da observação bruta da criação parece deuteronomicamente duvidosa.

No entanto, a Sabedoria penetra diretamente nas mentes daqueles que eram externos à aliança de Deus. Cito longamente esta passagem, pois vale a pena ler com atenção (*Sab* 13:1-9):

1. Pois todos os que ignoravam a Deus eram tolos por natureza; e não puderam, pelas coisas boas que se veem, conhecer aquele que existe, nem reconheceram o artesão prestando atenção às suas obras;
2. mas eles supunham que ou fogo ou vento ou ar veloz, ou o círculo das estrelas, ou água turbulenta,
   ou os luminares do céu eram os deuses que governam o mundo.
3. Se, pelo prazer da beleza dessas coisas, as pessoas os consideraram deuses, saibam quão melhor do que estes é o seu Senhor, pois o autor da beleza os criou.
4. E se as pessoas ficaram maravilhadas com o poder e a operação deles, deixe-os perceber deles quanto mais poderoso é aquele que os formou.
5. Pois da grandeza e da beleza das coisas criadas vêm uma percepção correspondente de seu Criador.
6. No entanto, essas pessoas são pouco censuráveis, pois talvez elas se desviem enquanto buscam a Deus e desejam encontrá-lo.

---

[28] Para um exame estendido da epistemologia ritualística em Marcos 4—9, ver Johnson, *Epistemology and biblical theology*, p. 110-47.

## OS ESTILOS FILOSÓFICOS DO JUDAÍSMO HELENISTA 217

7. Pois enquanto vivem entre as suas obras, procuram e confiam no que veem, porque as coisas que se veem são belas.

8. Mais uma vez, nem mesmo eles devem ser escusados;

9. <u>pois, se eles tinham o poder de saber</u> tanto que podiam investigar o mundo, como deixaram de encontrar mais rapidamente o Senhor dessas coisas?

Com uma convicção *domesticacionista*, *Sabedoria* 7—9 relata como o próprio escritor se deitou com a Senhora Sabedoria e veio a saber tudo, desde meteorologia até omenologia e além. Contudo, para todos os outros, embora procurem, não encontram. Cego pela beleza da criação ou pelo luto da morte (*Sab* 14,15), eles chamam as coisas criadas de deuses. Isso é como se a ornamentação da criação devesse encontrar seus intelectos e levá-los diretamente a descobrir o Deus criador, mas, como diz o ditado confucionista: "Quando um sábio aponta para a lua, o imbecil examina o dedo".

Um ponto fundamental para entender a abordagem da Sabedoria a este dilema deuteronômico é o seguinte: se os gentios possuem as faculdades intelectuais para conhecer o criador através da criação (*Sab* 13:9), então por que falham em fazê-lo? "Porque pensaram mal de Deus, consagrando-se aos ídolos" (*Sab* 14:30b). Dependendo da ordem desses dois eventos — pensamento errôneo, de um lado, e consagração, do outro — a sabedoria ou continua tendências *ritualistas* em segunda ordem ou as nega.

Em outras palavras, se o pensamento errado causa consagração aos ídolos, então a Sabedoria não pode ser lida com convicções ritualistas. Se a consagração errada fomenta o pensamento errado, então o ritualismo permanece nas convicções filosóficas da Sabedoria.

Esta ambiguidade acaba por ser resolvida na descrição de Sabedoria, semelhante a Jeremias, daqueles que cortam uma árvore e a esculpem em um ídolo, chamando-o de deus (cf. Is 44:9-20; Jr 10:1-16; *Sab* 13: 11-19). O ato de fazer o ídolo distorceu o pensamento do homem? Mais provável que não. Pelo contrário, a Sabedoria diz: "A ideia de fazer ídolos foi o princípio da fornicação" (*Sab* 14,12). Continuando o pensamento, a Sabedoria afirma: "Pois [os ídolos] vieram ao mundo pelas vãs ilusões dos homens" (14:14), sendo "vazias ilusões" é uma frase epicurista.[29]

---

[29] David Winston, *The Wisdom of Solomon: a new translation with introduction and commentary* (The Anchor Bible Commentaries 43; Garden City: Doubleday, 1979), p. 273.

218 FILOSOFIA BÍBLICA

Para o autor de Sabedoria, a ideia parece viabilizar a ação. Mais explicitamente, a Sabedoria coloca o conhecimento errôneo à frente das ações: "Então não era suficiente para eles errarem sobre o conhecimento de Deus, mas, embora vivendo em grande luta devido à ignorância, eles chamam grandes males de paz" (Sab 14:22). Porque pensaram errado, agiram errado.

A sabedoria não parece ter uma convicção ritualista em seu estilo filosófico; em vez disso, exibe uma psicologia *mentalista*. Não está claro de onde vem essa convicção mentalista, senão da proliferação do helenismo no pensamento judaico. O que causa os erros mentais dos gentios que produzem idolatria? A única resposta oferecida pela Sabedoria aponta para a condenação predestinada da linha de Canaã (12:10-11) que se manifesta em "recusar-se a conhecer" a Deus por meio da criação (Sab 16:16).

Quanto ao dilema deuteronômico, em Sabedoria, o autor alcança tanto o conhecimento oculto quanto o revelado, mas não para treinar outros (transdemográficos). Em vez disso, o autor usa o conhecimento para repreender autoritativamente os gentios por sua tolice, um tipo de ignorância que, em última análise, não pode ser evitado. Neste movimento, a Sabedoria estabelece um sistema de castas de conhecimento (classista). Ao contrário dos ritos realizados para dispor do discernimento (ritualista), mantendo ao mesmo tempo limites ao conhecimento (misterionista), o autor de Sabedoria parece ascender mentalmente à realidade (mentalista) e conter seu conhecimento dentro de um domínio (domesticionista).

A Tabela 5 representa uma hibridização dos estilos filosóficos hebraico e helenista, mantendo alguns estilos e convicções hebraicas (pixelados, entrelaçados e criacionistas), ao mesmo tempo em que abandona outros, possivelmente por conta da contribuição do helenismo ao intelectualismo judaico (domesticista, mentalista e classista).

O uso presente em *Sabedoria* do fraseado deuteronômico que iniciou esta linha de exploração permanece suficientemente vago. "Aprendi tanto o que é secreto como o que é manifesto, pois a sabedoria, o criador de todas as coisas, me ensinou" (Sab 7:21-22). Como a "sabedoria" ensina o autor o segredo e manifesta coisas? O autor não nos diz. Esse detalhe merece a nossa atenção, como ficará claro nos capítulos a seguir. A relação das ações corporificadas (ritualísticas) com o entendimento aparece em pontos cruciais ao longo das Escrituras cristãs. Onde um texto afirma ou implica que alguém pode obter o conhecimento sem ação, ele claramente diverge do estilo bíblico normativo de filosofia.

## TABELA 5 ◆ A hibridização da filosofia hebraica/ helenista em *Sabedoria de Salomão*

| | BÍBLIA HEBRAICA | TRADIÇÃO HELENISTA | SABEDORIA DE SALOMÃO |
|---|---|---|---|
| Estilo Filosófico | Modos de Argumentação: | Modos de Argumentação: | Modos de Argumentação: |
| | • Pixelado (estrutura) • Entrelaçado (literatura) | • Linear • Autonomista | • Pixelado • Entrelaçado |
| | Convicções: | Convicções: | Convicções: |
| | • Misterionista • Criacionista • Transdemográfico • Ritualista | • Domesticacionista • Abstracionista • Classista • Mentalista | • Domesticacionista • *Criacionista* • Classista • Mentalista |

## FÍLON E O DILEMA DEUTERONÔMICO

Fílon de Alexandria (c. 20-50 a.C.) contribui com os escritos mais completamente helenizados sobre as Escrituras hebraicas e o pensamento judaico. Ele faz o papel de um interlocutor particularmente adequado aqui por causa de sua atenção ao hibridismo do pensamento hebraico e helenista. Como David Scholer resume, "a preocupação de Fílon em interpretar Moisés mostra constantemente sua profunda devoção e compromisso com suas crenças e comunidade judaicas, e também reflete seu uso descarado de categorias e tradições filosóficas [gregas]".[30]

Como a coleção de suas obras é imensa, não posso tratar seu pensamento *in toto*, apenas onde ele aborda diretamente a questão das pistas epistêmicas oferecidas pela criação. Considero seu tratamento da razão natural no início de *As leis especiais*, embora seja difícil saber se essa seria uma visão consistente ao longo de seus escritos.[31] Nesta seção, ele trata especificamente da apreensão de Deus no mundo natural, citando Deuteronômio 4:19 para conectar sua atual linha de raciocínio ao dilema deuteronômico (III, 15).

---

[30] David M. Scholer, ed., *The works of Philo: compete and unabridged*, ed. com nova atualização, trad. C. D. Yonge (Peabody: Hendrickson, 1997), p. xi.

[31] Peder Borgen, "Philo of Alexandria", *The Anchor Bible dictionary*, vol. V, ed. David N. Freedman (New York: Doubleday, 1992), p. 340.

Supondo que Deus seja uma espécie de rei, os planetas seguem as leis do cosmos como um cidadão segue o reinado do reino. "Algumas pessoas conceberam que o sol, a lua e as outras estrelas são deuses independentes, aos quais atribuíram as causas de todas as coisas que existem" (III, 13), mas Moisés "estava bem ciente de que o mundo era criado". Fílon vê uma linha divisória entre as duas crenças: estar ciente de que o cosmos é criado ou não.

Ele então atribui o erro ao fato de que aqueles que erraram não "se esforçaram para percorrer a estrada reta e verdadeira" (III, 17). O fracasso em percorrer a "verdadeira estrada" os predispõe a uma série de mal-entendidos paralelos à analogia rei/reino usada no início de seu argumento. Como a mente envolve os sentidos e o intelecto lida com os objetos deste mundo, o "caminho reto e verdadeiro" leva a pessoa para longe do erro.

À primeira vista, o "caminho reto e verdadeiro" de Fílon parece defender uma caminho peripatético para a compreensão. Será que ele tem uma disposição ritualista em seu estilo filosófico? Não. Na continuação da leitura, seu argumento revela um intenso mentalismo em ação.

Fílon invoca um modelo *a priori* de compreensão com um símile sobre mente/corpo. Assim como uma mente invisível e minúscula reina sobre os órgãos do corpo, Deus o Rei é discernivelmente o Rei dos reis, necessitando de uma visão de todo o cosmos como criação (III, 18). Parece óbvio para Fílon que devemos raciocinar a partir de nossa relação mente/corpo para a relação Rei/Rei-dos-reis e, finalmente, para a conclusão Rei-dos-reis/Criador. Nossa compreensão do criador vem ao "transcender toda essência visível por meio de nossa razão", pois Deus é um "Ser invisível que pode ser compreendido e apreciado apenas pela mente" (III, 20).

Quanto aos enganados que nomeiam planetas como deuses e os adoram, eles foram ludibriados. Fílon pode parecer incluir a noção de hábito corporificado em sua descrição do engano: pela conversa fiada, pelos excessos de riqueza e pela beleza da estatuária (V, 29). Como a ética da virtude de Aristóteles, alguma forma de virtude ritualizada parece estar em mente aqui. Mas, como as escolas helenísticas, essas virtudes habituais visam ordenar a alma, não alcançar a simbiose entre o conhecimento corporificado e a reflexão. O estilo filosófico hebraico proposto nesta obra pode explicar que o engano da conversa fiada, da riqueza e da beleza inevitavelmente leva a maus rituais. No entanto, a visão que inclui e explica uma educação corporificada do indivíduo dentro do corpo social também pode explicar melhor como esses enganos distorcem o mundo conceitual de uma pessoa.

Em contraste, o Moisés de Fílon "estampou uma impressão profunda nas mentes dos homens, gravando piedade neles" (V, 30). Por meio desse carimbo e do constante testemunho da Torá ao cosmos enquanto criação, "aqueles que estão ligados ao Deus vivo todos vivem" (V, 31).

Embora uma disposição ritualista para ler e conhecer a Torá certamente esteja no pano de fundo desta declaração, Fílon continua a se concentrar na mente e no intelecto como os meios instrumentais para entender a natureza de Deus (V-VII).

Ao final, o percurso de Fílon pelo dilema deuteronômico em *As leis especiais* emprega o estilo filosófico helenístico, embora limitado pelas suposições criacionistas sobre as conexões de Israel com o cosmos. Ele persegue o dilema por um apelo linear à apreensão mentalista do cosmos como criado, uma visão disponível para aqueles que desejam seguir o caminho intelectual menos percorrido (classista). Intitulei suas visão domesticacionista de "domesticacionista cético" (Tabela 6) devido a sua defesa de transcender intelectualmente este mundo para apreender as qualidades invisíveis reais do cosmos. No entanto, ao mesmo tempo, Fílon tempera sua defesa com a linguagem de isso alcançar pelo esforço motivado pelo nosso amor a Deus (*Sobre a criação*, I, 5). Isso não parece ser uma domesticação ingênua ou triunfalista de ideias, mas uma tentativa humilde de conhecer Deus, o criador, mais verdadeiramente.

## TABELA 6 ◆ A hibridização da filosofia hebraica e helenista em Fílon

| | BÍBLIA HEBRAICA | TRADIÇÃO HELENISTA | FÍLON EM AS LEIS ESPECIAIS |
|---|---|---|---|
| Estilo Filosófico | Modos de Argumentação: | Modos de Argumentação: | Modos de Argumentação: |
| | • Pixelado (estrutura)<br>• Entrelaçado (literatura) | • Linear<br>• Autonomista | • Linear<br>• Entrelaçado |
| | Convicções: | Convicções: | Convicções: |
| | • Misterionista<br>• Criacionista<br>• Transdemográfico<br>• Ritualista | • Domesticacionista<br>• Abstracionista<br>• Classista<br>• Mentalista | • Domesticacionista (cético)<br>• Criacionista<br>• Classista<br>• Mentalista |

Agora que encontramos brevemente dois textos judaicos helenísticos que destrincham o dilema deuteronômico misturando convicções dos

222  FILOSOFIA BÍBLICA

estilos filosóficos hebraico e helenista, volto-me para outro pensador judeu do Segundo Templo lidando com a mesma questão: Paulo.

## PAULO E O DILEMA DEUTERONÔMICO

Em pelo menos dois lugares, Paulo aborda diretamente o Dilema Deuteronômico: seu discurso no Areópago de Atenas (At 17:22-34) e a abertura de sua Carta aos Romanos (Rm 1:18-27). Ambos explicitamente interagem com o dilema deuteronômico para fazer um ponto maior, um a partir de um discurso de terceira pessoa (At 17) e o outro, de uma exortação de segunda pessoa (Rm 1).

Começo com o discurso de Paulo em Atenas, que cito aqui na íntegra com a devida versificação:

> [22]Então Paulo parou diante do Areópago e disse:
> "Atenienses, vejo como vocês são extremamente religiosos em todos os sentidos. [23]Pois, enquanto percorria a cidade e examinava atentamente os objetos de sua adoração, encontrei entre eles um altar com a inscrição: 'A um deus desconhecido'.
> O que, portanto, vocês adoram sem saber, isso eu proclamo a vocês. [24]O Deus que fez o mundo e tudo o que nele há, aquele que é Senhor do céu e da terra, não habita em santuários feitos por mãos humanas, [25]nem é servido por mãos humanas, como se necessitasse de alguma coisa, pois ele mesmo dá a todos os mortais vida e fôlego e todas as coisas.
> [26]De um mesmo ancestral fez com que todas as nações habitassem toda a terra, e designou os tempos de sua existência e os limites dos lugares onde habitariam, [27]para que buscassem a Deus e, talvez, tateando por ele, o encontrassem – embora de fato ele não esteja longe de cada um de nós.
> [28]Pois 'nele vivemos, nos movemos e existimos'; como até mesmo alguns de seus próprios poetas disseram: 'Pois nós também somos descendência dele'.
> [29]Visto que somos filhos de Deus, não devemos pensar que a divindade é como ouro, ou prata, ou pedra, uma imagem formada pela arte e pela imaginação dos mortais. [30]Embora Deus tenha ignorado os tempos do desconhecimento humano, agora ele ordena que todos os povos, em todos os lugares, se arrependam, [31]porque ele designou um dia em que o mundo será julgado com justiça por meio de um homem que ele designou, e disso ele deu confiança (*pistin paraschōn*) a todos, ressuscitando-o dentre os mortos." (At 17:22–31; NRSV adaptada)

## OS ESTILOS FILOSÓFICOS DO JUDAÍSMO HELENISTA 223

Em Atos 17, o discurso de Paulo aponta os atenienses para além dos objetos criados e da história humana, em direção ao criador histórico desses objetos e da história. A narrativa de Lucas indica que a façanha foi apenas modestamente persuasiva: "Quando ouviram falar da ressurreição dos mortos, alguns zombaram; mas outros diziam: 'Voltaremos a ouvi-lo sobre isso'" (At 17:32).

Apesar do desfecho insosso, o narrador simula o dilema deuteronômico nessa cena. O discurso de Paulo começa com uma afirmação do zelo religioso dos atenienses, mas notando uma lacuna fundamental: seu "deus desconhecido". Seu esforço declarado é "proclamar" esse "deus de sua ignorância" para eles. Sua proclamação inclui um movimento transcendente da criação ao criador. A menção de estações e limites traz à mente a criação de Gênesis e a idolatria de corpos celestes de Deuteronômio. Para o Paulo de Lucas, esses objetos e eventos pretendem fazer os humanos tatear por Deus e encontrá-lo (17:27). Os atenienses tateiam, mas não encontraram.

Paulo não argumenta que a própria criação devesse prepará-los para compreender esse deus que está sendo proclamado. Em vez disso, suas fronteiras políticas, suas práticas religiosas e a ameaça de julgamento agem epistemicamente sobre eles, iniciando sua busca por esse deus. A ressurreição de Jesus então fecha o pacote retórico, dividindo aqueles que continuam a tatear pelo deus de Paulo daqueles que já ouviram o suficiente. A virada de frase do narrador — a formulação da "prova" — cria uma profunda ambiguidade referente ao nosso dilema. Para convencê-los de seu ponto de vista de que Deus designou um homem para vir e julgar a todos, Paulo dá sua evidência: "[Deus] concedeu confiança (*pistin paraschōn*) a todos, ressuscitando-o dentre os mortos" (At 17:31).

O que significa que Deus "concedeu confiança/convicção/prova a todos"? Isso significa que o movimento transcendente da criação ao criador requer que a confiança seja concedida? Se Deus a concedeu "a todos", então deveriam todos ter as faculdades necessárias fornecidas por Deus para ver?

Esta frase peculiar — "confiança/convicção/prova fornecida a todos" (*pistin paraschōn*) — não pode ser encontrada em nenhum outro lugar do Novo Testamento. Ela foi traduzida como "garantia dada", "prova dada", ou mesmo "prova fornecida", em traduções modernas do inglês.[32] Mas todo esse verniz evidencialista sobre a frase presume a mesma coisa: essa evidência — a própria cria-

---

[32] Cf. ESV e NRSV ("garantia dada"), NIV ("prova fornecida"), NASB ("prova fornecida"). Paulo não emprega os termos associados a confiança e esperança (*elpidzo* e *asphileia*). ("Todo" – *panta* ou *pas* – é usado seis vezes nesta passagem, então pode ser mais retórico do que numérico.)

224 FILOSOFIA BÍBLICA

ção! — pode ser apropriadamente reconhecida *como evidência para algo além de si*. Ademais, essas traduções evidencialistas também presumem que os atenienses podem empregar racionalmente essa evidência para deduzir as conclusões corretas sobre um criador.

Mas essa leitura de Paulo não faz justiça aos seus objetivos retóricos, que começam por notar que os filósofos atenienses interpretam mal todas as evidências à sua frente (At 17:22-23). O resultado desta proclamação indica que oferecer evidências razoáveis tem pouco efeito, o que mina o propósito de "dar provas", embora talvez não provas divinamente concedidas. Quando nos voltamos para Romanos 1, vemos o Paulo epistolar argumentando de modo semelhante, e explicitamente a partir de uma perspectiva deuteronômica. Mas ali ele não presume que a evidência possa ser julgada corretamente à parte da revelação de Deus, ou que a evidência então exija um veredicto.

Uma chave para desvendar a retórica de Paulo em Atenas gira em torno dos versículos 30-31:

> Embora Deus tenha ignorado os tempos do desconhecimento humano, agora ele ordena que todos os povos, em todos os lugares, se arrependam, [31] porque ele designou um dia em que o mundo será julgado com justiça por meio de um homem que ele designou, e disso ele *deu confiança* a todos, ressuscitando-o dentre os mortos".

Paulo começou abordando a adoração a um deus da *ignorância* (At 17:23) e referindo-se ao Deus criador que *designa* estações, trajetórias celestiais, limites políticos e tudo o que acontece (At 17:25-26). No fim, esse deus deixará de suportar a *ignorância* da humanidade e *designou* um dia particular em que ele julgará, "por meio um homem a quem ele *designou*" (At 17:31).

O antídoto para a ignorância aqui não é o conhecimento de Deus, mas o arrependimento (17:30). Ao contrário de Fílon e Sabedoria, Paulo não lamenta a ignorância deles, mas proclama uma mensagem dura e pouco convincente, supostamente sustentada por evidências que eles não ouviram nem viram (ou seja, a ressurreição de Jesus). Nem mesmo chegaria a ser convincente se eles tivessem ouvido falar da ressurreição de Jesus.

Qual é o ponto? Se Paulo traz uma perspectiva deuteronômica para este evento, e só temos a interpretação de Lucas-Atos do discurso, então uma "prova" no sentido moderno pode estar fora de questão. Só posso especular neste ponto que Paulo considera ser papel de Deus *fornecer confiança* no que ele diz, sendo papel de Paulo proclamar claramente as boas-novas de Jesus de uma maneira

OS ESTILOS FILOSÓFICOS DO JUDAÍSMO HELENISTA 225

que provocasse seus ouvintes atenienses. Embora ele diga que Deus "concedeu confiança para todos", o valor numérico de "todos" pode ser menos importante para Paulo do que seu valor retórico no discurso. "Todos" (*panta* ou *pas*) é usado seis vezes nesta curta passagem, enfatizando a totalidade dos poderes e planos deste Deus. Portanto, seu uso pode ser mais retórico em referência às habilidades de Deus do que totalizante em referência à humanidade.

Considerando o discurso de Paulo em Atenas como um todo, nós o encontramos empregando a retórica para sugerir um argumento absurdo:

> Algum deus que eles nunca conheceram governa soberanamente sobre toda a criação e algum evento do qual eles não conhecem [ou seja, a ressurreição de Jesus] é evidência de um julgamento vindouro, um julgamento que provavelmente seria incompreensível para eles.

O governo divino teria sido uma noção comum em Atenas, mas o "julgamento designado" parece se encaixar nas "novas ideias" de Paulo que eles tanto esperavam ouvir (At 17:21).

Paulo então defende a corporificação do arrependimento à luz de seu argumento aparentemente incoerente. O arrependimento teria sinalizado um ritual que os judeus associavam aos sacrifícios do templo de Jerusalém ou aos ritos de batismo judaicos agora popularizados pelos discípulos da Judéia: batismo para o arrependimento de pecados, a limpeza da consciência, etc. Embora pareça ser um estilo linear de argumento, sua lógica interna se baseia em narrativas entrelaçadas e uma lógica externa ao próprio discurso e provavelmente desconhecida para o público. Assim, esse argumento linear funciona, se não de forma pixelada, ao menos subrepticiamente.

Embora o narrador descreva a rejeição de sua mensagem pelos atenienses no ponto da ressurreição e do julgamento, a notável ação que se seguiu garante que os leitores/ouvintes não tomem isso como um fracasso: "Alguns zombaram; mas outros diziam: 'Voltaremos a ouvi-lo sobre isso'" (At 17:32). Embora um ateniense devesse ter achado o discurso de Paulo inteiramente pouco convincente em conteúdo teológico e forma retórica, o narrador destaca o fato de que ele seduziu alguns, possivelmente para demonstrar sutilmente a "revelação" de Deus a alguns. O *mais significativo nesta interpretação do discurso de Paulo é que não temos evidência de que Paulo tenha apontado os atenienses da criação ao criador.*

De todas as perplexidades desta história, destaco apenas como ela difere dos argumentos feitos por Sabedoria e Fílon. Em vez de retratar os gentios como amaldiçoados, Paulo usa o julgamento como meio de evocar o arrependimento ritual. Em vez de basear seu discurso no engano deles, ele começa com uma admiração mútua por seu impulso religioso, seu ponto de contato epistemológico mútuo. Como muitos notaram, Paulo não se esquiva de interagir com sua retórica e seus poetas como pontos mútuos de consenso e de partida.

Em outras palavras, ele não entra no Areópago armado com aforismo salomônico *à la* Provérbios ou *Sabedoria* como a forma preeminente de discurso filosófico. Ele inclina o modo de argumentação em direção a Atenas, mesmo que de maneira frágil de acordo com o esforço humano. No entanto, se ele genuinamente confia que Yahweh deve dar deuteronomicamente corações, olhos e ouvidos aos atenienses para saber o que Paulo declara a eles, então as falhas formais de seu argumento não determinam sua eficácia. Isso é coerente com as fortes declarações de Paulo sobre práticas filosóficas envoltas em "fala eloquente" que apenas "esvaziam a cruz de seu poder" (1Co 1:17).

No apelo inicial de Romanos 1, Paulo liga a linguagem e os conceitos deuteronômicos a uma forma particular do dilema. Alguns sugerem que esta passagem demonstra a conversa de Paulo com a *Sabedoria de Salomão* 12-14, enfatizando o rumo diferente que ele toma.[33] Essa passagem complexa e controversa exige uma leitura lenta, mas quero apenas observar uma coisa óbvia nela: a preocupação de Paulo em conhecer a Deus.

> [18]Pois a ira de Deus <u>se revela do céu</u> contra toda impiedade e maldade daqueles que pela sua maldade suprimem a verdade. [19]Pois o <u>que se pode conhecer</u> de Deus lhes <u>é revelado, porque Deus lhes manifestou</u>. [20]Desde a criação do mundo, seu poder eterno e sua natureza divina, embora invisíveis, <u>têm sido compreendidos [por alguns?] e vistos através das coisas que ele fez.</u>
>
> Então eles estão sem desculpa; [21]porque, embora <u>conhecessem a Deus, não o honraram</u> como Deus, nem lhe deram graças, mas <u>tornaram-se fúteis em seus pensamentos</u>, e suas mentes insensatas foram obscurecidas. [22]Dizendo-se sábios, <u>tornaram-se tolos</u>; [23]e tr<u>ocaram a glória do Deus</u>

---

[33] James W. Thompson, *Apostle of persuasion: theology and rhetoric in the Pauline letters* (Grand Rapids: Baker Academic, 2020), p. 43. E, "ao contrário de *Sabedoria* 12–14 e dos *Salmos de Salomão* (3:9–10), Romanos não faz distinção entre pecadores e justos, mas conclui que aqueles que julgam os injustos também não têm desculpa, pois fazem as mesmas coisas (Rm 2:1)".

imortal por imagens semelhantes a um ser humano mortal, ou pássaros, ou quadrúpedes ou répteis.

²⁴Por isso Deus os entregou nas concupiscências dos seus corações à impureza, para a degradação dos seus corpos entre si, ²⁵porque trocaram a verdade sobre Deus em mentira, e adoraram e serviram mais a criatura do que o Criador, que é bendito eternamente! Amém (Rm 1:18-25)

Primeiro, "os ímpios suprimem a verdade" (Rm 1:18), o que significa que, tendo olhos, eles não veem a criação como apontando transcendentemente para um criador (Rm 1:19). Segundo, Deus lhes mostrou suas qualidades invisíveis por meio da criação. O ensino de Paulo começa com a declaração gritante: "o que pode ser conhecido sobre Deus [por meio da criação] é revelado a eles, *porque Deus o revelou a eles (ho theos gar autois ephanerōsen)*" (Rm 1:19).

Terceiro, Paulo almeja com seu discurso deixá-los indesculpáveis no julgamento por vir, condenando, em última análise, seus rituais voltados para outros deuses. Romanos 1:21-23 então marca sua progressão decrescente: de não reconhecer a Deus em seus rituais, para se tornarem "fúteis em seus pensamentos", para suas mentes serem "escurecidas", para se tornarem "tolos", o que levou a uma idolatria de molde deuteronômico.

Em termos mais fundamentais, Deus formou seres racionais, "revelou-se a eles", os humanos rejeitaram, e Deus "os abandonou", o que levou a um escurecimento ainda maior de suas mentes. Qualquer que seja o mecanismo epistêmico que Paulo tenha em mente aqui, esteja o foco nos gentios pagãos ou na prostituta Israel, a dinâmica do relacionamento entre a revelação de Deus e a compreensão de um humano nunca se reduz a uma simples correspondência. Além disso, Paulo chega ao que eles fazem ritualmente com seus corpos e bens, o que contribui para mais mal-entendidos. Ian Scott destaca o problema da ênfase nesta passagem: "A grande maioria dos intérpretes entendeu que o ponto de Paulo em 1:18-32 não é afirmar os poderes intelectuais da humanidade, mas enfatizar o quanto a humanidade *perdeu*".[34]

Paulo não parece preocupado que eles conheçam a Deus por meio da criação em si ou por meio de um processo racionalmente justificado a partir a criação como evidência. Em vez disso, "a raiz do problema em 1:18-32 não é um

---

[34] Grifo do original. Ian W. Scott, *Paul's way of knowing: story, experience, and the Spirit* (Grand Rapids: Baker Academic, 2009), p.16.

228 FILOSOFIA BÍBLICA

problema intelectual. É um problema moral".[35] Embora a emergência entrelaçada de Israel com a criação

vá aparecer com destaque nesta carta (criacionista), Paulo quer que eles realizem adequadamente comportamentos e práticas rituais que conduzam à compreensão de Deus (ritualista).

**TABELA 7** ◆ A hibridização da filosofia
hebraica e helenista em Paulo

| | BÍBLIA HEBRAICA | TRADIÇÃO HELENISTA | PAULO EM ATENAS/ ROMANOS1 |
|---|---|---|---|
| Estilo Filosófico | Modos de Argumentação: | Modos de Argumentação: | Modos de Argumentação: |
| | • Pixelado (estrutura)<br>• Entrelaçado (literatura) | • Linear<br>• Autonomista | • Pixelado (com elementos de linearidade)<br>• Entrelaçado |
| | Convicções: | Convicções: | Convicções: |
| | • Misterionista<br>• Criacionista<br>• Transdemográfico<br>• Ritualista | • Domesticacionista<br>• Abstracionista<br>• Classista<br>• Mentalista | • Misterionista<br>• Criacionista<br>• Transdemográfico<br>• Ritualista |

Entre o discurso de Paulo em Atenas e sua retórica em Romanos 1, vemos dois exemplos não idênticos de como lidar com essa questão da agência epistêmica divina: Deus deve intervir para permitir a compreensão do criador por meio da criação? Embora usando técnicas narrativas para argumentar de maneira pseudo-linear, ambos os exemplos se baseiam em histórias e conceitos pixelados e entrelaçados totalmente externos ao argumento — criação, a história de idolatria de Israel, a criação que requer um criador pessoa e, mais tarde, a circuncisão deuteronômica do coração (Rm 2:29-30).

Paulo, como Deuteronômio, parece concluir que Deus deve agir em nossas habilidades epistêmicas para ver os animais não como deuses, mas como criaturas criadas por um deus.[36] Quanto ao apagamento do desenvolvimento moral

---

[35] Grifo do original. Ian W. Scott, *Paul's way of knowing*, p. 19.

[36] O emprego da retórica de Deuteronômio por Paulo, especialmente Deuteronômio 27 — 30 a partir da qual o dilema deuteronômico deriva, tem sido demonstrado recentemente pela obra de David Lincicum, *Paul and the early Jewish encounter with Deuteronomy* (Grand Rapids: Baker Academic,

OS ESTILOS FILOSÓFICOS DO JUDAÍSMO HELENISTA 229

e epistemológico do pensamento de Paulo (e do pensamento mais amplo das Escrituras), Kyle Wells resume as interações de Paulo com Deuteronômio 30: "Na leitura de Paulo, em contraste com a maioria dos judeus, as Escrituras confirmam a terrível realidade de que os agentes humanos são totalmente incompetentes. Desprovido de olhos que veem, ouvidos que ouvem, ou corações que entendem, estes carecem de faculdades para responder a Deus com eficácia. Dada esta situação, a resolução não poderia ser por conta de qualquer ato humano aceitável".[37]

Esta ação tomada por Deus tem entradas e saídas rituais nunca redutíveis a uma mera compreensão mental dos fatos sobre Deus. Conhecer a Deus envolve práticas rituais, mas práticas rituais ruins podem impedir o conhecimento de Deus. Ao contrário de Fílon e Sabedoria, a "estrada verdadeira" entrelaça prática com compreensão, onde as mentes podem compreender as características invisíveis do mundo, mas não podem domesticar essa compreensão. Em suma, Paulo mantém a postura deuteronômica em relação aos gentios atenienses e judeus e cristãos romanos — que Deus precisa revelar — enquanto a Sabedoria e Fílon colocam o ônus sobre as capacidades racionais dos gentios e a atração da idolatria.

## A CONTRANARRATIVA HEBRAICA NO JUDAÍSMO HELENÍSTICO

No outro extremo do espectro de Fílon e *Sabedoria*, encontramos um conjunto de textos que parecem rejeitar as tendências helenistas. Esses textos tendem a preferir narrativas descomplicadas de heróis, semelhantes a Daniel, Ester e Rute. Ao contrário das histórias intrincadas e indivíduos indisciplinados em toda a Bíblia hebraica (por exemplo, Abraão, Isaque, Jacó, Moisés, Gideão, Sansão, Saul, Davi, Salomão etc.), o foco centra-se em personagens semelhantes a Noé e Josué. Tenho em mente aqui seções ou a totalidade de Judite, 1Macabeus, Tobias, Ester e Daniel, com Manassés sendo uma notável exceção.

Esses textos baseados em histórias geralmente têm uma figura central situada em situações morais e, ao contrário de Daniel, a figura central age diretamente em favor do povo judeu. No caso de Judite, ela deve assassinar o comandante assírio Holofernes especificamente porque o povo não confiava em Deus para protegê-los (*Jud* 8:11-12). O mesmo vale para a oração de

---

2013); "Paul's engagement with Deuteronomy: snapshots and signposts", *Currents in Biblical research* 7, n. 37 (2008): 37–67.

[37] Grifo meu. Wells, *Grace and agency in Paul*, p. 294.

230   FILOSOFIA BÍBLICA

Azarias, Tobias (e Sara) e Susana, onde os textos celebram a piedade pessoal e muitas vezes a astúcia das figuras principais. Esses textos cercados pelo judaísmo helenista valorizam um certo tipo de obediência detalhada à Torá não encontrada em textos pré e pós-exílicos. Obedecer à Torá, possivelmente em um sistema formalizado de práticas e regras (*halakhot*), eleva a pessoa ao nível da justiça.

Destaco esses textos apenas por uma razão. Tendo defendido as narrativas como argumentos em um esquema pixelado de compreensão, encontramos novamente uma série de narrativas pontilhando a paisagem do judaísmo pós-exílico e helenista. Mas essas histórias visam objetivos notavelmente diferentes: piedade, fidelidade, obediência à Torá etc. Na Torá, nenhum personagem desenvolvido jamais alcança um status tão perceptivelmente piedoso que seja central para o enredo da história. Noé e José (como os personagens não desenvolvidos posteriores, Josué e Débora) constituiriam as exceções mais próximas a essa regra na Bíblia hebraica. Mesmo assim, Noé e José têm seus momentos de comportamento moralmente duvidoso (cf. Gn 9:21; 43:16-25).

As histórias da Torá e a chamada História Deuteronomista nos apresentam personagens moralmente questionáveis, tão complexos quanto as pessoas da vida real que conhecemos hoje, com quem Deus faz e cumpre promessas. Shira Weiss afirma que essa ambiguidade ética dos protagonistas na Bíblia hebraica é uma estratégia de raciocínio intencional, forçando o público a questionar e repensar o que é bom e o que é detestável, ainda quando o mesmo personagem exemplifica ambos.[38]

Ao reunir estilisticamente argumentos pixelados entre lei, narrativa e poesia, a maior parte da Bíblia hebraica evita esse exemplarismo heróico — Daniel e Ester sendo possíveis exceções, com Esdras-Neemias sendo um caso limítrofe. No final do exílio, Esdras e Neemias apenas superficialmente assemelham-se a personagens sem falhas, e Neemias se comporta de forma bastante egoísta no final do livro (Ne 13). O uso sofisticado da repetição para explorar a premissa de que "Deus torna as coisas conhecidas" por meio de Daniel (Dan 1-5) destaca-se como uma exceção extraordinária entre essas sagas de heróis. Ester, Judite, Susana/Daniel e Tobias/Sarai nos fornecem pouca informação ética ou termômetro epistemológico para avaliar a estrutura de princípios por trás de seu discernimento ou qualquer outra base normativa para seu comportamento além da obediência à Torá.

---

[38] Shira Weiss, *Ethical ambiguity in the Hebrew Bible: philosophical analysis of Scriptural narrative* (New York: Cambridge University Press, 2018).

OS ESTILOS FILOSÓFICOS DO JUDAÍSMO HELENISTA  231

Para reiterar, a presença de narrativas sem raciocínio linear não implica uma leitura pixelada, que estou sugerindo ser distintamente hebraica. Os exemplares — histórias, lei e poesia — tornam-se mais complexos e variados à medida que os conhecemos. Se o objetivo é desenvolver um discernimento matizado, então textos repletos de complexidade oferecem as melhores bases argumentativas para tal pensamento de segunda ordem. Por outro lado, figuras categoricamente obedientes ou heroicas, não testadas pelo tempo, pelas circunstâncias e inamovíveis em sua justiça, não ajudam no processo de discernir os princípios básicos.

## OUTROS TEXTOS DO JUDAÍSMO HELENÍSTICO

Existe uma coleção de textos que parecem hibridizar o estilo filosófico da Bíblia hebraica com noções helenísticas. Estou pensando aqui em textos como o Testamento dos Doze Patriarcas[39] e Ben Sirá,[40] entre outros. Não quero examinar todos esses textos ou aprofundar o ponto. Eu só queria mostrar a hibridização no estilo hebraico quando entramos no judaísmo helenístico em preparação para analisar o Novo Testamento. No próximo capítulo, proporei que os autores do NT se comprometem com um movimento *ad fontes*, pulando o rico estilo filosófico do helenismo e o estilo híbrido do judaísmo helenista, para recuperar noções de segunda ordem principalmente através das lentes do estilo hebraico.

Uma última coleção de textos merece uma breve menção: as comunidades que rejeitaram explicitamente o helenismo, que provavelmente era uma dentre várias influências culturais que eles queriam rejeitar. A Regra da Comunidade da coleção dos Manuscritos do Mar Morto e o Manuscrito do Templo podem servir como outros exemplos desse tipo.

---

[39] Eu classificaria o *Testamento dos Doze Patriarcas* como principalmente hebraico: ritualista; pixelizado; entrelaçado; criacionista; misterionista; classista (misógino): *T. Levi* 13:1–9 incentiva ler e conhecer a Torá, onde a impiedade e o pecado são as únicas coisas que podem "tirar a sabedoria". Conceitos helenísticos como proto-gnosticismo e dualismo parecem ser tematicamente fortes; cf. *T. de Rúben* 1–2 e a batalha da antropologia dos sete espíritos (criacionista, espíritos da criação); mas também preocupações epicuristas estão em jogo aqui.

[40] Eu classificaria Ben Sirá como principalmente hebraico. É intenso no "temor do Senhor" (1:26ss): ritualista (7:31-36); pixelizado; entrelaçado; criacionista (por exemplo, Sirá 43, presume, como o salmista, que a criação aponta para o criador e 51:16ss se enraíza na linguagem tradicional da sabedoria); domesticacionista (por exemplo, Deus é onisciente e, portanto, "sabe tudo o que pode ser conhecido" [Ben Sira 42:18], ainda assim, podemos desvendar os segredos [38:1-3]. Dt 29 é decodificado ("ele revela os vestígios de coisas ocultas"); e classista/misógino (38:24-25) até socialmente classista (13:1ss), embora a pergunta "quem pode ser sábio" (6:33-37) se pareça muito com Provérbios 1-9.

232  FILOSOFIA BÍBLICA

Esses textos não defendem um estilo filosófico particular, mas escolas particulares de obediência à Torá, a fim de se preparar para vários eventos escatológicos. De fato, a estrita adesão à Torá (de acordo com os padrões dessas comunidades) separava os verdadeiros seguidores do resto. Portanto, suas rejeições ao helenismo eram secundárias à manutenção mais urgente do grupo interno/externo.

Menciono esses textos e as comunidades que eles representam porque exemplificam tradições de escrita conscientes do declínio cultural — como o helenismo em geral ou a aristocracia no templo mais particularmente — e estabelecem práticas e conceitos para resistir ativamente àquelas estruturas sociopolíticas. Seria difícil avaliar seu estilo filosófico, embora certamente se baseasse no estilo da Bíblia hebraica, agora estratificado para um fim diferente: a separação e seu tipo de santidade.

O ritualismo, o criacionismo, o entrelaçamento, a transdemografia e a pixelação de Qumran se encaixam perfeitamente no círculo filosófico que defendi aqui como hebraico. Mas estes são alavancados para a separação absoluta dos gentios e para manter a limpeza a custos ascéticos extremos.[41] Então, gostaria de generalizar que eles de fato tentaram alcançar o pensamento hebraico, mas o fizeram por uma lente muito distorcida por suas preocupações contemporâneas com um evento escatológico particular.

## CONCLUSÃO

No contato entre os helenistas conquistadores e o povo judeu, não emerge nem um pidgin nem um crioulo de estilo filosófico grego. Em vez disso, aparece uma variedade de estilos hibridizados, sensíveis às suas convicções criacionistas e entrelaçadas, mas maleáveis às formas helenistas de pensamento. Nem todos reagiram em isolamento rejeicionista do helenismo. No entanto, quão conscientes estão os judeus helenistas de abraçar, rejeitar ou interagir com o estilo filosófico helenístico e os vestígios conceituais do helenismo? Esses textos exibem vários graus de consciência da influência helenista, embora o hibridismo continue sendo o melhor análogo para os textos desse período. Paulo, por outro lado, argumenta de forma persuasiva apenas se mantivermos as convicções hebraicas desse estilo filosófico. Mesmo quando ele parece ser linear em seu estilo de raciocínio, argumentarei no Capítulo 7 que seus argumentos lineares, sob escrutínio, ainda exibem um estilo pixelado.

---

[41] Por exemplo, separação absoluta entre gentio e hebraico (por exemplo, trigo gentio não é permitido no Templo; Manuscrito do Mar Morto 4Q394 3–7, e nenhum vinho deveria estar na pele de um animal que não fora abatido no Templo; Manuscrito do Templo, XLVII).

Capítulo 6

# ESTILO FILOSÓFICO HEBRAICO NOS EVANGELHOS

O Novo Testamento apresenta a maior retomada intelectual do pensamento e da literatura hebraica na antiguidade. Neste capítulo, exploro a ideia de que os autores do NT favorecem amplamente o estilo filosófico hebraico e interagem estrategicamente com os estilos do helenismo judaico e da filosofia romana. Os textos do NT ocupam um lugar estranho na literatura judaica do Segundo Templo. Escritos em grande parte dentro de um ambiente judaico helenista, eles têm autores predominantemente judeus — dependendo de quais fontes se atribui a cada um deles.[1] A maioria dos textos do NT foi supostamente escrita no período do Segundo Templo ou imediatamente a seguir.

De certa forma, seria apropriado descrever os textos do Novo Testamento como "escritura judaica", mesmo que não aceitos como tal por todos os judeus, na época ou agora. Assim como a Regra da Comunidade de Qumran não tinha autoridade significativa para todos os judeus no Levante ou na diáspora, os ensinamentos de Jesus ou seus discípulos também não. Os textos do NT

---

[1] A autoria particular dos Evangelhos e das epístolas do NT precisa ser demonstravelmente judaica em suas origens e em todas as facetas a fim de sustentar o ponto.

234  FILOSOFIA BÍBLICA

definitivamente eram uma autoridade significativa para subseções de judeus em Jerusalém e na diáspora. Além disso, eles frequentemente se descreviam como judeus em fonte, autoridade ou ambos.

Quer consideremos os textos do NT como escrituras judaicas ou não, entender sua relação com a literatura do Judaísmo do Segundo Templo é crucial para compreender o estilo filosófico hebraico nesta época. Embora os autores do NT tenham escrito depois que obras como Ben Sirá, Sabedoria e 1 Macabeus foram estabelecidas, eles se abstêm quase inteiramente de se envolver diretamente com a literatura judaica helenista em circulação. Em vez disso, os autores do NT exibem referências regulares e rítmicas, citações, alusões, ecos e raciocínio metaléptico e narrativo entrelaçados com a Bíblia hebraica.[2] O quase silêncio dos autores do NT sobre a literatura judaica helenística merece atenção em relação aos seus objetivos retóricos[3]. É como se montássemos uma história da música da Idade do Bronze em diante e depois pular tudo de 1750 a 1980. É difícil não ler essa enorme lacuna como uma crítica.

Qualquer consideração do estilo filosófico dos autores do NT deve levar em conta os estilos helenísticos da época. As filosofias do helenismo desenvolveram-se em sofisticadas formas retóricas romanas no primeiro século, formas nas quais alguns dos autores do NT podem ter sido imersos.

Neste capítulo, considero quais aspectos dos estilos filosóficos hebraico e helenista os autores dos evangelhos empregam e as possíveis motivações por trás de seus usos. Tal como acontece com a literatura expansiva do judaísmo helenista, não posso examinar a grande variedade de textos no NT, mas focarei em textos e tópicos paradigmáticos como estudos de caso.

Meu objetivo é construir uma série de lentes para inspecionar toda a literatura do Segundo Templo, incluindo o Novo Testamento. Essas lentes apoiarão minha afirmação de que os autores do NT se viam como se estivessem recuperando o estilo hebraico ou revelam seu sincretismo com as filosofias

---

[2] Pode-se pensar em muitas obras recentes aqui que demonstram a extensão com a qual os autores do NT interagiram com a LXX. Ex.: Maarten J. J. Menken; Steve Moyise, eds. *Deuteronomy in the New Testament* (Library of New Testament Studies 358; London: T&T Clark, 2007); *Isaiah in the New Testament* (London: T&T Clark, 2005); Richard B. Hays, *Echoes of Scripture in the Letters of Paul* (New Haven: Yale University Press, 1989); *Echoes of Scripture in the Gospels* (Waco: Baylor University Press, 2016).

[3] Por "quase silêncio", quero dizer que os autores do NT não estão empregando os argumentos ou narrativas da coleção literária judaica helenística. É claro que não pretendo sugerir que os autores do NT não estejam repetindo conceitos e terminologia desenvolvidos dentro dessa literatura. Iain Provan também observa uma notável falta de citação rabínica na literatura judaica helenista: "não há exemplos claros disso em Fílon, Josefo ou no Novo Testamento, contudo, também não há em Bem Sirá, os autores de Macabeus, Hillel, Shammai e todo o Tannaim do primeiro século." Iain Provan, *The Reformation and the right reading of Scripture* (Waco: Baylor University Press, 2017), p. 71.

ESTILO FILOSÓFICO HEBRAICO NOS EVANGELHOS 235

do judaísmo helenista. Para este fim, explorarei o Sermão da Montanha de Mateus e a epistemologia de Marcos. A lógica retórica de Paulo em sua carta aos Gálatas será examinada no capítulo 7.

As perguntas básicas que procuro responder permanecem inalteradas:

1. Existe uma investigação de segunda ordem presente, persistente e relevante em um determinado texto?
2. O autor defende um método específico para buscar esse entendimento de segunda ordem?
3. Qual estilo de filosofia melhor capta tal busca?

## ESTILO HELENISTA E HEBRAICO NO NOVO TESTAMENTO

Dos campos minados que percorri até agora, os debates sobre a extensão da influência do helenismo nas Escrituras cristãs podem ser os mais perigosos. Embora muitos desses debates possam ser resumidos com a expressão simbólica "o júri está dividido", os próprios debates persistem até hoje. Eles vão assombrar a discussão ao nos voltamos para as passagens paradigmáticas para determinar se o estilo filosófico hebraico sustenta aspectos dos evangelhos e das epístolas do NT.

Relembrando, o estilo filosófico hebraico usa uma série de exemplos (pixelados) com conexões intertextuais com os textos da tradição (entrelaçados). As convicções por trás deste estilo pressupõem que nossa ligação histórica com a criação e seu criador (criacionista) fornece as condições para um raciocínio que transcende o visível. No entanto, o estilo hebraico não tem esperança de capturar, conter e domesticar nosso entendimento de segunda ordem sem limites (misterionista). Finalmente, o verdadeiro caminho para a compreensão requer participação corporificada (ritualista), que inclui a participação de todas as camadas da sociedade (transdemográfica) (Tabela 8).

Ao percorrer os exemplos abaixo, ilustro onde os autores do Novo Testamento seguem o estilo hebraico de filosofar, mesmo quando usam termos, conceitos e formas de raciocínio helenistas, e mesmo com uma variedade de escolas filosóficas judaicas e romanas disponíveis para eles. Inicialmente, parece se tratar de um hibridismo de estilos estratégico e acomodatício, mas revela um compromisso com o estilo hebraico quando visto mais de perto.

### Tradições rivais

O que exatamente significa o hibridismo dos estilos filosóficos hebraico e helenista? Não apenas a tradição hebraica domina o pensamento do

236 FILOSOFIA BÍBLICA

autor do NT (aqueles pesquisados aqui), mas estudos recentes argumentam que ela é de fato incomensurável com algumas tradições helenistas. Nesta visão, estamos diante de rivais. C. Kavin Rowe afirma que as análises recentes que comparam o NT com filosofias helenistas de seus pares — *à la* as obras de Troels Engberg-Pedersen e Abraham J. Malherbe — muitas vezes embasam suas comparações no paradigma errado: uma mentalidade enciclopédica.[4]

**TABELA 8** ✦ A hibridização da filosofia hebraica
e helenista no Novo Testamento

| | BÍBLIA HEBRAICA | TRADIÇÃO HELENISTA | NOVO TESTAMENTO |
|---|---|---|---|
| Estilo Filosófico | Modos de Argumentação: | Modos de Argumentação: | Modos de Argumentação: |
| | • Pixelado (estrutura) <br> • Entrelaçado (literatura) | • Linear <br> • Autonomista | • Pixelado (com elementos de linearidade) <br> • Entrelaçado |
| | Convicções: | Convicções: | Convicções: |
| | • Misterionista <br> • Criacionista <br> • Transdemográfico <br> • Ritualista | • Domesticacionista <br> • Abstracionista <br> • Classista <br> • Mentalista | • Misterionista <br> • Criacionista <br> • Transdemográfico <br> • Ritualista |

Citando as categorias de Alasdair MacIntyre — enciclopédia, genealogia e tradição —, Rowe se preocupa com a adequação da "investigação enciclopédica": a tendência de tratar os sistemas de pensamento como se tivessem "traduzibilidade universal". O pensamento "enciclopédico" ocorre, segundo MacIntyre, quando os estudiosos acreditam ter a capacidade universal "de tornar o que foi interpretado à luz dos cânones de uma cultura inteligível para aqueles que habitam alguma outra cultura completamente

---

[4] C. Kavin Rowe, *One true life: the stoics and early Christians as rival traditions* (New Haven: Yale University Press, 2016), p. 176–9. A crítica radical de Rowe é posteriormente revisada por Engberg-Pedersen como "um desafio à maneira pela qual o cristianismo primitivo e o estoicismo foram comparados desde o surgimento da crítica histórica (e mesmo antes)". Isso indica que a principal ameaça não é a veracidade ou a extremidade dos argumentos de Rowe, contudo, mais ironicamente, seu desvio da tradição. Troels Engberg-Pedersen, resenha de *One true life: the stoics and early Christians as rival traditions* por C. Kavin Rowe, *Journal of Early Christian Studies* 25, n. 2 (2017): 326.

ESTILO FILOSÓFICO HEBRAICO NOS EVANGELHOS **237**

diferente, contanto que esta seja a nossa, ou pelo menos muito parecida com ela".[5]

Usando estudos de caso do estoicismo por um lado e Lucas, Paulo e Justino Mártir, por outro, Rowe opina que as noções helenistas e as do NT são linguística e retoricamente semelhantes, mas conceitualmente incomensuráveis. Essa incompatibilidade entre sistemas de pensamento existe precisamente porque não são "sistemas", como poderia supor o enciclopedista. Em vez disso, emergem como tradições. As tradições cultivam habilidades de discernimento por meio de uma comunidade capaz de manter essas habilidades, desenvolver aprendizado, treinar hábitos morais e facilitar esforços cooperativos de longo prazo.[6]

Fundamental para Rowe é perceber que a base desse cisma é a vida ritual de cada tradição. A participação na ritualização do estoicismo ou do cristianismo cria as condições sob as quais a linguagem se conecta com o mundo conceitual dentro de cada tradição. Ele conclui que termos básicos como "Deus" e "justiça" simplesmente não significam para os estoicos a mesma coisa que para os cristãos porque são tradições rivais. Pior ainda para o enciclopedista, esses termos são intraduzíveis de uma tradição para outra. Rowe acredita que isso abre uma "possibilidade reconhecidamente bizarra de que diferentes tradições possam estar falando grego, mas efetivamente falando línguas diferentes".[7]

A formidável conclusão de Rowe destaca um problema intratável que ele se propõe a examinar — o espaço lógico separando o uso da linguagem estoica no NT dos próprios conceitos estoicos. Semelhantemente ao que tenho descrito como literatura entrelaçada em coordenação com convicções criacionistas, transdemográficas e ritualistas, Rowe conclui com firmeza: "Não é possível enfiar a concepção cristã de Deus enquanto o 'Deus-conforme-determinado-pela-história-dos-judeus-e-Jesus-de-Nazaré' na gramática estoica".[8] Não é possível traduzi-lo diretamente por um mero reemprego dos termos da tradição estoica em um contexto cristão.[9]

---

[5] Alasdair MacIntyre, *Three rival versions of moral enquiry: encyclopaedia, genealogy, and tradition* (Notre Dame: University of Notre Dame Press, 1991), p. 171.

[6] Rowe, *One true life*, p. 182–4.

[7] Rowe, *One true life*, p. 226.

[8] Rowe, *One true life*, p. 229.

[9] Dada sua propensão a debater esse tópico em seus escritos, juntamente com sua análise do Evangelho de João usando mudanças de paradigma kuhnianos, o completo silêncio de Engberg-Pedersen em relação ao argumento de Rowe aqui é notável. Troels Engberg-Pedersen, *John and philosophy: a new reading of the fourth Gospel* (New York: Oxford University Press, 2018).

238 FILOSOFIA BÍBLICA

Se a análise de Rowe desses projetos de filosofia/teologia comparada estiver ao menos parcialmente correta, e acredito que seja ao menos isso, então as implicações para qualquer coisa que eu disser abaixo são cruciais. No entanto, a tese de tradução incomensurável de Rowe não precisa estar correta em todas as suas extremidades no que se refere às minhas alegações aqui. Acredito que alguns dos conceitos podem ser traduzíveis, mas sua ênfase em comunidade, tradição, habilidade e aprendizagem destaca muito bem as dificuldades com qualquer tentativa de traduzir do mundo intelectual estoico para o cristão e vice-versa.

## Tradições rivais dentro da Bíblia hebraica

O judaísmo do Segundo Templo não foi a primeira vez que o pensamento hebraico encontrou tradições de pensamento rivais. De fato, encontramos rivalidade em Gênesis e no exílio nas histórias de José e Daniel. A interpretação dos sonhos por especialistas treinados em tradições de escribas funcionava como um caminho padrão para se obter conhecimento no antigo Oriente Próximo.[10] Nessas tradições, os sonhos ajudavam a compreender as qualidades invisíveis de mundo real. Os deuses podiam ser vistos como se debatessem com alguém através da narrativa dos sonhos, embora não seja assim que os escribas egípcios ou mesopotâmicos os interpretaram. Em vez disso, a simbologia nos sonhos era o código enviado pelos deuses.

Seus textos coletavam a simbologia da tradição na medida em que relações "se/então" que eram entradas no decodificador: "Se um homem se vê comendo carne de crocodilo, é bom, significando que ele se tornará uma autoridade entre seu povo".[11] Embora todos os humanos contem para si mesmos histórias em narrativas visualizadas enquanto dormem, a adivinhação dos sonhos egípcios se concentrava em elementos individuais e não na estrutura narrativa. Para as elites egípcias, noites ritualizadas em "templos do sono" poderiam trazer um sonho divinamente guiado – chamado "incubação de sonhos".[12]

De uma forma desconhecida na Bíblia hebraica, os sonhos tinham um papel significativo a desempenhar na prática do culto. Nas poucas ocasiões

---

[10] J. Donald Hughes, "Dream Interpretation in Ancient Civilizations", *Dreaming* 10, n. 1 (2000): 7–18.

[11] *The Dream Book*, citado em Terek Asaad, "Sleep in Ancient Egypt" in: *Sleep medicine: a comprehensive guide to its development, clinical milestones, and advances in treatment*, ed. Sudhansu Chokroverty; Michel Billiard (Nova York: Springer, 2015), p.13–9.

[12] Asaad, "Sleep in Ancient Egypt".

em que "sonho" (*ha˘lôm*) ocorre na Bíblia hebraica, as referências variam de neutras a específicas, com as notáveis exceções de Joel e Salomão[13]:

> sonhos que falam a não-hebreus (Gn 20:3-6; Gn 40-41; Dan 2)
> sonhos de engano profético (Dt 13:2-6; Jr 23:25-27; 27:9; 29:8; Zc 10:2)
> sonhos associados à tolice (Ec 5:3,7)
> sonhos como uma metáfora para a qualidade irreal de um evento
> (Sl 73:20; 126:1; Is 29:8),
> um relato direto do conteúdo de um sonho (Gn 31:10-11; Jz 7:13-15)
> referências neutras (1Sm 28:6,15).[14]

O ceticismo sobre os sonhos ocorre em Jeremias, onde ele repetidamente adverte os exilados contra "sonhadores" e outros profetas, usando a linguagem da promessa deuteronômica do envio de "sonhadores" que enganarão Israel para testá-lo (cf. Dt 13:2-6; Jr 23:25-27; 27:9; 29:8).

Olhando para o pacote completo de conversas oníricas na Bíblia hebraica, vemos duas coisas. Primeiro, quando os hebreus vivem como estrangeiros dentro de uma tradição intelectual que estima a interpretação dos sonhos como uma compreensão especial, Deus fala com não hebreus através de sonhos e usa hebreus para interpretá-los (por exemplo, José e Daniel). Em segundo lugar, quando Israel estava em seu ponto mais alto de contato com um império que estimava altamente os sonhos como um modo de compreensão, o povo foi fortemente advertido a ser cético em relação a tais adivinhações. Em suma, além de Gênesis e Daniel, os sonhos interpretados são considerados criticamente em seu conjunto e certamente não são uma forma normativa de obter entendimento.[15]

A Bíblia Hebraica aloca esses relatos gêmeos de sonhos durante exílio sob um império na figura do escravo hebreu: José e Daniel. Em Gênesis, encontramos Jacó, José e Faraó tendo sonhos significativos, mas apenas o sonho de Faraó gera um conflito interpretativo que precisa ser resolvido. Os sonhos de Jacó e José se encaixam mais adequadamente na categoria de visões (Gn 28:10-22; 37:1-11), enquanto os sonhos do Faraó se encaixam nas práticas

---

[13] Joel 3:1, 1Rs 3:5.

[14] Essa breve lista abrange a variedade de usos de *ha˘lom* na Bíblia Hebraica, cinquenta e cinco no total pelos meus cálculos.

[15] Números 12:6: "Eu falarei com ele [um profeta] em um sonho", claramente equipara "visão" (*ma'râ*) a "sonho" (*ha˘lom*), logo, não estou incluindo-o aqui.

240 FILOSOFIA BÍBLICA

de interpretação dos sonhos do Egito e da Mesopotâmia (Gn 41:1-36). Em um relato paralelo ambientado na Mesopotâmia, encontramos outro rei precisando da interpretação de um sonho, mas desta vez exigindo irracionalmente evidências da autenticidade da interpretação (Dn 2:8).

Daniel revela o conteúdo do sonho e sua interpretação subsequente ocorre em uma das seções mais densas no tema de conhecimento na Bíblia hebraica (embora Daniel 2 esteja em aramaico, é claro). A frase "tornar conhecido" ocorre quatorze vezes apenas no capítulo dois.[16]

Daniel afirma que os adivinhos caldeus estavam corretos em seus protestos (2:10-11). Eles não foram treinados para revelar sonhos, apenas para aplicar logicamente catálogos de códigos simbólicos para interpretar os elementos do sonho. A revelação do conteúdo do sonho só pode ser conhecida pelos deuses, que presumivelmente enviaram o sonho, mas eles não vivem aqui com os humanos (2:11).

Mais uma vez, Daniel aceita os protestos dos adivinhos e os contraria apenas sobre a questão da comunicação divina com os humanos. Ele contesta "mas há um Deus no céu que revela mistérios e *ele deu a conhecer ao* rei Nabucodonosor o que será..." (2:28). Ele então interpreta correta e extemporaneamente os sonhos, verificando que ele mesmo não sabia dessas coisas, mas Deus as revelara.

Não é meu objetivo determinar se as histórias de servos hebreus interpretando sonhos reais devem ser consideradas filosofia hebraica. Em Daniel, um paralelo intencionalmente estendido da narrativa de José, o assunto é focado exclusivamente na busca pela compreensão e por um guia autêntico que possa "dar a conhecer" ao rei "a fim de que você possa conhecer os pensamentos de sua mente" (2:30).

Os dois sistemas rivais de interpretação dos sonhos estão agora em conflito direto. Somente no contexto da servidão hebraica sob impérios é que a tradição bíblica hebraica conta histórias sobre a interpretação dos sonhos, uma prática considerada até então tabu. E não havia prática semelhante na tradição hebraica (ou seja, adivinhação simbólica-lógica dos sonhos). Isso sugere que o estilo de filosofia hebraica — como se obtém entendimento — pode e irá adaptar seu método de argumentação para se adequar ao cenário. No Egito e na Babilônia, sonhos enigmáticos que podem ser habilmente interpretados foram considerados argumentos válidos para entender o mundo

---

[16] Essa é a forma *hofal* do *yada'*, que expressa "causativo ativo" no aramaico. Alger F. Johns, *A short grammar of Biblical aramaic*, ed. rev. (Berien Springs: Andrews University Press, 1972), p. 19.

real, sua história e talvez até o seu futuro. Assim, Deus fala aos imperadores em sonhos enigmáticos, mas depois usurpa o paradigma ao introduzir um intérprete hebraico, a quem Deus autentica por meio de uma confirmação inequívoca a todos os personagens dessas cenas.

A ideia de que o estilo filosófico hebraico pode se adaptar a modos locais de discurso é tão antiga quanto o Gênesis. Esse pequeno *leitmotiv* da Bíblia Hebraica de acomodar outros mundos intelectuais então se expandiu no pensamento de Paulo (a quem abordarei mais detalhadamente no Capítulo 7). Em Atenas, por exemplo, Paulo não faz apelo entrelaçado à narrativa hebraica até o final de seu discurso, o que não leva a nada além de marginalizá-lo dos filósofos helenísticos (At 17: 22-32). Na sinagoga e nas igrejas, ele esculpe suas epístolas para o público e suas preocupações iminentes com o "estilo de vida". Antes de nos voltarmos para as acomodações igualmente estratégicas de Paulo a formas helenísticas de argumentação, consideraremos o retrato de problemas filosóficos nos Evangelhos.

## JESUS DOS EVANGELHOS SINÓTICOS

Por razões de espaço, não posso tratar muito dos Evangelhos aqui. Minha intenção é apenas oferecer alguns estudos de casos em Marcos e Mateus como exemplos que podem ser estendidos. Lembre-se de nossas três perguntas norteadoras:

1. Existe uma investigação de segunda ordem presente, persistente e relevante em um determinado texto?
2. O autor defende um método específico para buscar esse entendimento de segunda ordem?
3. Qual estilo de filosofia melhor capta tal busca?

Se isso estiver correto — que acima de tudo os autores do NT empregam um estilo filosófico hebraico —, então devemos descobrir estilos literários que compilam padrões de sequências sobrepostas (pixeladas) que são todas intertextualmente dependentes (entrelaçadas) da história de Israel desde a criação (criacionista). O objetivo desse estilo deve se concentrar no comportamento que está sendo ritualizado (ritualista) e no discernimento incutido na comunidade (transdemográfico), mas sem nenhuma concessão (e possivelmente até com ceticismo de tal coisa) a uma compreensão exaustiva (misterionista).

## 242 FILOSOFIA BÍBLICA

### Epistemologia marcana

O estilo epistemológico de Marcos se manifesta em uma coleção díspar de histórias que culminam na transfiguração (Mc 9) e depois novamente na crucificação/ressurreição (Mc 15 e 16). Abrangendo essa colcha de retalhos de histórias contadas concisamente, vemos a técnica *Leitwort* de Marcos em torno de histórias epistemicamente carregadas, às vezes conectando-as a histórias em que o aspecto epistemológico não é óbvio.

*Leitwort* refere-se ao estilo literário de sublinhar uma ênfase particular em diversas narrativas por meio da repetição de palavras, radicais de palavras e pares de palavras.[17] Martin Buber descreve dessa maneira: "Uma palavra ou um radical se repete de maneira significativa dentro de um texto ou de uma sequência de textos ou de um complexo de textos; aqueles que prestam atenção a essas repetições descobrirão que certo significado do texto será revelado ou esclarecido, ou pelo menos mais enfatizado".[18]

O Evangelho de Marcos é conhecido pelos estudiosos por ser uma "tapeçaria entrelaçada". Embora escrito de forma superficialmente simples, um artifício literário significativo tem emergido para uma geração recente de estudiosos.[19] Para manter este exame breve e direto, quero mostrar como a aplicação repetida de "ouvir/escutar" no Evangelho de Marcos serve a uma função epistêmica.

Mas primeiro: existe uma preocupação presente, persistente e relevante em lidar com conhecimento de segunda ordem em Marcos? Sim. Essa busca começa em Marcos 4, se não antes, em que a atenção de Jesus se volta especificamente para os discípulos e sua capacidade de entender "o mistério do reino de Deus" (Mc 4:11). O significado desta frase — "o mistério do reino de Deus" — só pode ser decifrado na totalidade do processo epistêmico desenrolado em Marcos. Em suma, significa algo semelhante a entender como todos esses eventos, ditos e ensinamentos díspares e desconcertantes revelam o plano de Deus por meio de Jesus.

Em outras palavras, "o mistério do reino de Deus" refere-se substancialmente à capacidade de ver características e conexões invisíveis no mundo

---

[17] Ronald Hendel, "Leitwort style and literary structure in the J primeval narrative," in: *Sacred history, sacred literature: essays on ancient Israel, the Bible, and religion in honor of r. e. friedman on his Sixtieth birthday*, ed. Shawna Dolansky (Winona Lake,: Eisenbrauns/PennState Press, 2008), p. 93–110.

[18] Martin Buber, "Leitwort Style in Pentateuchal Narrative", em Martin Buber e Franz Rosenzweig, *Scripture and Translation*, trad. Lawrence Rosenwald (Bloomington: Indiana University Press, 1994; original alemão, 1936), p. 114.

[19] Joanna Dewey, "Mark as interwoven tapestry: forecasts and echoes for a listening audience", *Catholic Biblical Quarterly* 53, n. 2 (1991): 221–36.

ESTILO FILOSÓFICO HEBRAICO NOS EVANGELHOS  243

visível. Nesse sentido, aproxima-se da compreensão científica. Particularmente, a explicação científica não visa descrever o mundo visível, mas explicar as características invisíveis que coagem o mundo visível. A epistemologia em Marcos, da mesma forma que iniciados são tratados em comunidades científicas, preocupa-se principalmente em desenvolver o "modo de ver" e, em segundo lugar, normalmente com "o que se vê".

Em segundo lugar, o autor defende um método específico para buscar esse entendimento de segunda ordem? Sim, e é aqui que a *Leitwort* de "ouvir/escutar/obedecer" vem à tona. "Ouvir", "escutar" e "obedecer" são três termos em português importantes para entender como o padrão de *Leitwort* se manifesta, pois todos os três traduzem aspectos do único termo utilizado no original em todos esses casos: *akouō*.[20]

Para demonstrar isso, precisaremos dar uma rápida olhada no fluxo da história do Evangelho de Marcos. É uma montanha-russa narrativa, com reviravoltas imprevistas amarradas por um *Leitwort* conceitual e linguístico.

A jornada epistêmica dos discípulos começa na íntegra durante a Parábola do Semeador (Mc 4) — uma parábola com notáveis afinidades linguísticas com a renovação da aliança em Deuteronômio.[21] Jesus abre a parábola com "Ouça!" (Mc 4:3) e depois descreve a semente que foi lançada em vários tipos de solo e qual foi o resultado, terminando com: "Quem tem ouvidos para ouvir, ouça" (Marcos 4:9). Todos os itens a seguir ocorrem apenas em Marcos 4:

> "Ouça! Um semeador saiu para semear..." (4:3)
>
> "Quem tem ouvidos para ouvir, ouça" (4:9)

---

[20] Adaptado de Dru Johnson, *Scripture's knowing: a companion to biblical epistemology* (Eugene: Cascade, 2015), p. 52–9.

[21] Outros entendem Deuteronômio como pano de fundo para Marcos 4 pelas razões temáticas apresentadas acima. Gerhardsson acredita que a Parábola do Semeador e sua explicação (Mc 4:1-9,13-20) se baseiam na retórica da chamada de Deuteronômio para o ouvir no *Shemá* (Dt 6:4). Birger Gerhardsson, "The Parable of the Sower and its interpretation", *New Testament Studies* 14, n. 2 (1968): 180. Marcus restringe a tese de Gerhardsson à sua própria, evidenciando um contexto especificamente deuteronômico para Marcos 4:23: "Gerhardsson está certo sobre a relevância do Shemá para a compreensão de Marcos 4; A audiência de Marcos não poderia ter ouvido as repetidas referências à audição nessa passagem sem se lembrar do Shemá. Em vez disso, pelo menos no entendimento de Marcos, a parábola é dirigida apenas àquele que tem ouvidos para ouvir, que ouça.'" Joel Marcus, *The mystery of the kingdom of God*, ed. J.J. M. Roberts; Charles Talbert (SBL Dissertation Series 90; Atlanta: Society of Biblical Literature Press, 1986), p. 58. Infelizmente, Marcus deixa de fora outras possíveis conexões deuteronômicas que explicariam a própria frase que ele cita como um uso mais restrito do Shemá — ou seja, ōta akouein de Deuteronômio 29. Marcus mais tarde corrige essa omissão em seu *Anchor Bible Commentary*. Joel Marcus, *Mark* 1–8 (The Anchor Yale Bible Commentaries 27; London: Yale University Press, 2002), p. 513.

244  FILOSOFIA BÍBLICA

"... eles podem de fato ouvir, mas não entender ..." (4:12)

"... aqueles que, quando ouvem a palavra, a recebem imediatamente ..." (4:16)

"... são aqueles que ouvem a palavra ..." (4:18)

"... os que ouvem a palavra e a recebem ..." (4:20)

"Se alguém tem ouvidos para ouvir, ouça". (4:23)

"Cuide disso com o que você ouve ..." (4:24)

"Com muitas dessas parábolas ele falou... *conforme eles eram capazes de ouvir.*" (4:33)

De acordo com a explicação de Jesus, a parábola se preocupa apenas com se as pessoas *ouvem* e, em seguida, se *fazem o que ouviram* (ou seja, "aceita e dá fruto"; Mc 4:20). Emparelhando a parábola com sua interpretação, chegamos ao paradigma de visão defendido: para ver o mistério do reino de Deus sendo mostrado a eles, os discípulos precisam reconhecer que Jesus é uma autoridade confiável e então colocar em prática sua instrução.

Marcos então aplica a linguagem de Deuteronômio 29 (ou seja, "ouvidos para ouvir") e cita frases de Isaías 6:9-10.[22] Marcos 4 enfatiza repetidamente "ouvir", mas não diz quase nada sobre "ver". Esse uso repetido do verbo "ouvir" sinaliza ao leitor que estabelecer Jesus como uma autoridade confiável é o objetivo principal.

Mais tarde, os discípulos admitem a Jesus que não entendem a parábola (Mc 4:11), e ele responde com uma promessa enigmática: "A todos vocês foi dado o mistério do reino de Deus" (Mc 4:10). Então ele separa os discípulos de todos os outros, citando uma versão ligeiramente reorganizada de Isaías 6:9-10, na leitura Septuaginta:

Mas para os de fora, tudo é em parábolas para que
"Eles possam de fato ver, mas não perceber,
e possam de fato ouvir, mas não entender,
para que não se convertam e sejam perdoados" (Mc 4:12)

Notavelmente, Jesus enquadra seu ensino com o chamado de Isaías, que deveria ensurdecer e cegar Israel. Contudo, aos discípulos, ele dará "o mistério

---

[22] A única outra ocorrência de ōta akouein ("ouvidos para ouvir") é encontrada em Isaías 32:3 e Ezequiel 12:12. Nenhuma deles é idêntica em forma a Deuteronômio 29:3 e Marcos 4:23. Isso não as exclui como alusões, mas defendo Deuteronômio como a fonte mais parcimoniosa de Marcos em Dru Johnson, *Epistemology and biblical theology: from the Pentateuch to Mark's Gospel* (Routledge Interdisciplinary Perspectives on Biblical Criticism 4; New York: Routledge, 2019), p. 113–28.

do reino de Deus" (Mc 4:11). Esse é o objetivo, que exige que os discípulos ouçam Jesus como autoridade e façam o que ele instrui. Sem surpresa, então, Marcos conclui esta passagem sobre o assunto de ouvir com este resumo (Mc 4:33-34):

"Com muitas dessas parábolas, ele lhes falou a palavra, *conforme podiam ouvir*. Ele não lhes falou sem uma parábola, mas em particular aos seus próprios discípulos explicou tudo".

Como os discípulos se saem em sua empreitada de conhecer o mistério do reino de Deus no Evangelho de Marcos? Nada bem. Essencialmente encarregados de ouvir e encenar as instruções, eles fracassam completamente. Naquela noite, na linha do tempo da história, eles cruzam o Mar da Galileia. A tempestade surge e Jesus a acalma (Mc 4:35-41). Observe a pergunta que os discípulos se fazem retoricamente: "Quem é este, que até o vento e o mar *o ouvem*" (Mc 4:41). Como leitores, não podemos deixar de perguntar o mesmo: se até o mar e o vento o ouvem, será que os discípulos o ouvirão?

Movendo-se pela região da Galiléia, Jesus expulsa demônios, cura enfermos e ressuscita mortos (Mc 5). Mas, chegando a sua cidade natal de Nazaré, as multidões se dividem entre aqueles que "o ouviram" e ficaram assim maravilhados com seu ensinamento profético (cf. Mc 6:2,4), e aqueles que não quiseram ouvir porque ele era apenas o filho do carpinteiro (Mc 6:3).

Em seguida, ele dá autoridade a seus discípulos e os envia, dois a dois, para fazer as mesmas maravilhas que ele. Jesus observa especificamente: "Se algum lugar... *não os ouvir*... sacudam o pó dos pés de vocês" (Mc 6:11). Neste ponto, temos grandes expectativas sobre os discípulos. Jesus quer revelar o mistério do reino de Deus a esses homens por meio da promulgação de sua instrução. Eles estão viajando com ele, vendo os sinais maravilhosos, e agora estão incorporando sua orientação e, assim, vendo o reino invisível de Deus por si mesmos em circunstâncias novas e tangíveis.[23]

A próxima reviravolta na história de Marcos traz tanto desespero quanto deslumbramento. Ao retornarem a Jesus, eles relatam seu sucesso. Jesus imediatamente os isola, mas as multidões os seguem. Embora seus discípulos queiram mandar embora as multidões famintas, Jesus instrui seus discípulos: "Todos vocês lhes deem de comer" (Mc 6:37).

---

[23] Essa conexão entre ouvir, fazer e saber continua em Marcos. Quando confrontado pelos fariseus sobre as práticas de seus próprios discípulos, Jesus pede uma audiência pública: "Ouvi-me todos vós e compreendei" (Marcos 7:14). Jesus começa com "Ouvi-me... e compreendei" (7:14), mas continua a dizer que eles não podem "entender" ao questionar: "Vocês não veem ... ." (7:18). Mais uma vez, a prioridade é o ouvir em relação ao ver.

## 246  FILOSOFIA BÍBLICA

O que exatamente Jesus tinha em mente com este imperativo — "dai-lhes de comer" — é difícil de discernir. O que quer que Jesus esperava que eles *fizessem*, eles *não fazem nada*. Os discípulos se debatem e discutem sobre quanto custaria alimentar as multidões. Então, Jesus pega a comida existente e alimenta os cinco mil. Fim da história, *aparentemente*.

Enquanto os discípulos partem de barco para o outro lado do mar, Jesus alcança o barco deles — andando sobre as águas! Isso aflige os discípulos, mas Marcos mostra a fonte inesperada de sua ansiedade de uma maneira que certamente chocará o leitor. Jesus sobe a bordo e acalma os discípulos, que pensavam que ele era um fantasma. O resumo de Marcos desse evento? "E eles ficaram totalmente pasmos, porque não entendiam dos pães, mas os seus corações endureceram" (Mc 6:51–52).

Marcos observa que, embora eles estivessem angustiados por sua caminhada na água, esse não era o objetivo da história contada aqui. Em vez disso, suas mentes ainda estavam presas na alimentação milagrosa no início do dia — "porque eles não entenderam sobre os pães".[24] Além de funcionar como uma técnica narrativa brilhante, observe que o Evangelho de Marcos descreve a cena epistemologicamente, não ontologicamente. Eles não entenderam, o que pressupõe que a alimentação milagrosa anterior não se destinava apenas a fornecer alimento, mas a se encaixar em um padrão mais amplo de conhecimento.

Jesus os havia instruído: "Todos vocês lhes deem de comer". Eles não executaram essa instrução. Mais tarde, eles ainda se perguntam sobre a alimentação. Marcos resume a condição epistemológica com a dura frase da Bíblia Hebraica: "Seus corações foram endurecidos".[25] As expectativas quanto aos discípulos verem o mistério do reino diminuem aqui.

Depois de mais ciclos de ensino e cura, Jesus e os discípulos são novamente confrontados com outra multidão faminta, desta vez de quatro mil pessoas. Incrédulos, seus discípulos novamente hesitam sobre a impossibilidade de conseguir comida suficiente para uma multidão tão grande (Mc 8:4). E, novamente, Jesus milagrosamente divide a comida para alimentar todos eles. (É quase impossível não ver a sequência seguinte como escrita para fazer os discípulos parecerem comicamente tolos.)

---

[24] Evans cita isso como uma "cláusula *gar* mal colocada". No entanto, o comentário de Marcos surpreende o leitor como uma lição epistemológica, não importa onde ela tenha sido colocada no texto. Craig A. Evans, "How Mark writes", in: *The written Gospel*, ed. Markus N. A. Bockmuehl; Donald Alfred Hagner (Cambridge: Cambridge University Press, 2005), p. 135-8.

[25] Êxodo (LXX) usa *sklērynō* para descrever o coração do faraó, onde Marcos usa *pōroō* para descrever "endurecimento", um termo que não aparece na Septuaginta.

ESTILO FILOSÓFICO HEBRAICO NOS EVANGELHOS 247

Depois disso, como se fosse o fim da picada (ou da padaria), os discípulos discutem o fato *de terem esquecido de trazer o pão para o barco*. Jesus os interpela então com um discurso entrelaçando Deuteronômio 29 e Isaías 6, o qual vale a pena repetir na íntegra (Mc 8:17-21):

"Por que vocês estão discutindo o fato de que vocês não têm pão?
Vocês ainda não perceberam ou entenderam?
Vocês endureceram o <u>coração</u>?
Tendo olhos não <u>veem</u>,
e tendo ouvidos não <u>escutam</u>?
E vocês não se lembram?
Quando parti os cinco pães para os cinco mil, quantos cestos cheios
      de pedaços vocês recolheram?"
E eles lhe disseram: "Doze".
"E os sete para os quatro mil, quantos cestos cheios de pedaços vocês
      recolheram?"
E eles lhe disseram: "Sete".
E ele lhes disse: "Vocês ainda não <u>entendem</u>?"

A bronca de Jesus coloca os discípulos como os de fora, aqueles que têm ouvidos, mas não ouvem nem entendem. As expectativas do leitor para que os discípulos compreendam o mistério do reino despencam. Mas qual é o problema essencial aqui? Veremos na próxima história da Transfiguração que o próprio Deus diagnostica o problema, o que nos dá apenas sombras de expectativas para os discípulos, se é que há alguma esperança.

Após essa repreensão, a cura de um cego em dois estágios (Mc 8:22-26) leva à questão de Cristo, onde descobrimos que os discípulos ainda não estão entendendo o mistério do reino de Deus. A caminho de uma cidade do norte, Jesus questiona seus discípulos: "Quem as pessoas dizem que eu sou?" (Mc 8:27). Levantam-se as hipóteses de Elias, João Batista e "outros profetas". Quando Jesus pergunta: "Quem vocês dizem que eu sou?" Pedro gera o mais breve momento de esperança no leitor, dizendo: "Tu és o Cristo" (Mc 8:29).

Apesar do verniz de epifania, rapidamente descobrimos que uma má interpretação de "o Cristo" permeia o pensamento de Pedro. Ele simplesmente não consegue entender como o papel de Cristo (ou seja, *māšîah*) pode ser reconciliado com a iminente morte e ressurreição de Jesus. E isto é precisamente o tipo de choque inerente ao mistério do reino de Deus. Dito de outra forma, Pedro não poderia unir o mistério do reino de Deus com a confiança de Jesus

248 FILOSOFIA BÍBLICA

em sua própria morte e ressurreição. Para garantir a clareza absoluta, Jesus vai mais longe, "falando claramente" (Mc 8:32). Não apenas Jesus sofrerá tal vergonha (e glória), mas também todos que seguem Jesus sofrerão o mesmo (Mc 8:34-38). Pedro é rotulado de "adversário" (*satanas*) por se opor a este plano (Mc 8:33).

Isso leva ao surpreendente momento climático da história de Marcos, fora a morte de Jesus: a Transfiguração. Werner Kelber descreve a cena majestosamente: "Estruturalmente, seu lugar é precisamente no ponto médio do evangelho. Topologicamente, sua localidade é a única 'montanha alta' no evangelho... Dramaticamente, encena a atestação de Deus de seu Filho em oposição ao vaidoso *Christos* de Pedro".[26]

Somente Pedro, Tiago e João sobem a montanha com Jesus. Lá eles veem Moisés e Elias — *o* profeta de Israel e *um* profeta renomado, respectivamente. A voz de Deus descendo no topo de uma montanha para profetas-chave implica claramente pintar essa cena como um "novo evento do Sinai". Jesus está transfigurado e a voz de Deus desce para dizer apenas uma coisa — tudo retratado na linguagem de releitura do Sinai por Deuteronômio, e não na versão de Êxodo.[27] Toda essa ação leva ao ouvir a voz de Deus. E o que Deus diz? Ele cita o grego de Deuteronômio 18 a respeito dos futuros profetas de Israel: "Este é meu filho amado, a ele ouvi" (Marcos 9:7).[28] Assim, Joel Marcus resume esta cena:

---

[26] Werner Kelber, *The kingdom in Mark: a new place and a new time* (Minneapolis: Fortress Press, 1974), p. 85.

[27] Há semelhanças aqui com o batismo de Jesus (Mc 1:9-11), mas o relato deuteronômico da presença de Yahweh em Horebe, e não o relato do Êxodo, tem uma semelhança mais impressionante (Dt 4:36-37). Tanto a Transfiguração quanto Deuteronômio 4 contêm um relato de uma voz vinda de cima (*egeneto hē phōnē*). Ambos estão focados em ouvir uma autoridade, e ambas as cenas são motivadas pelo amor distintamente filial de Deus (*agapaō/agapētos*). Além disso, a instrução de "ouvi-lo" (*autou akousesthe*) em Marcos 9:7 é considerada uma "citação virtual" de Deuteronômio 18:15 referente aos futuros profetas de Israel. Stegner argumenta persuasivamente a favor da Transfiguração em Marcos como uma combinação de Êxodo 34 e Deuteronômio 18. Isso pode ser sustentado sem conflito com minha proposta de Dt 4:36-37 ser um paralelo do texto de Êxodo. William Richard Stegner, "The use of Scripture in two narratives of early jewish christianity (Matthew 4.1–11; Mark 9.2–8)", in: *Early Christian interpretation of the Scriptures of Israel*, ed. Craig A. Evans; James A. Sanders (Sheffield: Sheffield University Press, 1997), p. 98-120. Veja também Foster R. McCurley Jr., "'And after six days' (Mark 9:2): a semitic literary device", *Journal of Biblical Literature* 93, n. 1 (1974): 67-81. Marco (e D. F. Strauss, nada menos) citam isso como uma alusão apenas ao Êxodo 34. Joel Marcus, *The way of the Lord: christological exegesis of the Old Testament in the Gospel of Mark*, 1 ed. (Louisville: Westminster John Knox, 1992), p. 82-4.

[28] A instrução "a ele ouvi" em Marcos 9:7 é considerada como uma "citação virtual" de Deuteronômio 18:15 acerca dos futuros profetas de Israel. Ver Joel Marcus, *The way of the Lord: christological exegesis of the Old Testament in the Gospel of Mark*, p. 81; Menken; Moyise, *Deuteronomy in the New Testament*, p. 37–8.

ESTILO FILOSÓFICO HEBRAICO NOS EVANGELHOS  249

Por um lado, esta aclamação divina implica a continuidade de Jesus com Moisés e Elias, pois "ouvi-lo" ecoa as próprias palavras de Moisés sobre o surgimento de um profeta como ele (Dt 18:15, 18), um oráculo que estava sendo lido escatologicamente no primeiro século.

Por outro lado, porém, a voz designa apenas um dos três personagens, Jesus, como Filho de Deus, e este é um título que sugere uma identidade maior que a de Moisés ou Elias.[29]

Quando chegamos a Marcos 9, estamos quase na última semana da vida de Jesus. Os discípulos testemunharam repetidamente e participaram pessoalmente da obra milagrosa de Jesus. *Por que Deus, que escolhe dizer apenas uma coisa, precisa lembrá-los de ouvir Jesus?* Presume-se que seria porque os discípulos não reverenciam genuinamente Jesus como *o* profeta de Israel o suficiente para incorporar todas as ações prescritas por ele.

Mais basicamente, a transfiguração de Jesus e a ordem de Deus para "ouvir" só fazem sentido se os discípulos estiverem vacilando nesse ponto. Mesmo que às vezes ouçam suas palavras e as coloquem em prática, a repreensão anterior — seus corações endureceram? — indica que o assunto não está de forma alguma resolvido.

Após a Transfiguração, Marcos continua a retratar os discípulos como tolos. Nos próximos capítulos, os discípulos discutem sobre quem é o maior entre eles (Mc 9:33-37), eles repreendem injustamente as crianças que se aproximam de Jesus (Mc 10:13-16), alguns cegamente lutam por poder no reino futuro (Mc 11:35–45) e outros traem ou negam Jesus durante a Semana da Paixão (Mc 14:43–72). Se considerarmos apenas o final curto de Marcos,[30] um centurião (Mc 15:39) e um punhado de mulheres (Mc 16:1-8) são as únicas pessoas que entendem a morte e a ressurreição de Jesus.

No final, o Evangelho de Marcos deixa o leitor com apenas um pingo de esperança de que os discípulos sequer entenderão o que Jesus estava tentando mostrar a eles. Mesmo esse pingo depende da convicção de que, porque Jesus tentou tanto, os apóstolos deveriam de alguma forma saber o que ele estava mostrando a eles. Porém, por si só, Marcos não dá muitos indícios que

---

[29] Joel Marcus, *Mark 8–16* (The Anchor Yale Bible Commentaries 27; London: Yale University Press, 2009), 640. João Calvino também partilha dessa visão: *Commentary on a harmony of the Evangelists, Matthew, Mark and Luke*, vol. 2 (Edimburgh: Calvin Translation Society, 1845–46), p. 191.

[30] O "final curto" de Marcos presume que os manuscritos menores são os mais antigos, os quais colocam o fim do Evangelho de Marcos em Marcos 16:8.

250 FILOSOFIA BÍBLICA

os discípulos entenderam o mistério do reino de Deus, um tópico mais tarde esclarecido no livro de Atos. Por outro lado, Marcos descaradamente oferece uma descrição sóbria de pessoas que deveriam conhecer esse mistério, mas estavam cegas para ele porque não ouviram ou agiram.

Assim, o *Leitwort* de "ouvir" costura um único fio epistemológico ao longo das histórias pixeladas de Marcos levantando questões sem resposta. Em diferentes cenários, encontramos o narrador retornando persistentemente a esse tema: conhecer começa com ouvir e depois com as ações prescritas. E agora que puxamos e seguimos esse fio de presença, persistência e relevância, podemos identificar qual estilo filosófico está sendo presumido ou demonstrado em Marcos.

*Pixelado*. Deve ser bastante óbvio que Marcos não apresenta um relato linear do ensino, além do ritmo da narrativa que leva a história adiante. Ambos os gêneros helenísticos de *bios* e *topoi* se misturam aqui, revelando juntos uma epistemologia coerente, dentre muitos outros objetivos de Marcos. Somente se tomados em conjunto e notando a *Leitwort* de "ouvir", neste caso, podemos entender o processo epistemológico de Marcos.

*Entrelaçado*. Os contextos intra e intertextuais encerram a lógica do Evangelho de Marcos. Usando vários artifícios literários — alusões, ecos, metalepse, etc. — emerge uma imagem discernível do conhecimento de segunda ordem. Cada cena é envolvida, prefigurada e iluminada por uma conversa com a Bíblia hebraica. Como Joel Marcus comentou: "Citações e alusões ao Antigo Testamento surgem continuamente".[31] Em referências ainda mais diretas à Bíblia Hebraica, Marcos insere a lógica de Deuteronômio 29 e Isaías 6 nas bordas de seu enredo e do seu desenvolvimento de personagens.

*Ritualista*. Há algo a ser conhecido pelos discípulos em Marcos. Jesus tem a intenção, como seu guia, de tomá-los como aprendizes para que possam conhecê-lo. No entanto, o aprendizado não é obter novas maneiras de pensar ou raciocinar. Em vez disso, Jesus lhes dá tarefas corporificadas para ver o "mistério do reino de Deus". A narrativa segue então uma lógica de resultados: ouvir Jesus e incorporar suas instruções leva ao sucesso epistêmico (Mc 6:7-13), enquanto não ouvir atrapalha o processo — eventualmente exigindo uma intervenção semelhante ao Sinai com Deus em uma Montanha. Desta vez, porém, a tábua do céu é uma voz e diz: "Ouçam-no" — colocando a voz de Jesus e a Torá em paralelo.

---

[31] Marcus, *The way of the Lord*, p. 1.

ESTILO FILOSÓFICO HEBRAICO NOS EVANGELHOS    251

*Transdemográfico*. À primeira vista, o Evangelho de Marcos parece promover convicções classistas. Seriam apenas os discípulos (homens) que receberiam o mistério. No entanto, à medida que seguimos o enredo, torna-se paradoxalmente claro que, não apenas o mistério está se tornando cada vez mais opaco para os discípulos, mas são estrangeiros (7:34-30; 15:39), mulheres (cf. 5:21–34; 7:24-30), cegos (10:46-52) e crianças (10:13-15) que parecem compreender por meio da experiência corporificada como algumas dessas partes se organizam coerentemente dentro do mistério do reino. Para os líderes judeus e os discípulos, corações endurecidos e todo tipo de idolatria estão por trás de sua incapacidade de discernir o ruído de fundo do sinal do reino. A intenção é que os discípulos discirnam as características invisíveis do reino, mas a narrativa conta uma história muito diferente. O discernimento está disponível para todos transdemograficamente.

*Misterionista*. Novamente, em uma leitura superficial, Marcos parece ser classista e domesticacionista. Afinal, a revelação do mistério a um grupo escolhido de discípulos está no centro de Marcos 4–9. No entanto, mais adiante no livro, não encontramos nenhuma busca por conhecimento exaustivo. Em vez disso, Jesus se entristece com a incapacidade obstinada de aprender por causa desse único objetivo epistêmico geral: o mistério do reino. Das afirmações dos personagens epistemicamente bem-sucedidos em Marcos, não vemos um padrão de conhecedores que agora têm todo o universo de compreensão aberto a eles (cf. *Evangelho de Tomé* 1-5). Em vez disso, vemos pessoas descritas como confiantes ao acertarem em uma única questão: Jesus é mais do que um profeta e parece de alguma forma estar relacionado ao poder criativo de Yahweh e ao reino do reino (por exemplo, o cego Bartimeu).[32] É precisamente o vislumbre epistêmico minimalista deles sobre algum aspecto do misterioso reino que leva a elogios da parte de Jesus.

*Criacionista*. Como defendo em *Epistemology and Biblical Theology* [Epistemologia e Teologia Bíblica], o uso de Deuteronômio 29 e Isaías 6 para estruturar uma série de narrativas com enfoque epistêmico satisfaz o critério criacionista. No entanto, outras características de Marcos entrelaçam essas histórias de Jesus com a história da Torá. Estou pensando aqui em pequenos detalhes, como o

---

[32] O cego Bartimeu (Mc 10:46-52) capta apropriadamente esse acerto epistêmico minimalista sobre o mistério do reino. Não temos certeza do que exatamente ele sabe sobre Jesus, mas ele chama Jesus com o sinal messiânico (ou seja, "filho de Davi") e, quando perguntado "o que você quer que eu faça por você", ele solicita um retorno à fisiologia normal. Não podemos conhecer o conteúdo de seu entendimento, mas ele parece "entender" em algum nível. Quando Jesus fez a mesma pergunta aos filhos de Zebedeu em uma história paralela pouco antes, ambos rapidamente evidenciam sua incompreensão do mistério do reino. Mesmo quando Jesus tenta explicar, eles entendem ainda menos (Mc 10:35-45).

252  FILOSOFIA BÍBLICA

uso de "fecundidade" como metáfora primária para a epistemologia pragmática de Marcos 4. Embora aparentemente seja um termo comum, "fruto" e "frutífero" raramente aparecem na Bíblia hebraica como uma metáfora para o que hoje chamaríamos de florescimento — ouvir a Deus, incorporar as instruções dos profetas e, portanto, entender algum estado de coisas prometido.

Quando "fecundidade" se emparelha com "abundância" ou "multiplicação" — como Jesus faz com sua parábola do semeador[33] — uma sequência rastreável de conexões se alinha, apontando para a criação cósmica em Gênesis 1 ao longo de Êxodo e Deuteronômio.[34] Na ordem inversa, vemos fecundidade e multiplicação linguística e conceitualmente emparelhados na renovação pactual com suas respectivas maldições em Deuteronômio (Dt 28),[35] na miopia do primeiro faraó de Êxodo (Êx 1:7, 12, 20), em uma recitação da comissão a Noé (Gênesis 9: 1-2) e finalmente nos primeiros momentos da história da Bíblia Hebraica: Gênesis 1:28. O que à primeira vista parece ser uma parábola agrícola de fato enraíza a lógica da parábola na história criacionista de Israel — tanto linguística quanto conceitualmente. Que estilo filosófico o foco epistemológico de Marcos exibe? O estilo hebraico.

## Ética e o Sermão da Montanha

O estudo recente de Jonathan Pennington — *The Sermon in the Mount and Human Flourishing* [O Sermão da Montanha e o Florescimento Humano] — concluiu

---

[33] Cf. Marcos 4:1–9; Mateus 13:1–15; Lucas 8:4–10. Gerhardsson afirma esta parábola como apoio parsimonioso para a relação deuteronômica de Marcos 4 entre a escuta que leva à fecundidade. Gerhardsson, "The Parable of the Sower", p. 182,187.

[34] Cf. *karpos* na LXX de Dt 7:12-13 e 11:17 para exemplos de "fecundidade" como consequência positiva de ouvir no primeiro e o resultado negativo de não ouvir no segundo. Além disso, Deuteronômio 11:9-11 faz a analogia da "semente do Egito" sendo o solo duro, enquanto semear na Terra Prometida seria fácil. E, Deuteronômio 28:38 captura a loucura de Israel com uma metáfora agrícola, dizendo que eles semearam muita semente, mas colheram pouco especificamente porque não ouviram Moisés. Heil observa que a fecundidade da semente vai além: "Tanto G. Lohfink ... quanto L. Ramaroson... em conclusões independentes, apontaram a importância e o pano de fundo bíblico da metáfora da 'semente' como representante do 'povo' destinado ao reino escatológico de Deus". John Paul Heil, "Reader-response and the narrative context of the parables about growing seed in Mark 4:1–34", *Catholic Biblical Quarterly* 54, n. 2 (1992): 278.

[35] As bênçãos de Deuteronômio prefiguradas em 28:1–10 são agora descritas em termos de bênção edênica de fecundidade. Todos os exemplos de "fruto" no Pentateuco: Gn 1:11, 12, 29; 3:2, 3, 6; 4:3; 30:2, Êx 10:15; Lv 19:23, 24, 25, 40; 25:19; 26:4, 20; 27:30; Nm 13:20, 26, 27; Dt 1:25; 7:13; 26:2, 10; 28:4, 11, 18, 33, 42, 51, 53; 30:9. Esta frase em particular, "fecundidade da terra", é encontrada em várias formulações, mas apenas esparsamente em toda a Bíblia hebraica. De suas quatorze aparições, "fruto da terra" ocorre uma vez em Gênesis 4:3 para se referir à oferta de Caim e dez vezes em Deuteronômio para se referir à bênção de obedecer a Yahweh como os israelitas possuem a terra. Cf. Gn 4:3; Dt 7:13; 26:2, 10; 28:4, 11, 18, 33, 42, 51; 30:9; Sl 105:35; Jr 7:20; Ml 3:11.

ESTILO FILOSÓFICO HEBRAICO NOS EVANGELHOS 253

que o discurso de Jesus exibe, de fato, um hábil envolvimento com a Torá, a tradição de sabedoria de Israel e a ética da virtude aristotélica. Para Pennington, o Sermão é "uma obra de literatura de sabedoria que nasce de dois mundos que se cruzam, o judaísmo do Segundo Templo e a tradição da virtude greco-romana".[36] Embora corrija más compreensões sobre a Torá, o Sermão também se envolve de maneira disruptiva com a lógica da ética estoica ao partir estrategicamente dela a fim de remapeá-la de acordo com o temor a Deus e uma narrativa histórico-redentiva.[37]

Para avaliar essa afirmação, faço as mesmas perguntas acima: Primeiro, há uma investigação de segunda ordem presente, persistente e relevante no Sermão da Montanha (Mt 5-7)? O foco do Jesus de Mateus nesse discurso estendido abrange epistemologia e ética. Em essência, Jesus centraliza sua preocupação na compreensão da Torá pelo público, mas em prol do florescimento. Assim, correspondendo à tradição da ética da virtude, a vida ética se entrelaça com a capacidade epistêmica: "*O Sermão oferece a resposta de Jesus à grande questão do florescimento humano, o tópico no centro tanto da literatura de sabedoria judaica quanto da perspectiva da virtude greco-romana, ao mesmo tempo em que apresenta Jesus como o verdadeiro Rei-Filósofo*".[38] Esse Rei-Filósofo então desenvolve um programa de ritualizar os seus discípulos para que eles vejam o reino de Deus e então estendam o seu discernimento muito além de qualquer coisa que pudessem ter entendido durante a vida de Jesus. O Jesus de Mateus se parece mais como um Filósofo Hebraico que é Rei, disposto a jogar segundo as regras da concepção de sua cultura de formação da virtude, mas usando a linguagem da virtude para direcionar o corpo social de Israel a habitar um estilo filosófico hebraico.

Em segundo lugar, o autor defende um método particular para entender a natureza do florescimento humano? Sim, Jesus convoca autoritativamente seus ouvintes de volta a uma nova (embora antiga) onda de prática da Torá, a qual cumpre a Torá. No judaísmo do Segundo Templo, a "obediência à Torá" implica não apenas um compromisso bem-estudado com a letra da lei nos textos da Torá. A obediência à Torá também inclui a devoção a um longo e tradicional conjunto de práticas rituais improvisadas e agora codificadas com base na Torá.[39]

---

[36] Jonathan T. Pennington, *The Sermon on the Mount and human flourishing: a theological commentary* (Grand Rapids: Baker Academic, 2017), p. 289.

[37] Pennington, *The Sermon on the Mount*, p. 35.

[38] Grifo do original. Pennington, *The Sermon on the Mount*, p. 36.

[39] Como Charry resume, "a obediência da aliança é o leme, a bússola, o mapa e a provisão para a viagem da vida". Ellen T. Charry, *God and the art of happiness* (Grand Rapids: Eerdmans, 2010), p. 214, também citado em Pennington, *The Sermon on the Mount*, p. 44.

254  FILOSOFIA BÍBLICA

Em suma, Jesus defende explicitamente a compreensão da lógica da Torá para que algumas das práticas formadas nas tradições judaicas possam ser propriamente criticadas. Cada seção do sermão defende uma compreensão do tipo de florescimento humano que Pennington propõe por meio de rituais — alguns familiares (Mt 5:21-26) e outros contraintuitivos (Mt 5:38-48). Alguns podem se surpreender ao ver que Jesus não despreza as inovações rituais das tradições judaicas, como os fariseus. Em vez disso, ele as afirma como produtivas, mas as repreende por serem distorções que levam à satisfação pessoal (Mt 23:23-28).

Pennington propõe que Mateus mapeia conceitualmente e linguisticamente a virtude em um discurso sobre o cumprimento da Torá — por exemplo, usando a linguagem da virtude como *telios* e *makarios*. Por meio de tais movimentos, o escritor do evangelho tanto revela a sobreposição de noções compatíveis quanto redireciona os leitores para compreender e praticar corretamente a Torá, a fonte na qual a sobreposição se origina. É a tradição aristotélica que se sobrepõe à Torá, e não vice-versa. Mais tarde, argumentarei que esse mesmo tipo de ação usurpatória se torna um *modus operandi* de Paulo em seus discursos e campanhas epistolares.

Terceiro, que estilo filosófico o Jesus de Mateus emprega? À primeira vista, poderia se argumentar que o estilo do sermão é pixelado e entrelaçado. Mateus situa abertamente o sermão desse modo. Convicções criacionistas, ritualísticas, e transdemográficas fluem com bastante facilidade do sermão. Jesus invoca diretamente a Torá e a continuidade histórica judaica com ela para prescrever novos rituais baseados na mesma velha Torá. Estou convencido de que um dos objetivos é compreender o florescimento humano em sua plenitude comunitária, o que seria uma conquista meramente individual na tradição da virtude aristotélica. Outro objetivo inerente ao primeiro seria corrigir os mal-entendidos ou entendimentos tênues da Torá por causa de uma tradição da comunidade.

"Vocês ouviram dizer, mas eu digo a vocês" não é apenas uma forma de corrigir fofoca. Em vez disso, "vocês ouviram dizer" parece ser uma metonímia para algo como: "vocês já entenderam dessa maneira e estruturaram sua vida ritual de acordo com tal entendimento". A natureza transdemográfica tanto da audiência do Sermão quanto das interações posteriores de Jesus com mulheres, estrangeiros e deficientes sinalizam uma abordagem transdemográfica para essa forma de florescimento humano e clareza de compreensão.

A convicção misterionista é a única que não posso justificar sem esforço apenas com este sermão. O misterionismo combina bem com o tom

ESTILO FILOSÓFICO HEBRAICO NOS EVANGELHOS    255

apocalíptico da mensagem, mas não é óbvio para o leitor casual.[40] A única sugestão de misterionismo que vejo no Sermão são as correções feitas por Jesus e o espanto resultante de sua autoridade de ensino por parte do público. A presunção misterionista por trás das correções "vocês ouviram dizer" seria esta: assume que o que alguns israelitas pensavam que entendiam claramente sobre a Torá é, na melhor das hipóteses, impreciso e, na pior, errado. Esse tipo de ensino disruptivo, como os interrogatórios socráticos, procura condenar o ouvinte levando a uma hesitação misterionista: eu achava que conhecia X e agora não tenho tanta certeza.

Essa crítica de obediência à Torá é aguçada pelo fato de que Jesus não apenas ataca o entendimento de Israel sobre a Torá, mas, ao fazê-lo, implicitamente enfraquece seus rituais improvisados nos casos de silêncio da Torá. Em outras palavras, se Jesus é autoritativamente correto em seu entendimento "mas eu digo a vocês", isso requer uma reavaliação de todo ritual e vida ética. Além disso, ao praticar esses "novos" ritos da Torá (por exemplo, dar a outra face, não olhar com luxúria etc.), eles serão capazes de compreender o reino invisível de Deus.

Em resumo, o Jesus de Mateus usa o estilo filosófico hebraico temperado com linguagem e conceitos helenistas/aristotélicos para defender um modo particular de raciocinar sobre a boa vida ética, mas também uma maior compreensão epistemológica da Torá.

---

[40] "O Sermão manifesta uma relação genética com a perspectiva da sabedoria apocalíptica do Segundo Templo (ou escatologia apocalíptica inaugurada), fornecendo uma visão para a virtude que é orientada para o reino restaurador vindouro de Deus." Pennington, *The Sermon on the Mount*, p. 29.

Capítulo 7

# PAULO EM VESTES ESTOICAS

As conclusões acadêmicas sobre o relacionamento de Paulo com a filosofia helenista permanecem divididas, para dizer o mínimo.[1] Elas se concentram nos paralelos entre Paulo e filósofos contemporâneos (por exemplo, Sêneca ou Epíteto) ou filosofias (por exemplo, estoicismo, platonismo médio, epicurismo etc.), cada uma com teses variadas sobre o consumo acrítico de Paulo de tais filosofias ou sua reinterpretação sagaz do helenismo.[2]

Além das convicções enciclopédicas que frequentemente fundamentam tais comparações, observadas por Rowe no capítulo anterior, as *diferenças* entre Paulo e o helenismo são discutidas com menos frequência.[3] E se suas disposições e suas diatribes pudessem ser relacionadas a sua visão do ofício profético, sustentando a filosofia hebraica tão facilmente quanto poderia sustentar a retórica do cínico ou do estoico?

Infelizmente, os estudiosos às vezes acabam tratando correlação como se fosse causação. A paralelomania, um bicho que tem picado alguns

---

[1] Os debates acadêmicos acerca do relacionamento de Paulo com o estoicismo são brevemente apresentados nesta interação entre Martyn e Engberg-Pedersen: J. Louis Martyn, "De-apocalypti-cizing Paul: an essay focused on Paul and the stoics by Troels Engberg-Pedersen", *Journal for the Study of the New Testament* 86 (2002): 61–102; Troels Engberg- Pedersen, "Response to Martyn," *Journal for the Study of the New Testament* 86 (2002): 103–14.

[2] Também ocorreram tentativas recentes de compreender Paulo ao situá-lo no debate filosófico com a filosofia continental: Gert Jan van der Heiden et al., eds., *Saint Paul and philosophy: the consonance of ancient and modern thought* (Berlin: De Gruyter, 2017).

[3] C. Kavin Rowe, *One true life: the stoics and early christians as rival traditions* (New Haven: Yale University Press, 2016), p. 182–205.

PAULO EM VESTES ESTOICAS 257

estudiosos paulinos, destaca essas correlações. No entanto, os paralelos em si são desinteressantes.[4] Demonstrar as motivações por trás de um emprego espirituoso ou ingênuo de filosofias contemporâneas contribui para uma visão mais convincente.

Embora as correlações devam fazer parte de explicações de sua retórica, as epístolas de Paulo não nos legam apenas recursos filosóficos helenistas. O exame de James Thompson da retórica de Paulo observa paralelos modestos com várias formas retóricas, incluindo as cartas de Platão e Aristóteles. No entanto, a evidência o leva a concluir o seguinte: "Embora se possa observar os paralelos entre as correspondências de Paulo e as cartas antigas, suas epístolas não se encaixam em nenhuma categoria".[5] Na maioria das ocasiões, Paulo abertamente alude, cita e emprega a tradição intelectual que ele considera ser a que mais moldou seu próprio pensamento — a tradição hebraica —, enquanto simultaneamente sinaliza o intelectualismo deficiente do helenismo, o qual acaba por mitigar, em última instância. Portanto, algo mais precisa esclarecer à qual campo os escritos de Paulo pertencem: hebraico ou helenista.

Todos esses estudos precisam lidar com a tensão entre as realidades de que, como disse Abraham Malherbe em duas obras diferentes, por um lado, "Paul fazia parte de tudo o que encontrou"[6], e, por outro, "as diferenças são maiores que as semelhanças".

Quanto aos paralelos entre Paulo, Cícero, Sêneca e Epíteto, N. T. Wright observa que isso é de se esperar: "Os muitos paralelos aqui só seriam surpreendentes para alguém que supusesse que Paulo derivou tudo da Torá, por um lado, e dos ensinamentos de Jesus, por outro, e que, na verdade, essas duas fontes seriam completamente descontínuas com o moralismo pagão".[7] Quero sugerir que o estilo de filosofia de Paulo é amplamente hebraico. No entanto, pelo fato de as epístolas de Paulo serem formadas colocando o seu público no centro, então, também, o estilo traja frequentemente as vestes da filosofia helenista. No entanto, o estilo de filosofia hebraica é o que impulsiona seu esforço.[8]

---

[4] Por exemplo, a obra de Niko Huttunen exibe paralelos fascinantes entre Paulo e Epíteto. Mas, sem razões convincentes para entender algum tipo de emprego inteligente de Paulo de Epíteto, eles permanecem apenas isso — paralelos fascinantes. *Paul and Epictetus on Law: a comparison* (Library of New Testaments Studies 405; New York: T&T Clark, 2009).

[5] James W. Thompson, *Apostle of persuasion: theology and rhetoric in the Pauline letters* (Grand Rapids: Baker Academic, 2020), p. 22.

[6] Abraham J. Malherbe, *Paul and the popular philosophers* (Minneapolis: Fortress Press, 1989), p. 67.

[7] N. T. Wright, *Paul and the faithfulness of God* (Minneapolis: Fortress Press, 2013), vol. 2, p. 1376.

[8] John Frederick faz uma argumentação semelhante acerca de Paulo e o autor de Colossenses, de que as similaridades são superficiais e carecem de justificativa enquanto que a conceituação judaica

258  FILOSOFIA BÍBLICA

Para complicar ainda mais as coisas, os instrumentos de racionalidade de Paulo variam significativamente de carta para carta – o suficiente para justificar exames lexicais formais. Com relação ao uso da gramática, da sintaxe e da coesão retórica, a análise linguística feita por Aída Bensançon Spencer das cartas de Paulo conclui: "Parece evidente que Paulo adaptou seu estilo [retórico] ao se comunicar com diferentes pessoas e congregações".[9]

Paulo tinha uma firme compreensão de segunda ordem de noções como nova aliança, reino de Deus e semelhantes. No entanto, Paulo não parece ter um mero arsenal de discursos rasos, ensaiados e repetidos *ad nauseum*. Em vez disso, por causa de suas convicções criacionistas sobre Israel e sua vida encarnada dentro dessas igrejas, seus apelos são como esculturas esclarecedoras de noções abstratas talhadas a partir de materiais obtidos na sua pedreira local. Isso provavelmente explica a conclusão dura de Spencer: "Entre as variáveis históricas básicas, *o público é a variável mais importante*, e o tempo e o local da escrita as variáveis menos significativas dentro dessas três perícopes. O tema tem uma influência menor".[10]

Proponho que Paulo se encaixa no perfil de um filósofo hebraico. No entanto, seus modos de retórica tornam seu enraizamento na filosofia hebraica menos óbvio. O que inicialmente parece ser um estilo helenístico linear pode acabar sendo pixelado, valendo-se de narrativas conhecidas e pressupostos ocultos para completar a lógica de seu discurso. Não se trata apenas de entimemas sofisticados (ou seja, silogismos com premissas não declaradas), mas de narrativas históricas inteiras compreendidas pelo público e acessadas por meio de uma coesão retórica às vezes aparente. Por causa dessa retórica altamente sensível ao contexto, que exige o que Umberto Eco chamou de "competência enciclopédica" de seu público, o estilo retórico e gramatical de Paulo varia significativamente de acordo com o público.[11]

Além disso, porque ele viu a igreja como um produto direto da história da criação (criacionista) e as Escrituras Hebraicas como o guia oficial para construir a nova aliança (entrelaçamento), a sabedoria não é acessível por meio

---

de ética aí fazem mais sentido à luz da gramática e da linguagem. "The Ethics of the Enactment and Reception of Cruciform Love: A Comparative Lexical, Conceptual, Exegetical/Theological Study of Colossians 3:1–17 and the Patterns of Thought Which Have Influenced It in Their Grammatical/Historical Context" (diss. de doutorado., University of St. Andrews, 2014).

[9] Aída Bensançon Spencer, *Paul's literary style: a stylistic and historical comparison of II Corinthians 11:16–12:13, Romans 8:9–39, and Philippians 3:2–4:13* (New York: University Press of America, 1998), p. 3.

[10] Grifo meu. Spencer, *Paul's literary style*, p. 147.

[11] Umberto Eco, *The limits of interpretation* (Advances in Semiotics; Bloomington: Indiana University Press, 1994), p. 145.

do pensamento linear (pixelado) e é oferecida a todos (transdemográfico) por meio de práticas particulares (ritualistas). Este mistério foi revelado por meio de Jesus, a Paulo e agora à igreja.[12]

Paulo, dentre outros autores do NT, poderia ser descrito de forma mais simples como atuando em interação crítica com o judaísmo helenista e a filosofia romana. Ele se defrontou com suas premissas mais básicas e as alterou para tornar a narrativa hebraica compreensível, embora nem sempre dedutivamente válida, para o público helenizado (por exemplo, Atos 17). Paulo pode então concordar com os filósofos pagãos e a literatura judaica helenista na medida em que estes se conectam a uma rede entrelaçada maior de sabedoria sobre ética, lógica e física.[13] Por meio de uma compreensão aguçada das "aspirações e expressões do mundo moral do paganismo do primeiro século", Paulo se compromete com um padrão de superação em vez de destruir as filosofias romanas do momento.[14] Wright acredita que isso explica como Paulo age em relação à *Sabedoria de Salomão*, por exemplo.[15] Assim, após desmontar criticamente o projeto comparativo de Troels Engberg-Pedersen, Wright oferece o que ele acredita ser uma opção com uma explicação mais satisfatória, embora ignorada pelo debate. Essencialmente, Wright argumenta que "se levarmos a física, a lógica e a ética da Torá a sério, então as epístolas de Paulo terão impacto para suas audiências díspares".[16]

Quero estender a lógica do argumento de Wright na tese deste livro. Para fazer isso, devo novamente fazer as mesmas perguntas sobre as questões de segunda ordem persistentemente perseguidas nas cartas de Paulo com um estilo filosófico hebraico, assim como fiz com Marcos e Mateus no capítulo anterior.

## O TRAJE ROMANO DE PAULO

Antes de voltar as minhas três perguntas padrão, três perguntas preventivas devem ser estabelecidas e respondidas para esta tarefa:

---

[12] Paulo cita um uso do mistério: evitar presunções de sabedoria, presumivelmente de algum modo ingênuo. Romanos 11:25: "Para que não pregueis ser mais sábios do que sois, irmãos, *quero que entendais este mistério*: um endurecimento veio sobre parte de Israel, até que a plenitude dos gentios tenha chegado. ."

[13] N. T. Wright argumenta muito bem que Paulo tende a abordar essa construção tripartite clássica da filosofia — ética, lógica, física — enquanto subsumindo o pensamento de seu tempo ao novo reino e à espera do cosmos por uma criação renovada. Wright, *Paul and the faithfulness of God*, vol. 2, p.1354–407.

[14] Wright, *Paul and the faithfulness of God*, vol. 2, p. 1381.

[15] Wright, *Paul and the faithfulness of God*, vol. 2, p. 1382.

[16] Wright, *Paul and the faithfulness of God*, vol. 2, p.1386-406.

# 260    FILOSOFIA BÍBLICA

1.  Paulo estava "encenando" com a filosofia helenística?
2.  Que tipo de letramento filosófico Paulo assumiu de seus diversos públicos?
3.  Paulo não assume uma posição antifilosofia em suas epístolas?

Primeiro, Paulo estava encenando com a filosofia helenista — exibindo formas de argumentação em suas epístolas segundo certas expectativas, mas orientando-as estrategicamente para um propósito inesperado? Como foi argumentado por Mark J. Edwards sobre o renomado platonismo dogmático de Justino Mártir, "mesmo quando ele [Justino Mártir] está falando como um platônico, sua linguagem, impregnada como está com as frases clássicas, muitas vezes as transforma de acordo com um novo propósito".[17] Da mesma forma, quero sugerir que Paulo evidencia uma compreensão impregnada do helenismo, mas a emprega como modo e forma para um novo propósito – ou seja, levar suas audiências à verdadeira sabedoria da filosofia hebraica.

Em segundo lugar, que tipo de letramento filosófico Paulo assumiu de seus vários públicos? O termo de Eco, "competência enciclopédica", retrata uma teia de leitores que possuem letramentos culturais pelos quais palavras podem rapidamente indicar conceitos mais amplos com todas as suas ricas conotações e redes de significados.[18] (Não deve ser confundido com a crítica de MacIntyre ao modo de investigação do enciclopedista.) Três mundos, pelo menos, aparecem no escopo dos discursos de Paulo: herança israelita interpretada através da Bíblia hebraica, literatura judaica do Segundo Templo e o consumo popular de escolas filosóficas romanas. Assim como vimos no Evangelho de Marcos e no Sermão da Montanha, as alusões de Paulo à Bíblia Hebraica são conceitualmente densas, muitas vezes sofisticadas. Elas exigem que os ouvintes transumam narrativas inteiras implícitas em sua discussão atual para completar a lógica de seus discursos. A competência na Bíblia Hebraica/LXX será especialmente exigente em cartas como aos Gálatas, onde o público principal é gentio.

As duas últimas "enciclopédias" helenistas são criticadas pelas reformulações de Paulo de suas "teorias, aspirações e expressões" de acordo com a narrativa hebraica que agora se estende em Jesus e o *eschaton* iminente.[19]

Em terceiro lugar, Paulo não assume uma posição antifilosofia em suas epístolas (por exemplo, 1Coríntios 1:18-31; Colossenses 2:8)? Além disso,

---

[17] Mark J. Edwards, "On the platonic schooling of Justin Martyr," *The Journal of Theological Studies* 42, n. 1 (April 1991): 21.

[18] Eco, *The limits of interpretation*, p. 145.

[19] Wright, *Paul and the faithfulness of God*, vol. 2, p. 1381.

PAULO EM VESTES ESTOICAS 261

quando Paulo joga fora a filosofia deste mundo, ele não deixa de oferecer uma filosofia para substituir isto? Essas questões se enquadram na questão do objetivo explícito versus implícito de sua retórica. Da mesma forma, Paulo desqualifica a obediência da Torá como um meio de justiça, e sem oferecer explicitamente um substituto para ela em Gálatas e Romanos, por exemplo.

A convicção pixelada de Paulo e o traje estoico, entre outros empréstimos, ajudam a explicar por que "intérpretes concordam com o autor de 2 Pedro, no entanto, que as cartas de Paulo são 'difíceis de entender'". [20] Ao longo do curso de uma epístola, seu argumento pixelado esclarece seu foco. Como ele faz com os judaizantes observantes da Torá, Paulo substitui as filosofias deste mundo por uma filosofia melhor e notavelmente hebraica que deve ser discernida através dos muitos e variados exemplos que ele tece ao longo de suas cartas. Dessa forma, amadurece o discernimento promovido pela participação em uma comunidade de estilo filosófico hebraico, oferecendo a capacidade de estar preparado para ler novas circunstâncias, em vez de tentar redomesticá-las diante de informações conflitantes. [21]

## Um estudo de caso: o argumento de Paulo aos Gálatas

A epístola de Paulo aos Gálatas foca em esclarecer um mal-entendido dentre uma audiência majoritariamente gentia sobre a natureza do evangelho (*euangelion*) recebido diretamente dele. Os judaizantes convenceram alguns de que a obediência à Torá também é exigida dos gentios, um assunto resolvido pelo conselho apostólico em Jerusalém (At 15). Devemos perguntar à carta de Paulo o nosso conjunto padrão de perguntas.

*Primeiro, existe uma investigação de segunda ordem presente, persistente e relevante em Gálatas?* Muitos estudiosos concordam que há um foco singular sendo esclarecido em Gálatas: a verdadeira natureza do evangelho. Dentro de uma compreensão adequada deste evangelho, Paulo deve esclarecer a natureza da graça em um ambiente cultural em que o entendimento corrente de doação poderia ter distorcido a graça como uma questão de qualificação e reciprocidade.

Paulo segue essa linha de esclarecimento até o fim, mas que tipo de lógica o capacita a esclarecer? Ao mesmo tempo, era comum afirmar que a carta de Paulo segue o fluxo tradicional da retórica romana. A tarefa então era mapear

---

[20] Thompson, *Apostle of persuasion*, p. 19.
[21] Sou grato ao Michael Rhodes por me encorajar a fazer essa afirmação.

262   FILOSOFIA BÍBLICA

as partes de acordo com as formas retóricas romanas correspondentes. No entanto, esta visão está em desuso atuamente, talvez devido à proliferação de mapas concorrentes criados pelo empreendimento. Se Paulo se restringe a uma estrutura retórica romana, então pelo menos dois estudiosos devem concordar sobre qual seria essa estrutura. Além disso, esperaríamos um encaixe natural. Mas, como observa Donald François Tolmie: "Isso frequentemente leva a uma aplicação do modelo de tal forma que este seja 'esticado' para poder descrever tudo o que acontece no texto".[22]

Mesmo que seja exagero reivindicar uma única forma retórica, Paulo certamente é influenciado pela retórica romana. No entanto, o estilo filosófico hebraico pode explicar melhor por que ele não é obrigado a seguir de perto uma forma retórica específica. O resumo de J. Louis Martyn sobre a retórica de Paulo em Gálatas aponta para a epistemologia gerada por Marcos e pela Torá de ouvir a autoridade correta para ver o que atua invisivelmente no mundo:

> Fundamentalmente, o que os gálatas precisam de Paulo, portanto, não é um argumento convincente e basicamente exortativo sobre o que eles devem fazer para remediar sua situação. Eles precisam ser ensinados por Deus [...] para que *vejam* o cosmos que Deus está trazendo à existência na nova criação. Sua necessidade dessa visão real é o que basicamente determina a natureza da retórica de Paulo.[23]

Para este fim, Paulo segue uma linha argumentativa convincente, mas não é constrangido a fazer com que todos os argumentos se combinem em um grande argumento dedutivo. Por exemplo, ao elaborar a lógica não linear que leva à afirmação da "maldição da lei", Bonneau conclui: "Embora se expresse no que parece ser uma série de declarações epigramáticas desconcertantemente curtas, o argumento sobre a maldição da lei em [Gl] 3:10-14 não é inescrutável a ponto de escapar de toda explicação lógica".[24]

---

[22] Donald Francois Tolmie, "A rhetorical analysis of the Letter to the Galatians" (diss. de doutorado, University of the Free State Bloemfontein, 2004). Kern não mede palavras sobre o que ele percebe como uma falha metodológica: "Não apenas a análise retórica falha em produzir consenso sobre o esboço, mas, ainda mais, a epístola não está de acordo com as descrições extraídas dos manuais". Phillip H. Kern, *Rhetoric and Galatians: assessing an approach to Paul's epistle* (Society for New Testament Studies Monograph Series 101; New York: Cambridge University Press, 2007), p. 118.

[23] J. Louis Martyn, *Galatians: a new translation with introduction and commentary* (Anchor Bible Commentary 33a; New York: Doubleday, 1997), p. 23.

[24] Normand Bonneau, "The logic of Paul's argument on the curse of the Law in Galatians 3:10–14," *Novum Testamentum* 39, n. 1 (January 1997): 79.

PAULO EM VESTES ESTOICAS 263

Isso também pode ser verdade para a carta inteira: uma série de argumentos sem estrita vinculação a uma única lógica dedutiva, mas "não inescrutáveis a ponto de escapar de toda explicação lógica". Paulo dá pistas ao seu público com essa "subestrutura narrativa" misturada, a qual deriva da Bíblia hebraica, de histórias de Jesus e de argumentos lineares — embora todos os elementos requeiram a participação cognitiva dos gálatas para completar a lógica dos argumentos de Paulo com narrativas previamente conhecidas e muitas premissas ausentes. Isso não torna Paulo incoerente; apenas indica que, mesmo com formas retóricas eruditas e culturalmente aceitáveis na ponta dos dedos, ele ainda prefere um estilo pixelado ao esmiuçar um conceito de segunda ordem.

Há uma questão de segunda ordem presente e persistentemente examinada ao longo da carta aos Gálatas? Sim, a natureza peculiar do *euangelion*, como discernir seu *genus* e rejeitar corretamente suas *differentiae* concorrentes são assuntos trabalhados nesta carta. Abordo os capítulos três e cinco de Gálatas abaixo para mostrar como Paulo usa a forma linear, mas a enche de exemplos sobrepostos no topo de uma subestrutura narrativa. Esse estilo, por seus efeitos, gera distinções de *genus/differentia*. Além disso, esse estilo de argumento só é convincente se o público incorporar o estilo filosófico hebraico agora sendo ensinado por Paulo. Quero sugerir, sem maior demonstração, que esse estilo filosófico é programático para a campanha epistolar de Paulo.

*Em segundo lugar, o autor defende um método específico para buscar esse entendimento de segunda ordem?* Por causa da natureza exortativa das epístolas do Novo Testamento, esta pergunta responde a si mesma. Sim, Paulo defende uma série de reflexões históricas destinadas a se encaixar em um padrão específico. No entanto, suas provocações e estímulos retóricos podem variar de experiências pessoais que um público teve com o próprio Paulo (por exemplo, 1Co 1:14-16; Gal 4:12-14; 1Ts 2:5-12) a argumentos macroestruturados que se estendem por epístolas inteiras (por exemplo, o argumento de Gálatas quanto ao "verdadeiro evangelho"). Para entender o ativismo metodológico de Paulo, precisamos nos concentrar brevemente no que ele tenta fazer em Gálatas.

A preocupação de Paulo com concepções de segunda ordem gira em torno de um conceito estável, porém complexo, do "evangelho" contra as falsas visões do "evangelho". Como observa Klawans, na literatura judaica helenista, "nada ilustra melhor a subsistência de um campo acadêmico do que controvérsias".[25]

---

[25]Jonathan Klawans, *Theology, Josephus, and understandings of Ancient Judaism* (New York: Oxford University Press, 2012), p. 5.

264 FILOSOFIA BÍBLICA

Definir a natureza das "boas-novas" leva a uma subdivisão na discussão sobre "graça/dom" por meio do qual surge a "liberdade" por ela gerada. John Barclay demonstrou como a ideia radical de uma obra de Deus chegar aos gentios como um "dom" rompia tanto as normas culturais romanas de "graça" quanto os conceitos de obediência à Torá dentre os judeus.[26]

"Graça" (*charis*) vem do campo linguístico da prática de dar presentes na cultura romana. O termo e o esquema conceitual operavam mais comumente em uma economia de troca onde tudo era com compromisso. Podemos imaginar que uma teologia empobrecida de obediência à Torá poderia erroneamente levar os praticantes judeus a uma visão semelhante sobre presentes e Deus. Paulo precisa reorientar esse erro conceitual. Ele não descarta a noção cultural de graça como dádiva, mas a considera um conceito valioso que precisa ser esclarecido dentro de uma ordem conceitual inteiramente nova.[27]

Além disso, Paulo conecta este *dom* da ação de Deus em favor dos gálatas à liberdade destes. Especificamente, por tal dom eles são libertados da escravidão tanto ao mundo conceitual romano quanto suas práticas de culto (*stoicheia*; 4:9), mas também à obediência à Torá como ditada a eles pelos judaizantes (2:11-14).[28]

Em última análise, ele diz que a própria liberdade deve ser escravizada à comunidade em amor, "cumprindo a *torá*" de Cristo (6:2) como "o Israel de Deus" (6:16). No entanto, sua persuasão retórica é impressionante, mesmo que siga apenas vagamente alguns cânones da retórica romana. Barclay observa que "Paul conscientemente desconsidera os critérios que carregam força persuasiva no discurso humano normal... Paulo sabia que a 'persuasão' é efetiva apenas quando emprega os critérios normativos apreciados pelo seu público".[29]

Paulo defende um método específico para raciocinar por meio dessa definição de segunda ordem do "evangelho"? Sim, usando camadas de metáforas sobrepostas, perguntas e respostas, e delineando o processo em uma "retórica totalmente antitética", seu método visa à participação individual no corpo social para que eles possam entender a complexidade conceitual

---

[26] John M. G. Barclay, *Paul and the gift* (Grand Rapids: Eerdmans, 2015), p. 11–65.

[27] "Paulo anuncia a irrelevância dos sistemas taxonômicos pelos quais a sociedade foi dividida em termos sutilmente hierárquicos: velhas 'antinomias' são aqui descartadas na esteira de uma nova realidade que reordenou completamente o mundo." Barclay, *Paul and the gift*, p. 395.

[28] "Que estes [*stoicheia*] estejam aparentemente associados tanto com o antigo culto pagão dos gálatas quanto com a adoção de um calendário judaico (4:9-10) pareceu a muitos impossível ou sem sentido. Mas é difícil negar que Paulo faz essas associações em ambas as instruções." Barclay, *Paul and the gift*, p. 409.

[29] Barclay, *Paul and the gift*, p. 355.

## PAULO EM VESTES ESTOICAS 265

do *euangelion*.[30] Seu raciocínio não visava meramente alcançar o universo mental deles. Sua retórica, como ele diz na carta (1:1, 10-12), não é convincente segundo os padrões humanos e é intencionalmente contraintuitiva em certos pontos. Aqui, Paulo não endossa a visão anti-retórica extrema que ele defende para os coríntios, onde as "boas-novas" foram proclamadas "não com sabedoria eloquente, para que a cruz de Cristo não se esvaziasse de seu poder" (1Co 1: 17). No entanto, afinidades entre as duas convicções — Gálatas e 1 Coríntios — são evidentes.

Assim, ele está argumentando por meio de uma retórica pixelada que se baseia na compreensão entrelaçada, ao mesmo tempo em que os chama a adotar uma nova maneira de ver o mundo. Usando uma série de binários dramáticos, Paulo força o ouvinte a escolher: "Não há lugar para neutralidade... há duas posições, e ele passou de uma para a outra".[31]

A persuasão da carta de Paulo não se encontra apenas dentro desta. Ele defende uma visão do evangelho com orientação pragmática por meio de uma nova *Torá*, revelada por Paulo, ouvida por eles em confiança, dada como um presente (*charis*), sem os compromissos convencionais de reciprocidade inclusos, e vista através de uma nova e mais livre obediência à Torá. O propósito de sua liberdade é que eles possam "se escravizar uns aos outros (*douleuete allēlois*)" e ver a evidência do fruto do Espírito. O verdadeiro evangelho é conhecido por meio do *genus* de ações (por exemplo, "servir uns aos outros") com uma série de resultados observáveis (por exemplo, amor, alegria, paz, paciência, etc.) e as *differentiae* de falsos evangelhos concorrentes (por exemplo, imoralidade, impureza, idolatria, etc.). Esses resultados representam, em última análise, por que o argumento de Paulo é persuasivo.

Sem resultados tangíveis, a carta seria apenas um sofisma. De fato, os apelos de Paulo ao seu comportamento anterior na presença de coríntios, gálatas ou tessalonicenses são fundamentados pela mesma lógica (1Co 1:14-16; Gl 4:12-14; 1Ts 2:5-12).

*Terceiro, que estilo de filosofia melhor captura a busca de Paulo de entender o "evangelho"?* O estilo *pixelado* de Paulo, que se baseia na *história entrelaçada* de Israel, desde a criação até Jesus, muitas vezes forma a base de sua autoridade e fornece a lógica para seus argumentos. Ele prescreve uma nova obediência à torá a ser ritualizada para todos os membros do crescente movimento do Caminho, independentemente de classe, raça, gênero ou status. Embora a

---

[30] Barclay, *Paul and the gift*, p. 337.
[31] Barclay, *Paul and the gift*, p. 337.

# 266 FILOSOFIA BÍBLICA

frase "mistério revelado" apareça frequentemente em Paulo, ele mantém uma posição misterionista, principalmente devido a sua metáfora contracultural e confusa de "dom" (*charis*) — a qual não podemos entender a menos que Deus nos revele um mistério. Embora essa sabedoria, adquirida através de uma vida ritualizada em comunidade, supere a sabedoria do homem, ela nunca é retratada como a chave que desvenda todos os mistérios.

Exploro os detalhes do estilo hebraico de Paulo abaixo, mas o volume recente sobre retórica romana e o Novo Testamento resumiu o assunto de forma sucinta: "'Moisés', não 'Homero', foi a 'Bíblia' — a fonte de autoridade — para a fé e a prática cristãs desde o início, mesmo se tal fé e tal prática houvessem sido comunicadas por meio de artifícios retóricos completamente helenizados".[32]

*Pixelado ou linear?* A presença de argumentos lineares nas cartas de Paulo parece indicar a muitos que Paulo se apropriou de formas romanas de retórica, possivelmente para adotar uma forma incrementada de filosofia estoica.[33] Contudo, duas considerações qualificam a visão do estilo filosófico de Paulo como linear: seu foco centrado no público e seu entrelaçamento de narrativas, metáfora e pixelação retórica em suas cartas.

Como afirmado acima, a forma de Paulo centrada na audiência de seus textos parece ter prioridade: "Entre as variáveis históricas básicas, a audiência é a variável mais importante".[34] As descrições acadêmicas da retórica de Paulo geralmente giram em torno de dois aspectos: o ostensivo fervor retórico das cartas e a variação na forma e na técnica de uma carta para outra. Rowe é um desses exemplos:

> Elas exibem argumentos rígidos, desenvolvimento temático e profundidade teológica. No entanto, elas não fazem nenhuma tentativa de compreender as coisas em sua totalidade e de relacionar certos pontos de orientação dogmática entre si em prol de maior consistência interna. Em vez disso [...] elas foram escritas para comunidades específicas com problemas específicos em mente — ou para contar uma mensagem que precisava ser ouvida — e foram entregues por uma transportadora como uma "palavra no tempo certo".[35]

---

[32] Mikael C. Parsons; Michael Wade Martin, *Ancient rhetoric and the New Testament: the influence of elementary Greek composition* (Waco: Baylor University Press, 2018), p. 9.

[33] Veja Malherbe, *Paul and the popular philosophers*; Troels Engberg-Pedersen, *Paul and the stoics* (Philadelphia: Westminster John Knox Press, 2000).

[34] Grifo meu. Spencer, *Paul's literary style*, p. 147.

[35] Grifo meu. Rowe, *One true life*, p. 86. Da mesma forma, Normand Bonneau diz: "O comentário de Stanley de que a preocupação de Paulo em Gálatas não era propor 'pronunciamentos teológicos

PAULO EM VESTES ESTOICAS 267

Isso implica que qualquer coisa que diga sobre a linearidade dos argumentos de Paulo dependerá de como ele a construiu para um grupo específico *in situ*.

**TABELA 9** ◆ Fluxo lógico de Gálatas 2:16

| Gálatas 2:16-18 (NRSV) | Resumo Lógico |
| --- | --- |
| **2:16a** Contudo sabemos que uma **pessoa é justificada (J)** | ~ (O ⊃ J) |
| não pela **[confiança nas] obras da lei (O)** | J ⊃ C |
| mas por meio da **confiança em Jesus Cristo (C)**. | C |
| **2:16b** E viemos a **confiar em Cristo Jesus,** | J ⊃ C |
| a fim de que possamos **ser justificados** pela **confiança em Cristo**, e não por realizar as **obras da lei**, | ~C ⊃ ~J (contraposição) |
| **2:16c** porque ninguém **será justificado** pelas **obras da lei.** | O ⊃ ~J |

Como consideração secundária, Paulo está confortável com um uso diversificado de estilos, incluindo abordagens lineares e pixeladas. Um exemplo de argumento linear é Gálatas 2:16–18, onde Paulo justapõe aqueles que confiam na obediência da *torá* para obter justificação com aqueles que vivem pela confiança na promessa a Abraão — um grupo que inclui os gentios.[36]

No entanto, mesmo nessa granularidade do argumento, vemos evidências de uma linearidade apenas parcial. Porém, abundam premissas e predicados ausentes, forçando o leitor/ouvinte a preencher o argumento com narrativas da Bíblia Hebraica, dos Evangelhos e até mesmo os passos lógicos necessários para completá-lo.[37] Ian Scott refere-se a isso como argumentar por "história reconfigurada" usando "lacunas interpretativas".[38] Parsons e Martin veem a abertura desse discurso como exemplificações das marcas clássicas do estilo

---

universalizáveis que pudessem ser extraídos, sem perder nada de importante, de seus contextos argumentativos atuais' expressa uma consciência crescente entre os exegetas de que uma interpretação adequada deve permanecer dentro da situação específica endereçada pela carta". Bonneau, "The logic of Paul's argument", p. 60-80.

[36] Martyn vê essa confiança como "uma ação humana", mas "mais do que uma ação humana" para "confiar no Deus que é ativo no evangelho". Martyn, *Galatians*, p. 276.

[37] Martyn refere-se a esta perícope em Gálatas 2 como "uma das declarações teológicas mais fortemente concentradas em todas as cartas de Paulo". Martyn, *Galatians*, p. 263.

[38] Para uma análise mais acurada do argumento de Paulo em Gálatas 2, ver: Ian W. Scott, *Paul's way of knowing: story, experience, and the Spirit* (Grand Rapids: Baker Academic, 2009), p. 179—98.

268  FILOSOFIA BÍBLICA

romano de *narratio* (Gl 2:1-2)[39]. Assim, até a retórica linear dedutiva de Paulo é pixelada, quando vista em detalhes. Na Tabela 9, mapeio a lógica de duas frases que formam uma das cadeias mais longas de lógica estritamente linear em Paulo. Na Tabela 10, observei os elementos ausentes, mas presumidos, do argumento de Paulo na coluna da direita, onde tento representar a estrutura lógica de seu argumento, mas sem quantificadores.

Um exemplo claro de *modus ponens* ($P \to Q$; i.e., "Se P, então Q.") aparece aqui (2:16a-b), contanto que o extraiamos inferencialmente da primeira metade da sentença (2:16a ). Podemos construir tanto uma versão *modus ponens* quanto uma versão *modus tollens* do argumento após fornecer uma conclusão para a primeira instância e uma equivalência para a segunda. Observe que devemos obter equivalências a partir de outras partes da carta:

**TABELA 10** ◆ Gálatas 2:16 como *modus ponens/modus tollens*

| Modus Ponens | Premissa 1: Se "somos justificados", então "confiamos em Cristo" (16a) | $P_1: J \supset C$ |
|---|---|---|
| | Premissa 2: "viemos a confiar em Cristo Jesus" (16b) | $P_2: C$ |
| | Conclusão: "Somos justificados" | $\therefore J$ |
| Modus Tollens | Premissa 1: Sse[40] "somos justificados", então "confiamos em Jesus Cristo" (16a)[41] | $P_1: J \supset C$ |
| | Premissa 2: Se confiamos nas "obras da lei", então "não justificados" (16c) | $P_2: O \supset {\sim}J$ |
| | Premissa 3: Se confiamos nas "obras da lei", então *não confiamos em Jesus* (**implícito**) | $P_3: O \supset {\sim}C$ |
| | Premissa 4: Se *não confiamos em Jesus*, então *não somos justificados* (**implícito**) | $P_4: {\sim}C \supset {\sim}J$ |
| | Premissa 5: "Evangelho diferente" (D) [1:6-7] é equivalente a "Se O, então J" (**implícito**) | $P_5: D \equiv (O \supset J)$ |
| | Premissa 6: Mestres do "evangelho diferente" *não confiam em Jesus* (**implícito**) | $P_6: D \supset {\sim}C$ |
| | Conclusão: Mestres do "Evangelho diferente" *não são justificados* (**implícito**) | $\therefore D \supset {\sim}J$ |

---

[39] Os elementos do exercício retórico da *narratio*: pessoa, ação, tempo, lugar, modo e causa. Parsons; Martin, *Ancient rhetoric and the New Testament* 72, p. 98–9.

[40] "Sse" significa "se, e somente se,".

[41] Porque Paulo coloca a justificação como um problema de conhecimento — "nós sabemos que" — a lógica do condicional parece fluir de "justificado" para observável "confiança em Jesus Cristo". Sou grato a Joshua Blander por me ajudar a resolver esse pequeno, mas complexo, problema lógico.

PAULO EM VESTES ESTOICAS    269

Considere o tanto de trabalho que a lógica de Paulo exige do seu público. Os predicados de seus argumentos são estruturas narrativas inteiras, incluindo sua própria lógica, histórias textuais e camadas proféticas de interpretação. Os itens J, C, O e D nas Tabelas 9 e 10 dependem da compreensão da dinâmica narrativa a ser adicionada pelo ouvinte para perceber a relevância do argumento de Paulo. Não há nada implicitamente coerente nas metáforas e analogias em si: "ser justificado", "confiar em Cristo Jesus", "obras da lei" ou "evangelho". Tudo isso requer informações extraídas de narrativas pixeladas em toda a literatura hebraica e reunidos na configuração atual para se tornarem coerentes para o público.

Simbolizei a força dedutiva do argumento conciso de Paulo acima apenas para mostrar sua função parcial. Mesmo neste menor dos argumentos, montado para levar a uma conclusão dedutiva, Paulo salta dentro e fora de narrativas e deduções entrelaçadas, forçando o leitor a reunir por si só seus elementos, narrativas de fundo e completar o argumento para uma conclusão. Toda uma ala acadêmica analisou como Paulo entrelaça narrativas incompletas conhecidas por seu público como uma forma de argumento.[42] Não vou repetir essas análises aqui, a não ser para notar que ela ajuda a questionar qualquer alegação de argumentação puramente linear em Paulo.

De muitas maneiras, o uso estratégico feito por Paulo de premissas e porções narrativas ausentes nos lembra do código legal narrativizado da Torá que Paulo também copia (ver discussão no Capítulo 4). Os leitores são convidados a visualizar o drama e ligar os pontos por si só.

Em comparação com um argumento linear autônomo na filosofia estoica, Epíteto raciocina linear e dedutivamente sobre o escrutínio da própria lógica:

> Uma vez que é a razão que torna todas as outras coisas articuladas e completas, e a própria razão deve ser analisada e articulada, o que é que deve efetuar isso? Claramente, ou a própria razão ou outra coisa. Essa outra coisa ou é a razão ou será algo superior à razão, o que é impossível. Se for a razão, quem mais uma vez analisará essa razão? Pois se ela se analisa, a razão pela qual começamos também pode. Se formos chamar outra coisa, o processo será interminável e incessante.[43]

---

[42] Para um resumo dessa produção acadêmica, ver Bruce W. Longenecker, "The narrative approach to Paul: an early retrospective," *Currents in Biblical Research* 1, n. 1 (2002): 88–111.

[43] Epictetus, *The discourses and manual*, trad. Percy E. Matheson (Oxford: Oxford University Press, 1916), vol. 1, p. 17, 34.

## 270 FILOSOFIA BÍBLICA

A Tabela 11 mostra como Epíteto apresentou o argumento de forma bastante simples e sem quaisquer premissas ocultas, dada a pergunta: "O que analisa a razão: ela mesma ou outra coisa?":

### TABELA 11 • O argumento de Epíteto

| | |
|---|---|
| • P1: A razão analisa tudo, o que pode analisar a razão? | P1: R v OC |
| • Ela mesma (R) ou outra coisa (OC)? | |
| • P2: OC ou é R ou "algo superior a R" (R+). | P2: OC = R v R+ |
| • P3: É impossível algo ser superior a R. | P3: ~R+ |
| • ∴ [Conclusão implícita] | ∴ OC Ξ R |

Em contraste A grande parte da filosofia estoica da época, a retórica de Paulo tem elementos de muitos estilos de retórica que parecem ser dependentes do público e se estendem além de uma premissa ausente para criar uma lógica pixelada que requer a participação do ouvinte.[44]

Martyn casa esta declaração (Gl 2:15-21) com fórmulas semelhantes em Romanos e 1 Coríntios para formar uma "tradição de retificação" que poderia ter sido conhecida por Paulo.[45] Até mesmo aqui em Gálatas, nós podemos estar lendo o argumento dele sobre a "tradição de retificação" e não um argumento totalmente novo.

Embora não seja um raciocínio explícito deste texto, Martyn mapeia nove convicções teológicas e fases do argumento da "retificação" em que Paulo está "se baseando fortemente nas tradições do Antigo Testamento e em vertentes do pensamento judaico sobre retificação".[46] A metáfora que Martyn usa para desvendar essas implicações, a de surgir uma imagem, confirma o estilo de linearidade pixelada em Paulo: "Enquanto essas fórmulas judaico-cristãs mostram variações, *aqui surge uma imagem de considerável coerência*".[47]

---

[44] Epictetus, *Discourses and manual*, vol. 1, 17, 1–2.

[45] Romanos 3:25, 4:25, 1Coríntios 6:11. Martyn, *Galatians*, p. 264-5.

[46] J. Louis Martyn, *Theological issues in the Letters of Paul* (New York: T&T Clark, 1997), p. 143. Seus nove pontos "estruturantes" são estes: (1) A retificação é um ato de Deus; (2) Nesse ato Deus corrige as coisas que deram errado; (3) O que tornou as coisas erradas são as transgressões contra a aliança de Deus cometidas pelo povo de Deus; (4) O que torna justos os membros transgressores do povo de Deus é o perdão de Deus; (5) A retificação de Deus é, portanto, a misericórdia de Deus; (6) A Lei não é mencionada porque sua contínua validade é dada como certa; (7) Deus realizou seu perdão retificador em Cristo, especificamente em sua morte e ressurreição; (8) A graça messiânica de Deus pode ser encontrada no contexto da Lei de Deus; e (9) o perdão retificador de Deus em Cristo é confessado sem referência explícita à fé. Martyn, *Galatians*, p. 265-9.

[47] Grifo meu. Martyn, *Galatians*, p. 265.

Na carta de Paulo aos Gálatas, mesmo os espaços lineares da carta exigem a recuperação e o suplemento de narrativas da Bíblia hebraica, estruturas legais da Torá e histórias de Jesus e seus apóstolos, todas obtidas por meio de uma matriz sobreposta de metáforas legais, agrícolas, atléticas, contábeis, de panificação, sociais (por exemplo, escravidão) e corpóreas (por exemplo, comer, cair etc.).[48]

Além disso, Paul desenvolve uma linha inequívoca de dualidades para orientar seu público, mas Barclay observa que elas também "se acumulam para complicar o quadro".[49] Opostos polares pontilham a paisagem da imagem que Paulo faz surgir, abrindo caminho para apenas duas opções mutuamente excludentes e forçando o leitor a tomar um caminho, e não o outro.

Embora comentando apenas uma parte de Gálatas, a observação de Bonneau parece muito pertinente:

> A lógica implícita em 3:10-14, os pressupostos inexpressos que ligam o argumento de Paulo de um passo para o outro, não deve ser buscada em esquemas teológicos extrínsecos, mas pode ser extraíd das seções anteriores da carta. Paulo espera persuadi-los de que existe apenas um evangelho verdadeiro — o evangelho sem lei que ele pregou desde o início. Os diversos argumentos da carta foram todos calculados para atingir esse objetivo.[50]

A complexidade das cartas de Paulo provavelmente foi responsável por gerar muitos mapas acadêmicos de sua retórica. Assim, T. David Gordon afirma: "Um exame da variedade de termos e expressões de conexão revela que Gálatas é, essencialmente, um único argumento. [...] Pelo menos segundo cânones literários, Gálatas não é uma série de argumentos sobre diferentes assuntos, mas uma série de sub-argumentos sobre essencialmente o mesmo assunto (que pode, é claro, ter muitas ramificações)."[51]

Richard Hays mapeia historicamente o argumento de Gálatas, onde o "caráter proléptico da promessa a Abraão" torna-se o caminho para conectar ideias, mesmo que não em estruturas dedutivas.[52] O único argumento de

---

[48] Esses exemplos metafóricos foram obtidos apenas a partir de uma breve passagem de Gálatas (2:1-15)!

[49] Barclay, *Paul and the gift*, p. 337.

[50] Bonneau, "The logic of Paul's srgument", p. 80.

[51] T. David Gordon, "The problem at Galatia," *Interpretation* 41 (1987): 33, 34.

[52] Para Hays, a compreensão correta do evangelho abrange como (1) "[tendo sido o evangelho] pregado anteriormente a Abraão, é dito que 'todos os gentios' (*panta ta ethne*) serão abençoados nele"; (2)

272 FILOSOFIA BÍBLICA

Paulo contar com diversas rotas, rampas e ramificações pode ser um exemplo para sugerir o seguinte: *este é um subproduto da inclinação de Paulo para o estilo pixelado vestido com a roupagem retórica romana e alimentado por suas convicções misterionista, criacionista, transdemográfica e ritualista do estilo filosófico hebraico.*

*Entrelaçado ou autonomista?* Hays também investiga a mente entrelaçada do apóstolo para revelar um Paulo que se engaja livremente com as Escrituras Hebraicas para gerar o presente efeito retórico, mas somente para ouvidos de uma audiência biblicamente alfabetizada. O fato de que Paulo "emprega citações de Dt 27:26, Hc 2:4, e Lv 18:5 para criar uma barreira entre a Lei e a Fé", ou que Paulo "tome a liberdade de confundir Gênesis 12:3 com Gênesis 22:18" para fazer reivindicações sobre herança gentia já demonstram suas táticas de entrelaçamento.[53]

A retórica de Paulo exige que o ouvinte convoque e empregue uma série de narrativas necessárias. A onipresença dessas premissas narrativas juntamente com referências narrativas usadas para completar a lógica dos argumentos dentro de Gálatas não deixa espaço para argumentos autônomos que apenas dependam na lógica interna de suas premissas.

Embora as narrativas bíblicas e as histórias do Evangelho permeiem o pensamento de Paulo e as expectativas de seu público, essas histórias não apenas assombram sua formação cultural como uma memória compartilhada. Rowe vê isso como uma diferença crucial entre aqueles que entendem o uso da narrativa em Paulo e aqueles que não entendem. Por isso, vale a pena uma citação mais extensa:

> Isso não quer dizer, é claro, que devemos pensar na narrativa como algo que funcione apenas como pano de fundo de práticas, julgamentos normativos, relatos metafísicos do mundo e assim por diante. *Pelo contrário, a narrativa está presente em todas as camadas da particularidade de uma tradição (mesmo que incipiente ou não articulada).* Tampouco devemos pensar em qualquer tipo de ordem histórica regular, como se as narrativas devessem preceder a prática ou o questionamento reflexivo [...] Para colocar em termos mais familiares para os estudiosos do Novo Testamento e do cristianismo primitivo, demonstrar que as cartas de Paulo têm uma

---

que a própria Escritura é o agente "quase personificado" que faz a pregação; e (3) a pré-proclamação aos gentios "deve ser interpretada retrospectivamente", como sendo cumprida pela igreja. Richard B. Hays, *Echoes of Scripture in the Letters of Paul* (New Haven: Yale University Press, 1989), p. 106.

[53] Hays, *Echoes of Scripture in the Letters of Paul*, p. 106,109.

PAULO EM VESTES ESTOICAS  273

"infraestrutura narrativa" simultaneamente elucida o fundamento de sua possibilidade como discurso inteligível.[54]

Para bancar o advogado do diabo, digamos que gostaríamos de argumentar contra Paulo: o evangelho requer obras da Torá. Em qual parte do argumento de Paulo atacaríamos e com qual argumento? Presumivelmente, não podemos condenar a lógica do argumento em si, que inclui suas premissas implícitas. Em vez disso, podemos encontrar falhas na interpretação de Paulo da vida e da morte de Jesus e como ela corresponde às tradições atuais de obediência à torá. Em outras palavras, não estamos atacando a lógica do argumento, mas sim o entendimento de Paulo sobre a própria história e, portanto, sua autoridade.

Presumindo que Paulo saiba disso, agora podemos entender como ele usa uma figura de linguagem vinda de Deuteronômio para estabelecer sua autoridade e sua compreensão proféticas semelhantes ao Sinai no início da carta. Como as instruções de Moisés em Deuteronômio (Dt 4:33-40), ninguém, nem mesmo um "mensageiro do céu", pode ensinar um evangelho diferente (Gl 1:8). Por que não? Por causa dos eventos historicamente únicos e pessoalmente testemunhados da primeira pregação, como lembrado em um hebraísmo reminiscente do relato do Sinai em Deuteronômio: "*diante de seus olhos* que Jesus Cristo foi publicamente retratado como crucificado" (cf. Dt 29:2; Gl 3: 1). Como Jeremias, Paulo foi designado para esta tarefa profética no ventre, "antes de nascer" (cf. Jr 1,4-5; Gl 1,15).

Em resumo, a autoridade profética de Paulo foi autenticada de forma única diante dos olhos dos gálatas e constitui o contexto que permite que seus argumentos funcionem.

*Criacionista ou abstracionista?* Não quero elaborar pontos já feitos acima. Apenas alguns comentários são necessários aqui. As figuras de linguagem hebraicas usadas para autenticar a tarefa de Paulo (por exemplo, Gl 1) e seu desdém pela vida mal interpretada extraída da Torá (ou seja, "obras da lei") sinalizam que seu objetivo não é a abstração para ter objetos mentais sobre os quais refletir. Abaixo, veremos que os rituais da nova *torá* conferida à igreja permitem aos gálatas discernir o reino invisível em seu *genus* e *differentia*.

Mesmo apelos comuns a uma figura divina chamada "Deus" (*theos*) não são abstrações sobre *algum deus separado do tempo e do espaço*. As referências

---

[54] Grifo meu. Rowe, *One true life*, p. 200–1.

274 FILOSOFIA BÍBLICA

de Paulo a "deus" são referências ao enredo de toda a Bíblia hebraica. "Deus... não é um termo geral na gramática de Paulo. O termo Deus é bastante específico e ligado a uma história particular. Deus é o Deus que elegeu Israel para ser seu povo".[55]

Explorando um método entrelaçado, Paulo examinou a igreja da Galácia examinando Abraão, o qual está extremamente próximo dos relatos de criação. Como Richard Hays mostrou, "as leituras [de Paulo] dos textos bíblicos raramente procuram escavar profecias messiânicas. Em vez disso, sua preocupação prevalecente é mostrar como a igreja é prefigurada e guiada pelas Escrituras" e, em Gálatas, as Escrituras em questão são Gênesis.[56]

*Ritualista ou mentalista?* A carta inteira é sobre a vida ritual da igreja primitiva, como os gálatas deveriam praticá-la e como suas práticas rituais deveriam informar sua conceituação de ideias de segunda ordem como "evangelho", "graça" e "liberdade". Completando a última reviravolta no argumento da carta, Paulo se concentra em formação de hábitos, rituais e vidas corporificadas (Gl 5:16-25). Assim como em Romanos, Efésios, Colossenses e 1 Coríntios, ritos e práticas moldam e iluminam sua compreensão do evangelho e dos contornos do reino de Deus.

A vida corporificada é o problema em Gálatas — em outras palavras, as "obras da Lei" —, mas também se torna a solução conceitual que entra no mapa de uma estrutura maior de epistemologia ritual em todo o cânon bíblico.[57] A lógica básica sugere que, se o que Paulo argumenta é correto, pode ser conhecido por meio da restrição das "obras da carne", da crucificação da "carne com suas paixões" e da prática dos "frutos do espírito" (Gl 5:19–24) — todas resumidas em suas recomendações metafóricas para "viver pelo Espírito" e "manter-se em sintonia com o Espírito" (Gl 5:25).

Se Paulo tivesse uma convicção mentalista em seu estilo filosófico, esperaríamos ver uma diminuição programática do corpo e um retorno constante à busca da tranquilidade espiritual interior como o meio invisível de apreensão intelectual. Pelo contrário, Barclay observa que, apesar da "conotação negativa do termo σάρξ [sarx] desenvolvida anteriormente... [Paulo] não apresenta negatividade em relação ao corpo como tal, e seu mapa conceitual não é reconhecidamente influenciado por uma inclinação para o interior ou

---

[55] Grifo meu. Rowe, *One true life*, p. 87.

[56] Hays, *Echoes of Scripture in the Letters of Paul*, p. 121.

[57] Veja Dru Johnson, *Knowledge by ritual: a biblical prolegomenon to sacramental theology* (Journal of Theological Interpretation Supplements 13; Winona Lake: Eisenbrauns/PennState Press, 2016), p. 137–250.

PAULO EM VESTES ESTOICAS 275

o invisível".[58] Separando-se de seus predecessores judeus helenistas, Paulo tem como objetivo específico comportamentos corpóreos, e não abstrações a serem manipuladas mentalmente.[59]

*Transdemográfico ou classista?* Esta carta visa especificamente ajudar o público a desenvolver perícia na compreensão de um reino invisível e da natureza de segunda ordem do evangelho. É de suma importância saber se Paulo traz uma convicção classista ou transdemográfica para a tarefa. Paulo desenvolve explicitamente uma linha de argumentação que fala dos limites naturais e artificiais que separam as pessoas: judeu/gentio, escravo/livre e homem/mulher. Como paradigmas dessas divisões que podem exibir uma convicção classista, Paulo cria apenas uma classe distinguível — "todos quantos de vocês foram batizados" (Gl 3:27) — e abole qualquer distinção artificial de classe que possa ser imposta aos gálatas. Neste único movimento, Paulo estabelece um argumento para convicções transdemográficas.

*Misterionista ou domesticacionista?* O renomado estudioso do NT Albert Schweitzer certa vez abordou o que ele via como a incongruência do aparente misticismo de Paulo em relação ao seu uso da lógica. Dos dois, ele disse: "[Paulo] é um pensador lógico e o seu misticismo é um sistema completo. Na interpretação e na aplicação das passagens bíblicas, ele pode proceder pelos trancos e barrancos da lógica rabínica, mas em seu misticismo ele procede com uma consistência lógica que, por sua simplicidade e clareza, obriga o assentimento do pensar".[60]

Schweitzer sugere, em uma analogia posterior de uma teia de aranha, que o pensamento de Paulo parece simples, mas logo se torna um "emaranhado sem esperança assim que se desprende" da estrutura firmemente entrelaçada de seu pensamento.[61] Se ele estiver correto, Paulo então conceberia algum tipo de transferência um-a-um de toda a sua compreensão para sua audiência a partir de sua perspectiva parcial? Ou ele presumiria que o todo não é o objetivo?

Gálatas defende uma visão específica de revelação do evangelho de Deus por meio de Paulo. A pergunta de Paulo então se torna: o mistério permanece ou se resolve como resultado desse ensino? Para repetir o comentário generalizador de

---

[58] "Somos capazes de apreciar de uma nova maneira como a *prática comunitária faz parte da expressão das boas-novas*." Não apenas expressão, mas também que qualquer entendimento coerente das boas-novas só poderia acontecer por meio da prática comunitária para Paulo. Barclay, *Paul and the gift*, p. 394. Grifo do original.

[59] Barclay, *Paul and the gift*, p. 444.

[60] Albert Schweitzer, *The mysticism of Paul the Apostle*, trad. William Montgomery (Baltimore: John Hopkins University Press, 1998), p. 139.

[61] Schweitzer, *The mysticism of Paul the apostle*, p. 140.

## 276 FILOSOFIA BÍBLICA

Rowe: "[As epístolas de Paulo] apresentam argumentos firmes, desenvolvimento temático e profundidade teológica. No entanto, elas não fazem nenhuma tentativa de compreender as coisas em sua totalidade e de relacionar certos pontos de orientação dogmática entre si em prol de maior consistência interna".[62]

Enquanto Paulo tenta esclarecer esta questão de segunda ordem — do que entra no *genus* das noções necessárias do evangelho —, ele esmiúça apenas duas facetas já notadas acima: liberdade e graça. Isso sugere levemente que sua visão mais ampla do mistério é que este seja passível de renderização, mas não de domesticação. "A necessidade não era chegar mais perto de Deus subindo um pouco mais numa escala de conhecimento cada vez mais clara, mas que Deus se tornasse conhecido a eles de um modo totalmente além do que eles eram capazes de saber, a princípio".[63]

A visão básica de "mistério" da visão de Paulo sobre o evangelho não está restrita à convicção misterionista a que me referi neste trabalho. Em vez disso, "mistério" para Paulo é o que T. J. Lang chama de "um esquema de mistério 'uma vez oculto, agora revelado'", o qual vem das "consequências sociais e intelectuais do duplo compromisso cristão com a novidade apocalíptica e a continuação da antiga história de Israel".[64] Paulo não usa o termo "mistério" para se referir à incapacidade de compreender algo exaustivamente. Portanto, apenas olhar para as instâncias do termo "mistério" em Paulo não produzirá o tipo certo de análise da visão de Paulo sobre cognoscibilidade.

Em todo a coleção literária das cartas de Paulo, encontramos um retorno consistente a uma convicção misterionista, não por meio do termo *mystērion*, mas sim em suas descrições que vão além do conhecimento.

- Incompreensível: "o que vai além de (*hyperechousa*) todo o entendimento" (Fp 4:7),
- Gerar temor: "para que vocês não deixarem de serem sábios... não quero que ignoreis este mistério" (Rm 11:25)
- Conhecimento parcial suficiente: "Agora conheço em parte, então [no *eschaton*] conhecerei plenamente" (1Co 13:12)
- Qualidade do conhecimento: "insuperável grandeza de revelações" (2Co 12:7)

---

[62] Rowe, *One true life*, p. 86.
[63] Rowe, *One true life*, p. 86.
[64] T. J. Lang, *Mystery and the making of a Christian historical consciousness: from Paul to the second century* (Beihefte zur Zeitschrift für die neutestamentliche Wissenschaft 219; Boston: De Gruyter, 2015), p. 6.

Efésios, texto disputado no corpus paulino, contém mais casos de uso do termo mistério, mas também maior presença de termos para aquilo que transcende nossa capacidade de domesticar o conhecimento:

- Conhecimento como parcialmente alcançado: "você pode perceber minha compreensão deste mistério de Cristo" (Ef 3:4)
- Conhecer que supera o conhecimento: "conhecer o amor de Cristo que excede todo o conhecimento" (Ef 3:19)
- Limites da imaginação: "àquele que é poderoso para fazer muito mais abundantemente do que tudo quanto pedimos ou pensamos" (Ef 3:20)

Quando Paulo quer que seu público entenda algo e incorpore práticas para que possa entender, ele qualifica sua compreensão com metáforas e termos de misterionismo, destacando o que pode ser conhecido, mas não completamente.

Este argumento para o estilo filosófico hebraico de Paulo é necessariamente parcial por ser, na melhor das hipóteses, paradigmático. A esperança é que o que eu tenho demonstrado acima possa ser generalizado para pelo menos alguns dos outros escritos de Paulo no todo ou em parte, mostrando como Paulo "'destrói argumentos' (2Co 2:4) de uma maneira sem paralelos nas cartas judaicas e greco-romanas".[65]

## CONCLUSÕES SOBRE A FILOSOFIA HEBRAICA NO NOVO TESTAMENTO

Na literatura do Novo Testamento, vemos o estilo filosófico hebraico encontrando novos contextos culturais. Nesse sentido, o Novo Testamento é um dos melhores lugares para ver esse estilo em ação. Rodeado pelo judaísmo helenista e pelas criações literárias daquele período, os autores do NT evitaram essas obras em favor do que chamavam de "as Escrituras", também conhecidas como Lei, Profetas e Salmos.[66] O silêncio generalizado em relação à literatura apócrifa e pseudoepígrafa do judaísmo helenístico também sugere uma possível crítica a essa tradição especulativa.[67]

---

[65] Thompson, *Apostle of persuasion*, p. 267.
[66] Iain Provan, *The Reformation and the right reading of Scripture* (Waco: Baylor University Press, 2017), p. 39–41.
[67] Provan, *The Reformation and the right reading of Scripture*, p. 71.

# PROTÓTIPOS DE ARGUMENTOS FILOSÓFICOS HEBRAICOS

Quarta parte

Capítulo 8

# EPISTEMOLOGIA HEBRAICA E EPISTEMOLOGIA CIENTÍFICA

### Introdução à quarta parte

Nestes últimos capítulos, esboço alguns exemplos de tópicos filosóficos desenvolvidos de acordo com o estilo hebraico das Escrituras cristãs. Vou começar com o mais forte exemplo: epistemologia, principalmente porque já escrevi extensivamente sobre ela em outros lugares e me sinto confiante em relação a minhas descobertas. Farei um argumento mais provisório ao defender elementos de verdade e lógica da justificação no desenvolvimento do estilo filosófico hebraico.

Todos esses exemplos pretendem ser ilustrativos, para estimular a imaginação teológica e filosófica dos estudiosos e, principalmente, para gerar mais pesquisas nesta área fértil de estudo.

Ao investigar a epistemologia das Escrituras, ficou claro para mim que o modelo hebraico não é primitivo nem deficiente. Em vez disso, os autores bíblicos pareciam cientes das mesmas questões epistêmicas que impulsionaram o empreendimento científico e, ao contrário de outras epistemologias antigas, evitaram os enigmas lógicos sobre os quais o positivismo lógico edificou sua casa (ou, a pá que usou para cavar sua própria cova). Isso me pareceu um feito notável e gerou um conjunto de perguntas a serem feitas aos textos bíblicos.

## 282 FILOSOFIA BÍBLICA

Essa descoberta da profunda comensurabilidade entre a epistemologia hebraica, que flui para o Novo Testamento, e a epistemologia científica atual abre as portas para outras avenidas do pensamento filosófico. Por exemplo, Yoram Hazony, Joshua Berman e David Novak, entre outros, escreveram sobre as possibilidades da filosofia política na Bíblia hebraica[1]. Se uma filosofia hebraica persiste no pensamento de Jesus e dos apóstolos, então esses projetos bíblicos judaicos podem ser expandidos com sucesso para os textos do Novo Testamento. Da mesma forma, o campo da ética tem recebido muita atenção dentre biblistas, embora possa haver novos caminhos a serem seguidos, dado o que argumentei aqui.[2]

É importante ressaltar que, segundo meus objetivos, vejo este trabalho como uma heurística para especialistas e leigos. Em última análise, cabe a eles avaliar a veracidade de minhas afirmações generalistas aqui.

Neste capítulo, apresentarei de forma resumida o que argumentei anteriormente em várias obras: que um processo epistemológico discernível e hebraico está presente, de forma relevante e persistente em todas as Escrituras cristãs. Além disso, ao procurar análogos atuais para a epistemologia bíblica, o empreendimento científico é o que se encaixa melhor.

No próximo capítulo, "A verdade bíblica e a lógica humana", mostro como a noção hebraica de verdade difere de ser meramente o oposto de falso e reforça suas conexões com a epistemologia científica. Finalmente, no Capítulo 10, "Figuras de justificação", exploro a lógica da justificação que convence personagens nas narrativas bíblicas que usam experimentos, ouija[3] e testemunhas.

São essas as propostas. Todas estão abertas à revisão após uma inspeção mais detalhada, mas eu as ofereço àqueles que ainda lutam para ver um ponto de partida para se ter uma epistemologia ou uma lógica hebraica, por exemplo, e um método suficientemente rigoroso pelo qual se possa proceder.

---

[1] David Novak, *Jewish social ethics* (New York: Oxford University Press, 1992); Joshua A. Berman, *Created equal: how the Bible broke with ancient political thought* (New York: Oxford University Press, 2011); Yoram Hazony, *The philosophy of Hebrew Scripture* (New York: Cambridge University Press, 2012); Jeremiah Unterman, *Justice for all: how the Jewish Bible revolutionized ethics* (Philadelphia: Jewish Publication Society, 2017).

[2] Cf. John Barton, *Ethics in ancient Israel* (New York: Oxford University Press, 2017); Christopher J. H. Wright, *Old Testament ethics for the people of God* (Downer's Grove: InterVarsity, 2004); Robertson McQuilkin; Paul Copan, *An introduction to Biblical ethics: walking in the way of wisdom* (Downer's Grove: InterVarsity, 2014).

[3] "Neologismo francês/alemão que significa "sim-sim" — é uma tecnologia física empregada para evidenciar algo invisível e desconhecido entre os personagens de uma narrativa".

## EPISTEMOLOGIA HEBRAICA

A epistemologia, no mundo anglo-americano, geralmente se preocupa com a natureza e a justificação (ou aval) do *conhecimento*.[4] A justificação será examinada mais de perto no capítulo seguinte.

A natureza do conhecimento em si não será a principal preocupação dos relatos bíblicos de epistemologia, por várias razões. Primeiro, os autores bíblicos regularmente apelam para questões de conhecimento de segunda ordem, mas normalmente não constroem conhecimento-como-uma-coisa. Em vez disso, eles se concentram nos rituais, nos mecanismos sociais e na justificação do saber mais do que num objeto abstrato chamado "conhecimento".

Em vez de espremer a literatura bíblica para ver se conceitos analíticos escorrem, busco o que se fala sobre conhecimento nos textos, começando no relato da criação e seguindo em frente. Assim como a palavra "mistério" não pode ser definida por um estudo de palavras nas epístolas de Paulo, simplesmente olhar para o termo "saber" ou "conhecimento" pode pressupor demais, ou mesmo nos enganar. Os autores bíblicos constroem um processo epistemológico estruturado em torno de ouvir e ver, e incluem vários graus de competência, também chamados de "sabedoria". Assim, os estudos de palavras nem sempre serão lucrativos, caso se originem de suposições enciclopedistas.

A epistemologia bíblica segue um estilo filosófico hebraico? Do Éden às epístolas do NT, os autores bíblicos defendem que as melhores instâncias de conhecimento de assuntos abstratos acontecem por meio do contato com o mundo, inerentemente pixelizado, orientado por um especialista que apresenta exemplos sobrepostos por meio da prática corporificada ritualizada (ritualista). Esse tipo de conhecimento é para toda a comunidade (transdemográfica), enraizado na criação e na formação de Israel (criacionista) e passa por uma experiência delimitadora — levar o indivíduo a conhecer algo e, ao mesmo tempo, conscientizá-lo de sua ignorância e da inesgotável riqueza do objeto (misterionista).

Na próxima seção, examino rapidamente alguns dos pontos altos da epistemologia bíblica e, em seguida, os coloco em diálogo com um exemplo de epistemologia científica do século 21. Para aqueles que precisarem de uma demonstração mais detalhada tanto da evidência bíblica quanto de sua relação com o conhecimento científico, veja minhas obras: *Epistemology and biblical*

---

[4] Matthias Steup; Ram Neta, "Epistemology," *The Stanford Encyclopedia of Philosophy*. Disponível em: https://plato.stanford.edu/archives/sum2020/entries/epistemology/.

284 FILOSOFIA BÍBLICA

*theology: from the Pentateuch to Mark's Gospel* [Epistemologia e teologia bíblica: do Pentateuco ao Evangelho de Marcos] (Routledge, 2018) e *Knowledge by ritual: a biblical prolegomenon to sacramental theology* [Conhecimento por ritual: um prolegômeno para a teologia sacramental] (Eisenbrauns/PennState Press, 2016).

## CONHECER: DA CRIAÇÃO À NOVA ALIANÇA

O relato da criação se preocupa com o saber? Sim! A formação da humanidade inclui uma história da descoberta da mulher pelo homem — o primeiro ato de conhecimento na história bíblica (cf. Gn 2:20b, 23).[5] O único mandamento dado ao homem — coma de todas as árvores — é qualificado por uma advertência sobre uma única árvore, a qual notavelmente recebe um título epistêmico: a árvore do conhecimento do bem e do mal. A história que se segue também gira em torno de conhecimento, embora "saber" seja o termo mais preciso.[6]

### Gênesis

A epifania resulta de um processo guiado em Gênesis 2 e 3. Em Gênesis 2, o homem é guiado para ver que a mulher, e não os animais, é sua companheira adequada. Em Gênesis 3, o homem vem a conhecer "o bem e o mal", o que quer que isso signifique, ouvindo a voz da mulher, a qual foi ouvir a voz da serpente e executou que somente a serpente sugere.[7] De fato, a única acusação contra os humanos — a única vez em que Deus identifica o que deu errado no Éden —

---

[5] Essa seção foi adaptada de Dru Johnson, "A biblical *nota bene* on philosophical inquiry," *Philosophia Christi* (Blog), Evangelical Philosophical Society Symposium. Disponível em: www.epsociety.org/library/articles.asp?pid=238.

[6] O conhecimento não é retratado principalmente como factual ou proposicional ao longo da Bíblia, mas como uma habilidade ou uma aptidão. Percebo que essa afirmação se baseia em dados longitudinais da literatura bíblica, mas, em geral, é mais apropriado dizer que os autores bíblicos tendem a escrever sobre o conhecimento como uma habilidade em vez do conhecimento como um objeto. Na verdade, eles estão profundamente interessados em revelar quem sabe o quê e como, porém estão ainda mais preocupados com os fatores constitutivos de *como* as pessoas sabem do que com *o que* elas sabem. Os dois fatores cardinais sobre o "como se sabe" no Éden e além podem surpreender o leitor casual das Escrituras. A qualidade do conhecimento depende de (1) reconhecer a voz autoritativa apropriada, como indiciado pelo linguajar de "ouvir", e então (2) fazer o que essa autoridade prescreve para compreender o que está sendo mostrado, conforme sinalizado pelo linguajar de "ver". Quando esse processo acontece na ordem correta, os autores bíblicos o chamam de "saber" ou "ver". Quando o processo é habituado a ponto de refinar o conhecimento de alguém, os autores bíblicos mais tarde o considerarão "sabedoria". Só posso falar de tendências, pois os autores bíblicos são muitos e têm diversas representações linguísticas do saber que deu certo e do que deu errado.

[7] A ambiguidade da frase "conhecimento do bem e do mal" não impediu muita especulação. Prefiro tomá-la como um termo geralmente ambíguo, apenas mais tarde esclarecido em Deuteronômio 1:39 para significar algo semelhante a "aqueles que ainda não desobedeceram a Deus". Para uma discussão de várias especulações sobre esta frase, veja: Dru Johnson, *Epistemology and biblical theology: from the*

EPISTEMOLOGIA HEBRAICA E EPISTEMOLOGIA CIENTÍFICA 285

é surpreendentemente o erro de ouvir; este é o diagnóstico cardinal do erro (Gn 3:17). "Porque você *ouviu a voz* de sua esposa e comeu..." Deus identifica a esposa do homem como a voz errada, embora sua esposa estivesse ouvindo a voz da serpente com o homem presente (Gn 3:6).[8]

Mesmo quando Yahweh Elohim entra no jardim depois que o homem se expõe, a pergunta de Deus não é: "como você descobriu isso?" ou "como você deduziu essa verdade?" A única pergunta de Deus para o homem foi: "quem lhe disse?" e, posteriormente, "você comeu?" Ambas as perguntas presumem que outra voz autoritativa adentrou o Éden (Gn 3:11). Essa presunção se confirma na acusação de Deus paralela às suas perguntas ao homem: "porque você ouviu a voz de [outro] e comeu" (Gn 3:17).

Sugiro que esta passagem tenha primazia no projeto epistemológico da Bíblia. No Novo Testamento, Lucas 24 cita Gênesis 3 (LXX), mas desta vez é um exemplo positivo de conhecimento. Os discípulos no caminho de Emaús são "impedidos de conhecer" o Jesus ressuscitado enquanto ele lhes explica os eventos recentes por meio da Bíblia hebraica (Lc 24:16). É somente quando comida entra na história que, como o homem e a mulher no Éden, "seus olhos foram abertos e eles conheceram" (cf. Gn 3:6; Lc 24:31). É claro, estou apenas dando olhadelas superficiais nesses ricos relatos epistemológicos e me movendo rapidamente por uma questão de brevidade.[9]

Deste ponto em diante, a voz que os israelitas consideram como autoridade determinará o quê e como eles sabem por toda a Escritura.

## Êxodo

Em Êxodo, a linguagem epistêmica se manifesta mais diretamente. O primeiro faraó é descrito simplesmente como "um novo rei... que não conhecia José" (Êx 1:8) e, portanto, oprime os hebreus com cruel escravidão. Outro faraó

---

*Pentateuch to Mark's Gospel* (Routledge Interdisciplinary Perspectives on Biblical Criticism 4; New York: Routledge, 2018), p. 33–4, 90–1.

[8] No Éden e além nas Escrituras, quando esse processo dá errado, as pessoas ainda sabem as coisas por meio de sua participação no processo. No entanto, os autores bíblicos descrevem esse tipo de conhecimento como errôneo, derivado de um coração endurecido ou obstinado, porque essas pessoas se recusam a reconhecer as autoridades apropriadas (por exemplo, o caso do Faraó em Êxodo) ou se recusam a executar a instrução da autoridade (por exemplo, Israel no deserto ou os discípulos nos Evangelhos). De qualquer forma, todos chegam a saber alguma coisa, e os autores bíblicos apontam para o conhecimento com discernimento como meta e o conhecimento errôneo como o caminho tolo para o *Sheol* — isto é, a sepultura.

[9] Para aqueles que necessitam de mais evidência exegética, veja Dru Johnson, *Biblical knowing: a scriptural epistemology of error* (Eugene: Cascade, 2013) ou minha análise detalhada em *Epistemology and biblical theology*.

## 286  FILOSOFIA BÍBLICA

ascende ao poder sobre os hebreus escravizados. Quando Moisés confronta tal faraó pela primeira vez, a resposta do faraó reprisa toda a linguagem do Éden: "Quem é Yahweh para que eu *ouça sua voz* e deixe Israel *ir*? *Não conheço* o Senhor e não o deixarei Israel ir" (Êx 5:2).

As fórmulas "para que você saiba" então intercalam as pragas do Êxodo, destinadas especificamente a faraó para que saiba que o relacionamento de Yahweh com Israel *e para que Israel também o saiba*:

"Vou tomá-lo como meu povo e serei seu Deus. Vocês saberão que eu sou o Senhor seu Deus, que os libertou das cargas dos egípcios" (6:7).

"Nisto [Faraó] *saberá* que eu sou Yahweh... o Nilo, e ele se transformará em sangue" (7:17).

"... para que [Faraó] *saiba* que não há ninguém como Yahweh nosso Deus" (8:10).

"Mas naquele dia separarei a terra de Gósen, onde mora o meu povo, para que ali não haja enxames de moscas, para que vocês saibam que eu, o Senhor, estou nesta terra" (8:22).

"Porque desta vez enviarei todas as minhas pragas sobre você mesmo, sobre os seus oficiais e sobre o seu povo, para que você saiba que não há ninguém como eu em toda a terra" (9:14).

"Os trovões cessarão, e não haverá mais saraiva, para que você saiba que a terra é do Senhor" (9:29).

"... para que conteis aos filhos e netos de vocês como fiz os egípcios de tolos e que sinais fiz entre eles, para que saibam que eu sou o Senhor" (10:2).

"Mas nenhum cão rosnará a nenhum dos israelitas... para que saibam que o Senhor faz distinção entre o Egito e Israel" (11:7).

"Eu endurecerei o coração de Faraó, e ele os perseguirá... e os egípcios saberão que eu sou Yahweh" (14:4).

"E os egípcios saberão que eu sou o Senhor, quando eu me gloriar sobre Faraó, seus carros e seus condutores" (14:18).

EPISTEMOLOGIA HEBRAICA E EPISTEMOLOGIA CIENTÍFICA  287

A história do Êxodo termina num ponto alto, demonstrando que Moisés foi estabelecido como a autoridade confiável de Israel, Israel ouviu Moisés e Israel conheceu Yahweh como seu Deus por meio do processo. Contudo, antes de cruzar o Mar Vermelho, descobrimos que a simples observação não produz necessariamente compreensão. Moisés explica aos israelitas o que vai acontecer em termos de sua visão, o que rapidamente se torna uma metáfora para a compreensão, como o é em toda a Escritura.[10] Em outras palavras, todos eles podem testemunhar esses eventos juntos, mas também podem entendê-los mal. Somente após a travessia do mar o leitor fica sabendo que Israel agora tem conhecimento porque ouviu a voz de Moisés. Simplesmente comparar a linguagem repetida antes e depois da travessia revela que o evento foi devidamente interpretado, pela maioria, mas não por todos, sob a orientação de Moisés de antemão (Êx 14:13–14):

Não temam, permaneçam firmes e vejam a salvação de Yahweh,
que ele trará hoje a vocês.
Pois os egípcios que vocês veem hoje,
vocês nunca mais verão.

Após a travessia, o narrador retransmite sua visão em estilo simétrico à explicação anterior. Os verbos são expressos precisamente na ordem inversa (Êx 14:30-31):

Israel viu os egípcios mortos à beira-mar.
Israel viu o grande poder que o Yahweh operou contra os egípcios,
por isso o povo temeu a Yahweh e confiou em Yahweh e em seu servo
Moisés.

Israel viu corretamente, confiando em Yahweh e em Moisés por causa disso. Como o fato de as pessoas verem os cadáveres e o poder de divisão do mar leva até Yahweh? Ao se ouvir a voz de Moisés, incorporar suas instruções e ver o que Yahweh estava mostrando a eles. Portanto, Israel sabia verdadeiramente, enquanto o Faraó não sabia.

---

[10] Em sua magistral pesquisa da Bíblia hebraica, Avrahami conclui que a metáfora da visão tem primazia na epistemologia: "As evidências bíblicas expressam essa percepção através do vocabulário da visão pelo menos na mesma — se não maior — extensão que pelo vocabulário da audição. A visão é um meio, uma ferramenta central para adquirir conhecimento e transmiti-lo (memória)". Yael Avrahami, *The senses of Scripture: sensory perception in the Hebrew Bible* (The Library of Hebrew Bible/Old Testament Studies 545; New York: T&T Clark, 2012), p. 275.

## Deuteronômio e além

A renovação da aliança em Deuteronômio está repleta de apelos para "ouvir a voz de Yahweh" a fim de viver muito tempo na terra e conhecer corretamente a história de Israel. Isso inclui, mas não se limita às partes renomadas de Deuteronômio:

> "Do céu ele o fez ouvir a sua voz para lhe disciplinar" (4:36).

> "Ouve, ó Israel, Yahweh é o nosso Deus, somente Yahweh" (6:4).

> "Se você ouvir a voz de Yahweh seu Deus, bem-aventurado será..." (28:2-3).

> "Mas se você não ouvir a voz de Yahweh, seu Deus, todas essas maldições virão sobre você e o alcançarão" (28:15).

> "Mas se o seu coração se desviar e você não quiser ouvir ... Portanto, escolha a vida ... ouvindo a sua voz..." (30:17, 20).

A retórica epistemológica de Deuteronômio é mais sofisticada do que isso, e eventualmente será reempregada em Isaías, na literatura sapiencial e nos Evangelhos. O que permanece inalterado ao longo desses textos é a primazia de ouvir as vozes apropriadas, evitar fingidores e executar o que essa autoridade prescreve a fim de alcançar o saber.

Da mesma forma, Provérbios 1—9 centraliza sua eficácia epistêmica no ouvido atento do filho e nos imperativos repetitivos, "ouça meu filho" (Pv 1:5, 8, 23; 2:2; 4:1,10, 20; 5:1,7, 13; 15:31; 18:15; etc.). Samuel repreende o primeiro rei messiânico de Israel por sua falha em "ouvir a voz de Yahweh", o que tem prioridade sobre o sacrifício e sinaliza sua falha epistêmica em entender a natureza do reino e sua posição dentro dessa economia (1Sm 15:12-25).

Um resumo da Bíblia hebraica poderia ser formulado desta forma: porque ouviram as vozes erradas, eles passaram a saber errado. Isso capta com precisão a maior parte do que acontece do Éden ao Exílio no Antigo Testamento.

## Epistemologia: Novo Testamento municiado pela Bíblia Hebraica

O padrão permanece essencialmente o mesmo no Novo Testamento, em que a prioridade é colocada em (1) a voz correta e orientadora e (2) a necessidade

EPISTEMOLOGIA HEBRAICA E EPISTEMOLOGIA CIENTÍFICA 289

de seguir instruções para conhecer. Como discuti longamente no Capítulo 6, os evangelhos descrevem a clara intenção de Jesus de revelar "o mistério do reino de Deus" aos discípulos e cegar todos os outros para esse mistério (Mt 13:10; Mc 4:10-12). Qual é o mistério? Lang resume bem: "ser divinamente capacitado com uma certa aptidão hermenêutica para perceber as realidades relacionadas ao reino nas palavras parabólicas de Jesus".[11]

Esse padrão de desenvolver conhecimento hábil explica a quantidade desproporcional de espaço textual dedicada a credenciar vozes autorizadas que, então, guiam Israel numa direção específica. Até mesmo as orientações dos rituais de Israel são explicitamente epistemológicas, da Páscoa às pedras memoriais do rio Jordão até Sucot: "Você deve morar em sucás (abrigos) por sete dias [...] para que as vossas gerações saibam..." (Lv 23:42-43).

Testes teológicos públicos muitas vezes reforçavam qual voz deveria ser ouvida e às vezes eram fatais para os supostos *insights* do usurpador. Por exemplo, Moisés estabelece um experimento público da teologia da presença divina de Corá com um objetivo: "Então todos vocês saberão que esses homens desprezaram a Yahweh" (Nm 16:30). O mesmo vale para o improvável livramento de Golias experimentado por Davi: "para que esta assembleia saiba que o Senhor não salva com espada e lança" (1Sm 17:46). E, claro, o confronto de Elias com os profetas de Baal evidencia o mesmo padrão epistêmico: "para que este povo saiba que tu, ó Yahweh, és Deus" (1Rs 18:37).

Não é surpreendente, então, que João Batista e grande parte da vida pública de Jesus se concentrem em estabelecer Jesus como o profeta autorizado de Israel, *a voz a quem Israel, as tempestades, os discípulos e os demônios devem ouvir*. Notavelmente, enquanto seu status profético é público, seu ofício messiânico é um segredo. Assim, quando Jesus mais tarde desce do Monte da Transfiguração como profeta e do Monte das Oliveiras em um jumento — um ato inconfundivelmente real — as multidões o identificam não como um rei, mas dizem: "*Este é o profeta* Jesus de Nazaré da Galiléia" (Mt 21:11). Dar-lhe o título de "profeta" implica que Jesus é aquele a quem deveriam ouvir.

A prioridade da voz autoritativa de Jesus, e depois a voz autoritativa dos apóstolos, é a preocupação preeminente da compreensão do reino de Deus pelos primeiros seguidores de Jesus. Quando vemos Jesus contemplando milhares de pessoas sem comida, os narradores do evangelho conectam essa cena ao comissionamento de Josué. Assim como Moisés "dá" parte de sua

---

[11] T. J. Lang, *Mystery and the making of a christian historical consciousness: from Paul to the second century* (Beihefte zur Zeitschrift für die neutestamentliche Wissenschaft 219; Boston: De Gruyter, 2015), p. 17.

290  FILOSOFIA BÍBLICA

autoridade a Josué para que os israelitas que são como "ovelhas sem pastor... possam ouvir", os evangelhos citam essa frase única de Números 27 para entrelaçar esses dois pixels para o leitor (cf. Nm 27:17, 20; Mt 9:36; Mc 6:34).

O *insight* ocorre repetidas vezes nas Escrituras: somente depois que alguém reconhece corretamente a quem deveria estar ouvindo é que pode ser guiado a agir a fim de ver o reino de Deus e confirmar o que se sabe aos outros.

## CONCLUSÕES A PARTIR DA EPISTEMOLOGIA HEBRAICA

Muito mais poderia ser dito sobre a descrição do conhecimento ao longo da literatura bíblica. Um ponto de partida mínimo poderia apontar os três aspectos nodais (N) da epistemologia bíblica, segundo os quais o bom conhecimento se distingue do conhecimento errôneo:

**N1 O papel de estruturas sociais autoritativas no conhecimento.** Uma explicação epistemológica que reduz o saber a meras funções mentais de um sujeito individual em relação a uma proposição discreta será deficiente se a explicação não puder recontextualizar esse saber discreto dentro da função social do saber sem limites.

**N2 O papel dos processos corporificados que dispõem o sujeito a apreender.** Processos cognitivos e físicos dirigidos por uma autoridade credenciada e atendidos por um sujeito determinam a capacidade do sujeito de apreender o que antes não conseguia. Portanto, a negligência ou a incapacidade de explicar os processos corporificados ou rituais na epistemologia sinalizam uma divergência significativa dos interesses dos autores bíblicos.

**N3 O papel da habilidade no saber.** O ímpeto epistemológico das Escrituras visa diretamente a sabedoria como o objetivo supremo do conhecimento. A sabedoria inclui não apenas a capacidade de distinguir acertos de erros (por exemplo, Detecção de Sinal), mas a capacidade de discernir particularidades sutis e discretas *e, em seguida, levar outros a fazer o mesmo*. É claro que os diversos termos hebraicos e gregos (LXX e NT) para sabedoria tratam de habilidades de discernimento em assuntos náuticos, botânicos, zoológicos, meteorológicos e de ação divina.[12] Sabedoria não é um termo místico ou religioso; trata de habilidade, competência e, em alguns casos,

---

[12] "[Sabedoria] descreve homens que, em algum sentido e em alguma esfera, são 'competentes', 'habilidosos'... descreve um homem que é especialista em truques e esquivas obscuros. Até um embrião que não consegue encontrar o caminho fora do útero pode ser descrito como 'insensato' (Os 13:13). Gerhard Von Rad, *Wisdom in Israel*, trad. James D. Martin (Nashville: Abington Press, 1986), p. 20.

inteligência. Deixar de lado a discussão fortemente social de habilidade torna um modelo epistemológico míope, cego ou hemianópico (na linguagem de Eleonore Stump) ao verdadeiro pulso dos discursos epistemológicos nas Escrituras.[13]

Existem e existirão diferentes métodos para discernir estruturas epistemológicas na literatura bíblica. No entanto, apenas considerando os diversos métodos que os estudiosos bíblicos já aplicaram, as descobertas têm sido notavelmente consistentes sobre essas características básicas do conhecimento.[14]

## EPISTEMOLOGIA CIENTÍFICA E A BÍBLIA HEBRAICA

A ciência se manifestará então como um vasto sistema de crenças, profundamente enraizado em nossa história e cultivado hoje por uma parte especialmente organizada de nossa sociedade. Veremos que a ciência não é estabelecida pela aceitação de uma fórmula, mas faz parte de nossa vida mental, compartilhada para cultivo entre muitos milhares de cientistas especializados em todo o mundo e compartilhada receptivamente, em segunda mão, por muitos milhões.[15]

Ao fazer uma defesa geral da filosofia hebraica absorvida pelos autores do NT, é importante pensar sobre a epistemologia que sustenta qualquer estilo filosófico. Assim, delineei uma trajetória epistemológica presente, persistente e relevante em toda a literatura bíblica. Mais uma vez, posso apenas esboçar brevemente as afinidades entre as visões contemporâneas da epistemologia científica e a visão hebraica pixelada através de narrativas e literatura de sabedoria.[16]

Por que comparar a epistemologia hebraica com a científica? Depois de examinar a epistemologia defendida em alguns textos bíblicos, é perceptível a escassez de epistemologias atuais que incluíam evidências pragmáticas de

---

[13] "As teorias do conhecimento que ignoram ou não dão conta de variedades inteiras de conhecimento são correspondentemente incompletas." Eleonore Stump, *Wandering in the darkness: narrative and the problem of suffering* (New York: Oxford University Press, 2010), p. 59.

[14] Para um levantamento dessas descobertas que empregam técnicas filológicas e literárias marcadamente diferentes, veja Johnson, *Biblical knowing*, p. 187-201.

[15] Michael Polanyi, *Personal knowledge: towards a post-critical philosophy* (Chicago: University of Chicago Press, 1962), p. 171.

[16] Para uma epistemologia mais cuidadosamente argumentada e seu contraponto científico, veja Dru Johnson, *Knowledge by ritual: a biblical prolegomenon to sacramental theology* (Journal of Theological Interpretation Supplements 13; Winona Lake: Eisenbrauns/ PennState Press, 2016). Este capítulo pega emprestado e adapta conteúdo do meu livro anterior *Biblical knowing*.

## 292    FILOSOFIA BÍBLICA

sucesso epistêmico. O sucesso pragmático é um marcador da epistemologia hebraica: para ser verdadeiro, no sentido hebraico, precisa ser testado e evidenciado como verdadeiro.[17]

Uma epistemologia comparada também deve incluir uma integração de aspectos sociais do conhecimento dentro de uma comunidade e uma tradição de conhecedores, juntamente com o papel hierárquico de especialistas que orientam outros para o conhecimento qualificado (ou seja, nós 1-3 acima). Na epistemologia contemporânea, questões de conhecimento social, do papel da confiança e do sucesso pragmático podem ser encontradas, embora ainda em grande parte presos ao estilo analítico de pensamento.[18] Alvin Goldman descreve com facilidade por que seu campo analítico pode vacilar aqui na questão de como esses filósofos conceituam o conhecimento: "Os agentes epistêmicos geralmente examinados são os que têm competência lógica ilimitada e nenhum limite significativo para os seus recursos investigativos".[19] A economia social da confiança tem sido secundária para alguns na epistemologia moderna. Passos louváveis na direção bíblica incluem *Epistemic Authority* [Autoridade Epistêmica], de Linda Zagzebski, mas mesmo esse trabalho pode ter dificuldades para integrar totalmente as ênfases de N1-N2 acima.[20]

---

[17] Veja o capítulo 9 para uma descrição detalhada dos termos para "verdade" nos textos bíblicos.

[18] Há uma subseção incipiente da epistemologia preocupada com o problema da confiança e da epistemologia social. Enquanto estes lutam com algumas das questões pertinentes levantadas nos textos bíblicos, eles o fazem dentro dos modos analíticos mais estreitos. A confiança é um "problema" para essas análises porque elas veem principalmente a confiança como se estivesse além de inferências dedutivas, como algo, em última análise, estranho à epistemologia normativa. A confiança como um tópico "se afasta da epistemologia tradicional". Alvin I. Goldman, *Pathways to knowledge: private and public* (New York: Oxford University Press, 2002), p. 139, especialmente Parte 3. Ver as principais obras: Russell Hardin, *Trust and trustworthiness* (Nova York: Russell Sage Foundation, 2002), esp. cap. 5; Allan Gibbard, *Wise choices, apt feelings: a theory of normative judgment* (Cambridge: Harvard University Press, 1992), esp. p. 233–52; Robert A. Brandom, *Making it explicit: reasoning, representing, and discursive commitment* (Cambridge: Harvard University Press, 1998), p. 213–21; Jennifer Lackey, *Learning from words: testimony as a source of knowledge* (New York: Oxford University Press, 2008); Richard Foley, *Intellectual trust in oneself and others* (New York: Cambridge University Press, 2001), esp. cap. 4; "Egoism in Epistemology" in: *Socializing epistemology: the social dimensions of knowledge*, ed. Frederick F. Schmitt (Lanham: Rowman & Littlefield, 1994), p. 53–73; Cecil A. J. Coady, *Testimony: a philosophical study* (New York: Oxford University Press, 1994). Também significativos e úteis são: G. E. M. Anscombe, "What is it to believe someone?" in: *Rationality and religious belief*, ed. C. F. Delaney (University of Notre Dame Studies in the Philosophy of Religion 1; Notre Dame: University of Notre Dame Press, 1979), p. 141–51; Benjamin McMyler, "Knowing at second hand", *Inquiry* 50, n. 5 (2007): 511–40. Kusch faz uma tentativa interessante de unir uma "peça" comunitária da linguagem (pensem no início de Wittgenstein) a uma noção de verdade contextualmente determinada e relativista. Martin Kusch, *Knowledge by agreement: the programme of communitarian epistemology* (Oxford: Clarendon Press, 2002).

[19] Goldman, *Pathways to knowledge*, p. 139.

[20] Linda T. Zagzebski, *Epistemic authority: a theory of trust, authority, and autonomy in belief* (New York: Oxford University Press, 2012).

EPISTEMOLOGIA HEBRAICA E EPISTEMOLOGIA CIENTÍFICA  293

Diferentemente dessas epistemologias analíticas, o empreendimento científico é um melhor candidato, contendo todos os elementos necessários para o bom conhecimento conforme defendidos em toda a literatura bíblica. Este capítulo se volta para os pontos únicos de afinidade entre a epistemologia científica realista e pragmaticamente descrita que surge das cinzas do positivismo científico em meados do século 20, e os processos epistemológicos descritos, prescritos e reificados nas Escrituras cristãs.

## O PARALELO CIENTÍFICO À EPISTEMOLOGIA HEBRAICA

No restante deste capítulo, ofereço um resumo da epistemologia científica de Michael Polanyi como um paradigma para uma coleção de pensadores de meados do século 20 que desafiam os pressupostos modernistas e positivistas: Marjorie Grene, Mary Hesse, Norwood Hanson e Thomas Kuhn. Incluo uma breve demonstração de sensibilidades epistemológicas semelhantes no Pentateuco e na literatura sapiencial da Bíblia Hebraica e do Novo Testamento. Especificamente, vou me concentrar na discussão de Polanyi sobre a epistemologia científica em termos de:

1. habilidade/*connoisseurs*
2. confiança no testemunho
3. o papel da controvérsia científica
4. uso de linguagem "de máximas" em epistemologia

Além disso, abordarei por que as construções socioepistemológicas, como a "mudança de paradigma" de Thomas Kuhn, não apreendem suficientemente uma maneira hebraica de descrever o conhecimento da comunidade e a controvérsia epistemológica ao julgar entre duas interpretações concorrentes.[21]

Ao apelar para exemplos da Torá, da literatura sapiencial e das epístolas do NT, espero demonstrar que o sentido hebraico de conhecimento normativo requer um credenciamento semelhante ao que vemos se desenvolvendo nas ciências.

Como médico e químico que depois se tornou filósofo, Polanyi não conseguia conciliar as visões mecanicistas do positivismo científico com a lógica

---

[21] Cf. Thomas S. Kuhn, *Epistemic authority: a theory of trust, authority, and autonomy in belief* (New York: Oxford University Press, 2012) [No Brasil: *A estrutura das revoluções científicas* (São Paulo: Perspectiva, 2017)].

294 FILOSOFIA BÍBLICA

real da descoberta que ele observava como membro da guilda científica. Ao se preparar para as Palestras Gifford (1951-1952), ele se esforçou para entender o significado, muitas vezes inefável, que os fatos ganham para o cientista. Polanyi lutou para descrever a lógica da descoberta na ciência, tanto que teve que adiar suas Palestras Gifford por vários anos a fim de trabalhar no que acabou se tornando seu tomo: *Personal Knowledge: Towards a Post-Critical Philosophy* [Conhecimento Pessoal: Por uma Filosofia Pós-Crítica]. [22]

Por que tratar da epistemologia científica de Michael Polanyi? Os relatos contemporâneos da epistemologia careciam significativamente dos conceitos e do poder explicativo para descrever o que encontramos na literatura bíblica. Na obra de Polanyi, encontramos uma visão de conhecimento rigorosamente argumentada e desenvolvida a partir da participação dentro de uma comunidade que credencia facetas do conhecimento que muitos epistemólogos muitas vezes desconsideram como inanalisáveis.

Por exemplo, Polanyi considera o esforço humano focado e a apropriação da habilidade como fundamentais para todos os atos de conhecimento, proposicionais ou não. Essa ideia de habilidade epistêmica torna o conhecimento um ato que pode ser treinado em novatos por especialistas. Esther Meek, intérprete de Polanyi, ecoa sua crença de que a racionalidade não é melhor explicada reduzindo-a a inferências dedutivas: "Uma estrutura inferencial não é empobrecida pela adição [por Polanyi] de características inespecíficas a nosso conhecimento. Em vez disso, a estrutura inferencial, se pensada para expressar o ato exaustivamente, é o que empobrece nosso conhecimento". Ela continua dizendo: "Se um tipo-chave de conhecimento não se encaixa em nosso modelo, não é correto desacreditar o conhecimento; é certo desacreditar o modelo".[23] Passos sugestivos semelhantes também têm sido feitos dentro da própria filosofia analítica, mas nada tão completo e abrangente quanto a visão de Polanyi.[24]

---

[22] Cf. tb. Martin X. Moleski; William Taussig Scott, *Michael Polanyi: scientist and philosopher* (New York: Oxford University Press, 2005).

[23] Esther L. Meek, *Longing to know: the philosophy of knowledge for ordinary people* (Grand Rapids: Brazos Press, 2003), p. 76–7.

[24] Cf. Eleonore Stump, "The problem of evil: analytic philosophy and narrative" in: *Analytic theology: new essays in the philosophy of theology*, ed. Oliver D. Crisp; Michael C. Rea (New York: Oxford University Press, 2009), p. 253; Goldman, *Pathways to knowledge*, p. 139; Jonathan Kvanvig, *The intellectual virtues and the life of the mind: on the place of the virtues in epistemology* (Studies in Epistemology and Cognitive Theory; Savage, MD: Rowman & Littlefield, 1992), p. 181–2; Linda T. Zagzebski, *Virtues of the mind: an inquiry into the nature of virtue and the ethical foundations of knowledge* (New York: Cambridge University Press, 1996), p. 45, 66.

# EPISTEMOLOGIA HEBRAICA E EPISTEMOLOGIA CIENTÍFICA 295

Com uma abordagem descritiva, Polanyi conta o que os cientistas realmente fazem para alcançar o saber, e não como ele gostaria que o conhecimento fosse construído (*à la* positivismo lógico). Enquanto invoca processos corporificados e relacionamentos humanos para descrever o conhecimento, o pensamento de Polanyi notavelmente carece de entidades abstratas, pois elas não podem ser defendidas argumentativamente fora de uma descrição da própria experiência fenomenal das práticas científicas.

Diretamente pertinente ao que vejo operando em toda a literatura bíblica, Polanyi acredita que o tecido sociológico da ciência é uma comunidade de conhecedores habilidosos. Essa comunidade cria a estrutura necessária para todo conhecimento científico: o conhecimento é "compartilhado para cultivo entre muitos milhares de cientistas especializados em todo o mundo e compartilhado receptivamente, em segunda mão, por muitos milhões".[25] O testemunho entre os cientistas, que se baseia na observação habilidosa, leva a criar uma comunidade de conhecedores que podem andar com confiança em direção ao que chamamos de conhecimento científico.[26]

Na Torá encontramos a descoberta da comunidade (isto é, a epistemologia) sendo guiada por videntes habilidosos, às vezes profetas e outras vezes pais, que tentam levar Israel a um entendimento hábil. Este conhecimento é rotulado com termos hebraicos para discernimento, conhecimento, competência, ou "sabedoria" mais genérica (*hŏkĕmâ*).[27] O modelo epistemológico deve dar conta do papel do corpo humano, do corpo social e do raciocínio analógico, os quais a Bíblia hebraica e o Novo Testamento presumem persistentemente.

Em relação à estrutura de epistemologia científica de Polanyi, primeiro examino o aspecto hábil do conhecimento científico que requer o aprendizado sob um especialista. Aqui consideramos passagens do Pentateuco onde as pessoas se submetem a um processo para chegar ao conhecimento

---

[25] Polanyi, *Personal knowledge*, p. 171.

[26] Inspirado até certo ponto por Polanyi, Thomas Kuhn continuaria descrevendo o que acontece quando comunidades de cientistas se deparam com um conflito epistemológico: suas observações habilidosas não são explicadas pelas teorias científicas da moda. No entanto, essa reinterpretação histórica de como a teoria científica foi revolucionada não vai longe o suficiente para explicar as estruturas epistemológicas necessárias para que essa revolução ocorra. Polanyi realmente descreve as estruturas e o processo revolucionário de vários anos antes de Kuhn resolver isso em *A Estrutura das Revoluções Científicas*. Cf. Polanyi, *Personal Knowledge*, p. 150–60.

[27] Sobre a diferença entre "sabedoria" e "conhecimento", Michael V. Fox afirma: "Uma variedade de palavras é usada para sabedoria e conhecimento — dois conceitos que são virtualmente idênticos em Provérbios." "The epistemology of the book of Proverbs," *Journal of Biblical Literature* 126, n. 4 (2007), p. 669 n.1.

## 296 FILOSOFIA BÍBLICA

especializado do que está sendo mostrado a elas (por exemplo, o episódio *O que é?/Maná* de Êxodo 16).

Em segundo lugar, para destacar a descoberta em pontos definitivos de epifania, faremos a pergunta: que competências são necessárias para apropriar-se do sentido de um código jurídico que conduz à sabedoria — para discernir princípios que podem ser empregados além de um caso descrito em lei?

Terceiro, em relação à controvérsia científica, exploraremos a competição entre as explicações oferecidas e a força revolucionária da interpretação do profeta nos provérbios e nos profetas de Israel para derrubar explicações menos precisas.

Por fim, para demonstrar o uso de linguagem sem conteúdo proposicional, mas com estrutura inferencial, consideraremos o papel do aforismo na literatura sapiencial (por exemplo, "O sábio de coração receberá mandamentos, mas o tolo tagarela será arruinado", Pv 10:8). Essa linguagem "de máximas" — como Polanyi a chama — pretende guiar o conhecedor em uma trajetória particular, mas seu simples significado se perde fora do esforço humano para saber.[28]

O objetivo aqui não é criar uma teoria abrangente de tudo que é epistemológico.[29] Pelo contrário, o objetivo é redirecionar, apontando para a suposição de que pode haver uma teoria coerente embasando o modelo epistemológico que fundamenta os vários aspectos dos textos da Bíblia. A epistemologia científica de Polanyi pode ser ideal para essa tarefa porque seu modelo é uma epistemologia unificadora que pode acomodar os nodos 1-3 e além:

1. a sensação fenomenal de conhecer através do corpo;
2. a confiança epistemológica mantida através do testemunho dentro de uma comunidade;
3. o emprego da inferência que não se limita a uma visão proposicional da racionalidade; e

---

[28] "Maxim" é usado aqui por Polanyi no sentido menos kantiano possível da palavra. Uma máxima é uma declaração que ajuda a guiar, mas apenas na ação que está sendo incorporada e buscada. Por exemplo, um professor de biologia pode encorajar um aluno a "estender o olhar" no microscópio para ver algum fenômeno celular. A linguagem máxima, para Polanyi, é "estender seu olhar". Não é um truísmo, mas um guia que auxilia quem está intencionalmente tentando ver características biológicas na granularidade celular.

[29] Em vez de presumir múltiplas epistemologias na Bíblia hebraica, como Michael Carasik e outros razoavelmente presumiram, suponho uma possível explicação do conhecimento que seja robusta e se estenda muito naturalmente a partir de uma visão não positivista da descoberta científica. Michael Carasik, *Theologies of the mind in biblical Israel* (Studies in Biblical Literature 85; Oxford: Peter Lang, 2005).

EPISTEMOLOGIA HEBRAICA E EPISTEMOLOGIA CIENTÍFICA 297

4. o uso de uma linguagem que suplanta o conteúdo proposicional e é necessária para expressar o que se sabe.[30]

O conhecimento, tanto nas ciências quanto na Bíblia, se manifestará como hábil, dependente de testemunho, desenvolvido por meio de controvérsias e comunicado por meio de máximas.

## Saber como habilidade

A ciência funciona pela habilidade do cientista e é por meio do exercício de sua habilidade que ele molda seu conhecimento científico [...] Vou tomar como minha pista para esta investigação o fato bem conhecido de que o objetivo de um desempenho habilidoso se alcança pela observância de um conjunto de regras *que não são conhecidas como tais pela pessoa que as segue.*[31]

Com a intenção de nos reorientar do conhecimento-como-objeto para o conhecimento-através-da-performance-habilidosa, Polanyi destaca uma característica fundamental do conhecimento científico com implicações claras. Primeiro, Polanyi acredita que sabemos por performance mental corporificada, em que até nosso espaço conceitual tem trajetória e movimento (ou seja, uma forma de-para). Mas, em segundo lugar, ele remove nossa confiança em premissas específicas como base para esse *desempenho*. Em outras palavras, conhecer é um ato para o qual argumentos lógicos não podem ser inicialmente especificados por aquele que vem a conhecer. Mesmo após a reflexão, não existe uma maneira exaustiva de especificar o que se sabe sem limites. Desta forma, o saber é inefável.

Ele sugere que aprimorar uma habilidade, o que ele chama de se tornar um "*connoisseur*", requer aprendizado — um período de tempo em que o novato se submete à autoridade do cientista sênior que o orienta a peneirar um aglomerado de particulares, perceber o que é significativo, discernir um padrão coerente dentro de um campo difuso de observação, e assim por diante. Isso se assemelha ao que tenho chamado de estilo pixelado.

O aprimoramento da perícia desenvolve o *discernimento na observação*, sendo capaz de ver o que antes não se via por causa de tal treinamento. Por exemplo, o espanhol e o português podem soar como dialetos da mesma

---

[30] Essa versão mais robusta de inferência é o que Esther Meek chama de "transracional".
[31] Grifo do original. *Longing to know*, p. 76–7.

## 298 FILOSOFIA BÍBLICA

língua para o ouvido desatento, mas, depois de aprender espanhol ou português, será óbvio que não são dialetos, mas línguas distintas. A capacidade de discernir só se desenvolve através da aprendizagem corporificada. Atos de discernimento podem então ser realizados individualmente, mas somente depois que o novato vier a saber. Para este fim, Polanyi observa que, enquanto estamos conhecendo, estamos confiando na instrução de nosso professor, cujas regras não podemos afirmar ou questionar, mas devemos seguir para conhecer o que nos está sendo mostrado.

No campo da biologia, podemos observar através de um microscópio uma célula sanguínea encolhendo quando a colocamos em água salgada. No entanto, a mera observação não nos leva a saber o que vimos. Nos termos de Norwood Hanson, nós "vimos", mas não "vimos aquilo".[32] O que preenche a lacuna lógica entre "ver" uma célula encolher e o ato de "ver que" uma célula encolhe devido à salinidade na água é entender a construção biológica invisível da tonicidade (ou seja, a pressão osmótica de uma célula que faz com que o fluido passe através de uma membrana devido à salinidade da água). A tonicidade é uma construção que reúne observações e conceitos visíveis, que são organizados em uma compreensão dinâmica de relações celulares complexas.

Para saber por que uma célula encolhe na água salgada, devemos entender a relação entre construção da célula, soluções e salinidade, osmose celular, pressão de fluidos e assim por diante. No nexo de todas essas construções, podemos entender o que vemos quando colocamos um glóbulo vermelho em água salgada. Mas, para Polanyi, não podemos saber disso por conta própria.

À medida que ouvimos a voz de nossos instrutores que nos guiam e incorporaram suas ações prescritas para conhecer as características complexas da tonicidade, não podemos reafirmar todos os rituais e regras pelos quais entendemos o que estamos vendo no microscópio. Agora sabemos por que a célula encolhe, pois podemos discernir a tonicidade — como uma característica invisível generalizável — e agora podemos ver uma instância particular de *tonicidade em ação* à luz dessa construção. Enquanto anteriormente "vimos" um glóbulo vermelho encolhendo, agora vemos a tonicidade como um princípio difuso de organização. Agora temos uma compreensão hábil da pressão osmótica e agora "vemos que" há um nexo de ações que resulta em uma célula encolhendo.

Uma vez que tenhamos compreendido o ímpeto e a estrutura de uma fórmula ou uma equação, podemos corporificá-la como uma heurística,

---

[32] Como sugeriu Norwood Hanson, Tycho e Kepler poderiam reconhecer o nascer do sol se o observassem juntos, mas dentro de estruturas cognitivas totalmente diferentes. "Observation" in: *Theories and observation in science*, ed. Richard E. Grandy (Englewood Cliffs: Prentice-Hall, 1973), p. 146.

EPISTEMOLOGIA HEBRAICA E EPISTEMOLOGIA CIENTÍFICA 299

estendendo-nos a seus símbolos e relações, como fazemos com ferramentas físicas. Assim também podemos nos estender em construções, como tonicidade em células ou quiescência em campos elétricos. Quando compreendemos o princípio, podemos empregá-lo sem articular sua gramática e uma sintaxe precisas. Nós o usamos de forma transparente para a tarefa de descoberta. Como um exemplo simples, entender conceitualmente como uma equação de segundo grau (ou quadrática) funciona — não apenas ser capaz de resolvê-la colocando um inteiro específico na equação — permite empregar a equação como uma heurística. Estendemos nossa visão para ver o mundo de forma *quadrática*, por assim dizer, abrindo vistas quadráticas em tudo, desde a distância de frenagem exigida pelos carros para parada total até a corrente descendente em uma bola de pingue-pongue.[33]

A chave para Polanyi é que, enquanto estamos desenvolvendo a habilidade, estamos em um relacionamento de submissão fiduciária onde *não podemos* articular as razões pelas quais chegamos ao saber: "Aprender pelo exemplo é submeter-se à autoridade. Você segue seu mestre porque confia em sua maneira de fazer as coisas mesmo quando não pode analisar e explicar detalhadamente sua eficácia".[34] Somente depois de nos tornarmos conhecedores hábeis da realidade particular de interesse é que podemos começar a nomear os rituais que unem as pistas que nos levaram a entender.

Escravizado no Egito, Israel contou com a autoridade de Moisés — que não podia evitar — para conhecer Yahweh e as promessas abraâmicas no horizonte distante do êxodo. Conhecer Yahweh como "seu Deus" é uma das motivações explícitas do relato do êxodo (cf. Êx 6:7; 7:17; 10:2). Nem derramar sangue no batente de uma porta, nem sair do Egito, nem mesmo caminhar por um mar aberto é suficiente para conhecer Yahweh da maneira pretendida pelo uso distinto do sufixo possessivo em Elohim — como nosso Deus (*'ĕlōhênû*).

O evento do bezerro de ouro em Êxodo 32 indica que muitos hebreus não reuniram as pistas de forma coerente ou falharam em agir de acordo se o fizeram. Do ponto de vista do narrador, para Israel conhecer Yahweh como seu Deus, os israelitas teriam que prestar atenção às instruções de Moisés para entender por que Yahweh é *seu* Deus. Enquanto eles incorporam essas instruções rituais, eles não podem evitar ou verificar como esse processo vai levá-los a esse conhecimento. Embora isso soe fideísta, Polanyi nos diz que o mesmo vale para o cientista.

---

[33] Para mais exemplos, ver Chris Budd; Chris Sanguin, "101 uses of the quadratic equation", *Plus Magazine*, May 1, 2004. Disponível em: https://plus.maths.org/content/101-uses-quadratic-equation--part-ii/.

[34] Polanyi, *Personal knowledge*, p. 53.

## 300 FILOSOFIA BÍBLICA

Isso não deve ser reduzido a um apelo a confiança religiosa cega, ou a esse termo equívoco antagônico no Ocidente, "fé". Em vez disso, tanto no treinamento do cientista quanto no êxodo de Israel, observações discretas e historicamente confiáveis são dadas como evidência para confiar na orientação de uma autoridade. E o objetivo definitivo no conhecimento de Israel é que outros *possam saber*.[35]

Como vimos na epistemologia de Marcos, o objetivo do conhecimento é tornar-se um conhecedor habilidoso, com discernimento suficiente para direcionar outros no desenvolvimento da mesma habilidade. Ainda mais, o nível de sofisticação necessário para discernir detalhes à luz do todo é significativamente elevado em Deuteronômio. Os israelitas de Deuteronômio são obrigados não apenas a procurar profetas autenticados por Yahweh com sinais e maravilhas, mas também a serem capazes de distinguir a profecia verdadeira da enganosa nos próprios profetas autenticados. De fato, Deus promete autenticar os profetas com sinais e maravilhas para testar Israel com palavras enganosas de suas bocas (Dt 13:1-3). Com Polanyi, pode-se argumentar que esses textos, juntamente com as ciências, não promovem a confiança cega ou mesmo ingênua, mas o saber hábil.

## Confiança no testemunho

Qualquer tentativa de definir mais de perto o conceito de ciência esbarra no fato de que o conhecimento que a ciência constitui não é conhecido por nenhuma pessoa. Na verdade, ninguém conhece mais do que um pequeno fragmento de ciência suficientemente bem para julgar sua validade e valor em primeira mão. Quanto ao resto, ele tem que confiar em opiniões aceitas de segunda mão na autoridade de uma comunidade de pessoas credenciadas como cientistas. Mas este credenciamento depende, por sua vez, de uma organização complexa. Pois cada membro da comunidade pode julgar em primeira mão apenas um pequeno número de seus companheiros, e ainda assim cada um é acreditado por todos.[36]

Por "testemunho", não quero dizer que as testemunhas fornecem dados. Em vez disso, a confiança no testemunho refere-se à tarefa exigida de confiar na interpretação dos dados feita por outro conhecedor autorizado.

---

[35] A aliança abraâmica de Gênesis 12 e Deuteronômio como um todo poderiam ser categorizados pela afirmação: conhecer Yahweh a fim de que outros possam conhecê-lo. Afinal, esse é o *telos* epistêmico supremo da nova aliança de Jeremias (ex.: Jr 31:34).

[36] Polanyi, *Personal knowledge*, p. 163.

EPISTEMOLOGIA HEBRAICA E EPISTEMOLOGIA CIENTÍFICA  301

Embora a afirmação de Polanyi sobre a distribuição social do conhecimento científico — ninguém conhece ciência suficiente para julgar o todo — pareça óbvia agora, nem sempre foi tão óbvia nas recentes ondas de positivismo. Autoridade e autenticação (ou seja, "credenciamento") entram na briga aqui. Estes devem ser vistos separadamente porque a controvérsia científica será dependente do processo de credenciamento, não de autoridade. Para que o tecido social da ciência funcione, é necessário que os cientistas conheçam e *confiem* uns nos outros.

O trabalho globalmente disperso feito em campo ou em laboratórios não pode ser verificado por nenhuma pessoa ou entidade. Todo o empreendimento depende de uma teia de confiança e, portanto, a atenção dada a quem é credenciado como fontes confiáveis conta com a fidelidade dos cientistas também. Tal credenciamento não é um distintivo a ser usado, mas o conhecimento de que um cientista foi treinado, desenvolvendo suas habilidades como cientista, sob a supervisão de outros cientistas de confiança em uma determinada tradição. Confiança, ou fé, lubrifica cada mecanismo e engrenagem da ciência.

As implicações dessa descrição podem exceder nossa capacidade de simplesmente ajustar nossas visões da investigação científica. Sugere que os "fatos" experimentais não falam por si mesmos. O cientista está imediatamente atrás de seus resultados e seu credenciamento é o que permite que eles entrem com autoridade na arena do discurso científico.

A atenção de Polanyi logo se voltará para a questão da controvérsia e como a comunidade científica pode decidir entre vozes concorrentes. Ele diz: "Toda grande controvérsia científica tende, portanto, a se transformar em uma disputa entre as autoridades estabelecidas e um pretendente a mesma posição..."[37] Abordarei a controvérsia melhor na subseção intitulada "O papel da controvérsia científica", mas uma afirmação central da descrição da ciência de Polany é que ela necessariamente repousa em amplas bases de confiança em testemunhos que não podem ser verificadas pessoalmente por qualquer cientista.

Em outras palavras, poderíamos imaginar que, para o positivismo lógico, a estrutura lógica do conhecimento deveria proteger contra a dependência do testemunho de outra pessoa. Poderíamos imaginar que, se quiséssemos, poderíamos examinar todo o empreendimento da ciência examinando cada parte. No entanto, Polanyi ignora essas possibilidades e afirma que os

---

[37] Polanyi, *Personal knowledge*, p. 164.

302  FILOSOFIA BÍBLICA

cientistas em atividade não podem examinar o todo pelas partes e, mesmo que tentassem, isso não validaria o empreendimento.

Pela natureza da epistemologia humana, a ciência exibe conhecimento humano normativo com requisitos sistemáticos fortalecidos por metodologia e *credenciamento*. Ainda hoje, a maioria apontará para o próprio método científico como o esteio da confiança científica, citando o rigor ou a repetibilidade como razão para confiar em nosso conhecimento. No entanto, Polanyi nos aponta de volta para os próprios cientistas em sua comunidade como o centro do empreendimento. Portanto, a tradição e os padrões comunitários de credenciamento têm prioridade na confiança epistemológica de qualquer cientista.

Da mesma maneira, a ênfase inegável em autenticar as vozes de autoridade em Israel ressoa em alto e bom som na literatura bíblica. Ofereço vários exemplos breves, mas reveladores, do Pentateuco, dos Evangelhos e da própria história de autenticação de Paulo.

Primeiro, a autenticação é confrontada com o conhecimento oficial no relato de Gênesis 3. A história se concentra em conhecer, particularmente através da submissão a uma autoridade. Lembre-se de que, quando Deus entra no Jardim, Ele encontra o homem e a mulher se escondendo dele. Ao ser questionado, Deus descobre que o homem e a mulher sabem que estão nus. Novamente, Deus *não* pergunta: "Com base em quais premissas você raciocinou quanto a este conhecimento que você adquiriu?" Deus faz uma pergunta que presume que outra autoridade a quem eles se submeteram entrou em cena: "Quem lhes disse que vocês estavam nus?" (Gn 3:11). Além disso, a única acusação e diagnóstico de erro vem à tona durante as maldições ao homem: "Porque você ouviu a voz de sua esposa..." e, por implicação, à voz da serpente ao lado de sua esposa (cf. Gn 3:6,17a).

Gênesis retrata a serpente como uma autoridade no Jardim. Ela sabe coisas que o casal não sabe. Quando eles incorporaram ritualmente sua instrução para saber, tudo o que a serpente prevê se realiza, e o narrador se esforça para mostrar isso.[38] O fato de o narrador da história usar uma linguagem paralela a da serpente na história parece revelar um interesse em mostrar o conhecimento autoritativo da serpente (cf. Gn 3:4-5,7,22). Na narrativa, a autoridade da serpente não está em questão, mas apenas seu credenciamento para prescrever — a razão pela qual o homem e a mulher deveriam ouvi-la, antes de tudo.

---

[38] Moberly faz o ponto simples, mas facilmente esquecido, de que tudo o que a serpente diz parece ser verdade dentro da narrativa. Seus olhos foram abertos, eles tinham conhecimento, não morreram no dia em que comeram e se tornaram "como Deus". R. W. L. Moberly, "Did the serpent get it right?" *Journal of Theological Studies* 39, n. 1 (April 1988): 1–27.

EPISTEMOLOGIA HEBRAICA E EPISTEMOLOGIA CIENTÍFICA 303

Em segundo lugar, quando Moisés se torna o Profeta de Israel, sua jurisdição para falar em nome de Yahweh e circunscrever todos os futuros profetas é totalizante. O desenvolvimento do credenciamento de Moisés começa quase com uma inversão do status da serpente. Moisés não tem autoridade inerente, mas é autenticado como a voz por meio de quem Yahweh fala. As fases do credenciamento de Moisés nos levam a pensar se a simples obediência a Deus é preferível em detrimento ao raciocínio com humanos:

O próprio Moisés deve ser convencido por meio de sinais (Êx 3:1–4:17),
então Arão é convencido a ser seu porta-voz (Êx 4:27–28),
então os líderes israelitas são convencidos (Êx 4:29-31),
então Faraó falha em se convencer (Êx 5-12) e,
finalmente, Israel como um todo é convencido (cf. Êx 14:13-13; 14:30-31).

Esse processo de credenciamento gradual e histórico de Moisés para todos ao seu redor rompe as fronteiras de classe e poder, envolvendo desde escravos humildes até o engajamento geopolítico nas camadas mais altas do mundo antigo. Os textos do Pentateuco em particular e da Bíblia hebraica como um todo estão muito preocupados em credenciar somente aqueles que poderiam guiar Israel a conhecer a relação pactual com Yahweh, e isso de uma maneira bem distinta.

Terceiro, a autenticação de Moisés esclareceu quem *era* e quem *não era* um conhecedor autoritativo que guiaria Israel (cf. Nm 12 e 16). Mas a crise da morte iminente de Moisés estimula regulamentações sobre quem *serão* as futuras vozes de autoridade para guiar Israel. Especificamente, o ensino de Deuteronômio responde à pergunta: como as gerações futuras poderão saber quem foi credenciado para guiar Israel a fim de conhecer suas promessas pactuais?

Em vista da morte próxima de Moisés, Deus levantará futuros profetas que serão autoridades (Dt 18:15), e ele os autenticará para Israel. Contudo, se eles levarem Israel para longe da Torá, então eles são condenados por um crime capital (Dt 13:1-5).

No entanto, mesmo quando a questão da autenticação está aparentemente resolvida, Deus exige uma percepção mais sutil: Israel também deve distinguir entre as mensagens autorizadas e as falsas dos próprios profetas *credenciados* (Dt 18:15-22). A demanda pelo discernimento do hebreu comum aqui é intensa. Mas, com esses três exemplos sucintos diante de nós, podemos ver que a insistência de Polanyi no credenciamento como central para o esforço científico é compatível com a máxima preocupação do Pentateuco para que o guia autorizado seja adequadamente credenciado em Israel.

304 FILOSOFIA BÍBLICA

E o Novo Testamento? Dada a revelação do status de Jesus ao leitor, é surpreendente notar quanto esforço ele e Deus (a partir dos céus) gastam buscando autenticação como o profeta de Israel. Como discutido anteriormente no capítulo 6, até mesmo o relato da Transfiguração se concentra apenas no papel de Jesus como profeta: ele está com o arqui-profeta Moisés e Eliseu, enquanto a voz de Deus cita alusivamente uma passagem deuteronômica sobre futuros profetas que Deus prometeu levantar dentro de Israel. A autenticação parece ser primordial para a campanha de sinais e maravilhas de Jesus, e foi assim que os apóstolos a interpretaram também (cf. At 2:22; 7:36-37). Assim, N. T. Wright afirma: "O melhor modelo inicial para entender essa práxis é o profeta; mais especificamente, o profeta enquanto portador de uma mensagem de caráter escatológico urgente e, na verdade, apocalíptico, para Israel". E "todas as evidências apresentadas até agora sugerem que ele [Jesus] foi percebido como um *profeta*."[39]

No livro de Atos, um conflito de autenticação surge no círculo apostólico quando Saulo se torna seguidor de Jesus.[40] Neste episódio de Atos, o autor já revelou ao leitor tanto a veracidade da alegação de apostolado por Paulo quanto a ignorância dos discípulos (At 9:26-31). Como lembrete, os discípulos em Jerusalém ouviram falar de seu zeloso perseguidor Saulo, que teria se tornado um seguidor de Jesus. No entanto, os apóstolos têm boas razões para serem céticos. A história em Atos 9 se concentra em sua mudança de crença: do ceticismo dos relatos para o conhecimento da verdade sobre Saulo.

Parece inicialmente que, se os irmãos em Jerusalém tivessem apenas mais informações, então eles também, junto com o leitor, poderiam saber que "Saulo, o perseguidor", agora é "Paulo, o apóstolo". Por não confiar em Paulo, os discípulos estão errados? O narrador revela que não se trata de falta de informação, porque a informação não é o que resolveu o conflito interno a essa história.[41] Pelo contrário, foi a confiança (*pistis*) no testemunho de Barnabé que resolveu o conflito.

Para resolver o que era deficiente, a própria narrativa nos mostra as diferentes fases do consentimento epistêmico dos apóstolos. Os apóstolos começaram

---

[39] Embora o segredo messiânico venha a ser revelado nos Evangelhos e em Atos, parece que o credenciamento como profeta de Israel permitiu que a mensagem messiânica radical fosse um sinal ascendente em meio ao barulho das expectativas messiânicas. N.T. Wright, *Jesus and the victory of God* (Christian Origins and the Question of God 2; Minneapolis: Fortress Press, 1996), p.150, 196.

[40] Essa seção foi adaptada de Johnson, *Biblical knowing*, p. 4–7.

[41] Todo esse cenário revela o problema de termos modernistas não históricos e sem contexto, como "informação".

EPISTEMOLOGIA HEBRAICA E EPISTEMOLOGIA CIENTÍFICA   305

com medo de Saulo e não confiaram (At 9:26; *mē pisteuontes*).[42] O que os dispôs a se moverem de "não acreditarem" (At 9:26; *mē pisteuein*) para "aprender" (At 9:30; *epiginontes*) que Saulo se tornou Paulo e, por implicação, a acreditar que "Paulo é um apóstolo"? Se afirmamos que os apóstolos precisavam de mais informações, então novas informações deveriam resolver a narrativa.

Em vez disso, os apóstolos de Jerusalém confiaram em Barnabé como um guia autorizado. Eles devem não apenas ouvir a concepção de Barnabé, mas também considerar a possibilidade de que as *boas novas* de Jesus possam ser mais inclusivas e transformadoras do que eles esperavam anteriormente, incluindo até mesmo pessoas como Saulo, o perseguidor. Ao ceder à orientação de Barnabé, eles devem participar do paradigma maior que poderíamos chamar de "discernir o reino de Deus". E os apóstolos devem ver esses novos eventos e possibilidades segundo esse paradigma, *apesar da incapacidade dos apóstolos de avaliar a veracidade da história de Barnabé.* Aqui, saber parecia cheio de perigos.

O ponto aqui é que esses apóstolos estavam dispostos a saber certas coisas sobre o reino de Deus e sua expansão (por exemplo, Mc 4:30-34; At 1:6-11). Mas os apóstolos não estavam dispostos a discernir que Saulo poderia se tornar Paulo sob essa mesma rubrica. Somente com base no compromisso deles com o saber ao confiar na orientação de Barnabé é que essas particularidades indiscerníveis da vida de Saulo poderiam se tornar discerníveis para ressoar com o conhecimento da expansão do reino de Deus.

O ceticismo inicial dos discípulos em relação a Paulo parece ser um erro da parte deles apenas se removermos a história de seu contexto epistemológico mais amplo. Mas se traçarmos esse relato em um "caminho para o conhecimento" mais abrangente, que poderíamos intitular "os discípulos vindo a conhecer que o reino de Deus se expande para toda a humanidade", então vemos esse episódio como uma disposição dos discípulos para conhecer o reino de Deus. Nós também poderíamos incluir episódios como Pedro e os gentios (At 10) e o concílio apostólico (At 15), juntamente com muitos casos semelhantes nos próprios Evangelhos, nos quais os discípulos não podiam compreender a expansão do reino.[43]

---

[42] Eu prefiro traduzir a palavra grega *pisteuō* como "confiança" em muitas instâncias, o que é uma tradução igualmente viável no português. As razões para isso são dadas em maiores detalhes no capítulo 9.

[43] Cf. Jeffrey B. Gibson, "The rebuke of the disciples in Mark 8:14–21", *Journal for the Study of the New Testament* 27 (1986): 31–47; Kelley R. Iverson, *Gentiles in the Gospel of Mark: "even the dogs under the table eat the children's crumbs"* (Library of New Testament Studies 339; London: T&T Clark, 2007). Como Blakely resume: "a dureza da repreensão de Jesus em Marcos 8:14-21 é ocasionada não pela falta de fé ou incompreensão dos discípulos, mas por sua resistência ativa à missão aos gentios", "Incomprehension

# 306 FILOSOFIA BÍBLICA

A ênfase bíblica em confiar para entender princípios amplos e realidades discretas ressoa com o tipo de autenticação que torna o empreendimento científico funcionalmente eficaz.

## O papel da controvérsia científica

A dispersão e a diversidade de conhecedores também criam a oportunidade de ver os mesmos dados de forma diferente — rompendo com tradições, iniciando novas tradições ou retomando formas anteriores: "Na medida em que um descobridor se comprometeu com uma nova visão da realidade, ele se separou de outros que ainda pensam nas velhas linhas. Sua paixão persuasiva o impele agora a cruzar essa lacuna, convertendo todos a sua maneira de ver as coisas".[44]

Em uma seção intitulada "Controvérsia científica", Polanyi narra o que realmente acontece quando estruturas interpretativas concorrentes precisam ser julgadas dentro de uma comunidade científica. Ele escreve: "Os dois sistemas de pensamento conflitantes são separados por uma lacuna lógica, no mesmo sentido em que um problema é separado da descoberta que resolve o problema".[45] Ele descreve logo em seguida como proponentes de cada sistema começa sua tentativa de persuadir os outros membros da comunidade a se apropriar dessa nova abordagem para observar os dados: "Aqueles que ouvem com simpatia descobrirão por si mesmos o que de outra forma nunca teriam entendido. Tal aceitação é um processo heurístico, um ato automodificador e, nessa medida, uma conversão".[46]

Aqui, a questão não é de credenciamento, algo que teria facilmente desqualificado uma visão concorrente. Em vez disso, a questão gira em torno de como discernir entre duas visões incomensuráveis, ambas vindo de cientistas credenciados. Mais uma vez, ele descreve como as comunidades científicas arbitram paradigmas conflitantes contra a visão de que é simplesmente a preponderância de dados que determina a visão correta.

O leitor será perdoado se ele pensou que eu estava descrevendo a obra de Thomas Kuhn, de 1962, *A estrutura das revoluções científicas*, publicada dez anos depois das Palestras Gifford de Polanyi. A dependência de Kuhn em relação a Polanyi no desenvolvimento das ideias seminais em *Revoluções Científicas*

---

or resistance? the Markan disciples and the narrative logic of Mark 4:1–830" J. Ted Blakley, tese de doutorado, Universidade de St. Andrews, 2008), p. vii.

[44] Polanyi, *Personal knowledge*, p. 150.
[45] Polanyi, *Personal knowledge*, p. 151.
[46] Polanyi, *Personal knowledge*, p. 151.

EPISTEMOLOGIA HEBRAICA E EPISTEMOLOGIA CIENTÍFICA 307

já foi demonstrada.[47] Como consequência da atenção onipresente que Kuhn recebeu em comparação com Polanyi, a versão mais tênue dos paradigmas de Kuhn tornou-se renomada nas humanidades. Isso é lamentável por pelo menos uma razão: Polanyi situa a controvérsia de maneira mais abrangente dentro de uma extensa descrição epistemológica da descoberta. Struan Jacobs resume as diferenças entre as ideias de Polanyi e a abordagem de Kuhn para a descoberta científica desta maneira:

> Kuhn vê a maioria das pesquisas científicas ("ciência normal") como pressupondo e estendendo o conhecimento atualmente recebido que existe na forma de um "paradigma". Os paradigmas de Kuhn, de fato, *apresentam* aos cientistas normais "quebra-cabeças", enquanto os cientistas polanyianos recorrem ao conhecimento pessoal para escolher problemas. "Ao escolher um problema", argumenta Polanyi, "o investigador toma uma decisão repleta de riscos". [...] A descoberta polanyiana que resolve problemas parece ser menos estruturada, exigindo perspicácia e audácia por parte do cientista individual.[48]

Por um acaso, a recepção popular do trabalho de Kuhn (e de Gadamer, entre outros) abateu a visão ingênua de "evidência nua", mesmo entre os cientistas. Era preciso reconhecer que o paradigma — o que Polanyi chama de "paixão heurística" — controla a visão do cientista sobre as evidências. Consequentemente, a controvérsia científica não é resolvida por um mero retorno aos fatos, mas se resolve dentro das mesmas camadas socioepistemológicas com as quais Polanyi sempre descreveu a própria ciência: "Profundamente enraizada em nossa história e cultivada hoje por uma parte especialmente organizada de nossa sociedade".[49]

A Bíblia Hebraica suscita uma história semelhante de controvérsias teológicas em momentos-chave. Em última análise, a teologia de Israel depende de ouvir a voz credenciada de um profeta e depois seguir suas instruções no grau necessário. Alguns desconfiam das sugestões de Polanyi sobre descobertas científicas e controvérsias porque parecem localizar a verdade ou a realidade nas mentes de comunidades interpretativas credenciadas como cientistas, o

---

[47] Ver também: Struan Jacobs, "Michael Polanyi and Thomas Kuhn: priority and credit", *Tradition & Discovery* 33, n. 2 (2006–7): 25–36.
[48] Jacobs, "Michael Polanyi and Thomas Kuhn", p. 25
[49] Polanyi, *Personal knowledge*, p. 171.

308  FILOSOFIA BÍBLICA

que implica que não há fundamento último para a verdade em um mundo objetivamente real. Isso negligencia o fato de que tanto Polanyi quanto a Bíblia Hebraica abordam diretamente a relatividade de nossas estruturas.

Primeiro, Polanyi postula um mundo onde a realidade se intromete e reforma nosso conhecimento. Além disso, o objetivo do modelo de conhecimento de Polanyi é "fazer contato" com a realidade, não obter conhecimento para o qual ele tem que buscar avais ou fundamentos epistêmicos abstratos.[50] No prefácio de *Personal knowledge*, ele afirma: "Tal saber é de fato *objetivo* no sentido de estabelecer contato com uma realidade oculta; um contato que é definido como a condição para antecipar uma gama indeterminada de implicações verdadeiras desconhecidas (e talvez ainda inconcebíveis). Parece razoável descrever essa fusão do pessoal e do objetivo como Conhecimento Pessoal".[51]

Em segundo lugar, a literatura bíblica defende o conhecimento por meio de autoridades credenciadas e resolve a questão da controvérsia teológica ao colocar Israel em contato também com a realidade histórica objetiva, se posso usar tais termos aqui sem maiores ressalvas.

A controvérsia teológica, como as controvérsias científicas, é esclarecida por meios históricos e experimentais. Por exemplo, Números 16 enfoca dois paradigmas conflitantes de santidade: Corá com seu bando de homens e Yahweh com seu profeta Moisés. Corá afirma que todos são santos e Yahweh está entre todos. Esta afirmação questiona o paradigma de que apenas os levitas são santos e podem servir no Tabernáculo e levanta ainda mais questões sobre a natureza da santidade (*qōdeš*).

Uma afirmação igualmente substantiva emerge na simetria literária da história. Corá começa sua teologia revolucionária com a acusação de que Moisés foi "longe demais" (Nm 16:3). A tréplica de Moisés a Corá e a esses levitas afirma: "Vocês foram longe demais, filhos de Levi" (Nm 16:7). A instrução de Yahweh então enfatiza a separação física do bando de Corá e suas oferendas de incenso. Há uma resolução visível, espacial e objetivamente histórica para esta controvérsia que nos é oferecida pelo narrador. O narrador a interpreta como um experimento para conhecer.

A cena que se segue mostra que o paradigma oferecido por Corá não está apenas em conflito e é incomensurável com o paradigma de Moisés,

---

[50] Esther L. Meek, "'Recalled to life': contact with reality", *Tradition and Discovery* 26, n. 3 (1999–2000): 72–83. Cf. tb. *Contact with reality: Michael Polanyi's realism and why it matters* (Eugene: Cascade, 2017).

[51] Grifo do original. Polanyi, *Personal knowledge*, p. vii–viii.

mas que Yahweh distingue claramente a visão apropriada da santidade por um ato definitivo, uma remoção objetivamente real e física da interpretação errada.

O narrador garante que vemos isso construindo toda a cena da rebelião de Corá em termos epistemológicos. O propósito do julgamento objetivo e brutal de Corá, et al., é declarado claramente na narrativa: "Então você saberá que esses homens desprezaram Yahweh". Comentários semelhantes poderiam ser feitos sobre Miriã e Arão (Nm 12), Davi e Golias (1Sm 17), ou Elias e os profetas de Baal (1Rs 18).

No Novo Testamento, encontramos uma estrutura semelhante em torno de eventos destinados a demonstrar um princípio. Jesus perdoou os pecados de um coxo antes de curá-lo "para que saibam (*hina de eidēte*) que o Filho do Homem tem autoridade" (cf. Mt 9:6; Mc 2:10; Lc 5:24). Jesus identifica o efeito epistêmico que deve resultar de sua crucificação no Evangelho de João: "Quando vocês levantarem o Filho do Homem, então saberão que eu sou ele (*tote gnōsesthe hoti ego*)" (Jo 8:28). O mesmo vale para sua ressurreição: "naquele dia conhecerão (*en ekeinē tē hēmera gnōsesthe hy*)" (Jo 14:19).

Logo, dois fatores nos ajudam a ver as conexões entre Polanyi e a literatura bíblica. Primeiro, os resultados experimentais resolvem paradigmas conflitantes por meio de ações determináveis no mundo real. Essas ações providenciam justificação epistemológica suficiente para o paradigma correto. Nos casos acima, a teologia normativa de Israel deve começar dentro de uma estrutura que identifica Moisés como o único profeta de Yahweh (Nm 12), o sacerdócio como os mediadores singularmente santos de Israel (Nm 16) e Yahweh como o deus singular de Israel que responde por apenas um nome: Yahweh (1Rs 18).

Em segundo lugar, não estamos tratando de pontos teológicos brutos. É preciso que ações específicas de Yahweh enquadrem a controvérsia para destacar a incomensurabilidade entre os dois paradigmas: o normativo e o falho. Mas a Torá como obra de literatura preparou o leitor para essas controvérsias. O que fica claro para o leitor da Torá, com a ajuda do narrador, é que qualquer reivindicação ou ação que não esteja enraizada na instrução de Moisés será enquadrada como levando Israel a um conhecimento falso ou errôneo de sua aliança com Yahweh.

A questão permanece sendo que cada parte se depara com os mesmos dados, os mesmos eventos e as mesmas palavras. Cada lado na controvérsia interpreta a evidência de forma diferente. Yahweh às vezes age dentro dessas narrativas exatamente no ponto em que o interesse epistemológico da comunidade está

## 310 FILOSOFIA BÍBLICA

em jogo. A comunidade precisa entender qual paradigma permitirá que eles saibam verdadeiramente, e Yahweh age "para que [eles] saibam".

Muitos teólogos interpretam a encarnação de Jesus como o ato histórico de Deus por excelência, como esclarecimento historicamente definitivo da teologia da nova aliança e simultaneamente como o guia profético nessa tarefa. Os discursos de Pedro e Estêvão em Atos certamente retratam a vida de Jesus dessa maneira (cf. At 2:14-40; 7:2-53). Jesus é retratado como explicando a si mesmo segundo este paradigma no Evangelho de Lucas (Lc 24:25-27). Já demonstrei na carta de Paulo aos Gálatas que o propósito de toda a carta era resolver a controvérsia sobre qual paradigma do evangelho interpreta corretamente as experiências históricas do público.

Já que os textos bíblicos possuem um foco epistêmico, quando comparados com as tradições intelectuais de seus pares, a controvérsia naturalmente terá um papel central no desenvolvimento de um entendimento de segunda ordem matizado dentro de uma comunidade.

### Linguagem de máximas

Por fim, Polanyi propõe uma maneira específica pela qual a linguagem é empregada para auxiliar no conhecimento — do "connoisseur" ao iniciado. Ele chama esse uso pedagógico da linguagem de "máxima". "As máximas são regras, cuja correta aplicação faz parte da arte que elas regem. As máximas não podem ser compreendidas, e muito menos aplicadas, por quem ainda não possui um bom conhecimento prático da arte".[52] Para Polanyi, conhecer é "inefável", em um sentido geral. É porque sabemos que podemos então articular o que sabemos, mas nossa fala nunca se aproxima ou esgota nosso conhecimento.[53]

---

[52] Polanyi, *Personal knowledge*, p. 31.

[53] Essas observações mostram que, estritamente falando, nada do que sabemos pode ser dito com precisão; assim, o que chamo de "inefável" pode simplesmente significar algo que sei e posso descrever com ainda menos precisão do que o habitual, ou mesmo apenas muito vagamente. Embora o especialista em diagnóstico, o taxonomista e o classificador de algodão possam indicar suas pistas e formular suas máximas, eles sabem muito mais coisas do que podem dizer, conhecendo-as apenas na prática, como particulares instrumentais, e não como objetos, explicitamente. O conhecimento de tais particularidades é, portanto, inefável, e a ponderação de um julgamento em termos de tais particularidades é um processo de pensamento inefável. Isso se aplica igualmente ao conhecimento como arte de conhecer e às habilidades como arte de fazer, de modo que ambos podem ser ensinados apenas com o auxílio de exemplos práticos e nunca apenas por preceito. A seus detratores, Polanyi adverte: "Não é difícil recordar tais experiências inefáveis, e as objeções filosóficas a isso invocam padrões quixotescos de significado válido que, se praticados com rigor, nos reduziriam a uma imbecilidade voluntária". *Personal knowledge*, p. 87-8.

EPISTEMOLOGIA HEBRAICA E EPISTEMOLOGIA CIENTÍFICA 311

Se sabemos mais do que podemos dizer, encontramos um obstáculo para promover o conhecimento nos outros.[54] Como levar os outros a saber o *que sabemos* se não podemos articular *o que sabemos* na linguagem? É aqui que a máxima como ato de fala vem à tona no processo ritualizado de descoberta científica.

Máximas são declarações peculiares que não têm significado substantivo, a menos que sejam ouvidas dentro do contexto de performance do ritual, prescrito pela autoridade credenciada. Se já jogamos tênis, críquete, baseball, ou golfe, podemos imaginar um treinador nos aconselhando: "Aperte seu swing" ou "firme o bastão".[55] Essa frase, enquanto linguagem direcionadora, é indiscernível *em si*. A única maneira pela qual essa frase se torna significativa é se tivermos um bastão ou uma raquete em nossas mãos e os estivermos balançando ativamente enquanto aplicamos analogicamente as instruções. No contexto de ouvir a voz autoritativa de nosso treinador e fazer o que eles prescrevem, a máxima nos orienta a conhecer não apenas a categoria geral "como bater numa bola", mas também "como guiar uma bola para que ela faça uma curva" ou algo semelhante.

Polanyi quer que entendamos que isso não vale apenas para o esporte, mas também para a capacidade epistêmica do cientista:

> As verdadeiras máximas do golfe ou da poesia aumentam nosso discernimento sobre o golfe ou a poesia e podem até dar orientações valiosas a golfistas e poetas; mas essas máximas se condenariam instantaneamente ao absurdo se tentassem substituir a habilidade do golfista ou a arte do poeta. As máximas não podem ser compreendidas, muito menos aplicadas por quem ainda não possui um bom conhecimento prático da arte. Outra pessoa pode usar minhas máximas científicas para a orientação de sua inferência indutiva e ainda chegar a conclusões bem diferentes. É devido a essa ambiguidade manifesta que as máximas só podem funcionar — como eu disse — dentro de uma estrutura de julgamento pessoal. Uma vez que tenhamos aceitado nosso compromisso com o conhecimento pessoal, podemos também enfrentar o fato de que existem regras que são

---

[54] "Falar é, portanto, uma performance baseada no conhecimento, e é, de fato, apenas um exemplo dentre uma gama indefinida de performances concebíveis pelas quais tal conhecimento pode ser manifesto. Procuramos palavras para contar o que sabemos e nossas palavras se unem por essas raízes." Polanyi, *Personal knowledge*, p. 102.

[55] Para proceder, precisamos também deixar de lado, o uso analógico de "apertar".

# 312 FILOSOFIA BÍBLICA

úteis apenas dentro da operação de nosso conhecimento pessoal, e podem perceber também o quão úteis elas podem ser como parte de tais atos.[56]

É difícil resistir à noção de que a literatura de sabedoria de Israel exibe o ideal de Polanyi quanto a máximas. Para ver isso, teremos que ignorar outras características prevalentes de sabedoria. Por exemplo, devemos suspender temporariamente os aspectos poéticos da literatura sapiencial. Embora se possa argumentar que as formas poéticas e literárias paralelas dos ditos sapienciais contribuem significativamente para o conhecimento, não as integrarei aqui. Em vez disso, concentro-me em um único aspecto do significado no livro de Provérbios: como o aforismo deve agir como máxima para os conhecedores.

Primeiro, uma breve discussão dos termos associados à sabedoria revela que a sabedoria se assemelha mais à ideia de uma "habilidade desenvolvida". Em segundo lugar, Provérbios e epístolas do Novo Testamento enquadram a sabedoria à luz de autoridades credenciadas. Terceiro, a sabedoria aforística atua então como uma máxima, moldando o conhecimento daquele que está realizando as ações prescritas.

Primeiro, a gama conotativa de termos usados para descrever a sabedoria na Bíblia Hebraica é excepcionalmente ampla, especialmente considerando como a "sabedoria" é comumente empregada fora de Provérbios. A gama semântica de termos sobrepostos inclui: discernir (*bîn*), sabedoria/habilidade (*hŏkĕmâ*), instrução (*mûsār*), conhecimento (*da'at*), compreensão (*tā_bûn*), discrição (*mĕzimmâ*), esperto/prudente (*'arum*), e os antônimos de sabedoria: loucura (*nĕbālâ/'ĕwîl*) e tolo (*kĕsîl*).[57]

O termo mais comum para "sabedoria" (*hŏkĕmâ*) também aparece em contextos inesperados. Em Êxodo, as qualificações necessárias para os artesãos do tabernáculo são dadas por Yahweh a Bezalel: sabedoria (*hŏkĕmâ*), entendimento (*tābûn*) e conhecimento (*da'at*).[58] Dentro dos Provérbios, a sabedoria não é apenas alcançável (por exemplo, Pv 3:13), mas alcançada especificamente pelo aprendizado (por exemplo, Pv 4:10s; 9:9-10: 13:1). Assim, no mundo de língua inglesa, a sabedoria deve ser concebida como habilidade e não como suas conotações mais sagazes e místicas que ganhou no Ocidente. Von Rad descreve as conotações da sabedoria da Bíblia hebraica:

---

[56] Polanyi, *Personal knowledge*, p. 31.

[57] O campo vertiginoso de termos semanticamente sobrepostos faz com que Gerhard von Rad comente (Pv 1:1-5): "Como pode uma exegese que leva as palavras a sério lidar adequadamente com essa série de declarações?" *Wisdom in Israel*, p. 13.

[58] Cf. Êxodo 31:3; 35:31; 36:1.

[*hŏkĕmâ*] descreve o homem que, em algum sentido e em alguma esfera, é "competente". "habilidoso". Pode ser aplicada até mesmo a trabalhadores braçais ou marinheiros [...] descreve um homem que é um especialista em truques e esquivas obscuras. [...] Mesmo um embrião que não pode encontrar a saída do útero pode ser descrito como "insensato" (Os 13:13).[59]

A Septuaginta frequentemente documenta a diversidade da linguagem de sabedoria hebraica com o único termo *sophia*.

Em segundo lugar, Provérbios enfatiza a autoridade credenciada dentro do processo epistemológico. No geral, a sabedoria não é uma mercadoria que pode ser alcançada, mas começa pela submissão a uma autoridade. Provérbios 1–9 regularmente levanta a questão de "a quem se ouve". Não se pode perder o tom de conversação dos capítulos iniciais em que os pais e a personificação feminina da sabedoria estão treinando os filhos de Israel. Toda essa conversa tem como premissa o chamado para ouvir a autoridade, uma das várias autoridades concorrentes (por exemplo, Pv 7 e 8). Provérbios contém vinte e cinco chamadas individuais para "ouvir" (sem incluir todos os "incline seu ouvido"), quatorze dos quais estão nos primeiros nove capítulos:

"Deixe os sábios ouvirem..." (Pv 1:5)
"Ouça, meu filho, a instrução de seu pai..." (Pv 1:8)
"Quem me ouvir habitará seguro." (Pv 1:33)
"Meu filho, se você receber minhas palavras... (Pv. 2:1–2)
"Meu filho, não se esqueça do meu ensino..." (Pv 3:1)
"Ouvi, ó filhos, as instruções do pai..." (Pv 4:1)
"Ouça, meu filho, e aceite a minha palavra..." (Pv 4:10)
"E agora, ó filhos, ouvi-me..." (Pv 5:7)
"Não escutei a voz de meus professores nem inclinei meu ouvido para meus instrutores." (Pv 5:13)
"E agora, ó filhos, ouçam-me e estejam atentos..." (Pv 7:24)
"Ouça, pois falarei coisas nobres..." (Pv 8:6)
"E agora, ó filhos, ouvi-me..." (Pv 8:32)

---

[59] "Na maioria das instâncias, o homem sábio não é o representante de uma posição, mas simplesmente o homem sábio como um tipo, em contraste com o tolo." Von Rad, *Wisdom in Israel*, p. 20.

FILOSOFIA BÍBLICA

"Ouça a instrução e seja sábio..." (Pv 8:33)
"Bem-aventurado aquele que me ouve..." (Pv 8:34)[60]

Em Provérbios 1—9, Yahweh, o pai, a mãe e a própria sabedoria são louvados pelos filhos como os detentores legítimos de discernimento hábil, e os filhos são advertidos contra a sedução da loucura. Portanto, o único caminho viável para a sabedoria requer submeter-se à instrução de um conhecedor habilidoso.

Terceiro, as máximas participam desse processo epistemológico no ponto de aprendizado e ação humana. Novamente, não estou considerando a sabedoria como um conteúdo de conhecimento que pode ser aplicado na prática. Em vez disso, a linguagem aforística da sabedoria nos instrui enquanto estamos realizando as ações treinadas. Chegamos ao saber enquanto ouvimos, agimos e, assim, vemos como o provérbio é verdadeiro de maneiras que não poderíamos ter entendido sem executá-lo.

O "poema didático" foi valorizado por seu papel na promoção da sabedoria, não como um conteúdo do conhecimento que pode ser transferido de uma geração para outra, como se o conhecimento existisse dentro da própria literatura. A sabedoria é aperfeiçoada fazendo enquanto se ouve. Von Rad vê esta expressão didática como particularmente preciosa: "De fato, é preciso uma arte para ver objetivamente as coisas que sempre estiveram lá e dar-lhes expressão [...] pois cada frase e cada poema didático está repleto de significado e é inequivocamente autocontido, de modo que, apesar das muitas características comuns a todos eles, eles nos parecem peculiarmente inflexíveis".[61] Ou seja, a capacidade de discernir está embutida no ato.

Considere o adágio "a juventude é desperdiçada com os jovens". Embora meu tio-avô me lembrasse regularmente deste poema nos meus vinte anos, não foi até meus quarenta anos que a frase começou a fazer sentido para mim. Não se trata necessariamente um poema didático, mas a verdade da afirmação ganha sentido à medida que vivemos a vida e nossos corpos começam a apresentar um desempenho inferior ao necessário para viver.

Para uma versão mais direta de uma máxima no sentido polanyiano, considere o par de aforismos em Provérbios 13:2-3, que são introduzidos com "o filho sábio ouve a instrução de seu pai, mas o escarnecedor não ouve a repreensão" (Pv 13:1):

---

[60] Onze instâncias mais similares do ato de "ouvir" como a base para a sabedoria estão em Provérbios 10-31: Pv 12:15; 13:1; 15:31–32; 19:20; 19:27; 21:28; 22:17; 23:19; 23:22; 25:12; e 28:9.

[61] Von Rad, *Wisdom in Israel*, p. 5-6.

EPISTEMOLOGIA HEBRAICA E EPISTEMOLOGIA CIENTÍFICA 315

Dos frutos da boca de um homem, ele saboreia o bem.
Mas o desejo do traiçoeiro é a violência.
Aquele que guarda sua boca guarda sua vida.
Aquele que abre bem os lábios, a ruína é dele.

Aqueles que foram mentores de outras pessoas ou foram seus próprios mentores reconhecem a verdade neste par de ditos porque nós os experimentamos em ação. Porém, como máximas, funcionam de maneira diferente para aqueles que estão começando a conhecer a verdade dessas afirmações. Von Rad observa: "Em Eclesiastes a eficácia das palavras dos sábios é comparada à dos aguilhões de bois" (Ec 12:10).[62] O aforismo nos atinge com firmeza, corrigindo-nos e guiando-nos à medida que avançamos.

Se Polanyi estiver correto, devemos ser capazes de ver que as sentenças *em si* não transmitem nenhum conteúdo proposicional, por falta de um termo melhor. Na realidade, os frutos não saem da boca dos homens, nem se pode "guardar" ou "vigiar" a própria boca. O provérbio defende uma coisa que sabemos ser fisicamente impossível. Mas não estamos argumentando contra as metáforas profundas e ricas de "saborear", "lábios largos" ou o uso analógico de "ruína". E certamente não devemos negligenciar o fato de que a sabedoria hebraica encontrou sua expressão em ricas metáforas como "os frutos da boca de um homem". Quero sugerir que essa linguagem metafórica só adquire sentido na práxis.

Deixe-me tentar fazer uma descrição na qual essas máximas desempenham um papel no processo epistemológico descrito acima. A lacuna no saber abordada neste provérbio parece ser a ideia de que "o que dizemos brota de dentro de nós e pode trazer o bem ou o mal", ou algo do tipo. Portanto, devemos prestar atenção as palavras que falamos. Mas este provérbio não parece nos instruir sobre o mero ato de falar, mas sim sobre o falar no contexto do relacionamento com os outros.

A lição que muitos de nós, quando jovens rapazes ou moças, aprendemos da maneira mais difícil foi que nosso discurso muitas vezes entregava mais do que o conteúdo que presumimos estar transmitindo aos outros. Nossas declarações transmitiam arrogância, insensibilidade ou inseguranças das quais nem tínhamos consciência. De acordo com esse aforismo, há certa correlação entre o conteúdo (o que dizemos) e a performance (como dizemos) na qual precisamos nos concentrar para entender.

---

[62] Von Rad, *Wisdom in Israel*, p. 21.

316    FILOSOFIA BÍBLICA

Quando prestamos atenção a essas dimensões de nossa fala enquanto falamos, esses provérbios atuam como um treinador, destacando para nós aspectos de como os outros nos percebem, ou como queremos ser percebidos, que antes passavam despercebidos para nós. Ou como Michael V. Fox nos diz: "[Um] provérbio deve atender a uma necessidade particular, e isso o imbui de um 'desempenho sempre novo'. Um provérbio recebe seu significado completo apenas na aplicação, quando é falado para um fim específico."[63]

Quanto aos textos do Novo Testamento, a tendência continua. Consideremos apenas uma série de ditos na forma de máximas em Efésios e tentemos entender como eles se encaixam no padrão epistemológico proposto até agora.[64] Paulo afirma em Efésios:

> Vocês estavam mortos nos delitos e pecados em que antes andaram, seguindo o curso deste mundo, seguindo o príncipe da potestade do ar, o espírito que agora opera nos filhos da desobediência – entre os quais todos nós antes vivíamos nas paixões de nossa carne, realizando os desejos do corpo e da mente, e erámos por natureza filhos da ira, como o resto da humanidade. Mas Deus, sendo riquíssimo em misericórdia, pelo grande amor com que nos amou, estando nós mortos em nossos delitos, nos deu vida juntamente com Cristo — pela graça vocês são salvos — e com ele nos ressuscitou e nos assentou com ele nos lugares celestiais em Cristo Jesus, para que nos séculos vindouros ele mostre as riquezas imensuráveis de sua graça em bondade para conosco em Cristo Jesus. Pois pela graça vocês foram salvos pela fé. E isso não é obra de vocês; é dom de Deus, não fruto de obras, para que ninguém se glorie. Porque somos feitura dele, criados em Cristo Jesus para boas obras, as quais Deus de antemão preparou para que andássemos nelas (Ef 2:1-10).

Para considerar quão profundamente analógica é essa instrução aos Efésios, pode ajudar se fingirmos ser uma criança tentando entender o significado da passagem acima.[65] Teríamos que fazer perguntas básicas, como:

Como podemos estar mortos em nossos delitos?
Como andamos no pecado? O pecado é uma substância a ser pisada?

---

[63] Michael V. Fox, *Proverbs 10–31* (Anchor Yale Bible; New Haven: Yale University Press, 2009), p. 484.
[64] Essa seção sobre Efésios é adaptada de Johnson, *Biblical knowing*, p. 143-7.
[65] Paulo presume uma transformação espiritual que ilumina suas metáforas teológicas com significado.

## EPISTEMOLOGIA HEBRAICA E EPISTEMOLOGIA CIENTÍFICA 317

Como a carne tem paixão?
Como "rico" e "misericórdia" se correlacionam?
Do que fomos salvos?

Essas declarações encontradas em Efésios fazem pouco ou nenhum sentido em si mesmas além de serem metáforas e analogias. Não há uma maneira lógica de construir uma ponte da gramática, sintaxe ou significado literal das palavras para a intenção presumida da comunicação. Da mesma forma que não podemos entender a frase do beisebol de "estrangular a ponta o taco" [*choke up on the bat*] a menos que entendamos (1) o ato físico de estrangular alguém com as duas mãos; (2) que o taco representa o pescoço do que estamos sufocando; e (3) a que direção "da ponta" se refere a nossa pegada no taco. Embora a frase exija necessariamente uma participação imaginativa para fazer sentido, quando estamos participando fisicamente (ou seja, ajeitando nossa pegada no taco), a frase pode ser totalmente coerente e útil para nós. Nossa capacidade de combinar nosso raciocínio analógico com nossa atual situação corpórea torna as instruções sabedoria para nós — linguagem de máximas que nos guia no ato de fazer.

Da mesma forma, o escritor de Efésios emprega uma série de frases enigmáticas para levar o leitor a saber algo. Se a epístola contém essa linguagem máxima, então não há como entender o significado — ou, pelo menos, compreendê-la bem — fora da participação incorporada. A descrição "pela graça vocês são salvos por meio da fé" só pode fazer sentido para nós se tivermos experiências anteriores que possam ser adequadamente representadas por conceitos como "confiança" (*pistis*) e "resgate" (*sōzō*), ambos construtos corporificados.

O emprego retórico de "andar" por Paulo ao longo de Efésios pode se tornar escorregadio aqui, então deixe-me esclarecer. Uma versão resumida do ensinamento da carta é algo semelhante a "já que fomos resgatados da morte no juízo, então vivamos eticamente como tendo sido resgatados". Andar em sabedoria refere-se a discernir entre a loucura do mundo (cf. 2:1b; 5:17a) e a vontade de Deus (cf. 2:10b; 5:17b). Esse tipo de "andar em sabedoria" é um discernimento hábil que requer certas experiências e ações baseadas no que Paulo está ensinando. Como metáfora analógica, "andar" deve ser empregado de forma imaginativa para entender o mínimo, porque Paulo não está se referindo ao andar real.

Não podemos entender o raciocínio analógico por trás de máximas como "polir sua finalização" sem realmente chutar uma bola. O significado não é apenas logicamente separado de nós, mas também vem de outra atividade

318  FILOSOFIA BÍBLICA

humana completamente diferente (ou seja, polir prata até ter um acabamento brilhante, onde "acabamento" em si é uma metáfora). Da mesma forma, o público pode perder muito do que Paulo defende se não tiver conhecimento prévio de algo análogo à salvação física.

Ser salvo, uma metáfora conceitual da Bíblia Hebraica, só pode ter seu significado apreendido a partir de uma época em que estávamos em perigo físico, mas do qual fomos resgatados. Se conhecemos a salvação de Paulo e então vivemos (ou "andamos") de acordo com o que Paulo está nos instruindo, então devemos conhecer bem a veracidade de suas outras afirmações à medida que participamos. Isso não significa que nós devemos ter uma experiência de quase morte para entender a salvação, mas que as Escrituras associam-se ao conceito analógico de salvação física da morte para nos levar ao conceito mais amplo. A questão é que a experiência física precede o conceito.

Esse aspecto didático da literatura sapiencial, do qual apenas arranhamos a superfície aqui, revela indícios de seguir as mesmas prioridades epistemológicas estabelecidas acima. Inicia-se com a intenção de se concentrar em ouvir as autoridades credenciadas. Mais do que ouvir, conhecer os resultados do fazer e ver como consequência.

Os provérbios estendem linguisticamente o processo epistemológico para a incorporação da instrução da autoridade e seu treinamento em máximas ao longo do caminho. Não recebemos instruções e não somos deixados à própria sorte, como acontece naquelas horrendas mobílias do tipo "construa você mesmo". Em vez disso, aqueles que foram credenciados nos ensinam a ver pelo uso da linguagem de máximas. Consideramos essas máximas significativas apenas na medida em que nos submetemos, ouvimos e nos ajustamos de acordo com elas. Assim, estaremos sempre logicamente separados do significado de "aperte seu *swing*" ou "observe a célula evacuando a água" até que nos comprometamos com o ato e a instrução.

## CONCLUSÕES

Agora deve ser óbvio que uma tese muito maior se esconde por trás dessa tentativa de mostrar estruturas paralelas entre o estilo epistemológico hebraico e a epistemologia científica de Polanyi. No entanto, restringi minhas observações a quatro pontos centrais como tópicos argumentativos a serem considerados no desenvolvimento de visões sobre os elementos filosóficos da Bíblia. Polanyi e a literatura bíblica compartilham preocupações primárias sobre:

1. como se chega ao conhecimento especializado;
2. a confiança do conhecedor no testemunho-enquanto-orientação que exige credenciamento;
3. o papel da controvérsia no conhecimento; e
4. o uso da linguagem de máximas para orientar os conhecedores.

Diante do exposto, as razões para as afinidades epistemológicas entre o estilo filosófico hebraico e a epistemologia científica podem agora ser vistas, de forma grosseira. As atividades científicas lidam com um campo indeterminado de dados, no qual alguma coerência estrutural é percebida (pixelada). Todo entendimento tem que se encaixar no enredo científico (entrelaçado), fundamentado em um entendimento de sua relação com um evento de criação e todas as explicações atuais (por exemplo, criacionista por meio do Big Bang). A falha em reconciliar dados a determinado contexto ou enredo na ciência é considerado um problema profundo (por exemplo, o fracasso em reconciliar a relatividade geral de Einstein com a mecânica quântica).

Cientistas novatos são iniciados na tradição por meio de rituais destinados a promover sua compreensão e, em seguida, passam a praticar a ciência experimental em comunidade (ritualista). Os cientistas realizam experimentos como rituais corporificados que seguem de perto os roteiros para entender um fenômeno e compartilhar essa compreensão de confiança com seus colegas — colegas cientistas que vêm de todas as demografias e emprestam seus conhecimentos mutuamente enriquecedores para o empreendimento maior (transdemográfica). A prática dessa gramática científica tanto produz confiança epistêmica por meio da experiência corporificada e comunitária quanto aguça a consciência do que é desconhecido a partir do que é incognoscível (misterionista).

Capítulo 9

# A VERDADE BÍBLICA E A LÓGICA HUMANA

Ser capaz de confiar em algo, poder contar com isso — este parece ser o cerne da verdade da Bíblia.[1]

Se a epistemologia científica é paralela à epistemologia hebraica de alguma forma significativa, então os paradigmas conceituais da verdade e a mecânica da justificação poderiam – ou, talvez, *devessem* – seguir tal exemplo. O modelo hebraico de "verdade" que emerge difere em pontos-chave de algumas, mas não de todas, noções populares de verdade hoje. Especificamente, o binário verdadeiro/falso que financia os modelos de justificação populares atualmente parece ser um modelo muito rígido para o estilo hebraico.

Os autores bíblicos trabalham com uma noção de verdade que não está restrita a um binário verdadeiro/falso. Não são suas sensibilidades que excluem tal noção; na verdade, simplesmente não parece ser uma preocupação quando retratam questões de verdade contra falsidade. Seu senso de "verdade" requer uma estrutura de conhecimento voltada principalmente para o objetivo do discernimento hábil. Justificação, portanto, envolve experimentação, um esquema básico de lógica e agência pessoal.

---

[1] Yoram Hazony, *The philosophy of Hebrew Scripture* (New York: Cambridge University Press, 2012), p. 200.

A VERDADE BÍBLICA E A LÓGICA HUMANA 321

Qualquer descrição realista do "conhecimento verdadeiro" requer uma explicação coerente da verdade e sua lógica de justificação. Um componente-chave para justificar o que é verdade, como veremos, é o teste de "tempo e circunstância". O que é verdadeiro só pode ser evidenciado ao longo do tempo e através das circunstâncias. E se "tempo e circunstância" são fatores intrínsecos à concepção de verdade dos autores bíblicos, então a justificação deve ser capaz de rastrear *verdadeiramente* ambos.

Neste capítulo e no próximo, examino uma noção hebraica de verdade e justificação na Bíblia hebraica e no Novo Testamento. Embora eu coloque tanto a verdade quanto a lógica da justificação em diálogo com ideias contemporâneas, faço isso apenas para mostrar tanto o parentesco que compartilhamos com as noções bíblicas quanto a crítica oferecida pelos textos bíblicos. No final do próximo capítulo, veremos a verdade, a lógica e a justificação representadas como centrais para a racionalidade retratada em cenas pixelizadas nas Escrituras por personagens e ensinamentos bíblicos.

## A NATUREZA DA VERDADE

Se acreditarmos que a afirmação "o céu é azul" é verdadeira, devemos considerar as razões para defender sua verdade antes de discutir como a literatura bíblica desenvolve maneiras de descobrir *verdadeiramente*. As razões pelas quais uma criança de três anos e um meteorologista acreditam que o céu é azul derivam de dois mecanismos diferentes: relacionamentos de confiança, de um lado, e compreensão qualificada construída por meio de instruções de confiança, do outro. Ambos os mecanismos são necessários, mas os autores bíblicos se concentram no desenvolvimento do discernimento hábil como a rota natural da epistemologia.

Embora esses mesmos conceitos de verdade, validade e justificação povoem nosso mundo intelectual hoje, muitas vezes nos inclinamos para outro esquema conceitual para a verdade: ou verdadeiro ou é falso, nada mais. E, ainda mais inútil para o discurso bíblico, o discurso popular chega a modificar a verdade como "absoluta" ou "subjetiva". Especificamente, nós precisamos considerar se nossas próprias presunções sobre a verdade podem estar causando interferência, bloqueando-nos da concepção bíblica de verdade.[2]

---

[2] A seção sobre lógica e verdade não binária reescreve o argumento em Dru Johnson, *Knowledge by ritual: a biblical prolegomenon to sacramental theology* (Journal of Theological Interpretation Supplements 13; Winona Lake: Eisenbrauns/PennState Press, 2016), p. 72–8. Quando dou aulas na graduação e digo

Várias teorias filosóficas da verdade tentam chegar à visão mais razoável de se uma proposição, como "o céu é azul", é verdadeira ou falsa. A teoria da verdade mais popular entre os filósofos de língua inglesa, a teoria da verdade-como-correspondência, sustenta que uma proposição é verdadeira quando a realidade à qual ela se refere realmente é o caso (Figura 2).[3] A proposição representada pela sentença "o céu é azul" é verdade *se e somente se (sse)* o céu é realmente azul de alguma forma.

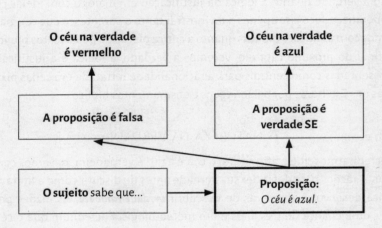

**FIGURA 02** ♦ Correspondência "O céu é azul"

Outras teorias da verdade resolvem o mesmo problema usando uma métrica diferente para a verdade enquanto correspondência. As teorias da coerência procuram situar a verdade de uma proposição em um esquema maior, logicamente conectado, dentro do qual "o céu é azul" seja coerente.

---

que os autores bíblicos não podem conceber uma noção simples de "verdade absoluta", alguns estudantes imediatamente entram em surto epistêmico. Muitos deles aprenderam a vida inteira que a verdade absoluta — às vezes conhecida como "Verdade com V maiúsculo" — é o ideal e todo o resto é "verdade com v minúsculo". Essa ideia de verdade não apenas corre o risco de importar noções muito perigosas para o mundo bíblico, mas também não explica a tarefa epistemológica. Eventualmente, mostrarei que essa visão não faz sentido em nenhuma estrutura epistemológica que possa dar conta do conhecimento religioso e científico sem reduzi-los a meras caricaturas.

[3] De acordo com uma pesquisa recente, aproximadamente 62% dos filósofos, em grande parte da tradição anglo-americana acreditam em algum tipo de teoria da verdade-como-correspondência ("A lista geral incluiu 62 departamentos nos EUA, 18 no Reino Unido, 10 na Europa fora Reino Unido, 7 no Canadá e 5 na Australásia."). David Bourget; David J. Chalmers, "What do philosophers believe?" *Philosophical Studies* 170, n. 3 (setembro de 2014): 468.

## A VERDADE BÍBLICA E A LÓGICA HUMANA    323

A verdade, então, significa fazer sentido dentro de uma determinada rede de conhecimento.[4]

Visões pragmáticas da verdade (ou seja, é verdade se funciona) têm a admirável qualidade de estarem intrinsecamente ligadas à realidade, mas também trazem alguma bagagem ética. As noções éticas necessárias para definir o que "funciona" têm uma história complicada.[5] Experimentos médicos em áreas ocupadas pelos nazistas na Polônia e Tuskegee "funcionaram", mas não são o tipo de verdade que a maioria de nós busca. Além disso, na tradição cristã, o cosmos não é o que deveria ser metafísica ou epistemologicamente. Portanto, o "funcionamento" de algo pode torná-lo pragmaticamente verdadeiro, mas falta imaginação aqui para conceber o cosmos de qualquer outra maneira senão da forma que existe atualmente.

A imaginação cristã, se não também a hebraica, requer tais hesitações imaginativas sobre o pragmatismo nu e cru. No mínimo porque as afirmações metafísicas no início do Gênesis e no final em Apocalipse deixam claro que este mundo não é do jeito que deveria ser e terá de ser, em última análise, metafisicamente reordenado. Portanto, se algo é pragmaticamente verdadeiro depende da definição de sucesso operacional (ou seja, "se funciona") e, para a filosofia bíblica, da futura reorientação de um cosmos desordenado, mesmo que não saibamos o que essa reorientação implica.

O que deve ser observado nessas abordagens da verdade é que a proposição — a coisa a ser acreditada — funciona como a peça central de verdade ou falsidade. Verdadeiro e falso são postulados como extremos opostos em uma relação binária, e são aplicados a uma ideia ou estado de coisas *incorpóreo e independente do sujeito cognoscente*.

Meus dois objetivos são: (1) nos reorientar para a noção bíblica de "verdade" e (2) propor um processo de conhecimento no qual os rituais movem os conhecedores a reconhecer e discernir através do corpo. Depois de ver como os autores bíblicos usam a verdade conceitualmente, não podemos recorrer a uma noção meramente binária, onde algo deve ser verdadeiro ou falso, e nada mais. Em vez disso, sempre e constantemente conhecemos algo como mais *verdadeiramente* ou nem tanto. A verdade, então, é fidelidade a um propósito ou uma função.

---

[4] Para a teoria da coerência, "uma proposição verdadeira é aquela que é coerente com outras proposições". Robert Audi, *Epistemology: a contemporary introduction to the theory of knowledge*, 3. ed. (New York: Routledge, 2011), p. 288.

[5] Ver a discussão sobre epistemologia naturalizada em Dru Johnson, *Biblical knowing: a scriptural epistemology of error* (Eugene: Cascade, 2013), p. 169–71.

324 FILOSOFIA BÍBLICA

Discussões como essa causam constrangimento epistemológico a muitos leitores, especialmente se eles se acostumaram a várias definições populares de verdade no pensamento filosófico recente. Pior, isso pode se tornar uma conversa desconfortável para aqueles que simplesmente mapearam essas visões contemporâneas de verdade diretamente em sua leitura das Escrituras. No entanto, qualquer visão da verdade que espere refletir com precisão a construção bíblica deve lutar com o fato de que o termo para verdade ('emet) na Bíblia hebraica modifica muitas ações, declarações e objetos incomuns:

- **Ações:** Tratamento de um servo (Gn 32:10); Unção (Jz 9:15); Andar (1Rs 2:4);
- **Declarações:** Relatos (Dt 17:4); Acusações (Dt 13:14); Promessas (Js 2:12); Palavras de Deus (2Sm 7:28);
- **Objetos:** Estacas de tenda (Is 22:23); Estradas (Gn 24:48); Sementes (Jr 2:21); Homens (Êx 18:21).

Da mesma forma, no Novo Testamento, "verdade" (*alēthēs*) descreve pessoas,[6] ações,[7] declarações,[8] realizações[9] e ela mesma assume forma nominal como uma metáfora para a instrução fiel de Deus: "a verdade".[10] A veracidade se torna uma qualidade suprema de afirmações importantes de acordo com o próprio Jesus: "Em verdade ('amen) vos digo." Isso descreve seu discurso, usando o termo hebraico transliterado 'amen, como uma orientação verdadeira, não necessariamente como declarações de verdade no esquema binário.[11]

Como uma estaca é verdadeira da mesma forma que relatos ou ações são verdadeiros? Devemos começar admitindo francamente a distância semântica entre o "verdadeiro" no português moderno e 'emet/'aman no hebraico antigo. Yoram Hazony explora esse problema em *The Philosophy of Hebrew Scripture* [A filosofia das Escrituras Hebraicas], e seguirei de perto sua conclusão sobre o discurso verdadeiro:

[Nós] poderíamos dizer que *emet* e verdade são simplesmente duas coisas diferentes. O que nos impede de chegar a essa conclusão não é apenas a

---

[6] Ex.: Jesus (Mt 22:16); professor (Mc 12:14); adoradores (Jo 4:23).
[7] Ex: praticar a verdade (Jo 3:21), permanecer na verdade (Jo 8:44); santificação na verdade (Jo 17:7).
[8] Marcos 5:53; Lucas 4:25; Atos 26:25
[9] Mateus 27:54; Marcos 14:17.
[10] Romanos 1:25; 2:8.
[11] Ex.: Mt 5:18; *passim* nos Evangelhos sinópticos.

A VERDADE BÍBLICA E A LÓGICA HUMANA  325

tradução tradicional de *emet* como verdade [...] é também o fato de que *emet* é o único termo disponível para descrever a verdade do discurso na Bíblia. Assim, se dispensássemos o termo *emet* para se referir à verdade da fala, ficaríamos sem nenhuma maneira pela qual o hebraico bíblico pudesse expressar a ideia de que algo ou alguém disse ou pensou ser verdade![12]

O termo hebraico transliterado nas dezenas de ditos de Jesus — "em verdade (*'amen*) vos digo" — indica que os autores do NT pensaram o mesmo sobre o papel único e a concepção de "verdade" apropriados às afirmações de Jesus.

Verdade, nas Escrituras, não se refere à tradição da verdade na qual proposições verdadeiras existem independentemente do nosso conhecimento delas. Por exemplo, as Escrituras não parecem conter uma noção persistentemente desenvolvida de que é verdade que "Jesus é o rei messiânico" independentemente de alguém saber ou não que esse seja o caso. Hazony mostra incisivamente o que muitos filólogos e biblistas observaram por algum tempo: a Escritura desenvolve uma noção de verdade em função da confiabilidade. Quaisquer que sejam as denotações e conotações que empacotamos na palavra "verdadeiro", o significado *êmico* de "verdade" no vernáculo dos autores bíblicos não deveria ter alguma influência em nosso pensamento sobre um estilo filosófico hebraico?[13]

Sem repetir todo o seu argumento aqui, vale a pena considerar detalhadamente a crítica de Hazony a como lidamos com nossa noção de verdade e

---

[12] Hazony, *The philosophy of Hebrew Scripture*, p. 338n36.

[13] James Barr ataca a problemática insistência dos teólogos Herbert e Torrance de que existe um "significado fundamental" de uma raiz de palavra hebraica (por exemplo, *'aman*). Ambos argumentam com base nesse significado fundamental e, de acordo com Barr, cometem várias falácias hermenêuticas no processo. Veja "'Faith' and 'Truth'", em James Barr, *The semantics of biblical language* (Eugene: Wipf & Stock, 1961), p. 161–205. Veja também: Arthur G. Hebert, "'Faithfulness' and 'Faith'", *Reformed Theological Review* 14, n. 2 (junho de 1955): 33–40; Thomas F. Torrance, "One aspect of the biblical conception of faith", *Expository Times* 68, n. 4 (janeiro de 1957): 111–14. Para ser sensível à crítica de Barr, essa análise deve proceder com uma afinidade com sentenças com significado teológico dentro de contextos mais amplos, tanto narrativos quanto retóricos. Isso significa que o suporte para uma posição teológica não pode ser afirmado apenas com base em termos individuais (por exemplo, *yāda', rā'â, šāma'*, etc.). Em vez disso, o suporte deve ser demonstrado a partir do contexto linguístico a partir do qual esses termos ganham seu significado. Pode-se argumentar ainda que as estruturas narrativas maiores muitas vezes carregam o significado teológico final, já que truísmos concisos não ocorrem em um vácuo narrativo. O conflito, a tensão narrativa, os personagens e o movimento do enredo em direção à resolução podem influenciar as palavras e o significado a tal ponto que a história torna-se o contexto último para o estoque lexical, anulando assim a própria noção de "estoque lexical". Algo semelhante foi argumentado em "The Narrative Approach to Paul", onde aplicar *dianoia* (ou seja, estrutura interpretativa) à Bíblia Hebraica e às narrativas dos Evangelhos restringe o significado retórico das cartas de Paulo. Bruce W. Longenecker, "The narrative approach to Paul: an early retrospective", *Currents in Biblical Research* 1, n. 1 (October 2002): 88–111.

o vocabulário bíblico. As Escrituras empregam *'emet* de forma semelhante ao sentido mais restrito em que "verdadeiro" é usado na carpintaria hoje.[14] Um corte verdadeiro (ou manter um curso verdadeiro em um navio) é aquele que "é o que deveria ser": é o que prova, em face do tempo e das circunstâncias, ser o que deveria; ao passo que o que é falso é o que falha... em ser o que deveria".[15]

Ao contrário da teoria da correspondência para a verdade, essa visão não sustenta que uma verdade é obtida em uma fatia de tempo, ou independentemente do conhecedor. De acordo com a teoria da correspondência, o conhecimento da proposição "Jesus é o Cristo" e a proposição em si "Jesus é o Cristo" são igualmente verdadeiras porque a proposição se torna verdadeira pelo fato objetivo de que Jesus realmente é o Cristo.

Em contraste, Hazony afirma: "Pensamos, portanto, que adotar o relato bíblico da verdade e da falsidade tem a seguinte consequência: que a verdade e a falsidade do discurso são vistos como dependentes da verdade e da falsidade do objeto [ou da pessoa] ao qual esse discurso se refere".[16] Um objeto ou uma pessoa serem verdadeiros ao seu propósito ao longo do tempo e das circunstâncias é uma maneira de dizer que eles "funcionam". Assim, uma função peculiarmente pragmática da verdade emerge nos relatos bíblicos.

Os grupos de palavras cognatos agora se unem em torno desse significado de verdade. Se algo é o que deveria ser ao longo do tempo e das circunstâncias (*'emet*), então é considerado fiel (*'āman*) e pode, portanto, ser confiável (*'ĕmûnâ*).

Dois fatores então se tornam centrais para a verdade bíblica: provar fidelidade ao longo do tempo e interpretação adequada. Primeiro, Hazony usa a frase "prova, em face do tempo e das circunstâncias" para significar que a verdade, por sua própria natureza, não pode ser determinada em uma instância singular. A verdade só pode ser interpretada por meio de um processo de atender à veracidade de alguém ou de alguma coisa — sua confiabilidade. Ao abordar a questão de como uma estaca de tenda e a fala podem ser consideradas diacronicamente verdadeiras, a questão da interpretação torna-se primária. A fidelidade da estaca em fazer o que deve fazer — segurar a barraca no sol e na tempestade — é a marca registrada de seu *'emet*. O mesmo acontece com a fala; sua veracidade, fidelidade ou confiabilidade ao interpretar aquilo

---

[14] Como posso apelar para o sentido de "verdadeiro" do carpinteiro, mantemos um sentido da denotação bíblica no âmbito semântico da palavra "verdadeiro" em português.

[15] Hazony, *The philosophy of Hebrew Scripture*, p. 201.

[16] Hazony, *The philosophy of Hebrew Scripture*, p. 205.

de que se fala é a sua verdade, assim como o corte verdadeiro do carpinteiro ou o rumo verdadeiro do navio (ver Figura 3).

**FIGURA 03** ♦ O verdadeiro rumo dos barcos

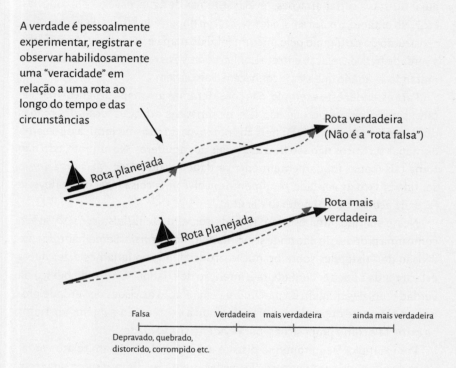

Essa noção analógica de verdade tem suporte linguístico no hebraico — essa verdade captura a fidelidade entre o que é e o que deveria, compreendendo bem os termos cognatos a 'emet. Um dos poucos hebraísmos a persistir no português, "amém" deriva do radical 'emet, bem como 'ĕmûnâ, muitas vezes traduzido quando é um verbo ou um adjetivo como "fiel". Propor que a verdade se pareça mais com veracidade ou fidelidade faz sentido no português moderno. No entanto, é a barreira conceitual de que a verdade-é-uma-coisa-por-si-só que muitas vezes nos distancia do significado bíblico.

Em segundo lugar, embora Hazony não explore a questão da fala como interpretação, interpretações verdadeiras parecem residir em seu pensamento sobre falar a verdade e se encaixam bem em sua descrição. Quando a fala é chamada de "verdadeira", isso indica que ela interpreta de forma confiável eventos ou objetos reais. Muitas formulações podem ser oferecidas, mas a verdadeira interpreta melhor de acordo com a necessidade. Observe que nesta última afirmação, "o verdadeiro interpreta melhor", "verdadeiro" não se refere à formulação em si, mas à interpretação daquele que oferece a formulação. Semelhantemente aos mapas, o mapa mais verdadeiro serve melhor ao seu propósito (por exemplo, guiar turistas a certas atrações, revelar sistemas de água, navegar em rodovias, etc.). No entanto, *o mapa em si não é verdadeiro* no sentido bíblico. Pelo contrário, a instrução do cartógrafo pelo instrumental do mapa é verdadeira. Assim, falar a verdade trata da relação entre os conhecedores e os referentes que estão interpretando — aquilo que eles reconhecem e discernem.

Para estender este exemplo, não consideramos um mapa de lençol freático falso simplesmente porque não leva os turistas a atrações locais. Os mapas dos lençóis freáticos não são fiéis aos objetivos do turismo local, assim como os mapas turísticos não são fiéis aos locais dos aquíferos. No entanto, isso não torna tais mapas fundamentalmente verdadeiros ou falsos. Mais uma vez, o sentido bíblico de verdade geralmente envolve uma coisa fazer o que deveria fazer de acordo com o contexto e *in situ*.[17]

Nesse sentido, uma estaca não pode ser verdadeira/falsa *por si só*, assim como uma proposição não pode ser verdadeira/falsa *em si*.[18] Semelhantemente à visão de Aristóteles sobre produção artificial, nós poderíamos dizer que a estaca tenda pode ser verdadeira à intenção do criador.[19] O sentido bíblico da verdade tem a vantagem da parcimônia em relação às visões de verdade proposicionalmente dependentes, não exigindo a existência de objetos abstratos *ad extra*, tais como proposições, para evidenciar a verdade.

Por exemplo, Deuteronômio discute a possibilidade de um relato verdadeiro de adultério surgir na terra. Especificamente, ao discutir como lidar com o adultério, Deuteronômio levanta a questão de um relato de adultério primeiro e depois sua veracidade. "Se for dito" (*nāgad* no *hophal*) é seguido por "e se a verdade foi estabelecida" (Dt 17:4). A relação entre o que foi dito e o que é verdade não se resolve por uma proposição extra e interveniente "Sr. X era adúltero", que então será determinada como verdadeira ou falsa. A veracidade do relato é estabelecida pela forma como o relator interpretou as ações do réu. Essa veracidade, o estabelecimento da verdade do caso, necessariamente

---

[17] Não estou sugerindo que não haja correspondência entre a realidade e a orientação que nos dispõe a vê-la verdadeiramente. Em vez disso, estou argumentando que a teoria tradicional da correspondência não faz justiça ao que os autores bíblicos parecem estar fazendo com a verdade enquanto termo e conceito.

[18] Johnson, *Biblical knowing*, p. 154-66.

[19] Aristóteles, *Physics*, 2.8.

se desdobra ao longo do tempo, não podendo ser verdade em um único instante. Sobre este tema, Hazony resume: "Parece que a verdade ou a falsidade da palavra falada [i.e., interpretação] não pode ser conhecida até que se tenha provado confiável no curso de uma investigação, ou seja, ao longo do tempo."[20] Enquanto termo e conceito, "verdadeiro" funciona primariamente de forma epistêmica e diacrônica.

Essencialmente, Hazony defende situar a verdade entre a dialética de pessoas e coisas — a interpretação de eventos por pessoas ao longo do tempo. Isso requer um processo de conhecimento robusto o suficiente para distinguir uma versão não binária de verdade e falsidade — discern.indo a mais verdadeira. Chegamos a afirmações verdadeiras, como "o céu é azul", por meio de conhecimento diacrônico, experiências corporificadas ao longo do tempo e das circunstâncias (Figura 4). Assim como o corte de um carpinteiro pode ser mais ou menos fiel à linha desenhada a lápis na madeira, nossa compreensão pode ser corrigida de acordo com questões grandes e pequenas. Na Bíblia Hebraica e no Novo Testamento, um entendimento correto está de acordo com a maneira como Yahweh pretende que Israel saiba.

**FIGURA 4** • Interação com o "céu é azul"

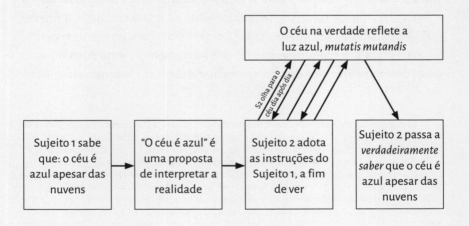

No entanto, se uma verdade é absoluta — "X é verdade sem referência ao entendimento de ninguém, nem mesmo o entendimento de Deus" — então

---

[20] Hazony, *The philosophy of Hebrew Scripture*, p. 205.

330 FILOSOFIA BÍBLICA

o que podemos dizer sobre tal verdade? Como seria uma verdade absoluta que pudesse ser razoavelmente discutida sem apelar para nossa interpretação ativa dela?[21] Embora tivesse linguagem disponível para fazê-lo, o autor bíblico não modificou a verdade dessa maneira. Em vez disso, ele descreve e emprega o discurso da verdade como se pertencesse ao domínio da sabedoria e do discernimento.

Discutir sem discernimento uma coisa supostamente verdadeira fora de seu contexto convida a falar absurdos ou à necessidade de contextualizar. Mas discutir o contexto anula os propósitos de designá-lo absoluto. Ou, "absoluto" torna-se uma posição fideísta *ad hoc* sobre a coisa em discussão. Por exemplo, eu poderia especular que cada partícula de realidade é assombrada por um não ser igual e oposto (algo semelhante a uma metafísica taoísta). A única maneira de descrever o não ser é dizendo que é aquele ser que em toda parte existe como o espelho inexistente do ser. Embora possam existir tais realidades, elas nos parecem no mínimo totalmente desinteressantes e, mais provavelmente, indiscerníveis de outras realidades.[22] E, como tentei mostrar, o discernimento é o próprio ideal da filosofia bíblica.

Outra vantagem de discutir a verdade em termos de vocabulário bíblico é que ética e conhecimento não são mais separáveis. Para conhecer e, conhecer verdadeiramente, devemos ouvir a interpretação de outra pessoa. Devemos habitar sua visão da coisa, sua lente para olhar a mesma realidade, a fim ver quão verdadeira é a sua interpretação. Os cientistas chamam isso de repetibilidade. Portanto, o conhecimento bíblico é fundamentalmente ético, ditando o que devemos fazer para discernir particularidades cada vez mais específicas.

---

[21] Filosoficamente falando, absoluto aqui significa "sem referência a", em contraste com a ideia de ser relativo a outras verdades. Com relação ao problema de modificar a verdade com "absoluto", Max Black demonstrou algo análogo à noção de posição absoluta no espaço (ou seja, que há uma posição no espaço independente de tudo o mais). Black ofereceu um experimento mental presumindo que havia duas esferas no espaço absoluto, o que significa que elas existiam completamente independentes de qualquer coisa. Qualquer tentativa de descrever uma esfera inevitavelmente se referirá à outra esfera ou a algum local relativo às esferas. Sem discutir as posições relativas entre as duas esferas, elas são indiscerníveis, possivelmente até a mesma esfera quando descritas de forma absoluta. Embora não seja seu objetivo principal, Black consegue mostrar o absurdo de nossa tentativa de ter qualquer discussão significativa sobre essas duas esferas, independentemente de existirem ou não em uma posição absoluta no espaço. Simplesmente tentar discriminar um do outro torna-se uma tarefa impossível. Uma noção tênue de verdade absoluta pode se tornar igualmente indiscernível e, portanto, irrelevante para uma visão bíblica do entendimento. Max Black, "The identity of indiscernibles", *Mind* 61 (abril de 1952): 153–64.

[22] Para um resumo do porquê essas tais "verdades" não serem úteis, ou até mesmo uma compreensão adequada das ditas verdades, ver Johnson, "Broad reality and contemporary epistemology", in: *Biblical knowing*, p. 149–80.

## Lógica

Uma vez que o verdadeiro e o falso não operam sob uma oposição estritamente binária — embora a visão binária ainda possa ser coerente dentro do entendimento bíblico—, que tipo de raciocínio os autores bíblicos geralmente empregam?[23] Antes de considerarmos o seu uso da lógica, devemos primeiro considerar a nossa nova concepção de lógica e racionalidade, particularmente como os humanos realmente usam a lógica na vida diária. Isso exigirá uma discussão ampla, não da lógica em si, mas do raciocínio humano e da formação de conceitos lógicos *dentro do corpo humano*.

Qualquer um que tenha estudado filosofia analítica na geração passada pode ficar tentado a ignorar a seção seguinte. Devo lidar com os problemas do emprego prático da lógica e as implicações para uma compreensão fenomenológica da lógica aplicada. No entanto, peço que você resista à tentação porque será difícil entender os autores bíblicos e sua concepção de relações lógicas se não compreendermos a conexão do corpo com a lógica em suas mentes.

**FIGURA 05** ♦ Cartões de seleção Wason

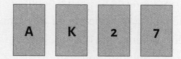

### Alguns problemas com o raciocínio na mente

Mesmo depois de estudar a lógica, seres humanos não são tão hábeis logicamente quanto poderíamos presumir. As caixas na Figura 5 representam quatro cartões, cada um com uma letra de um lado do cartão e um número do outro. Suponha que lhe dissessem: "Se há uma 'vogal' em um lado de um cartão, então há um 'número ímpar' do outro". Que cartão ou cartões devem ser virados para confirmar o que lhe foi dito?

Essencialmente, esta tarefa exige que os participantes apliquem a formulação lógica básica: *modus ponens* (ou seja, "Se P, então Q" ou P ⊃ Q) e *modus tollens* (ou seja, "Se não Q, então não P", ou ~Q ⊃ ~P).

---

[23] Essa seção foi adaptada de seções de Johnson, *Knowledge by ritual*, p. 99-116.

## 332 FILOSOFIA BÍBLICA

Os resultados bem conhecidos desse teste simples de lógica aplicada minam a noção de que os humanos raciocinam fora da esfera da experiência. Esse experimento, a Tarefa de Seleção Wason, revelou que a grande maioria de nós não pode aplicar adequadamente as regras do *modus ponens* ou *modus tollens* mesmo imediatamente após as ter aprendido.[24] Menos de 10% poderia selecionar corretamente as duas cartas corretas (ou seja, "A" e "2") de acordo com as regras mais primitivas de lógica na tarefa acima. A taxa de sucesso só subiu para 13% se uma pessoa tivesse estudado lógica por um *semestre inteiro*.

Ainda mais intrigante, essa incapacidade de aplicar as regras mais básicas da lógica requer ainda maior explicação depois que diferentes iterações do teste expandiram o problema. Muitos sujeitos foram bem sucedidos em aplicar exatamente as mesmas regras lógicas, mesmo sem treinamento em lógica, mas em uma variação do teste original onde eles receberam uma situação familiar (por exemplo, "Para beber álcool, você deve ter 21 anos). Em outras palavras, quanto mais abstrato o problema — mesmo em sua forma mais básica de $P \supset Q$ —, maior a probabilidade de os sujeitos não conseguirem resolvê-lo com sucesso.

> A ineficácia quase total do treinamento puramente abstrato em lógica contrasta fortemente com a facilidade com que as pessoas parecem capazes de aplicar um esquema de raciocínio pragmático naturalmente adquirido. Por exemplo, após um semestre de treinamento padrão em lógica, os alunos resolveram apenas 11% dos problemas arbitrários corretamente, enquanto os mesmos alunos resolveram 62% dos problemas de permissão [por exemplo, limite de idade para consumir álcool] corretamente antes de receber qualquer treinamento formal.[25]

Como nós explicamos isto? Alguns procuram fundamentar nossa capacidade de raciocinar dentro da estrutura mais ampla do sucesso evolutivo — as criaturas mais racionais vencem na seleção natural.[26] Independentemente de suas origens nos hominídeos, existem outras maneiras pelas quais as regras de inferência podem ser formadas no pensamento humano: experiência.

---

[24] Para um resumo dessa pesquisa em suas várias interações, cf. John H. Holyoak et al., "Learning inferential rules" in: *Naturalizing epistemology*, 2. ed., ed. Hilary Kornblith (Cambridge: MIT Press, 1994), p. 359–92.

[25] Holyoak et al., "Learning inferential rules", p. 385.

[26] Assim, Stephen P. Stich escreve: "A seleção natural favorecerá estratégias inferenciais racionais", in: *Naturalizing epistemology*, 2. ed., ed. Hilary Kornblith (Cambridge: MIT Press,1994), p. 345.

Isso explica por que alunos de graduação sem treinamento em lógica se saem notavelmente melhor em tarefas de lógica que se assemelham a sua experiência no mundo. De fato, quanto mais próxima a tarefa estava de suas experiências (por exemplo, se eles podem ou não beber álcool legalmente), melhor eles se saíram.

Para argumentar que a razão pode ter suas raízes no corpo, primeiro sugerirei que a formação de esquemas e o raciocínio analógico podem fornecer uma base para a corporificação da lógica. Em segundo lugar, revisarei exemplos de análises críticas e rigorosas que são corporificadas antes que possam ser articuladas. Isso abala a distinção entre "saber-fazer" e "saber-que" como duas formas diferentes de conhecimento. Isso será importante para considerar os modelos de raciocínio e justificação bíblicos no Capítulo 10.

## Raciocínio analógico

Voltando a uma breve discussão no Capítulo 2, George Lakoff e Mark Johnson começaram a revolução analógica com seu livro *Metaphors We Live By* [Metáforas pelas quais vivemos].[27] Eles argumentaram que todas as imagens e os esquemas necessários para entender o mundo ao nosso redor são transmitidos por camadas de metáforas. Essas metáforas estão, em última análise, enraizadas, no entanto, em nossa experiência corporificada da realidade à qual elas se referem. Em outras palavras, os conceitos básicos que tomamos como certos, até mesmo a própria dedução lógica, são derivados de nossa experiência. A inserção da metáfora na experiência fica clara a partir do exemplo "teorias são edifícios." Falamos de teorias em termos de seu *fundamento*, seu *suporte*, se uma teoria é *instável*, como devemos *montar* um argumento, se nosso argumento *permanece* ou se foi *derrubado*, nossa *estrutura*, etc. Ou, podemos falar da metáfora de que "ideias são plantas" tratando ideias em termos de *frutificação, brotar, ramificação, fertilidade, amadurecimento, florescimento*, etc.

A obra subsequente de Lakoff e Johnson, que se desenvolveu em uma teoria do raciocínio analógico, é de interesse específico para a filosofia hebraica. O raciocínio analógico é a forma de raciocínio que necessariamente envolve nosso discernimento corporificado para que certas ideias sejam lógicas para nós.

Tal como acontece com a maioria das obras filosoficamente rigorosas, o verdadeiro teste da descrição é a matemática. George Lakoff e Mark Johnson

---

[27] George Lakoff; Mark Johnson, *Metaphors we live by* (Chicago: University of Chicago Press, 1980).

# 334 FILOSOFIA BÍBLICA

continuam a produzir obras separadas argumentando que mesmo as operações da lógica e da matemática derivam da mesma fonte: nossos corpos.

Johnson desenvolve o conceito de esquema-imagem, que não são imagens, mas padrões de ação ou de forma, ou ambos. Por exemplo, o "esquema de compulsão" deriva da experiência da força física no mundo — compelir um objeto ou ser compelido. Esse esquema-imagem pode ser mapeado analogicamente em muitas outras dimensões, incluindo a própria lógica dedutiva: "No domínio epistêmico esse movimento *é simplesmente* um padrão inferencial, pois, se algo *precisa* ser verdadeiro, então somos forçados a inferir que o *é* — nenhuma outra conclusão servirá".[28] O empurrão físico fornece o esquema-imagem necessário para entender a noção de "necessidade lógica". Da mesma forma, o esquema-imagem de equilíbrio só pode derivar de nossa experiência corporificada de equilíbrio e então será mapeado analogicamente de acordo com outras ideias, como equações matemáticas. Combine o esquema de compulsão com o de equilíbrio e você poderá entender logicamente afirmações de outra forma obscuras como a seguinte: os dois lados de uma equação devem se equilibrar por necessidade lógica.[29] Vale a pena ler longamente Johnson:

> Em suma, alcançamos agora condições de começar a explicar como nossa noção de racionalidade abstrata (puramente lógica) pode ser baseada em raciocínio concreto que faz uso de padrões esquemáticos de imagens e extensões metafóricas deles. Nossos atos de raciocínio e deliberação não são totalmente independentes da dimensão não proposicional de nossa experiência corporal. Podemos, e vamos, abstrair a partir dessa base experiencial, de modo que às vezes parece que estamos operando apenas com estruturas *a priori* da razão pura; no entanto, a medida em que somos capazes de dar sentido a essas estruturas extremamente abstratas é a medida em que podemos relacioná-las a estruturas esquemáticas que conectam nossas experiências significativas.[30]

Portanto, não estamos presos estreita e permanentemente à nossa experiência, mas nosso mundo conceitual começa aí e se expande a partir daí.

---

[28] Grifo do original. Mark Johnson, *The body in the mind: the bodily basis of meaning, imagination, and reason* (Chicago: University of Chicago Press, 1987), p. 63.

[29] George Lakoff, *Women, fire, and dangerous things: what categories reveal about the mind* (Chicago: University of Chicago Press, 1989), p. 363.

[30] Johnson, *The body in the mind*, p. 64.

A VERDADE BÍBLICA E A LÓGICA HUMANA 335

Johnson oferece um modelo e uma defesa muito mais ricos de sua posição do que posso reiterar aqui. No entanto, seu trabalho deve ser considerado em detalhes por qualquer pessoa que promova uma epistemologia corporificada ou antagônica a ela. Johnson demonstra em *The Body in the Mind* [O corpo na mente] que a própria natureza da inferência deve ser considerada como logicamente enraizada em nosso engajamento corporificado da realidade.[31]

No final do tratado de Johnson, é genuinamente difícil imaginar qualquer coisa que de alguma forma não encontre suas origens em um conjunto central de padrões de esquemas-imagens construídos e aplicados analogicamente a partir da experiência humana. Por outro lado, também ajuda a explicar nossas dificuldades em compreender a mecânica quântica, por exemplo (algo que Johnson não aborda). Os humanos encontram profundas barreiras conceituais para entender aquelas coisas para as quais não temos esquemas baseados na experiência. A mecânica quântica flerta com resultados empiricamente verificáveis que desafiam simultaneamente nossos conceitos de realidade. Nós apenas os descrevemos de maneiras que soam como um absurdo tanto para o observador médio quanto para o físico (por exemplo, indeterminação, superposição e entrelaçamento quântico, que Einstein oficialmente chamou de *spukhafte Fernwirkung* ou, "ação assustadora à distância"[32]).

Essa falta de concepções sensuais (em ambos os sentidos) dos fenômenos quânticos levou até mesmo a certa reticência da parte dos físicos. O título de um ensaio recente no *The New York Times* resume o problema. Como um físico teórico lamentou recentemente a dificuldade explicativa em seu campo: "Mesmo os físicos não entendem a mecânica quântica: pior, eles não parecem querer entender".[33] Essas "explicações" ao estilo de Schrödinger parecem todas logicamente

---

[31] Quero dizer "lógico" aqui no sentido de que há uma lógica interna para a experiência corporificada. Como Lakoff diz em outro lugar,

> Cada um desses esquemas se entende em termos de experiência direta. Cada um deles possui uma estrutura interna, ou seja, existe uma "lógica" em cada esquema. A implicação é caracterizada em termos de verdade, que, por sua vez, é caracterizada em termos de compreensão. Quando totalmente explícito, o resultado seria uma semântica cognitiva que abrange o assunto de cálculo de predicados. A lógica resultante se aplicaria a qualquer assunto que possa ser entendido em termos desses esquemas. Tal lógica cobriria praticamente o mesmo assunto que a lógica clássica, mas teria uma interpretação experiencialista em vez de objetivista (Lakoff, *Women, Fire, and Dangerous Things*, p. 366)

[32] Albert Einstein, "To Max born", 3 de Março de 1947, Carta 84 em *The Born-Einstein letters: friendship, politics, and physics in uncertain times*, ed. Diana Buchwald; Kip S. Thorne, trad. Irene Born (Hampshire: Macmillan, 2005), p. 155.

[33] Sean Carroll, "Even physicists don't understand quantum mechanics: worse, they don't seem to want to understand it", *The New York Times* (*The Opinion Pages*), September 7, 2019. Disponível em: www.nytimes.com/2019/09/07/opinion/sunday/quantum-physics.html.

336 FILOSOFIA BÍBLICA

absurdas quando descritas para nós, pois, dado que a teoria quântica é relevantemente verdadeira, não temos esquemas-imagens a partir dos quais possamos raciocinar analogicamente sobre ela. Nossas experiências não nos dão rodinhas conceituais pelas quais possamos imaginar nosso caminho para a indeterminação, entrelaçamento quântico ou superposições simultâneas.[34]

Além dos conceitos e da necessidade lógica, George Lakoff esclarece como a matemática do cálculo pode ser derivada de esquemas-imagens corporificados. Baseando-se parcialmente em obras anteriores do filósofo da matemática Saunders Mac Lane, Lakoff começa abordando a presunção de que a matemática como um campo deve lidar *exclusivamente* com *verdades transcendentais*, sejam elas platônicas ou de qualquer outra vertente. Primeiro, usando o axioma de escolha de Zermelo-Franklin, o teorema da incompletude de Gödel e a crítica de Hilary Putnam aos conjuntos na matemática, Lakoff conclui: "Segue-se que não pode haver um corpo único de verdades que possamos chamar corretamente de 'matemática'. Esse resultado é em si uma verdade da matemática, *qualquer* que seja o referente plausível que esse termo tenha".[35] Assim, a matemática é funcionalmente plural (há matemáticas, não matemática), não se "subsumindo a qualquer grande modelo ou qualquer grande sistema de axiomas".[36]

Terceiro, e seguindo Mac Lane, Lakoff argumenta que a grande busca da matemática de lidar com a verdade transcendental se bloqueia com uma simples pergunta "não trivial": "Por que a matemática tem as ramificações que tem?"[37] Basicamente, dos vários assuntos tratados (por exemplo, números reais, geometria euclidiana, espaço linear etc.), nada interno ao próprio discurso da matemática pode decidir ou explicar qual desses campos deve ser dominante, ou às vezes, quando empregar um sobre o outro. Assim, Saunders Mac Lane retorna à própria atividade corpórea para a explicação:

Em nossa opinião, tal mundo platônico é especulativo. Não pode ser claramente explicado como uma questão de fato (ontologicamente) ou como um objeto do conhecimento humano (epistemologicamente). Além disso,

---

[34] Uma visão semelhante é sugerida no recente volume de Richard Healey, *The quantum revolution in philosophy* (New York: Oxford University Press, 2017), p. 1–12. A falta de capacidade de visualizar o mundo microscópico é o impedimento filosófico para pensá-lo corretamente.

[35] Grifo do original. Lakoff, *Women, fire, and dangerous things*, p. 360.

[36] Saunders Mac Lane, "Mathematical models: a sketch for the philosophy of mathematics", *The American Mathematical Monthly* 88, n. 7 (1981): 470.

[37] Lakoff, *Women, fire, and dangerous things*, p. 361.

A VERDADE BÍBLICA E A LÓGICA HUMANA    337

> esses mundos ideais rapidamente se tornam muito elaborados; eles precisam exibir não apenas os conjuntos, mas todas as outras estruturas separadas que os matemáticos descreveram ou descobrirão. A verdadeira natureza dessas estruturas não está em sua construção muitas vezes artificial a partir da teoria dos conjuntos, mas em sua relação com ideias matemáticas simples ou com atividades humanas básicas. Assim, sustentamos que a matemática não é o estudo de mundos platônicos intangíveis, mas de sistemas formais tangíveis que surgiram de atividades humanas reais.[38]

A matemática tem como fundamento o corpo, tanto o corpo individual quanto o corpo social. Lakoff pega as áreas sugeridas por Mac Lane de atividades humanas e as conecta a esquemas-imagens sobre os quais ele e Johnson escreveram prolificamente.[39] Lakoff lista mais de uma dúzia de operações matemáticas onde há um esquema-imagem comensurável aos conceitos e funções matemáticos necessários para fazer cálculo (por exemplo, função matemática-ESQUEMA-IMAGEM) tais como LINK-correspondência, EQUILÍBRIO-igualdade, operador-AGENTE, primeira-PARTE-SEM-NENHUMA-OUTRA-PARTE, etc. Ele conclui: "O que esta lista pretende mostrar [...] é que as ideias básicas da matemática são entendidas em termos de conceitos básicos em cognição, como revelado por estudos empíricos em semântica cognitiva".[40]

No final das contas, a matemática parece ser uma coleção de modelos porque não lida com uma realidade platônica subjacente, mas com a realidade cognitivamente encontrada das experiências e atividades humanas. A matemática não é redutível a um grande esquema e, para qualquer experiência em questão, existem várias maneiras matemáticas de modelar tal evento discreto. A própria matemática é uma pluralidade pixelizada de métodos e conceitos. Não é minha preocupação atual convencer-nos da tese matemática de Lakoff/Mac Lane. No entanto, estou preocupado em mostrar uma grande variedade de estudos que defendem de forma persuasiva a centralidade e a prioridade do corpo no conhecimento da realidade, mesmo matematicamente. Essa erudição não reside em apenas um campo, mas em todos os lugares o corpo é um objeto natural de estudo, agora incluindo a filosofia da matemática.

O estilo de filosofia hebraica também enraíza o conhecimento no corpo, tanto o corpo do indivíduo quanto o corpo social no qual ela é tradicionalmente

---

[38] Mac Lane, "Mathematical models", p. 470.
[39] Lakoff, *Women, fire, and dangerous things*, p. 363.
[40] Lakoff, *Women, fire, and dangerous things*, p. 363.

338    FILOSOFIA BÍBLICA

transmitida. A epistemologia ritualizada, por natureza de suas ênfases, desenvolve discernimento hábil no corpo que pode então ser conceituado e estendido na mente. A epistemologia científica de Michael Polanyi segue a mesma linha.

E, já que a antropologia hebraica afirma que todos os corpos humanos são feitos à imagem do próprio Deus — homem e mulher, escravo e livre —, não há humanos excluídos dessa tradição intelectual.

## JULGAMENTO CORPORIFICADO E AVALIAÇÃO CRÍTICA

Por último, quero abordar o obstáculo que surge para muitos quando a articulação é separada da lógica. Em outras palavras, podemos fazer julgamentos lógicos incisivos anteriormente a nossa capacidade de articulá-los? Examinarei várias evidências para julgamentos precisos que são feitos à parte de um argumento verbal discursivo. Em suma, podemos e julgamos com precisão e rigor usando lógica não proposicional, uma vez que habitualmente incorporamos práticas prescritas para nós. Como Polanyi observou, "este domínio inefável de conhecimento hábil é contínuo em sua inarticulabilidade com o conhecimento possuído por animais e crianças, que, como vimos, também possuem a capacidade de reorganizar seu conhecimento inarticulado e usá-lo como uma estrutura interpretativa".[41]

Nós sabemos por meio dos nossos corpos tanto internamente quanto externamente, sendo esta uma dicotomia que está perdendo rapidamente sua utilidade. Captamos conceitos por meio do emprego lógico da experiência. Podemos estender nossa cognição a ferramentas para melhor explorar e compreender[42]. No entanto, há outras coisas que passamos a saber que são muito menos articuláveis, possivelmente inefáveis, mas certamente críticas.

Thomas Nagel afirmou em seu famoso ensaio que existe algo como ser um morcego. E se há *algo*, mesmo que não possamos dizer exatamente o que é esse *algo*, então esse *algo* não pode ser reduzido a um mero mecanismo de substâncias químicas no cérebro humano.[43] Mas esse *algo* não é necessariamente uma bolha amorfa em nossa consciência. Pode haver uma estrutura epistêmica para tais *algos*. Mesmo nossa capacidade de conceituar e raciocinar matematicamente pode ser uma coleção desses *algos*.

---

[41] Polanyi, *Personal knowledge*, p. 90.

[42] Andy Clark; David Chalmers, "The extended mind," *Analysis 58*, n. 1 (1998): 7–19.

[43] Thomas Nagel, "What is it like to be a bat?" in: *The mind's I: fantasies and reflections on self and soul*, ed. Douglas R. Hofstadter; Daniel C. Dennett (Toronto: Bantam Books, 1982), p. 391–402.

A VERDADE BÍBLICA E A LÓGICA HUMANA 339

Da mesma forma, existe algo como discernir que um conflito familiar foi resolvido, uma boa tacada de golfe foi dada, uma forma de onda incorreta apareceu em um osciloscópio ou que um argumento tem uma base lógica tênue e está prestes a desmoronar. Na mesma linha, um artigo anônimo bem popular no Quora.com, recomendado a mim por vários matemáticos, lista dezesseis *algos* em resposta à pergunta: "Como é entender matemática avançada?" Incluir estar "confortável com imprecisão", "preferência estética", "confortável com a sensação de que você não tem uma compreensão profunda do problema" e estar "confiante de que algo é verdade muito antes de você ter uma prova definitiva para isso".[44]

Esses *algos*, sejam o que forem, são um tipo de conhecimento que temos porque habitualmente praticamos, reconhecemos e agora podemos discernir padrões de realidades complexas, mesmo que não possamos articulá-los. Há uma atenção muscular e cerebral habituada que nos dispõe a discernir tais *algos*. Não estamos mais nos concentrando nos detalhes de nossas fórmulas. Não precisamos ficar presos em cada pequena discussão sobre a tese de um livro. Podemos agora ver como esses particulares participam de um padrão focal, discernível apenas por meio da habituação que nos dispôs a ver.

Visto que podemos discernir o padrão em desenvolvimento, podemos dizer algo sobre o que sabemos. No entanto, nosso discurso não esgotará o que sabemos. O exemplo notável de Polanyi diz respeito à prática comum do hábito de andar de bicicleta — algo conhecido apenas à medida que a prática habitual é treinada no corpo. Polanyi nos lembra que conhecer a articulação do equilíbrio da bicicleta é totalmente inútil para andar de bicicleta:

> Uma análise simples mostra que para um determinado ângulo de desequilíbrio em relação à curvatura de cada rolamento é inversamente proporcional ao quadrado da velocidade com que o ciclista está avançando. Mas isso nos diz exatamente como andar de bicicleta? Não. Obviamente, você não pode ajustar a curvatura da trajetória de sua bicicleta na proporção da razão do seu desequilíbrio sobre o quadrado da sua velocidade; e se você pudesse fazer isso logo cairia da bicicleta, pois há uma série de outros

---

[44] Anônimo, "What is it like to understand advanced mathematics?". Disponível em: www.quora. com/ What-is-it-like-to-understand-advanced-mathematics-Does-it-feel-analogous-to-having--mastery-of-another-language-like-in-programming-or-linguistics. Ver também William P. Thurston, "On proof and progress in mathematics", *Bulletin of the American Mathematical Society* 30, n. 2 (April 1994): 161–77.

340 FILOSOFIA BÍBLICA

fatores a serem levados em consideração na prática que são deixados de lado na formulação desta regra.[45]

Conhecer a formulação articulada do equilíbrio é inútil para quem se equilibra em cima de uma bicicleta, e isso só diz respeito ao equilíbrio. Muitas outras atividades que ocorrem no corpo de alguém ao andar de bicicleta criariam uma cacofonia de formulações se articuladas para descrever o "andar de bicicleta". Mas esse ponto é incontroverso.

O que Polanyi continua a sugerir é que todas as avaliações, seja dentro de nossos corpos (por exemplo, equilíbrio) ou de eventos externos a nós, são igualmente dependentes de nossos corpos saberem antes e além da articulação. A articulação do que conhecemos é um assunto *post hoc*.

Por exemplo, grande parte da ciência experimental depende da observação como a principal ferramenta de descoberta. Uma questão central no planejamento de experimentos é sempre: O que será medido e como essa medição será feita? Polanyi, ele próprio um pesquisador da Química, lembra repetidamente que *o próprio cientista* traz um corpo habituado ao ato de observação. Os julgamentos críticos e a identificação do que é significativo em uma observação dependem *do próprio cientista*, que foi treinado e habituado a ver o que está diante dele. O cientista não habituado não pode discernir suficientemente para fazer uma observação científica. Ou, como diz Polanyi, "qualquer processo de investigação não guiado por paixões intelectuais inevitavelmente divagaria em um deserto de trivialidades".[46]

Como um exemplo entre muitos, aqueles treinados na tradição podem "ler" dados normalmente inescrutáveis e avaliá-los criticamente independentemente da articulação das avaliações. Nos estudos de interpretação de dados, avaliadores apreciaram criticamente os resultados da eletroencefalografia (EEG). Esses avaliadores foram então solicitados a articular verbalmente suas avaliações, mas a articulação verbal entrou no processo como uma ferramenta pós-julgamento.

---

[45] Polanyi, *Personal knowledge*, p. 50.

[46] Polanyi, *Personal knowledge*, p. 135.
Quero mostrar que as paixões científicas não são mero subproduto psicológico, mas têm uma função lógica que contribui como um elemento indispensável para a ciência. Elas respondem a uma qualidade essencial em uma afirmação científica e, portanto, podem ser consideradas certas ou erradas, dependendo de reconhecermos ou negarmos a presença dessa qualidade nelas [...] O entusiasmo do cientista em meio a uma descoberta é uma paixão intelectual, na medida em que considera algo como intelectualmente precioso e, mais particularmente, como precioso para a ciência. E essa consideração faz parte da ciência (p. 134).

A VERDADE BÍBLICA E A LÓGICA HUMANA 341

No estudo japonês de interpretação de EEG, todos os participantes receberam os mesmos dados e foram solicitados a avaliar padrões complexos em uma leitura de EEG. As discordâncias iniciais dos avaliadores em relação à interpretação só foram percebidas quando eles tentaram concordar com uma afirmação que capturava sua complexa análise não verbal das leituras do EEG. Por meio do refinamento da definição e da normalização de sua linguagem de articulação, eles foram capazes de melhorar suas interpretações ao longo do tempo. No entanto, eles fizeram suas complexas análises críticas antes da articulação de seu julgamento ou da emissão de suas avaliações.

A questão nos confronta agora. O que diferencia epistemicamente as observações inarticuladas das afirmações verbais sobre as observações? A articulação do que os avaliadores sabem é necessária para comunicar uns com os outros sobre o que avaliaram criticamente, para confirmar os resultados, para auxiliar o registro e para chegar a resumos claros. A objeção ao conhecimento ser inefável pode presumir que tal conhecimento carece de rigor, análise e precisão na crítica, mas todas essas análises rigorosas de dados de EEG aconteceram na fase corporificada de observação antes que os avaliadores pudessem articular o que julgaram.[47]

Nesses experimentos, o observador-avaliador deve aprender a julgar e analisar criticamente ações minuciosas antes de poder articular o que observou. É importante ressaltar que os avaliadores são então estatisticamente examinados uns contra os outros quanto a graus de confiabilidade entre si. O rigor, o cálculo, a crítica e a habilidade do avaliador são todos aprimorados antes que o avaliador se torne hábil em organizar o comportamento observável em algo que nos pareça ser conhecimento articulado.[48]

Embora haja uma grande quantidade de pesquisas que apoiam o julgamento crítico envolvido na classificação não proposicional, um experimento em particular destaca o que estou defendendo. Uma avaliação de traumatismo craniano (TEMPA) depende de avaliadores que tomam decisões qualitativas com base na observação dos movimentos dos membros dos pacientes.[49] Depois que a observação é articulada por uma métrica, essas avaliações são comparadas com as de outros avaliadores. Mais uma vez, a confiabilidade

---

[47] Na pesquisa psicológica, os experimentadores estão sentindo, armazenando e criticando estímulos não verbais que são anteriores a um julgamento proposicional sobre a análise não proposicional.

[48] Hideki Azuma et al., "An intervention to improve the interrater reliability of clinical EEG interpretations", *Psychiatry and Clinical Neurosciences* 57, n. 5 (October 2003): 485–89.

[49] TEMPA é um acrônimo francês para Test Evaluant la performance des Membres superieurs des Personnes Agees [Teste de Avaliação de Desempenho de Extremidade Superior para Idosos].

## 342  FILOSOFIA BÍBLICA

estatisticamente mensurável entre os avaliadores indica a qualidade da crítica e da análise sem o uso de articulação. É somente quando eles articulam o que já foi habilmente conhecido que os avaliadores podem confirmar suas próprias experiências.[50]

Aqueles que observam e avaliam o comportamento não verbal devem ser fluentes na compreensão de estímulos como rastreamento ocular enquanto observam certos movimentos espaciais. O avaliador do traumatismo craniano deve ser fluente na "qualidade do movimento do membro". Reivindicar que tal avaliação crítica da experiência como uma habilidade (o chamado saber-fazer) seja um mero anexo ao saber-fazer propriamente dito (o chamado saber-que) não aprecia suficientemente a realidade da crítica. Alguma interpenetração de habilidade e conhecimento articulado em uma comunidade deve ser considerada em todas as instâncias de conhecimento. Os autores bíblicos adotam exatamente esse rumo na epistemologia.

## Lógica semântica

A *Biblical Semantic Logic* [Lógica semântica bíblica] de Arthur Gibson continua sendo o padrão-ouro para pensar sobre a análise linguística da lógica nos textos bíblicos, especialmente em suas advertências linguísticas semelhantes a James-Barr sobre "intuições acadêmicas" e uso de evidências.[51] Gibson gasta a maior parte de seu tempo imaginando o que a semântica da linguagem bíblica poderia fazer logicamente e então como poderíamos discerni-la. Como outros antes e depois dele, Gibson reconhece que a lógica bíblica não precisa ser explícita ou formulada como Gottlob Frege gostaria que fosse para ser uma lógica legítima. "A ausência de um uso explícito da lógica não implica a incapacidade de aplicar a lógica para avaliar a presença ou ausência de consistência".[52]

Ele também alerta que o uso pixelado de uma única instância entre outras dispersas pode ter uma lógica envolvida, mas uma sistematização estrita poderia distorcer as conexões lógicas:

> Trata-se de um alerta para aqueles que, por imaginação ou mau uso da razão, arregimentam a linguagem bíblica em formas permissíveis, ao

---

[50] Anne M. Moseley; M. C. Yap, "Interrater reliability of the TEMPA for the measurement of upper limb function in adults with traumatic brain injury", *The Journal of Head Trauma Rehabilitation* 18, n. 6 (2003): 526–31.

[51] Arthur Gibson, *Biblical semantic logic: a preliminary analysis* (Oxford: Basil Blackwell, 1981).

[52] Gibson, *Biblical semantic logic*, p. 82.

A VERDADE BÍBLICA E A LÓGICA HUMANA 343

impor uma crença ou atitude como critério de significado, embora possa haver a possibilidade de construir um sistema adequado em certo nível; mas os candidatos analisados nas seções anteriores geram uma colisão de pressupostos com dados e consistência, da mesma forma que uma lei. Também não se deve aceitar uma resposta subjetiva a casos individuais.[53]

Os erros gêmeos que Gibson destaca são, por um lado, superestimar os padrões atuais da guinada linguística na lógica e, por outro, considerar apenas exemplos pontuais. Este tem sido meu objetivo acima: em vez de tentar encontrar um sistema de lógica, observei que tipos de lógica são empregados na justificação epistêmica a fim de ver se é isso que encontramos nas Escrituras.

## Resumo da verdade e lógica

Apenas arranhei a superfície do cosmos linguístico e conceitual da filosofia hebraica aqui. Meu único objetivo foi mostrar como um conceito hebraico de verdade pode não se encaixar perfeitamente em um binário verdadeiro/falso, do modo que é comumente presumido hoje. A verdade é pessoal, mas não de uma forma que a torne apenas mais uma forma de relativismo. A verdade requer atenção ao longo do tempo e é esculpida de acordo com seu propósito (por exemplo, a estaca da tenda ser verdadeira).

Minha discussão da lógica humana não se baseou nas formas bíblicas da lógica, mas foi preparatória para o que veremos nos episódios de justificação epistêmica a seguir, no Capítulo 10.

---

[53] Gibson, *Biblical semantic logic*, p. 207-8.

Capítulo 10

# FIGURAS DE JUSTIFICAÇÃO

Em *A arte da narrativa bíblica*, Robert Alter propõe cenas-tipo como uma forma de expor a arte literária dos autores bíblicos. O uso de cenas-tipo na literatura bíblica explica por que uma história em particular é contada e recontada com diferentes personagens em diferentes lugares. Ainda mais, Alter sugere que esse método literário tem uma implicação epistemológica.[1] Os autores bíblicos exploram um tópico recontando uma nova história a partir de uma "constelação fixa" formada pela história conhecida. "A ficção serve fundamentalmente aos escritores bíblicos como um instrumento de boa compreensão dessas perplexidades permanentes..."[2]

No que diz respeito a visões epistemológicas consistentes dentro das Escrituras cristãs, quero examinar uma coleção de textos para responder à pergunta: existe uma cena recorrente de justificação epistêmica? Se sim, é uma resolução binária, uma justificação verdadeira ou falsa? Ou, a justificação é mais parecida com graus de confiabilidade nas ciências? Afirmo que é mais parecido com o último, e que os casos extremos de sinais e maravilhas destacam as peculiaridades da justificação — que simultaneamente cria conhecimento de segunda pessoa e valida a coisa a ser conhecida ou confiável. Isso torna as cenas de justificação na literatura bíblica mais semelhantes a confiança científica e menos a algumas das epistemologias populares hoje.

---

[1] "Todos esses meios formais têm um propósito representacional último [...] os escritores bíblicos buscam saber por meio de sua arte", Robert Alter, *The art of biblical narrative*, rev. e ampl. (New York: Basic Books, 2011), p. 219 [No Brasil: *A arte da narrativa bíblica* (Rio de Janeiro: Cia das Letras, 2007)].

[2] Alter, *The art of biblical narrative*, p. 220.

FIGURAS DE JUSTIFICAÇÃO 345

Quando um personagem nos textos pré-monárquicos da Bíblia Hebraica não tem certeza se entende alguma coisa (estados de coisas, promessas sendo cumpridas, fatos em questão etc.), os testes de justificação geralmente providenciam o que precisam. Por exemplo, Yahweh testa Abraão por meio de um ritual de sacrifício para saber algo. O resultado culminante, "Agora eu sei que você teme a Deus..." (Gn 22:12), resolve a tensão inicial da linha de abertura: "Depois destas coisas, Deus provou a Abraão" (22:1). Da mesma forma, após o ceticismo recorrente de Moisés em relação ao êxodo planejado por Yahweh, o próprio Moisés é finalmente influenciado por sinais e maravilhas para realizar o plano de Deus (Êx 4:1-9,27-31).

Gideão também desafia Yahweh a autenticar a si mesmo e seu plano com um sinal. Mesmo assim, Gideão insiste em pedir outro sinal, agora reverso, presumivelmente para testar o primeiro sinal contra a possibilidade de que tenha acontecido por acaso (Jz 6). Nesses episódios, e em outros como eles, não há evidência de obediência cega a um ser divino. As pessoas querem ter certeza do que *acreditam ter entendido* e buscam isso por meio de experimentos realizados historicamente.

Todos esses atos parecem fazer parte de um regime pixelado de cenas-tipo, onde os textos retratam a justificação fornecida para aquilo que se quer saber ou confiar em determinada circunstância. Vou revisar os exemplos acima, e outros de seu tipo, para explorar as diferentes maneiras pelas quais a justificação é estabelecida e mantida usando testes, ouija e testemunhas como meios de justificação. Será dada atenção a como essas histórias refletem ou divergem de cenas de justificação na lógica clássica (por exemplo, *modus ponens/ modus tollens*) e oferecem algumas implicações para o estudo dos esquemas de racionalidade dos autores bíblicos.

## O QUE É JUSTIFICAÇÃO PARA OS FILÓSOFOS?

Perdoe minha caricatura excessivamente simples abaixo, mas a história recente da lógica e da justificação fornece um contexto sóbrio para o que devemos esperar dos textos bíblicos. Conforme entendida classicamente, a justificação cai nos domínios filosóficos da lógica e da epistemologia. Para alcançar a confiança em nosso conhecimento, preferimos justificativas dedutivas para nossas crenças. Nossas conclusões logicamente *precisam ser o caso* por necessidade, dadas as premissas. Os silogismos capturam bem *esse tipo de necessidade lógica*:

346 FILOSOFIA BÍBLICA

> Meu animal de estimação é um gato;
> Todos os gatos são misantrópicos;
> LOGO, [por necessidade dedutiva] meu animal de estimação é
> misantrópico.

A certeza da conclusão é tão segura quanto nosso senso matemático de justificação — tão certo quanto "3" é precisamente o número de vezes que "9" pode dividir "27". É claro que os paradoxos da lógica dedutiva e sua incapacidade de se justificar dedutivamente nos graus esperados de completude consumiram as discussões de justificação lógica no século 20. Apesar das lacunas persistentes na explicação de como a justificação dedutiva em si é *justificada*, não precisamos descartar a dedução como um meio de explicação razoável. Como os epistemólogos naturalizados apontaram, a lógica dedutiva clássica funciona no mundo das ciências empíricas e da engenharia, mesmo que não possamos mais explicar exatamente como ou por que ela pode superar os problemas e paradoxos agora associados a ela.[3]

A lógica indutiva, por outro lado, justifica as conclusões pelo acúmulo de evidências, o que aumenta sua probabilidade. É claro que o funcionamento interno das inferências indutivas é tão enigmático quanto o das inferências dedutivas. David Hume soou o alarme neste fronte. O argumento clássico para a crença de que "o sol nascerá amanhã" é baseado em todos os nasceres anteriores do sol (por assim dizer).[4] Mas não há conexão lógica dedutiva entre as ocorrências anteriores e as futuras, se por "lógica" queremos dizer que isso precisa ser o caso dadas as premissas.

Como se vê, só estarei justificado em acreditar que o sol nascerá amanhã com base em uma mistura de hábito e esperança de que o futuro se assemelhe ao passado. Hume apenas apontou que essa esperança habitual não é estritamente lógica no sentido dedutivo do termo, e sim mais como uma esperança escatológica. Toda experimentação científica opera com a mesma esperança, de que eventos no mundo fora do laboratório se assemelhem a eventos numa amostragem muito menor dentro do laboratório.

A maneira como esses tipos de cálculos de probabilidade consegue corresponder aos eventos reais tem, na melhor das hipóteses, uma explicação

---

[3] W. V. O. Quine, "Epistemology naturalized" in: *Naturalizing epistemology*, 2. ed., ed. Hilary Kornblith (Cambridge: MIT Press, 1997), p. 15–32; "Natural kinds" in: *Ontological relativity and other essays* (New York: Columbia University Press, 1969), p. 114–38.

[4] Cf. David Hume, *An enquiry concerning human understanding, and other writings*, ed. Stephen Buckle (Cambridge Texts in the History of Philosophy; Cambridge: Cambridge University Press, 2007), p. 28–53.

FIGURAS DE JUSTIFICAÇÃO  347

tendenciosa. Como Kurt Gödel, Carl Hempel, Nelson Goodman e outros nos mostraram de dentro da matemática e da lógica, os avanços em lógica, matemática e tecnologia não reduziram essa tendenciosidade.[5] Assim W. V. O. Quine lembrou seus contemporâneos *dois séculos depois de Hume*: "O predicamento humeano é o predicamento humano".[6] Nas ciências, o raciocínio indutivo é muitas vezes ligado à "generalização". Contudo, justificar nossas convicções (ou crenças) pela esperança indutiva de que eventos futuros se assemelharão a eventos passados — ou que eventos distantes se assemelharão a eventos que testemunhamos localmente — não parece atender às expectativas associadas à lógica clássica.

Algum grau de esperança sustenta essas probabilidades ao empregar a justificação indutiva para nossas previsões. Quine continua argumentando que é difícil não conceber toda a lógica como, em última análise, presa na previsão de Hume: justificações indutivas que nunca podem ser completa e dedutivamente satisfeitas por necessidade lógica. Em tais esperanças, toda uma onda de positivismo surgiu e, posteriormente, caiu em meados do século 20.

Mas também o que quer que seja verdade aqui quanto a dedução e indução se aplica a outras tentativas de assegurar conhecimento por meio de probabilidade ou inferência para a melhor explicação (abdução). Hume e Quine nos lembram de que todas as epistemologias pressupõem ou empregam esperança. Quero sugerir que tais esperanças não são impróprias. As tentativas de erradicar intuições, esperança, confiança e conhecimento inefável da equação não escapam às críticas acima de Hume e Quine. De fato, filósofos recentemente tentaram incluir novamente facetas sociais do conhecimento na equação (Coady, Zagzebski, Stump, etc.).

No entanto, enquanto uma epistemologia definir o sucesso epistêmico como o conhecimento de uma proposição discreta articulável, ela permanecerá presa na crítica acima. Há, é claro, aqueles que não restringem as epistemologias ao conhecimento proposicional. Esse movimento é muitas vezes atrelado à divisão laboral epistêmica: saber-que, saber-fazer e saber-quem, onde o saber-fazer foi subsumido por alguns ao conhecimento saber-que. O que encontramos na maioria (se não em todas) das epistemologias

---

[5] Kurt Gödel, "On formally undecided propositions of *principia* mathematica and related systems" in: Jean Van Heijenoort, *From Frege to Gödel* (Cambridge: Harvard University Press, 1977), p. 592–616; Charles Parsons, "Platonism and mathematical intuition in Kurt Gödel's thought," *The Bulletin of Symbolic Logic* 1, n. 1 (1995): 44–74; Carl G. Hempel, "Studies in the Logic of Confirmation (I)," *Mind* 54, n. 213 (1945): 1–26; Nelson Goodman, "Reply to an adverse ally", *The Journal of Philosophy* 54, n. 17 (August 1957): 531–35.

[6] Quine, "Epistemology naturalized", p. 17.

populares difere em estrutura e processo de qualquer epistemologia operante nos textos bíblicos explorados aqui. Os autores bíblicos parecem posicionar a observação hábil no centro de seu mundo epistêmico, que requer comunidade, tradição, indivíduo e corpo social atuando em coordenação para conhecer. Os componentes bíblicos do conhecimento se parecem menos com os modelos epistemológicos atuais e mais com a epistemologia científica proposta por pessoas como Marjorie Grene, Michael Polanyi, Thomas Kuhn, Norwood Hanson, Mary Hesse e assim por diante.

Ofereço este estudo dos problemas inerentes à lógica e justificação com o seguinte propósito: quando nos voltamos para os antigos textos hebraicos, não devemos mantê-los em algum padrão de lógica e justificação em que filósofos e outros não confiam hoje. Em consonância com muitas filosofias analíticas atuais, essas histórias hebraicas de justificação evitam um jogo mental racionalista de lógica em que se pode calcular proposições como premissas para uma conclusão lógica antecipadamente. Em vez disso, eles favorecem a verificabilidade histórica e, ao fazê-lo, não estão agindo irracionalmente ou sem desejo de justificação verídica.

Sugiro que a cena-tipo racional de justificação que culmina em Josué-Juízes se assemelha mais a um cientista em um laboratório. Como o biólogo, os autores bíblicos muitas vezes retratam a justificação como uma questão de eventos historicamente observados, repetidos por meio de experimentos e destinados a justificar uma convicção ou derrotá-la. Ao contrário do biólogo das ficções do positivismo científico, essas cenas muitas vezes se preocupam com o conhecimento em segunda pessoa dos envolvidos.

## QUAL LÓGICA CONTA PARA A JUSTIFICAÇÃO?

Ao avaliar a justificação nas narrativas bíblicas, devemos considerar o quanto o autor revela sobre a justificação no próprio texto e, só então, quais tipos de justificação parecem ser empregados pelos personagens. (Nota: estou incluindo Deus como um dos personagens bíblicos.) Há pelo menos três cenas-tipo possíveis usadas nesses textos para justificar uma conclusão: testes, ouija e testemunhas. Em seguida, revisarei como os autores do NT empregam os mesmos meios de justificação.

### Alguns casos de teste

Deuteronômio 8 faz uma afirmação surpreendente sobre Yahweh: os quarenta anos de peregrinação no Sinai foram um teste "para saber o que estava

FIGURAS DE JUSTIFICAÇÃO   349

em seu coração" (8:2). Nesse sentido, testar (*nāsâ*) caracteriza alguém que não sabe alguma coisa e descobre fazendo um experimento *a fim de saber*. O evento historicamente observado atua então como justificação para uma crença, pelo menos provisoriamente. Nesta passagem, como em algumas outras, testar-para-saber também conota "provar-se verdade" no sentido de "ser fiel a um propósito ao longo do tempo e das circunstâncias".[7] Esses tipos de testes remontam a Gênesis, às vezes com Yahweh como aquele que precisa saber alguma coisa.

Yahweh testa Abraão (Gn 22) pedindo-lhe para sacrificar seu filho com o resultado de que "agora eu sei que você teme a Deus, visto que você não me negou seu filho, seu único filho" (Gn 22:12). Observe que o experimento ritualizado foi idealizado para que Elohim soubesse de algo e somente depois de "ver" ele conclui com uma convicção justificada sobre as intenções de Abraão. É semelhante a cientistas lidando com a justificação de leis e ideias invisíveis: somente depois de planejar um experimento e observar uma manifestação física do que antes era invisível, os cientistas reivindicam alguma justificativa para sua hipótese. Em Gênesis 22, Robert Alter também gostaria que notássemos a repetição imoderada do narrador do "epíteto relacional", tendo doze ocorrências em quinze versos ("seu pai", "seu filho", "meu pai", etc.), como se o leitor precisasse ser constantemente lembrado de como Abraão e Isaque se relacionavam.[8]

Da mesma forma, os dois mensageiros de Yahweh descem a Sodoma e Gomorra "para ver" se o "clamor que veio a [Deus]" é verdadeiro ou não. Presumivelmente, o conteúdo desse clamor seria uma espécie de violência contra estrangeiros vulneráveis. E somente depois de ver por si mesmos, ao serem as iscas humanas destinadas a evidenciar as intenções invisíveis dos sodomitas, Yahweh avalia o julgamento contra a cidade (Gn 19).

Após o êxodo do Egito, Yahweh testa (*nāsâ*) os israelitas com maná para saber se eles "andam na minha *torá* ou não" (Êx 16:4). Para resumir a longa história de Israel: nem tanto.

Depois de sentenciar aquela geração à morte no deserto, Yahweh novamente afirma estar testando (*nāsâ*) seus filhos com a promessa de profetas autenticados falando mentiras (Dt 13:3). De particular interesse para a discussão anterior sobre "verdadeiro", Yahweh não promete profetas verdadeiros

---

[7] Yoram Hazony, *The philosophy of Hebrew Scripture* (New York: Cambridge University Press, 2012), p. 201; Dru Johnson, *Knowledge by ritual: a biblical prolegomenon to sacramental theology* (Journal of Theological Interpretation Supplements 13; Winona Lake: Eisenbrauns/PennState Press, 2016), p. 71–89.

[8] Alter, *The art of biblical narrative*, p. 224.

350 FILOSOFIA BÍBLICA

ou falsos como duas categorias binárias. Em vez disso, ele lhes promete que ele enviará profetas que serão *autenticados por sinais e maravilhas*, que guiarão Israel para agir de acordo com a Torá ou se desviar dela. Especificamente, este é um teste de sua devoção a Yahweh, invisível a olho nu sem tal teste. Da perspectiva do israelita médio, isso também requer um nível de conhecimento da *Torá* para discernir quais profetas *autenticados* estão falando verdadeiramente ou se desviando da instrução de Moisés.

Depois de conquistar e passar a habitar a terra de Canaã, o livro de Juízes começa com Yahweh testando (*nāsâ*) Israel por não expulsar as nações que o levaria ao culto de Baal (Jz 2:22; 3:4). Deixar algumas nações na terra era explicitamente "para testar Israel para saber se Israel ouviria os mandamentos de Yahweh" (Jz 3:4).

Esses testes são executados nos dois sentidos. Os seres humanos não têm medo de testar Yahweh e Yahweh, na maioria das vezes, aceita testes sinceros de suas intenções. Abraão testa Yahweh (Gn 15) depois de uma promessa de terra, que acaba por abranger todo o Crescente Fértil. Quando Yahweh promete a posse desta terra, Abrão responde hesitando: "Como posso saber que a possuirei?" (Gn 15:8). Yahweh e Abrão então realizam uma cerimônia enigmática de aliança. O que quer que esteja acontecendo naquela cena entre os animais e os braseiros, é claro que esta cerimônia foi feita para justificar a confiança na promessa quando Yahweh a pontua com: "Sabendo, você saberá (*yādōaʿ tēdaʿ*)..." (Gn 15:13).[9]

Em Êxodo 3 e 4, o ceticismo recorrente de Moisés em relação ao resgate de Yahweh é finalmente resolvido pelo uso por Yahweh de três eventos não naturais destinados a convencer Moisés primeiro (4:1–9), depois convencer Aarão (4:27–28), depois o anciãos de Israel (4:29-30), e depois o povo hebreu em geral (4:31).

Observe que a reação inicial de Moisés termina com sinais que convencem Moisés, mas são ineficazes para Faraó. Além disso, a história desenrola uma demonstração sequencial dos sinais/maravilhas que começa com Moisés e termina com o povo israelita, o qual afirma a eficácia dos sinais como justificação: "E [Moisés] fez os sinais à vista do povo e o povo confiava (*wayyaʾaˇ mēn*)..." (Êx 4:30-31). Essa justificação sequencial foi iniciada pela demanda de Moisés por razões justificadas, e estabelece um forte contraste com a resposta obstinada de Faraó aos sinais de Yahweh por meio de Moisés. O narrador destaca

---

[9] Ver também Gênesis 24:14.

FIGURAS DE JUSTIFICAÇÃO  351

a obstinação do Faraó com relação aos sinais que eventualmente convencem Israel, os egípcios em geral (Êx 9:20; 11:3) e os cortesãos de Faraó especificamente (Êx 10:7), mas não Faraó.

Em Números 5, o ciúme dos maridos pode ser resolvido com um teste binário: culpado ou inocente. Se suas esposas fossem realmente adúlteras, então a bebida cultual apodreceria sua coxa e seu ventre (5:11-31). Por outro lado, se a esposa é inocente, o ciúme do marido agora é *justificadamente injustificado*. (Voltarei a isso na seção "Conclusões no final" deste capítulo.)

Mais tarde, em Números 16, há vários testes de Moisés e Aarão. Mais dramaticamente, o grupo de homens renomados de Corá testa Moisés e Arão, o que Yahweh resolve por meio de um ato histórico binário. Como discutido anteriormente, Moisés separa Coré e seus companheiros do resto de Israel e explica claramente o experimento (Nm 16:28–30):

> Nisto todos saberão que o Senhor me enviou para fazer todas estas obras, e que não foi por minha própria vontade. Se esses homens morrerem como morrem todos os homens, ou se forem visitados pelo destino de toda a humanidade, então Yahweh não me enviou. Mas, se o Senhor criar algo novo, e a terra abrir a boca e os engolir com tudo o que lhes pertence, e eles descerem vivos ao Sheol, todos vocês saberão que esses homens desprezaram o Senhor.

Yahweh então abre a terra e os engole vivos, e seus braseiros são desmontados e usados para revestir o altar "como *um sinal (l'ôt)* para o povo de Israel" (Nm 16:38 [17:3]).

Tudo isso leva à conquista da terra e cria a paleta espitêmica em que os autores de Josué e Juízes esfregarão seus pincéis. Nas conquistas iniciais de Josué, o povo precisa saber que Deus expulsará os cananeus da terra. "Nisto *todos vocês saberão* [...] as águas do Jordão serão partidas e o fluir das águas que descem de cima se amontoarão" (Josué 3:7, 10, 13). De fato, muitos já observaram que a entrada de Josué em Canaã se assemelha ao êxodo do Egito:

1. Como Moisés antes dele, a confiança israelita é estabelecida "em Josué" (3:7; 4:14);
2. O líder de Israel tem um encontro pessoal com um mensageiro de Yahweh, incluindo a remoção das sandálias por causa de um lugar santo (5.13s);
3. A Páscoa está relacionada a uma travessia de água, incluindo a travessia em "terra seca" (5:10s);

4. A proteção contra o julgamento divino acontece ao se abrir com uma família fiel (6:17, 22).

Esses sinais e maravilhas não provocados, cuja ausência mais tarde suscitará as reclamações de Gideão, têm o efeito de estabelecer e manter uma confiança justificável em Josué e Yahweh, de acordo com o mesmo padrão usado para vindicar claramente Moisés: "Quando Israel viu o grande poder que Yahweh tinha usado contra os egípcios, o povo temeu ao Senhor, e confiou no Senhor e em seu servo Moisés" (Êx 14:31). Josué apela para essa mesma retórica em uma inclusão (cf. 3:7; 4:14): "Este dia começarei a exaltar-te diante de todo o Israel, para que saibam que estarei contigo como estive com Moisés".

Já em Juízes, Gideão testa Yahweh para determinar a autenticidade da intenção de Yahweh de "salvar Israel pela mão [de Gideão]" (Jz 6:36). Quando o mensageiro divino de Yahweh cumprimenta Gideão com "Yahweh está com você", o realismo cético de Gideão questiona a premissa com sua própria experiência: então por que essa opressão midianita aconteceu conosco e "onde estão todos os seus feitos maravilhosos que nossos pais contaram para nós?" (Jz 6:13).

Yahweh comissiona Gideão para salvar Israel, e a cena então começa a se assemelhar à de Moisés na sarça ardente. Essa semelhança força a questão de saber se essa cena é o que Robert Alter chamaria de cena-tipo. Como Moisés, Gideão se esquiva com desculpas de fraqueza e de menor filiação tribal. Yahweh novamente promete sua presença neste plano audacioso, e Gideão, novamente como Moisés, precisa ser convencido dessa promessa por um sinal ou três. Yahweh age de acordo queimando uma refeição com um mero toque de um cajado. Em uma cena que lembra Jacó em Gênesis, Gideão reconhece o encontro divino: "Pois agora vi o mensageiro de Javé face a face" (Jz 6:22). Ele constrói um altar ali e dá um nome ao lugar.

Yahweh então encarrega Gideão de destruir um altar de Baal, e ele obedece, o que leva ao Espírito de Yahweh a revestir Gideão (Jz 6:34) e lhe permitir reunir seguidores das tribos de Aser, Zebulom e Naftali. Agora tendo verdadeiras razões históricas para confiar em Yahweh, Gideão volta ao plano de salvar Israel com um ceticismo legítimo. Gideão pede outro sinal para confirmar o ambicioso plano de salvar Israel por meio suas mãos.

Ele propõe o seguinte teste para produzir o resultado que "eu saberei ...":

• Teste 1: "Se houver orvalho apenas na lã e estiver seco em todo o chão" (6:36)

FIGURAS DE JUSTIFICAÇÃO 353

O primeiro experimento pretendia justificar a confiança de Gideão no plano. Por razões desconhecidas para nós, Gideão então pressiona Yahweh por outro sinal para justificar sua confiança no primeiro sinal, através de uma inversão do primeiro sinal como um "teste" (*nasâ*).

- Teste 2: "Que seque apenas a lã e em todo o chão haja orvalho", (implícito a seguir) "Eu saberei ..." (6:39)

Ambos experimentos contêm a suposição de que Yahweh fez com que ambos os casos acontecessem, mas o segundo teste confirma a premissa — Deus causou isso — criando uma demonstração implausivelmente invertida do primeiro sinal. O primeiro sinal poderia ter sido um acaso meteorológico. De fato, usar lã para coletar umidade durante a noite é uma prática beduína comum na região. O segundo sinal, em particular, exigia ações sobre um ambiente natural que só poderiam ser resolvidas por um agente pessoal com poder sobre a meteorologia.

Isso aparentemente resolve a questão, embora mais sinais e maravilhas ainda estejam por vir para convencer Gideon a realizar o que seria uma missão suicida. Yahweh então informa a Gideão que sua força de 32.000 homens é muito grande e a reduz para 300. Yahweh oferece um sinal de que Gideão pode espionar o acampamento midianita e ouvir por si mesmo a evidência de sucesso futuro. Gideão ouviu um sonho medonho de um soldado midianita que foi interpretado como tal, que o narrador relata como motivo de Gideão adorar (Jz 7:15).

A questão de uma explicação de cena-tipo que abrange a sarça ardente e o comissionamento de Gideão agora é inevitável. Gideão e Moisés são ambos confrontados por um "mensageiro de Yahweh", são ambos comissionados a realizar uma façanha inviável, ambos fogem da tarefa e ambos pedem para ser convencidos. Finalmente, ambas as cenas se concentram em meios extraordinários de justificação para confiar em Yahweh de modo a trazer o resultado inconcebível. Isso parece ir ao encontro do que Alter se refere como "a manipulação de uma constelação fixa de motivos predeterminados".[10]

Em todos esses exemplos de Deus testando pessoas e israelitas testando Deus, a construção requer um projeto experimental com parâmetros determináveis. Ou, na linguagem da teoria de detecção de sinal, o sinal/maravilha ou a resposta dos humanos funciona como um "acerto" distinguível de possíveis

---

[10] Alter, *The art of biblical narrative*, p. 60.

354   FILOSOFIA BÍBLICA

"erros" e abre espaço para "rejeições corretas". Nos casos de Moisés e Gideão, que exigem provas definitivas, Deus usa vários exemplos de sinais para justificar a convicção em questão.

## Uso de *Ouija* por Israel

Israel tem acesso a outros tipos de experimentação artificial com parâmetros mais discretos para justificação epistêmica. Ouija — um neologismo de francês e alemão que significa "sim-sim" — é uma tecnologia física empregada para evidenciar algo invisível e muitas vezes desconhecido entre os personagens da narrativa. Em Levítico, sortes são lançadas para determinar qual bode será para sacrifício e qual será para vagar no deserto durante o Yom Kippur, uma revelação aparentemente benigna, a menos que você seja um bode. O lançamento de sortes também será usado para distribuir a terra de Canaã às tribos após as conquistas de Josué (Js 18).

Em Josué 7, Acã rouba metais preciosos de Jericó em violação direta das instruções prévias de Deus. Ele é descoberto pelo lançamento de sortes, onde algum dispositivo físico é empregado para determinar a orientação de Deus sobre um assunto. Nesse caso, Deus aponta para Acã por meio das sortes (Js 7:13-15, 18). Embora esses casos pareçam meramente revelar algo oculto, na única outra cena na Bíblia hebraica em que Israel é reunido para revelar alguém por meio da sorte, não apenas se revela a escolha de Yahweh *ao leitor*.

Nos livros de Samuel, o profeta, Saul *e o leitor* já sabem que Saul é o primeiro rei messiânico de Israel. As sortes servem para confirmar a eles — o profeta, Saul e Israel — dentro da lógica da história que essa escolha é de Yahweh. Toda vez que Samuel lança a sorte diante da agora reunida Israel, Yahweh faz com que designem sequencialmente a tribo de Saul, o clã de Saul, a família de Saul e depois o próprio Saul. Assim, o lançamento de sortes na narrativa de Acã estava nos preparando para mais um experimento ser executado fisicamente onde Yahweh deveria agir na história e dentro de parâmetros discretos para revelar o que o narrador onisciente já nos disse: que Acã era culpado. Quando Yahweh o faz, a ação histórica devidamente apresentada funciona como uma forma de justificação. A natureza sequencial do chamado de Moisés e aqui de Saul acrescenta uma exclamação enfática à justificação por sua improbabilidade sequencial.

Mas como isso justifica a crença de que Acã é culpado? Atuando como uma manifestação física do testemunho divino. Assim, o uso de ouija por Davi ou pelo sumo sacerdote no Yom Kippur é definitivamente diferente de seu papel na revelação de Saul como rei ou de Acã como violador de *hērem*.

FIGURAS DE JUSTIFICAÇÃO 355

No uso de ouija, há resultados discretos, mas no lançamento de sortes sobre Acã e Saul, a improbabilidade de aterrissar em uma única tribo, clã, família e indivíduo parece funcionar porque exclui o acaso. Em ambos os casos, o leitor sabe de antemão quem deve ser o único indivíduo, o que significa que há uma intenção autoral de mostrar um determinado resultado, dada sua ocorrência improvável contra o acaso.

## Regra das testemunhas

Ao usar ouija como testemunha, vemos agora o terceiro aspecto da justificação epistêmica vir à tona. Por ser uma questão fácil de ser abusada, o papel das testemunhas se associa legalmente as histórias que alertam para as terríveis consequências do falso testemunho.

O próprio termo bíblico para testemunha (em hebraico, 'ēd) reforça a lógica da verdade no hebraico bíblico. O grego *martyrion* geralmente descreve pessoas testemunhando algo, mas o hebraico — 'ēd — inclui conotações de perpetuidade. Alianças, estruturas permanentes como pedras, canções memorizadas, os céus ou o próprio Yahweh servem como "testemunhas" às promessas feitas. A sensação de que o monumento de pedra, por exemplo, não irá variar *ao longo do tempo e das circunstâncias* o torna ideal para alianças perpétuas. [11] Sua fidelidade para marcar as promessas *ao longo do tempo e das circunstâncias* também o torna ideal para questões de incerteza epistêmica e justificação — associando-o lexicalmente ao grupo de palavras 'emet/'āman/ 'ĕmûnâ: verdade, verdadeiro e confiável, respectivamente.

Por uma questão de justiça, a Torá exige um mínimo de duas testemunhas para processar um crime capital, e essa regra se aplica de várias maneiras ao longo do enredo bíblico. No caso de uma ação ilícita não testemunhada ou testemunhada apenas por uma pessoa, a situação deve ser julgada legalmente ambígua (Número 35:30). Por outro lado, somente pelo testemunho de dois ou mais alguém pode ser legalmente condenado (Dt 17:6). Contudo, mesmo assim, há advertências para não usar o poder do testemunho para favorecer as massas (Êx 23:2).

As testemunhas também têm a obrigação legal de testemunhar se souberem de algo e testemunhar fielmente (Lv 5:1). Com tanto poder nas mãos de poucos, mentir para acusar falsamente uma pessoa tem um alto custo. Testemunhas intencionalmente falsas, se descobertas, sofrerão o mesmo destino

---

[11] Ex.: Gênesis 31:44-46; Deuteronômio 4:26; 30:19, 31:19; Josué 22:26-28.

356   FILOSOFIA BÍBLICA

daqueles que procuraram acusar (Dt 19:16-19). Não é surpresa então que oferecer testemunho verdadeiro em processos judiciais (ou seja, não prestar falso testemunho) também apareça nos Dez Mandamentos. "Verdadeiro" aqui significa um relato com alta fidelidade ao que aconteceu na história.

Assim, nas narrativas bíblicas de ações erradas e corretas, encontramos o uso apropriado e prejudicial do poder de uma testemunha para oferecer justificação epistêmica para o que se deve acreditar — *para o que fora considerado verdade*. A voz passiva no tempo pretérito mais que perfeito nesta última afirmação é crucial para a compreensão de termos relacionados à verdade e a conceituação da verdade em grande parte da literatura bíblica. Observe que eu não disse que as testemunhas confirmam *o que é verdade*. Embora seja bastante coloquial e inofensiva, a lógica hebraica da verdade é avaliada ao longo do tempo e das circunstâncias — ou seja, por meio de perspectivas múltiplas e díspares de testemunhas não coniventes. A verdade não é um estado de conformidade ou correspondência de uma proposição com um estado de coisas, mas algo discernido ao longo do tempo por pessoas, incluindo Deus (cf. Gn 11:5; 18:21).

Como as testemunhas funcionam nas narrativas? O "crime" edênico destaca o fato de que o homem e a mulher primitivos agiram como suas próprias duas testemunhas contra si mesmos (Gn 3:12-13). Pulando para os crimes de Acã em Josué, Acã foi uma das testemunhas contra si mesmo, e os sorteados atuaram como a outra testemunha (Js 7:20-21). O próprio Yahweh deu testemunho por meio do lançamento de sortes.

As narrativas das testemunhas atingem um zênite em frequência e sutileza em 1–2 Reis ilustrando as advertências da Torá — para o bem e para o mal. Em 1 Reis 1, Davi é coagido a ungir Salomão como rei pelo testemunho de duas testemunhas estrategicamente escalonadas, seguindo a coreografia montada pelo profeta Natã (1Rs 1,11-14). Natã sugere que Bate-Seba se aproxime do rei em seu leito de morte e o lembre de sua promessa de colocar Salomão como sucessor. Saindo dos livros de Samuel, os leitores não ouviram falar dessa promessa antes da sugestão de Natã.[12] A motivação é descrita de forma clara: "Deixe-me dar-lhe um conselho, para que você possa salvar sua própria vida e a vida de seu filho Salomão" (1Rs 1:12). Sem usar muita imaginação, poderíamos supor que Natã também estava tramando para salvar sua própria vida através deste arranjo político.

---

[12] Essa promessa de instaurar Salomão como o sucessor não aparece em 1Crônicas 28:9—29:1.

FIGURAS DE JUSTIFICAÇÃO 357

Natã se prepara para entrar em cena para confirmar como fonte independente a promessa feita a Davi: "Enquanto ainda falas com o rei, também eu entrarei atrás de ti e confirmarei as tuas palavras" (1Rs 1:14). Isso se assemelha muito à constelação de uma cena-tipo em que Rebeca coage Isaque em seu leito de morte para obter uma vantagem para seu filho favorito Jacó (Gn 27). Davi então seleciona Salomão, violando um dos poucos critérios de Deuteronômio para futuros reis: "Você pode realmente estabelecer um rei sobre você, a quem Yahweh seu Deus escolher" (Dt 17:15a).

Esta cena de nomeação real prepara o leitor para problemas futuros com Salomão, mas é só mais uma parte do tema de testemunhas corruptas, um tema fortemente contrastado com pelo menos um exemplo adequado de testemunho.

Mais tarde, no reino dividido, a esposa do rei Acabe usa de forma fraudulenta duas testemunhas, o que fora antecipado e advertido na Torá. Para obter a vinha de Nabote, ela arranjou dois "filhos inúteis" para testemunhar contra Nabote e condená-lo formalmente à morte (1Rs 21:8-16).[13] No entanto, Yahweh estabelece a punição de princípio da Torá contra as falsas testemunhas — que elas sofram o destino que prescreveram contra os outros — não contra os dois homens "inúteis", mas o rei Acabe e Jezabel (1Rs 21:17-24).

Esses dois casos de testemunho fraudulento são então justapostos a outro pedido na corte real por outra mulher. Desta vez, não é uma mulher que busca injustamente o ganho de seu filho, mas uma viúva estrangeira que ganhou um filho, mas perdeu sua terra na fome. Esta viúva foi a mesma que acolheu Eliseu, deu à luz um filho através da promessa de Eliseu (cf., Gn 18:14; 1Rs 4:16), perdeu um filho para uma morte não natural (1Rs 4:18-20) e recuperou um filho através da ressuscitação não natural por Eliseu (1Rs 4:32-37). Em uma quase reconstituição da coerção de Davi por Bate-Seba, ocorre uma confirmação genuína e independente do poder divino de Eliseu, com esta viúva sunamita desempenhando um papel inconsciente na confiança epistêmica do rei. O narrador conta a história com atenção ao momento dos eventos. Um rei anônimo pede ao servo de Eliseu que relate esses feitos milagrosos do famoso profeta (1Rs 8.4): "E enquanto ele contava ao rei como Eliseu havia ressuscitado os mortos, eis que a mulher cujo filho ele havia ressuscitado apelou ao rei por sua casa e sua terra". Geazi, servo de Eliseu, teve que apontar: "Aqui está a mulher e aqui está o filho dela que Eliseu ressuscitou" (1Rs 8:5).

---

[13] Wells observa que esta audiência, embora desprovida de um tribunal, parece ser um processo judicial, especialmente à luz do antigo histórico de testemunhas legais do Oriente Próximo. Bruce Wells, *The law of testimony in the Pentateuchal codes* (Wiesbaden: Harrassowitz Verlag, 2004), p. 26.

358    FILOSOFIA BÍBLICA

O efeito epistêmico só pode ser inferido a partir da narração. A história gira em torno da eficácia não apenas de seu testemunho, mas também de que ele aconteceu independentemente de outras histórias e como um artefato vivo dos *poderes de Eliseu diante desse rei*. Manifesta-se, então, uma preferência por uma testemunha independente que possa fortalecer a justificação epistêmica *para* confiar *em* relatos que ouvimos — algo que Natã e Bate-Seba distorcem a seu favor para instalar Salomão como rei.

Resumindo: *testemunhar relatos verdadeiros*, onde "verdadeiro" se comporta apropriadamente como um verbo na justificação hebraica. Para tanto, encontramos imperativos no material jurídico de acordo com o mesmo sentido. Se a idolatria é relatada em uma de suas aldeias, então Deuteronômio exige: "*Você deve investigar e fazer uma investigação completa*, e se a verdade (*'emet*) for estabelecida, então..." (Dt 13:14; BH 13:15). A tradução NRSV está lutando para traduzir os três termos diferentes para "inquirir" usados em sucessão neste comando: *dāraš, hāqar* e *šā'al* (cf. Dt 13:14; 17:4). A conexão entre a demanda divina por uma "investigação minuciosa" e a verdade agora é imperdível. Consiste em testemunhar relatos verdadeiros, onde "verdadeiro" é um verbo.

Nas narrativas e no código legal da Bíblia hebraica, as testemunhas desempenham um papel fundamental na justificação epistêmica. Embora Yoram Hazony rotule o testemunho como a função distintamente jurídica dos textos do NT, vemos que o testemunho pessoal e eticamente vinculado está embutido na lógica da epistemologia hebraica desde o início.[14]

Uma lógica semelhante de testemunho abunda nos Evangelhos e nas epístolas, nos quais Jesus prescreve a regra de duas ou mais testemunhas (por exemplo, Mt 18:16), adverte contra o falso testemunho (por exemplo, Marcos 10:19), e atribui os papéis dos discípulos como testemunhas (por exemplo, Lucas 21:13). No entanto, os autores do NT não são pioneiros neste papel como testemunhas, mas assumem a tarefa em continuidade ao testemunho de Israel durante o Sinai, o exílio e o retorno. Os pais foram ritualmente ordenados a testemunhar a seus filhos sobre o que haviam experimentado no Egito (Êx 13:8-9), no rio Jordão (Js 4:21-24), e em sua falha de praticar esse testemunho ritualizado é citada como o motivo do calamitoso grande show de horror do comportamento israelita no livro de Juízes, Reis e Neemias (Jz 2:10; 2Rs 23:22; Ne 8:17).

---

[14] Por "jurídico", Hazony quer dizer que os textos servem primariamente para testemunhar dos eventos na vida de Jesus e torná-los, portanto, distintos, dos objetivos gerais das Escrituras Hebraicas. Hazony, *The philosophy of Hebrew Scripture*, p. 48–55.

FIGURAS DE JUSTIFICAÇÃO 359

A fala das testemunhas de Jesus presume uma conexão auspiciosa com as instruções de Deuteronômio sobre relatos de idolatria. Ele presume que os relatos das aldeias sobre ele ser um "profeta enganoso" e sua campanha de poder divino irão circular e ser investigados de forma apropriada ou não: "E vocês serão levados diante de governadores e reis por minha causa, como um testemunho para eles e os gentios" (cf. Dt 13; Mt 10:18).

Quando Jesus declara: "todos vocês serão minhas testemunhas... até os confins da terra", o propósito da fala-testemunho que ele usa ao longo dos Evangelhos não é apenas encorajar a difusão das boas novas, mas envolve também a averiguação profundamente hebraica e ritualizada dos relatos, mesmo para crianças.

## TESTES E OUIJA NO NOVO TESTAMENTO

No Novo Testamento, o conceito hebraico de "teste" (*nāsâ*) adquire uma conotação de tentação (*peirazō*). Mas a tentação também tem uma função real em muitas dessas cenas. Primeiro, e mais obviamente, o Espírito Santo leva Jesus ao deserto onde ele foi "testado" (*peirazō*) pelo "adversário" (*satanas/diabolos*).[15] Este teste do "adversário" foca então no questionamento se Jesus será verdadeiro, ao longo de mais de quarenta dias de coação, ao plano de seu Pai. Neste uso hebraico de "verdadeiro", a tentação perpassa tanto o tempo quanto as circunstâncias do teste.

Em segundo lugar, os fariseus e outros "testam" Jesus procurando um sinal ou procurando pegá-lo em suas palavras. Jesus recusa ambos os tipos de testes de maneiras variadas e inesperadas.[16] Os pedidos deles por um sinal/maravilha presumivelmente abreviariam o processo de discernir a verdade ao longo do tempo e das circunstâncias. Embora a demanda por um sinal não pareça injusta em si, a disposição do solicitante delineia se o ouija será adequado ou não na Bíblia Hebraica e agora o Novo Testamento. Instâncias anteriores da Bíblia hebraica mostram os mesmos tipos de pedidos de sinais (Abraão, Moisés, Corá, etc.), mas alguns são retratados como negativos. O problema regularmente apresentado nas narrativas de adivinhação e maravilhas diz respeito à disposição de quem solicita.

Embora não seja uma semelhança impressionante, Israel levando a Arca forçadamente para a batalha (1Sm 4:1-11), Saul levantando Samuel do Sheol

---

[15] Mateus 4:3; Marcos 1:13; Lucas 4:2.
[16] Ex.: Mateus 16:1; Marcos 8:11; Lucas 11:16; João 8:6.

(1Sm 28:15-20) e até mesmo os sinais/maravilhas vistos por Faraó em Êxodo são episódios que compartilham em um padrão: a(s) pessoa(s) que precisa(m) ser convencida(s) tem uma demanda insaciável que dita como as ações de Deus serão vistas e usadas naquele caso. A história do Faraó — embora não de seus servos e família — e de Israel — embora não de todo Israel — inclui um testemunho recalcitrante de maravilhas que não funcionam para convencê--los. Nesses casos, os autores bíblicos retratam a resposta de Deus em sinais e maravilhas como se fosse um desperdício de esforço epistêmico. No entanto, o perfil psicológico dos escritores dos Evangelhos indica um aspecto particular desses pedidos que revela sua ilegitimidade: eles são insinceros desde o início.

A narrativa de Jonas apresenta essas duas disposições em contraste direto. Jonas não pode ser convencido de que Deus deve ter misericórdia de Nínive, mesmo no final, quando Deus está tentando convencê-lo diretamente. No entanto, os marinheiros que não tinham outro meio de acalmar o mar atormentado lançaram sortes, totalmente com a intenção de deixar a sorte discernir a intenção do deus irado e agir imediatamente após o resultado. Não é surpreendente encontrar Jesus se recusando a se explicar por meio de sinais e maravilhas, e apenas oferecendo o desconcertante "sinal de Jonas" como um movimento divertidamente frustrante.

A epistemologia pixelada em toda a Bíblia hebraica agora se conecta a essas cenas do evangelho. O argumento de que ver não equivale à interpretação adequada prepara efetivamente os leitores para mais sinais e maravilhas que são erroneamente interpretados a ponto de se rejeitar a autoridade de Jesus. Tal foi o caso do faraó de Êxodo, dos adoradores do bezerro de ouro e de inúmeros outros na Bíblia Hebraica. Sinais e maravilhas milagrosos não são autointerpretativos nem eficazes como prova para aqueles que já estão dispostos a desconfiar daquele que realiza as maravilhas. De fato, os fariseus e outros nunca questionam os atos não naturais associados com os milagres de Jesus, mas apenas a fonte do poder por trás deles ou o dia da semana em que foram feitas. As tentativas de enganar Jesus superficialmente parecem estar testando sua ortodoxia contra as tradições teológico-rituais como eles as entendem. Não se trata de testes genuínos, no sentido visto em toda a Bíblia Hebraica, porque os escritores dos Evangelhos nos alertam de que o resultado já foi determinado antes que o teste fosse apresentado a Jesus.

Jesus também testa seus discípulos em vários pontos, porém mais abertamente quando os envia.[17] Os demônios precisam ser expulsos e os doentes,

---

[17] Mateus 10:9-15; Marcos 6:8-11; Lucas 9:2-4.

FIGURAS DE JUSTIFICAÇÃO 361

curados, ao longo do tempo e das circunstâncias, ou Jesus perderia a credibilidade com o seu círculo interno, ainda mais fortemente do que aconteceu no Evangelho de Marcos. Jesus testa seus discípulos quando eles encontram circunstâncias logisticamente impossíveis. Quando as multidões seguem muito longe de casa e precisam de comida, Jesus diz a seus discípulos: "Todos vocês lhes deem de comer" (Mc 6:37). O Evangelho de João retrata um Jesus mais astuto, que pergunta a Filipe como eles vão alimentar as multidões: "Ele disse isso para prová-lo *(peirazō)*, pois ele mesmo sabia o que faria" (João 6:6).

O uso de "teste" nas epístolas tem principalmente a conotação de tentação. A instrução de Paulo aos coríntios para "testarem-se *(peirazō)* a si mesmos para ver se estão na fé" parece compartilhar o objetivo de se averiguar ao longo do tempo e das circunstâncias (2Co 13:5).

Pelo menos um uso de ouija aparece em uma posição incomumente proeminente nos textos do Novo Testamento. Com apenas onze discípulos restantes, os apóstolos sentem que o número de doze discípulos era significativo o suficiente para justificar a nomeação de um substituto para Judas. O problema: eles têm dois homens igualmente qualificados — Barsabás e Matias — e nenhuma maneira de julgar entre eles. Sem comentários do narrador, eles "lançaram sortes e a sorte caiu sobre Matias" (At 1:26).

Ao contrário das histórias de Saul e Acã, e mais parecidas com o uso de ouija por Davi para "inquirir a Yahweh", não sabemos sobre qual homem as sortes deveriam cair, por assim dizer.[18] Nós sabemos apenas sobre qual deles caiu, mostrando a confiança dos apóstolos em Deus e na ouija para revelar a preferência de Deus aqui.

## CONCLUSÕES

A distância entre a epistemologia clássica e a justificação epistêmica hebraica agora parece mais ampla. Na primeira, a resposta para "como você sabe disso" consiste em ideias conectadas dedutivamente ou indutivamente que fluem de algum conjunto de premissas para uma conclusão. Na última, a resposta consiste em dados experimentais observados e interpretados por pequenos grupos, às vezes com repetibilidade. Como os argumentos na literatura bíblica, devemos estar sintonizados com a própria realidade ao longo do tempo e das circunstâncias pixeladas para ver averiguar nossos mapas e ideias conceituais.

---

[18] Ex.: 1Samuel 30:7-8.

362 FILOSOFIA BÍBLICA

Para saber, as pessoas devem realizar experimentos e prestar atenção aos resultados — inclusive quando Yahweh precisa saber alguma coisa. Quando uma pergunta é feita, a resposta não pode ser justificada logicamente apenas por operações mentais. Em vez disso, a justificação deriva de uma memória historicamente justificada dos resultados do experimento — às vezes, os resultados virão da memória de um indivíduo e outras vezes, de uma comunidade.

Essa é a lógica da experimentação científica, onde uma instância observada justifica a questão experimental. No entanto, a experimentação científica procura tornar coerentes grupos de eventos pixelados (por exemplo, casos díspares de infecções virais) sem referência a uma *causa pessoal*. Os eventos observados nos relatos bíblicos não são ocorrências impessoais redutíveis a dados. Em vez disso, uma vez que os resultados experimentais na Bíblia hebraica ocorrem por meio da ação pessoal na história, a justificação é personalizada para aqueles que interagem na história. Assim, a justificação envolve simultaneamente tanto o conhecimento em segunda pessoa quanto a confiança epistêmica no que deve ser conhecido.

Voltando à lógica que sustenta o teste de adultério em Números 5: a coxa de uma esposa que *não* apodrece pode convencer pessoalmente um antigo marido israelita da fidelidade de sua esposa, mas o potencial justificador dessa coxa particular que não apodrece se compreende local e historicamente (ou seja, a intenção não é convencer você ou eu ou mesmo outros israelitas que não estão cientes da acusação e desse experimento em particular). Em outras palavras, mesmo um israelita da Idade do Ferro não poderia justificar a inocorrência de adultério em uma aldeia simplesmente porque estava cheia de mulheres de coxas saudáveis. Essa tese tem de ser posta à prova. É o ritual experimental baseado na acusação que justifica a afirmação "Sei que ela não cometeu adultério, porque sua coxa é saudável". Da mesma forma, uma lã molhada sobre o chão seco não é uma justificativa automática das intenções de Deus para Gideão *para ninguém, exceto para Gideão*, que fez o experimento. E o mesmo acontece com dados experimentais brutos de qualquer cientista hoje.

No final das contas, o que encontramos nos textos pré-monárquicos da Bíblia Hebraica é uma cena-tipo de justificação, aninhada em uma matriz de cenas e linguagem epistêmicas, onde experimentos classicamente dedutivos empregam pessoas que atuam na história. Esses testes, ouija e testemunhas contêm um formato condicional implícito ou explícito: Se P, então Q (se ~Q, então ~P), onde P é um evento histórico causado por uma pessoa e Q é a justificação de uma crença ou um estado de coisas baseados no evento causado.

FIGURAS DE JUSTIFICAÇÃO  363

Isso se expressa frequentemente por meio de variações da frase traduzida como "então eu saberei", "para que todos vocês saibam", "conhecendo você saberá", etc.

A racionalidade desses exemplos da literatura bíblica é apenas isto: racional. No entanto, esse tipo de racionalidade hebraica também é pessoal, encenado por agentes que passam a conhecer a outra pessoa através do experimento. Uma vez que esses signos completamente pessoais pretendem justificar, pensar neles como análogos a esquemas de racionalidade como a lógica clássica ou o empreendimento científico não pode encapsular sua lógica completamente.

Histórias de justificação epistêmica por meio de testes, ouija ou testemunho revelam um sentido da racionalidade hebraica por meio de "instrumentos de percepção fina" integrados em uma narrativa de uma forma que modelos lineares de justificação podem não ser capazes de replicar. Essa forma de justificação abrange não apenas confirmação pessoal dos planos divinos, mas também se assemelha à lógica da experimentação científica e se estende nos textos bíblicos a questões principiológicas de justiça. Isso significa que o significado de justificação nessas cenas tipográficas não é relegado ou restrito ao que os teólogos cristãos chamam de "revelação especial". Em vez disso, a comunicação divina pode igualmente participar de um esquema normativo de justificação amplamente disponível para todos.

No antigo Oriente Próximo, de forma mais ampla, as coisas eram diferentes. Notavelmente, esse uso hebraico do *modus ponens* contrasta fortemente com o da maior comunidade acadêmica do período dos reinos israelitas: a Babilônia. Os babilônios praticavam as ciências da adivinhação com rigor e de acordo com uma longa tradição de adivinhação. A presunção básica da adivinhação mesopotâmica também se baseia no raciocínio "se P, então Q". Como Francesca Rochberg ilustra: "Assim, 'se Júpiter se estabilizar na manhã: os reis inimigos serão reconciliados' ... Júpiter está estável pela manhã. Logo, os reis inimigos se reconciliaram."[19]

Neste exemplo, e em milhares semelhantes na Babilônia, as entradas são restritas, de modo que não há justificação de uma ideia anterior (ou confiança resultante) porque o adivinho não criou o experimento para saber. Em vez disso, é trabalhar num código. O objetivo é discernir o que os deuses estão

---

[19] Francesca Rochberg, "'If P, Then Q': form and reasoning in Babylonian divination" in: *Divination and interpretation of signs in the ancient world* (Oriental Institute Seminar 6; Chicago: University of Chicago Press, 2010), p. 19.

## 364 FILOSOFIA BÍBLICA

dizendo em um mundo textualizado concebido como uma tapeçaria de portentos a serem lidos. Além da produção das intermináveis listas de presságios, a agência pessoal não é estritamente necessária no raciocínio básico preciso para entender o cosmos da Babilônia. Os deuses podem estar falando, mas eles não estão geralmente falando *com eles* — pelo menos, não de uma forma que exija sua resposta.

A tradução babilônica de eventos do mundo real não carece de rigor, sistematicidade ou lógica. Ao contrário do uso hebraico de testes para estabelecer justificação, esses aspectos do pensamento mesopotâmico não o tornam cientificista. Novamente, Rochberg observa: "Apesar de sua natureza lógica e sistemática, a adivinhação mesopotâmica não está de acordo com os padrões científicos (modernos) de causalidade ou conhecimento".[20] Não se pode dizer o mesmo da filosofia hebraica.

No NT, a tendência continua, onde Jesus usa controle não natural sobre a criação para sinalizar seu papel na história, embora esteja ciente de que os sinais inevitavelmente caem nos olhos cegos do desafiador tanto quanto naqueles dispostos a confiar.

---

[20] Rochberg, "If P, Then Q", p. 23.

# TERMINANDO COM UM COMEÇO

Por que achei isso perturbador? Porque, em minha moral e ética, eu não era um espartano ou um romano... As suposições com as quais cresci... *não foram criadas na antiguidade clássica, muito menos na "natureza humana", mas singularmente no passado cristão dessa civilização.*[1]

Tom Holland, o historiador de Oxford, surpreendeu-se ao concluir que, quanto mais conhecia a cultura e a literatura greco-romanas, mais estrangeiras e incivilizadas elas lhe pareciam. Embora não seja uma pessoa religiosa, ele também teve que admitir que seu próprio mundo com suas tradições foi infiltrado por conceitos e esquemas "cristãos" de moralidade, política, educação e muito mais. Holland questiona corretamente a história do pedigree intelectual grego do Ocidente, que é mais mito do que fato. Suas conclusões sóbrias, mesmo que alcançadas com relutância, atiçam as chamas do fogo que procuro acender aqui.

Infelizmente, Holland comete um erro simples, mas fundamental em suas reflexões. Junto com a maior parte da tradição ocidental, ele confunde o adjetivo "cristão" com "hebraico". As estruturas conceituais que moldaram as influências que ele rotula como "cristãs" na verdade descendem de uma rica herança intelectual que começou na Bíblia Hebraica e mais tarde continuou no Novo Testamento.

---

[1] Grifo meu. Tom Holland, *Dominion: how the christian revolution remade the world* (New York: Basic Books, 2019), p. 17 [No Brasil: *Domínio: o cristianismo e a criação da mentalidade ocidental* (São Paulo: Record, 2022].

## 366 FILOSOFIA BÍBLICA

Ao longo deste livro, concentrei minha atenção em um objetivo: esboçar um estilo filosófico consistente e persistente em toda a literatura bíblica. Traçar essas redes de discurso pixeladas revela uma tradição intelectual distinta, uma tradição que deveria enriquecer uma conversa sobre todas as outras filosofias antigas de forma mais geral. Além disso, esse estilo hebraico (Tabela 12) exibe marcadores genéticos que o distinguem de outros empreendimentos acadêmicos, especulativos e filosóficos nos impérios que cercaram e invadiram o antigo Israel. Seu intelectualismo transdemográfico e enraizado na criação defende uma sociedade ritualizada de conhecedores que buscam compreender o mundo real ao seu redor com uma humildade misterionista.

### TABELA 12 ♦ O estilo filosófico hebraico

| | BÍBLIA HEBRAICA E NOVO TESTAMENTO |
|---|---|
| **Estilo Filosófico** | **Modos de Argumento:** |
| | 1. Pixelado (com elementos de linearidade) |
| | 2. Entrelaçado |
| | **Convicções:** |
| | 3. Misterionista |
| | 4. Criacionista |
| | 5. Transdemográfico |
| | 6. Ritualista |

Termino examinando os papéis que a filosofia hebraica pode desempenhar na filosofia mais ampla hoje, como podemos reexaminar nossa história intelectual à luz dela e ver como essa tradição filosófica gera uma série diferente de questões práticas e teológicas. Neste ponto final, compararei brevemente as ênfases hebraicas na epistemologia com uma epistemologia religiosa popular amplamente influente na teologia hoje: a epistemologia reformada de Alvin Plantinga.

## FILOSOFIA BÍBLICA NA FILOSOFIA MUNDIAL E NA HISTÓRIA INTELECTUAL

Um movimento recente na filosofia comparada procurou trazer obras de literatura não-ocidentais de volta aos currículos de filosofia do Ocidente. Em graus variados, as filosofias do Sudeste Asiático, da Ásia Central e da África

TERMINANDO COM UM COMEÇO 367

foram convidadas para o estudo de filosofias antigas. No entanto, as antigas filosofias do sudoeste asiático estão visivelmente ausentes dos apelos para incluir outras filosofias asiáticas.

Pode-se apenas especular por que essa lacuna existe. Filosofias antigas enredadas em suas respectivas religiões (por exemplo, hinduísmo, budismo, confucionismo, taoísmo e mais) ainda têm praticantes nativos até hoje. Não é assim com as religiões ou mundos especulativos do Egito e da Mesopotâmia. Ao contrário de seus pares mesopotâmicos, a filosofia hebraica não só tem praticantes atuais de matizes judaicos e cristãos, mas teve um impacto enorme em nossas filosofias políticas, éticas e científicas no Ocidente até hoje. Portanto, a negligência da filosofia hebraica nos leva a ignorar ou interpretar mal as genealogias intelectuais das próprias tradições filosóficas herdadas por nós.

Afinal, há uma questão de pesquisa aberta sobre se a filosofia grega ajudou ou atrapalhou o Ocidente: nosso mundo conceitual ficou por muito tempo inutilmente vinculado às teologias helenistas? Será que a matemática e as ciências modernas representam uma espécie de retorno ao "intelectualismo crítico" hebraico? E como isso poderia ter contribuído para o sucesso proliferante de nossa matemática e ciências nos últimos séculos?

> Aqui está o aparente paradoxo de que um povo, abertamente reconhecido como o povo religioso supremo do mundo antigo, que ao mesmo tempo não tinha igual no poder e no alcance de seu intelectualismo crítico. Mas de fato não é paradoxal, pois a religião que não é criticada rapidamente se deteriora em mera superstição [...] Os pensadores hebraicos foram capazes de alcançar uma visão do mundo que ainda molda nossa perspectiva.[2]

A distinção criatura-criador de Israel, o monoteísmo, a lei divinamente revelada, as alianças divinamente promulgadas, e mais, formam a base conceitual legada ao Ocidente que permitiu o trabalho científico realista nestes últimos séculos? Esse é um projeto de outro tipo, mas essa questão agora é abordada por meio da presente tese.

Para repetir uma visão dos estudiosos de meados do século 20, a tradição intelectual greco-romana não explica adequadamente o Ocidente moderno:

---

[2] Grifo do original. Henri Frankfort et al., *The intellectual adventure of ancient man: an essay on speculative thought in the Ancient Near East* (Chicago: University of Chicago Press, 1946), p. 234.

# 368 FILOSOFIA BÍBLICA

A fronteira entre o mundo antigo e o moderno deve ser traçada, *não no mar Egeu ou no médio Mediterrâneo, mas nas páginas do Antigo Testamento*, onde se revelam a nós as realizações de Israel nos domínios do pensamento, sua facilidade na expressão literária, seus profundos insights religiosos e seus padrões de ética individual e social.[3]

Ou, como resumiu o mesmo historiador citado no início deste capítulo: "Viver em um país ocidental é viver em uma sociedade ainda totalmente saturada de conceitos e pressupostos cristãos [leia-se: hebraicos]".[4]

A presente obra não é meramente descritiva, mas uma proposta de que o estilo filosófico hebraico e o mundo intelectual resultante de sua prática podem ter valor prescritivo para nós hoje.

Como exemplo, os grilhões da teologia helênica detiveram os debates sobre as órbitas planetárias no início do século 17. Nem Galileu nem Kepler conseguiram abandonar suas teologias aristotélica e neoplatônica, respectivamente. Por causa de seus obstinados compromissos teológicos com versões helênicas da geometria — a forma perfeita de circularidade, os sólidos platônicos, ou a proporção perfeita de elipses —, eles nunca trataram com ceticismo suas próprias afirmações helenizadas para reconciliá-las com o cosmos real acima de suas cabeças todas as noites.[5]

Poderia haver outras maneiras pelas quais um mundo conceitual realista poderia ser encontrado na "cética" tradição hebraica? Em que ponto devemos expulsar a teologia grega para que cresçamos em nossa compreensão? Atualmente, os modelos helênicos são muitas vezes apontados ingenuamente como os próprios dispositivos que nos libertaram de uma obtusa religiosidade supersticiosa. Voltando à visão de Frankfort quanto ao ceticismo exclusivamente hebraico, "*Foi somente em virtude de seu humor cético* que os pensadores hebreus foram capazes de alcançar uma visão do mundo que ainda molda a nossa".[6]

Assim, devemos continuar a questionar tanto a habilitação quanto a desabilitação características do mundo conceitual helenista.

---

[3] Grifo meu. Frankfort et al., *The intellectual adventure of Ancient Man*, p. 224.

[4] Holland, *Dominion*, p. 13.

[5] Cf. William R. Shea; Mariano Artigas, *Galileo in Rome: the rise and fall of a troublesome genius* (New York: Oxford University Press, 2003), p. 26; Wade Rowland, *Galileo's mistake: a new look at the epic confrontation between Galileo and the Church* (New York: Arcade, 2003), p. 35.

[6] Grifo meu. Frankfort et al., *The intellectual adventure of ancient man*, p. 234.

TERMINANDO COM UM COMEÇO 369

## A EPISTEMOLOGIA HEBRAICA É COMPATÍVEL COM A EPISTEMOLOGIA REFORMADA?[7]

Como esse estilo bíblico de filosofia lida com as filosofias da religião contemporâneas? Novamente, esse é outro projeto à procura de um autor. Com um breve exemplo vindo da escola de filosofia analítica da religião, podemos destacar a continuidade e os pontos de atrito entre ele e os estilos e a substância da epistemologia bíblica.

Voltando à história do início deste livro, o leitor pode se lembrar dos filósofos daquela conferência perguntando por que eu estava usando a Bíblia para apresentar um argumento filosófico. Agora faço duas perguntas a filósofos e teólogos cristãos:

1. À luz da filosofia bíblica explorada aqui, podemos argumentar sobre a natureza do conhecimento, da lógica, de Deus e assim por diante, sem considerar em detalhes o estilo e o conteúdo da filosofia bíblica (ou seja, sem textos-prova aleatórios)?
2. Em que ponto nosso trabalho se afasta tanto do mundo conceitual das Escrituras e do mundo real para o qual as Escrituras forçam nosso foco para se tornar uma retórica desconectada?

Um exemplo concreto pode ajudar a esclarecer as vantagens e desvantagens de responder "não" à pergunta 1 acima. Alvin Plantinga e seu renomado emblema de Epistemologia Reformada (ER) representam um exemplo de projeto isolado do conteúdo, das convicções e do modo da filosofia hebraica. Embora Plantinga atue alheio aos textos bíblicos — além de citações que arranham a superfície da literatura bíblica —, ele ainda poderia acabar encaixando sua epistemologia com a dos autores bíblicos? A resposta é um complicado "mais, ou menos, mas nem tanto, para falar a verdade". Para ser justo com a tarefa de Plantinga, talvez não seja seu objetivo produzir uma epistemologia que os autores bíblicos pudessem apreciar.

É claro que esse tipo de crítica poderia ser feito para todas as diferentes apropriações e posições dentro das epistemologias religiosas. Vou interagir com a proposta de Plantinga como apresentada em *Crença cristã avaliada* da forma como imagino que os autores bíblicos responderiam a ele.

---

[7] Essa seção foi adaptada de Dru Johnson, *Biblical knowing: a scriptural epistemology of error* (Eugene: Cascade, 2013), p. 173–9.

370   FILOSOFIA BÍBLICA

A epistemologia reformada oferece amplo terreno para comparar as descobertas deste estudo com uma epistemologia analítica teologicamente orientada.[8] A ER de Alvin Plantinga é tão robusta e bem defendida quanto qualquer uma das várias epistemologias analíticas.[9]

Ao contrário da maioria, Plantinga coloca uma espécie de crença *injustificável* segundo padrões clássicos no centro do conhecimento. Sua noção de *crença propriamente básica* contém em si crenças que não podemos justificar, mas que devemos sustentar a fim de lidar epistemicamente com o mundo. Como crenças mais fundamentais (ou seja, crenças propriamente básicas) não podem ser justificadas, devemos decidir se nossas crenças são avaliadas. Alguém tem formar estritas de justificar a crença de que existem outras mentes no mundo além da sua própria mente? Isso acaba sendo uma crença muito difícil de justificar — para todos os filósofos — de uma maneira rigorosamente lógica.[10] O objetivo, então, é considerar as condições que avalizam nossas crenças.

Plantinga e outros, como William Alston e Nicholas Wolterstorff, demonstram um traço único entre as epistemologias atuais na medida em que suas teorias do conhecimento incluem uma crença sobre Deus e também requerem uma convicção teológica sobre o pecado.[11] Todos eles levam a metanarrativa bíblica a sério em seu pensamento. Em *Crença cristã avalizada*, Plantinga vai mais longe ao argumentar que crenças propriamente básicas podem corresponder a conceitos teologicamente necessários.

Além disso, Plantinga torna o "senso do divino" (*sensus divinitatis*) de Calvino um princípio teológico da ER. Tal senso do divino foi implantado em todos os seres humanos e é oferecido por Plantinga como uma *crença propriamente básica* a partir da qual outras crenças podem ser relacionadas e sustentadas. Uma vez que acreditamos que existem outras mentes, por exemplo, podemos acreditar que os outros têm intenções. Crenças sobre intenções não

---

[8] O trabalho recente de Moser seria a notável exceção a essa afirmação. Embora ele ainda esteja utilizando o vernáculo da epistemologia analítica, ele muitas vezes chega perto de defender uma epistemologia próxima ao presente estudo. Ver Paul K. Moser, *The elusive God: reorienting religious epistemology* (New York: Cambridge University Press, 2008).

[9] Ex.: Nicolas Wolterstorff, *Reason within the bounds of religion*, 2. ed. (Grand Rapids: Eerdmans, 1976); William P. Alston, *Perceiving God: the epistemology of religious experience* (Ithaca: Cornell University Press, 1991).

[10] Plantinga poderia responder que nenhuma justificação pode ser obtida em um esquema fundacionista de conhecimento, mas a crença em outras mentes é avaliada. Alvin Plantinga, *Warranted christian belief* (New York: Oxford University Press, 2000) [No Brasil: *Crença cristã avalizada* (São Paulo: Vida Nova, 2018)].

[11] Ver também Alston, *Perceiving God*; Wolterstorff, *Reason within the bounds of religion*.

TERMINANDO COM UM COMEÇO  371

são propriamente básicas, mas contingentes à crença em outras mentes existentes em outras pessoas.

Plantinga também incorpora o pecado e a pecaminosidade como modos que corrompem a função epistêmica adequada.[12] Além do pecado, Plantinga também fornece uma explicação provisória para o erro epistemológico: se nossos processos cognitivos funcionassem adequadamente, então o erro poderia ser amplamente evitado.[13] Como nossas faculdades cognitivas são afetadas pelo pecado, daí decorre o resto de nossos problemas epistemológicos. Isso fornece uma panaceia eloquente para o problema do erro: se nossas faculdades epistêmicas funcionassem corretamente (por exemplo, antes da queda da humanidade), então não erraríamos. Plantinga e companhia demarcaram uma epistemologia que percorre um longo caminho para explicar o que os autores bíblicos talvez tomassem como certo: crença em Deus, outras mentes, faculdades cognitivas defeituosas, funcionamento adequado etc.

Mas a análise de erro e conhecimento de Plantinga pode ser muito estreita para explicar o que descobrimos nos textos bíblicos. Mesmo dentro da filosofia analítica, a obra de Plantinga pode ser muito estreita porque não leva em conta o ritualismo e as complexidades sociais do estilo filosófico hebraico.

Jonathan Kvanvig, um epistemólogo da virtude, critica Plantinga e outros da tradição analítica exatamente por causa de seu "foco míope em uma única crença de uma única pessoa em um único momento e também no fato de que se presume que o objeto apropriado da crença seria uma proposição".[14] Ou, como outro epistemologista analítico lamenta, "[A epistemologia] tipicamente considera as possibilidades para a aquisição de conhecimento em situações 'ideais'".[15] Para Kvanvig, as epistemologias focadas na proposição invertem a ordem real do conhecimento, diminuindo nossa rica experiência da realidade: "A experiência transmite informação apenas em massa, e a individuação na forma proposicional muitas vezes impõe uma estrutura em vez

---

[12] Plantinga, *Warranted christian belief,* p. 199.

[13] Plantinga, *Warranted christian belief,* p. 146.

[14] Esta citação concisa de Zagzebski é um resumo da posição de Kvanvig. Linda T. Zagzebski, *Virtues of the mind: an inquiry into the nature of virtue and the ethical foundations of knowledge* (New York: Cambridge University Press, 1996), p. 44; Jonathan L. Kvanvig, *The intellectual virtues and the life of the mind: on the place of the virtues in epistemology* (Studies in Epistemology and Cognitive Theory; Savage: Rowman & Littlefield, 1992), p. 181–2.

[15] Por esta e outras razões, Goldman realmente acredita que o testemunho "se afasta da epistemologia tradicional e da filosofia da ciência". Alvin I. Goldman, *Pathways to knowledge: private and public* (New York: Oxford University Press, 2002), p. 139.

# FILOSOFIA BÍBLICA

de se conformar a uma que seja pré-existente."[16] Kvanvig não quer argumentar que as proposições não têm utilidade na epistemologia, mas sim que podem atomizar o conteúdo que deveria ser entendido como um todo e só seria interpretável como um todo porque é assim que nossas mentes são estruturadas.[17] Isso parece se aproximar do foco da filosofia bíblica no discernimento e na integração habilidosa.

Esta crítica almeja especialmente os exemplos que Plantinga usa para ilustrar sua epistemologia. Por exemplo, Plantinga coloca o problema de confundir um irmão gêmeo com outro ou o acaso de um relógio quebrado estar correto uma vez por dia. Tais exemplos de erro exemplificam a objeção de singularidade posta por Kvanvig contra a abordagem epistemológica estreita de Plantinga e outros.[18] Todos esses experimentos mentais inventam problemas devido à ignorância de um contexto mais amplo e do cenário histórico.[19]

Esses erros do tipo Gettier são desinteressantes porque dependem do acaso do lapso temporal: "uma única crença de uma única pessoa em um único momento". Como alguém poderia determinar que Pedro (gêmeo de Paulo) foi confundido com Paulo sem apelar para o contexto mais amplo da situação?

A inimitável senhora Anscombe desconstruiu tais formulações como exemplos "materiais, mas não formais" quando se consideram as intenções, o cenário social e os contextos mais amplos.[20] Corre-se o risco de banalizar a realidade do que era conhecido *e como* o era. Erros interessantes ocorrem ao longo do tempo e das circunstâncias, não apenas em um lapso temporal. Os autores bíblicos estão intensamente interessados em confiança e erro epistêmicos, mas eles os exploram por meio de histórias pixeladas de interações sociais que corrigem erros ou geram confiança. O que está notavelmente ausente é o raciocínio singular sobre crenças proposicionais singulares dentro da mente de um único conhecedor em um único momento no tempo.

Após tal descrição concisa e crítica da Epistemologia Reformada, duas questões emergem: como a ER explica o papel epistêmico-social da

---

[16] Eu não aderi à totalidade do argumento de Kvanvig para informações como "pedaços". Esta citação é o resumo de Zagzebski da crítica de Kvanvig. Kvanvig, *The intellectual virtues*, p. 182.

[17] Kvanvig, *The intellectual virtues*, p. 183.

[18] Plantinga, *Warranted christian belief*, p. 157-8.

[19] Ver "Contextualism and communitarianism" in: Martin Kusch, *Knowledge by agreement: the programme of communitarian epistemology* (Oxford: Clarendon Press, 2002), p. 131–68.

[20] Plantinga, *Warranted christian belief*, p. 157-8. Anscombe e Morgenbesser expõem esses aspectos problemáticos de "erros" como falta de contexto histórico mais amplo em seu ensaio de 1963: G. E. M. Anscombe; Sidney Morgenbesser, "The two kinds of error in action," *Journal of Philosophy* 60, n. 14 (July 1963): 393–401.

TERMINANDO COM UM COMEÇO 373

autoridade, tão central para a epistemologia bíblica? E a ER é comensurável com o que encontramos nas Escrituras?

Em primeiro lugar, quanto à questão da autoridade, Plantinga negligencia a natureza comunal do conhecimento como fundacional. Na seção intitulada "Como a fé funciona?" Plantinga deixa de lado o testemunho ou a autenticação por meio do testemunho como uma rota inferior e não normativa para o conhecimento.[21] Cornelis Van der Kooi comenta sobre este movimento:

> Plantinga também caracteriza o testemunho como um cidadão *de iure* [sic] de segunda classe na república da epistemologia. Devemos ter em mente que há uma diferença entre a incerteza em relação a um item específico do testemunho e um ceticismo que, por princípio, dá pouco crédito ao testemunho dos outros em geral. Ele certamente sugere que o conhecimento obtido por meio da própria percepção é superior ao conhecimento que as pessoas têm com base no testemunho de outras pessoas.[22]

Em outras palavras, Plantinga eleva o testemunho das Escrituras como autoritativo, ao mesmo tempo que desvaloriza o testemunho hoje. Ele faz isso sem uma distinção adequada entre o testemunho oferecido pelas Escrituras e outros tipos de testemunho.[23] Como vimos no Capítulo 10, testemunho e orientação são centrais para o discernimento.

Em segundo lugar, o relato epistemológico de Plantinga do pecado e da pecaminosidade já se demonstrou insuficiente. Este aspecto de seu trabalho é importante para minha análise por causa do significado central do primeiro erro epistêmico em Gênesis 2 e 3. Merold Westphal questionou Plantinga pelo tratamento inadequado do pecado na obra anterior de Plantinga, especialmente

---

[21] Plantinga, *Warranted christian belief*, p. 157-8.

[22] Cornelis Van der Kooi, "The assurance of faith: a theme in reformed dogmatics in light of Alvin Plantinga's Epistemology," *Neue Zeitschrift für systematische Theologie und Religionsphilosophie* 40, n. 1 (1998): 102–3.

[23] Essa suspeita de depoimento leva Helm a criticar Plantinga por sua "rápida" transição das Escrituras (ou seja, testemunho) para a crença inferida:

O que decide quais inferências são elementares, óbvias ou rápidas? Para ilustrar, Plantinga diz que "o que conheço pela fé são as principais marcas do ensino especificamente cristão — juntamente, poderíamos dizer, com sua instanciação universal em relação a mim. Cristo morreu por meus pecados" (pp. 248-29). Mas a proposição de que Cristo morreu por meus pecados é certamente uma importante inferência das Escrituras, e não uma boa candidata para uma inferência que seja rápida, fácil e óbvia.

Na mente de Helm, esse movimento parece muito precipitado. Paul Helm, resenha de *Warranted christian belief, Mind New Series* 110, n. 440 (outubro de 2001) 1110-15.

374  FILOSOFIA BÍBLICA

por se tratar de uma epistemologia reivindicando a bandeira de "reformada".[24] Plantinga remedia essa lacuna em relação ao pecado em *Crença Cristã Avalizada*, embora alguns de seus críticos permaneçam insatisfeitos.[25]

Apesar da visão temporalmente isolada do saber na ER de Plantinga e algumas outras teologias analíticas, um silêncio mais problemático paira em seus estudos que pode dificultar o trabalho teológico: a natureza da confiança e a voz profética[26]. Demonstrei que o processo epistemológico pixelado e entrelaçado na literatura bíblica gira em torno de duas facetas: saber em quem confiar com base na autenticação externa e participar de um processo prescrito pela voz profética para saber o que está sendo mostrado.[27]

Quanto à primeira, a discussão de Plantinga sobre o pecado é mais reveladora de sua visão do significado da confiança. Plantinga afirma que o pecado não apenas torna a pessoa imperceptível, embotada ou estúpida, mas também impede a pessoa de amar o próximo como a si mesmo (ou seja, participar das

---

[24] Estou me referindo aqui à crítica de Westphal a Plantinga:

O pecado como categoria epistemológica não pode ser, como Fichte e Plantinga, Marx e Freud parecem querer, apenas um dispositivo para desacreditar os oponentes. Levar Paulo [o apóstolo] a sério é levar a sério a universalidade do pecado [...] Não é essa, de fato, a própria conclusão de Calvino, sendo sua crítica da teologia natural apenas um momento subordinado ao seu argumento maior de negar que podemos ter qualquer conhecimento confiável de Deus, direto ou inferencial, à parte do dom divino da Palavra e do Espírito? (Merold Westphal, "Taking St. Paul seriously: sin as an epistemological category" in: *Christian philosophy*, ed. Thomas P. Flint [Notre Dame: University of Notre Dame Press, 1990], p. 216–7). Ver também Paul Helm, "John Calvin, the *Sensus Divinitatis*, and the Noetic Effects of Sin," *International Journal for Philosophy of Religion* 43 (1998): 87–107.

[25] Na verdade, não podemos resolver aqui com propriedade a questão do adjetivo "reformado" para a Epistemologia Reformada de Plantinga, além de dizer que não está totalmente claro que Plantinga esteja usando Calvino de uma maneira que expresse as tendências humanistas de Calvino em relação aos textos bíblicos. Ou talvez isso simplesmente levante a questão de saber se Plantinga está se apropriando da escolástica protestante neocalviniana em vez do próprio Calvino. As *Institutas* são a única obra de Calvino citada por Plantinga, sem reflexão sobre os textos bíblicos aos quais suas seções refletem. Mas Plantinga não tentou necessariamente ser fiel à teologia histórica e aos estudos bíblicos como sua tarefa central. E também reconhecemos em nosso capítulo introdutório que pode haver relatos teológicos compatíveis com a epistemologia bíblica, ainda que não apresentem argumentos especificamente exegéticos (por exemplo, a epistemologia de Kierkegaard).

[26] Embora não a tenhamos explorado aqui, há uma subseção incipiente de epistemologia preocupada com o problema da confiança e da epistemologia social. Enquanto estes lutam com algumas das questões pertinentes levantadas nos textos bíblicos, eles o fazem dentro das lentes analíticos mais estreitos. A confiança é um "problema" para essas análises porque elas veem a confiança, majoritariamente, como se estivesse além das inferências dedutivas, como algo em última análise estranho à epistemologia normativa. A confiança como um tópico "se afasta da epistemologia tradicional".

[27] Plantinga inexplicavelmente escolheu pegar o argumento de Calvino para o *sensus divinitatis* no Livro I, capítulo 3 das *Institutas da Religião Cristã*, enquanto ignora amplamente o fundamento de Calvino para a epistemologia adequada em I, 2. Neste movimento, Plantinga parece mudar a epistemologia de Calvino de fundamentalmente social a semi-autônoma. Calvino começa com o conhecedor em um relacionamento de sujeição ao seu Criador de modo que não possa pensar em tal ser sem perceber sua própria dependência e serviço devidos a esse Criador (I, 2).

TERMINANDO COM UM COMEÇO    375

injunções proféticas das Escrituras).[28] Há um argumento a ser feito para isso em toda a Escritura e Calvino o faz consistentemente em seus comentários. Mas o que está ausente da discussão de Plantinga é por que alguém acreditaria que deveria amar o próximo em primeiro lugar. Já que Plantinga deixa de lado a autenticação da autoridade profética das Escrituras, a questão é: por que alguém deveria confiar no testemunho das Escrituras?

Além disso, o pecado nos impede de confiar em Deus, o que Plantinga enraíza na história primordial de Adão e Eva.[29] Neste ponto, Plantinga explora a origem do pecado e a epistemologia contida no centro dessa história apresentando dois aspectos-chave que observamos em Escritura: Por que devemos confiar na voz profética das Escrituras e como o pecado nos impede de seguir as orientações proféticas? Essas duas perguntas poderiam ser respondidas por meio de uma discussão de Gênesis 2 e 3, mas Plantinga escolhe outro caminho.

A esta última questão da voz autoritativa, Plantinga a aborda explorando a voz da serpente no que se refere ao erro no Jardim. Mas ele termina sua discussão sobre o erro ao simplesmente concluir que ele se deu por conta do autoengano do homem porque ele acreditava que poderia ser autônomo e semelhante a Deus. Não é assim, como vimos, que a filosofia bíblica retrata o assunto na narrativa do Éden ou em outras reiterações pixeladas dela. Em outras palavras, Plantinga acredita que o erro seja a autonomia, uma leitura comum, mas desequilibrada, alcançada unicamente por meio das faculdades epistêmicas do homem sem raízes necessariamente comunais.[30] A falha em cumprir os mandamentos de Deus ocorre como consequência do homem se voltar à voz da mulher e da serpente.

Para a versão do erro de Plantinga, o homem se "autoenganou" e "despreza a verdade". Assim, à beira de abordar o papel da voz profética da serpente, Plantinga identifica o mistério do livre-arbítrio e da inveja do homem como o erro final na Queda:

> É claro que o mistério final permanece: de onde vem esse desejo sorrateiro de ser igual a Deus em primeiro lugar? Como a própria ideia poderia entrar na alma de Adão? [...] Posso ter prazer em minha condição [de homem], que é maravilhosamente boa, ou posso ceder à inveja.[31]

---

[28] Plantinga, *Warranted christian belief*, p. 208.

[29] Plantinga, *Warranted christian belief*, p. 212.

[30] Ver o Capítulo 8 desse livro, ou para uma análise detalhada: Dru Johnson, *Epistemology and biblical theology: from the Pentateuch to Mark's Gospel* (Routledge Interdisciplinary Perspectives on Biblical Criticism 4; New York: Routledge, 2018), p. 17–55.

[31] Plantinga, *Warranted christian belief*, p. 212.

376  FILOSOFIA BÍBLICA

Ele não oferece nenhuma discussão de como exatamente a humanidade passou de estar na verdade para estar no erro, tomando emprestada a formulação de Kierkegaard. Se a peça central da epistemologia de Plantinga é o bom funcionamento com base no relato bíblico do Éden, então uma análise substantiva desse relato parece necessária para demonstrar como os primeiros humanos que funcionaram adequadamente erraram — os humanos que foram os que mais funcionaram adequadamente de todos os tempos!

Plantinga forneceu o que nenhum outro filósofo contemporâneo tem: uma epistemologia analítica abrangente que tenta representar a tradição cristã na epistemologia. Não obstante os méritos de sua obra, como a tradição filosófica bíblica pode criticar as Epistemologias Reformadas das quais a de Plantinga é um tipo?

O foco da ER de Plantinga parece perder os objetivos do estilo bíblico por causa de sua preocupação singular em conhecer uma proposição isolada em um único lapso temporal. A precisão da ER ainda pode sofrer com o que a filósofa analítica Eleonore Stump chama de *hemianopsia*:

> É, portanto, enganosamente impreciso, penso eu, diagnosticar a fraqueza da filosofia analítica como sua estreiteza. Sua hemianopsia cognitiva é o seu problema. Sua visão intelectual é ocluída ou obscurecida para a metade direita do campo cognitivo, especialmente para a parte da realidade que inclui o pensamento, o comportamento e as relações complexas e matizadas entre as pessoas.[32]

Esses pontos cegos para uma realidade mais ampla podem ser grandes o suficiente para tornar a RE inadequada para capturar totalmente o processo epistemológico encontrado nos textos bíblicos.[33]

Plantinga e outros como ele não procuram esclarecer o papel sócio--profético da epistemologia porque tal papel não se encaixa com as ênfases da ER. Seu tratamento do erro do Éden como uma questão de autoengano ignora o problema diagnosticado pelo próprio Yahweh: "Porque você ouviu a voz de sua esposa ..." (Gn 3:17a). Embora um estilo hebraico de epistemologia não precise ser propriamente "reformado", ele deve diagnosticar corretamente o erro que considera ser o erro humano universal. Os autores bíblicos

---

[32] Eleonore Stump, *Wandering in darkness: narrative and the problem of suffering* (New York: Oxford University Press, 2010), p. 25.

[33] Van der Kooi, "The assurance of faith", p. 100.

TERMINANDO COM UM COMEÇO  377

certamente afirmariam os amplos contornos da Epistemologia Reformada de Plantinga (ou seja, faculdades epistêmicas decaídas, função adequada, crenças propriamente básicas etc.), mas, devido às deficiências apontadas acima, a ER de Plantinga só pode funcionar como uma ferramenta teológica truncada sem raízes demonstráveis e desenvolvidas na literatura bíblica.

## Caminhos para pesquisas futuras

Termino este empreendimento sabendo que será frustrantemente incompleto para a maioria de nós. Mais trabalho deve ser feito em todas as frentes estudadas aqui. Filosofia política, metafísica, ética, lógica, existencialismo, estética e muito mais poderiam ser áreas pesquisadas em linhas semelhantes às minhas sugestões aqui. É claro que os estudiosos se debruçaram sobre esses tópicos aos trancos e barrancos. No entanto, sugiro aqui um novo começo, um amplo movimento de resgate da filosofia bíblica que forma e molda nosso mundo conceitual, nossas filosofias, nossas teologias e, portanto, nossas práticas.

Esta proposta requer o escrutínio dos que pesquisam as disciplinas relevantes. Reconheço que minhas descrições, generalizações e incapacidade de integrar todas as facetas de uma herança intelectual complexa precisam de mais atenção. Minha única esperança é ter dado uma estrutura suficiente para continuar uma conversa significativa além da Bíblia hebraica a fim de proliferar, aguçar e *necessariamente incluir os textos do Novo Testamento*. Com esse pensamento modesto em mente, surge a necessidade de mais pesquisas em várias trajetórias.

Na erudição do antigo Oriente Próximo, os campos estão maduros para aqueles que querem trabalhar no mundo intelectual dos vizinhos de Israel, especialmente aqueles fora dos impérios dos grandes rios: Egito, Neo-Assíria e Babilônia. Com base no trabalho em assiriologia e egiptologia discutido no Capítulo 2, a pesquisa comparativa com a Bíblia hebraica seria uma sequência deliciosamente natural.

Em estudos bíblicos, novas pesquisas são necessárias para construir cuidadosamente os debates antropológicos e filológicos do século passado, ao mesmo tempo em que se desconfia de suas suposições progressivistas e enciclopedistas. Tem havido um sentimento geral, mesmo entre eruditos religiosos convictos, de que a literatura bíblica pode nos ensinar sobre assuntos no domínio da religião e do poder político, mas não sobre a natureza da realidade como tal. O antropólogo Franz Boaz e seu grupo diversificado de sucessores superou essa arrogância progressista e evolucionista — "o Ocidente e o resto" — que nos permitiu levar a sério outras tradições, mesmo que não parecessem "civilizadas" a nosso ver. Reconhecer uma tradição filosófica bíblica é admitir que talvez precisemos aprender com este grupo particular de antigos semitas sobre a natureza do nosso mundo de acordo com *suas* visão racional e *seus* métodos ritualizados de raciocínio.

Não foi possível gerar uma pequena quantidade de agendas de pesquisa sobre a Bíblia Hebraica e o Novo Testamento, tanto dentro como entre seus textos. Dada a convicção filosófica do criacionismo e do ritualismo, as conexões entre os mundos material e conceitual dos autores bíblicos precisam de mais atenção. Assim, a arqueologia, a antropologia e os estudos bíblicos todos têm contribuições que terão a ver com o mundo intelectual de Israel nas Idades do Bronze, do Ferro e das chamadas Idades Axiais, bem como os textos filosoficamente sintonizados que elas produziram.

No mundo do Novo Testamento, boas pesquisas têm colocado o judaísmo de Jesus e seus discípulos em nítido destaque. Mas esse resultado também tornou o judaísmo do Segundo Templo a lente de todo o pensamento judaico do primeiro século, incluindo os textos do Novo Testamento. Sem querer, essa oscilação de pêndulo tão necessária pode ter se tornado uma lente míope através da qual agora vemos os textos em grande parte judaicos do Novo Testamento.

O estilo filosófico hebraico persiste nos textos do Novo Testamento? Demonstrei que ele se manifesta em dois Evangelhos, discursos de Atos e em parte dos escritos de Paulo, se não em todos. A questão restante é até que ponto a tese pode ser generalizada para outros textos e até além, para o material patrístico. Isso terá que ser assumido de igual modo pelos estudiosos do NT e pelos historiadores da igreja primitiva.

E há questões conceituais que precisam ser respondidas que inevitavelmente afetarão nossas atividades acadêmicas hoje:

1. A filosofia hebraica é prescritiva ou descritiva em relação à boa filosofia em geral?
2. Estamos todos praticando uma filosofia hebraica inconscientemente, apenas mudando se o fazemos mal ou bem?
3. A filosofia hebraica é fundamentalmente melhor do que outras formas? É uma filosofia de nicho para uma determinada cultura e circunstância? É mais fiel aos resultados da ciência, possuindo maior poder explicativo?

TERMINANDO COM UM COMEÇO   379

4. A filosofia bíblica é incomensurável com outros estilos filosóficos? O processo epistemológico ou metafísico nas Escrituras é incompatível com quaisquer possibilidades presentes ou históricas?

Estas questões podem multiplicar-se, mas deixo para os meus colegas nestes campos gerar suas próprias listas e agendas.

Aos meus colegas de filosofia e teologia eu faria este desafio:

SE a tradição filosófica hebraica é tão robusta e rigorosa quanto qualquer coisa encontrada no helenismo,
E SE esta filosofia bíblica explica o mundo real de forma mais adequada para humanos corporificados,
E SE não precisarmos mais acomodar as Escrituras às filosofias teológicas do helenismo,
ENTÃO não deveríamos pensar, até certo ponto, no objetivo da teologia e da filosofia como uma recuperação da filosofia bíblica?

Não deveríamos tentar reposicionar nosso pensamento nos esquemas conceituais dos autores bíblicos para verificar se nos tornamos cegos, míopes ou hemianópicos às rigorosas estruturas e convicções filosóficas das Escrituras?

*Podemos operar totalmente distantes da tradição filosófica bíblica?* No final das contas, podemos descobrir que nossa teologia é amplamente comensurável com as convicções filosóficas dos autores bíblicos. No entanto, se não tivermos feito o trabalho real de incorporar socialmente a filosofia bíblica, podemos validar adequadamente nossas conclusões teológicas? Como teólogos e filósofos cristãos, estamos satisfeitos com *paralelos* acidentais a uma noção biblicamente rigorosa, ou devemos ser compelidos a demonstrar conexões *necessárias* e *densas* em redes pixelizadas de pensamento bíblico ritualizado?

Para o bem dos estudos bíblicos e da filosofia/teologia, mais obras interdisciplinares precisam incluir aprendizado entre si, pontes colegiais entre os departamentos e explorações mais amplas dos mundos materiais das Escrituras.

O filósofo pode ler isso e pensar consigo mesmo: "Devo aprender hebraico e grego para me tornar alfabetizado em filosofia bíblica?" Uma compreensão elementar das línguas bíblicas e uma alfabetização básica nas Escrituras não prejudicaria ninguém que trabalha em teologia. No entanto, é bem fácil fazer um amigo em outras disciplinas com quem podemos aprender e que pode nos salvar de erros inexperientes. O mesmo vale para eruditos bíblicos em relação à filosofia.

380  FILOSOFIA BÍBLICA

Como um exemplo anônimo de como isso pode dar errado: um filósofo particularmente astuto estava apresentando uma comunicação em uma conferência da qual estudiosos bíblicos também participavam. Nas perguntas, ela respondeu a alguém dizendo o que achava ser afirmações incontroversas sobre o deus bíblico, algo assim: "É claro que Deus não pode ser mau, fazer o mal ou estar associado ao mal de qualquer forma". Com isso, os murmúrios aumentaram para um tumulto. Os estudiosos bíblicos estavam educadamente tendo um ataque porque sabiam algo que o filósofo não sabia: há muitos exemplos incontroversos na Bíblia hebraica de Deus planejando e executando o mal sobre Israel e outros (cf. Gn 6:5, 8:21; Êx 32:11−14; Dt 32:23; 1Rs 21:20−21, etc.). No Novo Testamento, há também pelo menos um exemplo de Jesus planejando fazer o mal (ra') no sentido hebraico do termo (ou seja, o juízo final).

Nas traduções modernas do português, o termo "mal" – ra' – geralmente é traduzido como "calamidade", "infortúnios" ou "desastre" quando Deus é quem está fazendo o mal. Quando os humanos fazem ra', é traduzido como "mal". O que esse habilidoso filósofo tomou como certo ° o conceito do mal como monolítico e separado do caráter e do ser de Deus — não se harmonizava totalmente com a concepção bíblica do bem ou do mal. Os conceitos mais elaborados na filosofia bíblica foram diluídos. Ironicamente, esse desgaste pode ocorrer em parte devido à teologia cristã que descende do helenismo que conceituava o mal de maneira diferente – como, por exemplo, o mal sendo a privação do bem. Validar seus pressupostos filosóficos com um erudito bíblico (ou com um dicionário bíblico ou outra obra de referência) teria inevitavelmente redirecionado seu pensamento, levando-o ao discurso hebraico pixelado sobre o bem e o mal que Jesus, Pedro e Paulo desenvolvem conceitualmente no Novo Testamento. O mesmo é verdade para os biblistas que usam e abusam de premissas ou programas filosóficos. Todos nós temos que aprender uns com os outros.

Por fim, eu realmente me pergunto, com os estudiosos citados no início deste capítulo, o quanto o conteúdo e o estilo filosóficos bíblicos influenciaram o pensamento ocidental de maneira mais geral. Embora possamos gostar romanticamente das filosofias do Egeu, quando visto como um sistema completo de pensamento, o helenismo não parece o ninho intelectual do qual a modernidade nasceu e voou. Quão profundamente você pode penetrar em nosso mundo intelectual e encontrar os tendões e o fluxo arterial do pensamento hebraico?

Assim, termino com o que espero ser mais uma lufada de ar fresco de filosofia bíblica — para que a grande tradição intelectual construída e mantida

TERMINANDO COM UM COMEÇO 381

nos corpos individuais e sociais de Israel, do cristianismo e de seus textos receba seu merecido crédito sob as luzes de tradições comparativas. A abordagem hebraica da filosofia combina e possivelmente ultrapassa outras tradições filosóficas que aceitamos tacitamente como ancestrais de nossa própria herança intelectual. Espero ter dado aos leitores e a meus colegas uma ferramenta com a qual possamos retornar novamente a uma fonte significativa de nosso mundo intelectual e a experimentemos de verdade.

# BIBLIOGRAFIA

ALSTON, William P. *Perceiving God: the epistemology of Religious experience* (Ithaca: Cornell University Press, 1991).

ALTER, Robert. *The art of Bible translation* (Princeton: Princeton University Press, 2019).

_____. *The Art of Biblical Narrative*, ed. revista e expandida (New York: Basic Books, 2011). *The Art of Biblical Poetry*, ed. nova e revisada. (Edinburgh: T&T Clark, 2011).

ANDERSON, Hugh. "The Old Testament in Mark's Gospel" em *The use of the Old Testament in the new and other essays: studies in honor of William Franklin Stinespring*, ed. James M. Efird (Durham: Duke University Press, 1972), p. 280–306.

ANNUS, Amar. "On the Beginnings and Continuities of Omen Sciences in the Ancient World," em *Divination and interpretation of signs in the ancient*, ed. Amar Annus (Oriental Institute Seminars 6; Chicago: University of Chicago Press, 2010), p. 1–18.

Anônimo. "What Is It Like to Understand Advanced Mathematics?," *Quora*. Disponível em: www.quora.com/What-is-it-like-to-understand-advanced-mathematics-Does-it-feel-analogous-to-having-mastery-of-another-language-like-in-programming-or-linguistics.

ANSCOMBE, G. E. M. "What is It to believe someone?" em *Rationality and Religious belief*, ed. C. F. Delaney (University of Notre Dame Studies in the Philosophy of Religion 1; Notre Dame: University of Notre Dame Press, 1979), p. 141–51.

ANSCOMBE, G. E. M.; MORGENBESSER Sidney. "The two kinds of error in action," em *Journal of Philosophy* 60, no. 14 (July 1963): p. 393–401.

ARISTÓTELES. *Poetics*, trad. Malcolm Heath (New York: Penguin, 1996).

ARVAN, Marc. "What counts as Philosophy? On the normative disguised as descriptive," em *The Philosophers Cocoon*. Disponível em: http://philosopherscocoon.typepad.com.

ASAAD, Terek. "Sleep in ancient Egypt," em *Sleep Medicine: A comprehensive guide to its development, Clinical Milestones, and advances in treatment*, ed. Sudhansu Chokroverty e Michel Billiard (New York: Springer, 2015), p. 13–19.

ASSMANN, Jan. *Death and salvation in ancient Egypt*, trad. David Lorton (Ithaca: Cornell University Press, 2005). *God and gods: Egypt, Israel, and the rise of Monotheism* (Madison: University of Wisconsin Press, 2008). *The mind of Egypt: History and meaning in the time of the Pharaohs*, trad. Andrew Jenkins (New York: Metropolitan Books, 1996).

ATHANASSIADI, Polymnia. *Mutations of Hellenism in late Antiquity* (Variorum Collected Studies Series CS1052; New York: Routledge, 2016).

AUDI, Robert. *Epistemology: A contemporary introduction to the Theory of Knowledge*, 3ª ed. (New York: Routledge, 2011).

384  FILOSOFIA BÍBLICA

Avrahami, Yael. *The senses of Scripture: sensory perception in the Hebrew Bible* (The Library of Hebrew Bible/Old Testament Studies 545; New York: T&T Clark, 2012).

Azuma, Hideki et al. "An intervention to improve the Interrater Reliability of Clinical EEG Interpretations," *Psychiatry and Clinical Neurosciences* 57, no. 5 (October 2003): p. 485–89.

Barclay, John M. G. *Paul and the Gift* (Grand Rapids: Eerdmans, 2015).

Barfield, Owen. *Poetic Diction: A study in meaning* (Middletown: Wesleyan University Press, 1974).

Barr, James. *The semantics of Biblical Language* (Eugene: Wipf & Stock, 1961).

Bartholomew, Craig G. *Introducing Biblical Hermeneutics: A comprehensive framework for hearing God in Scripture* (Grand Rapids, MI: Baker Academic, 2015). *Where mortals dwell: A Christian view of place for today* (Grand Rapids, MI: Baker Academic, 2012).

Barton, John. *Ethics in ancient Israel* (New York: Oxford University Press, 2017).

Bartor, Assnat. *Reading law as narrative: A study in the casuistic laws of the Pentateuch* (Ancient Israel and Its Literature 5; Atlanta: Society of Biblical Literature Press, 2010).

Bates, Matthew W; *Salvation by allegiance alone: rethinking faith, works, and the Gospel of Jesus the King* (Grand Rapids: Baker Academic, 2017).

Benson, Hugh H. "Socratic Method," em *The Cambridge companion to Socrates*, ed. Donald R. Morrison (Cambridge Companions to Philosophy; New York: Cambridge University Press, 2010), p.179–200.

Berman, Joshua A. *Ani Maamin: Biblical criticism, Historical truth, and the thirteen principles of faith* (Jerusalem: Magid, 2020). *Created equal: How the Bible broke with ancient Political thought* (New York: Oxford University Press, 2011). *Inconsistency in the Torah: ancient Literary Convention and the limits of source criticism* (New York: Oxford University Press, 2017).

Black, Max. "The Identity of Indiscernibles," em *Mind* 61 (April 1952): p. 153–64.

Blakley, J. Ted. "Incomprehension or Resistance?: The Markan disciples and the narrative logic of Mark 4:1–8:30" (diss. De doutorado University of St. Andrews, 2008).

Bobzien, Susanne. "Ancient Logic," em *Stanford Encyclopedia of Philosophy*, Verão de 2020 ed., ed. Edward N. Zalta. Disponível em: https://plato.stanford.edu/archives/ sum2020/ entries/logic-ancient.

Boman, Thorlief. *Hebrew thought compared with Greek*, trad. Jules L. Moreau (Library of History and Doctrine 1; London: SCM, 1960).

Bonneau, Normand. "The Logic of Paul's Argument on the Curse of the Law in Galatians 3:10–14," [A Lógica do Argumento de Paulo sobre a Maldição da Lei em Gálatas 3:10-14] *Novum Testamentum* 39, no. 1 (janeiro de 1997): p. 60–80.

Borgen, Peder. "Philo of Alexandria," em *Anchor Bible Dictionary*, Vol. V, ed. David N. Freedman (New York: Doubleday, 1992), p. 333–42.

Bourget, David and Chalmers, David J. "What Do Philosophers Believe?" em *Philosophical Studies* 170, no. 3 (setembro de 2014): p. 465–500.

Bouxsein, Hilary. "Review of mortal and divine in early Greek Epistemology: A Study of Hesiod, Xenophanes, and Parmenides by Shaul Tor", *Bryn Mawr Classical Review*. Disponível em: https://bmcr.brynmawr.edu/2020/2020.04.08.

BIBLIOGRAFIA 385

BOYLAN, Michael. *Fictive narrative Philosophy: how fiction can act as Philosophy* (Routledge Research in Aesthetics; New York: Routledge, 2019).

BRADATAN, Costica. "Philosophy needs a new definition," *Los Angeles Review of Books*. Disponível em: https://lareviewofbooks.org/article/philosophy-needs-a-new-definition/.

BRANDOM, Robert B. *Making it explicit: reasoning, representing, and discursive commitment* (Cambridge: Harvard University Press, 1998).

BRECK, John. *The shape of Biblical Literature: Chiasmus in the Scriptures and beyond* (Crestwood: St. Vladimir's Seminary Press, 2008).

BRINKS, C. L. et al. "Symposium on *the Philosophy of Hebrew Scripture*," em *Journal of Analytic Theology* 2 (2014): p. 238–81.

BUBER, Martin. "*Leitwort* style in Pentateuchal narrative," em Martin Buber and Franz Rosenzweig, *Scripture and Translation*, trad. Lawrence Rosenwald (Bloomington: Indiana University Press, 1994; Original em alemão, 1936), p. 90–98.

BUDD, Chris; SANGUIN, Chris. "101 Uses of the quadratic Equation," em *Plus Magazine*. Disponível em: https://plus.maths.org/content/101-uses-quadratic-equation-part-ii.

BURNSIDE, Jonathan P. "Exodus and asylum: uncovering the relationship between Biblical law and narrative," em *Journal for thesStudy of the Old Testament* 34, no. 3 (2010): p. 243–66. *God, justice, and society: aspects of law and legality in the Bible* (New York: Oxford University Press, 2010).

CALVINO, Jean. *Commentary on a harmony of the Evangelists, Matthew, Mark and Luke*, 3 vols., trad. William Pringle (Edinburgh: Calvin Translation Society, 1845–46).

CARASIK, Michael. *Theologies of the mind in Biblical Israel* (Studies in Biblical Literature 85; Oxford: Peter Lang, 2005).

CARMY, Shalom; SHATZ, David. "The Bible as a source for Philosophical Reflection em *History of Jewish Philosophy*, ed. Daniel H. Frank and Oliver Leaman (New York: Routledge, 1997), p. 13–37.

CARROLL, Sean. "Even physicists don't understand Quantum mechanics: worse, they don't seem to want to understand It," em *The New York Times* (*The Opinion Pages*). Disponível em: www.nytimes.com/2019/09/07/opinion/sunday/quantum-physics.html.

CASSUTO, Umberto. *A commentary on the book of Genesis* (Jerusalém: Magnes Press, 1961).

CHAKRABARTI, Arindam; WEBER Ralph, eds. *Comparative Philosophy without borders* (New York: Bloomsbury, 2016).

CHARRY, Ellen T. *God and the art of happiness* (Grand Rapids: Eerdmans, 2010).

CHRISTENSEN, Duane L. *Deuteronomy 1–21:9* [Deuteronômio 1-21:9], revisado, 2ª ed., Vol. 6A (Word Biblical Commentary; Nashville, TN: Thomas Nelson, 2001).

CLARK, Andy; CHALMERS, David. "The Extended Mind," [A Mente Expandida] *Analysis* 58, no. 1 (1998): p. 7–19.

Coady, Cecil A. J. *Testimony: a Philosophical study* (New York: Oxford University Press, 1994).

DE CRUZ, Helen, Johan De Smedt, e Eric Schwitzgebel, eds. *Philosophy through science fiction stories* (New York: Bloomsbury, 2021).

DEWEY, Joanna. "Mark as Interwoven Tapestry: Forecasts and Echoes for a Listening Audience," em *Catholic Biblical Quarterly* 53, no. 2 (1991): p. 221–36.

DIAMOND, James A. *Jewish Theology Unbound* (New York: Oxford University Press, 2018).

DIODORUS, Siculus. *Library of History*, Vol. 1, trad. C. H. Oldfather (Cambridge: Loeb Classical Library, 1933).

DOUGLAS, Mary. *Leviticus as Literature* (New York: Oxford University Press, 1999).

ECO, Umberto. *The Limits of Interpretation* (Advances in Semiotics; Bloomington: Indiana University Press, 1994).

EDMONDS, David e Nigel Warburton, hosts. "What Is Philosophy?" *Philosophy Bites*. Disponível em: http://philosophybites.com/2010/11/what-is-philosophy.html.

EDWARDS, Mark J. "On the Platonic Schooling of Justin Martyr," *The Journal of Theological Studies* 42, no. 1 (Abril de 1991): p. 17–34.

EINSTEIN, Albert. "To Max Born" 3 de Março de 1947, Carta 84 em *The Born-Einstein Letters: Friendship, Politics, and Physics in Uncertain Times*, ed. Diana Buchwald e Kip S. Thorne, trad. Irene Born (Hampshire: Macmillan, 2005), p. 156–59.

ELKANNA, Yehuda. "The Emergence of Second-Order Thinking in Classical Greece," em *The Origins and Diversity of Axial Age Civilizations*, ed. Shmuel Noah Eisenstadt (Albany: State University of New York Press, 1986), p. 40–64.

ENGBERG-PEDERSEN, Troels. *John and Philosophy: A New Reading of the Fourth Gospel* (New York: Oxford University Press, 2018). *Paul and the Stoics* (Philadelphia: Westminster John Knox Press, 2000).

_____. "Response to Martyn," em *Journal for the Study of the New Testament* 86 (2002): p. 103–14.

_____. Review of *One True Life: The Stoics and Early Christians as Rival Traditions*. C. Kavin Rowe, *Journal of Early Christian Studies* 25, no. 2 (2017): p. 326–28.

EPÍTETO. *The Discourses and Manual*, Vol. I, trad. Percy E. Matheson (Oxford: Oxford University Press, 1916).

_____. *Discourses and Selected Writings*, trad. Robert Dobbin (New York: Penguin Books, 2008).

EVANS, Craig A. "How Mark Writes," no *The Written Gospel*, ed. Markus N. A. Bockmuehl e Donald Alfred Hagner (Cambridge: Cambridge University Press, 2005), p. 135–38.

FISHBANE, Michael A. *Biblical Interpretation in Ancient Israel* (Oxford: Clarendon, 1985).

_____. *Biblical Myth and Rabbinic Mythmaking* (New York: Oxford University Press, 2003).

FLYNN, Shawn. *Children in Ancient Israel: The Hebrew Bible and Mesopotamia in Comparative Perspective* (New York: Oxford University Press, 2018).

FOLEY, Richard. "Egoism in Epistemology," em *Socializing Epistemology: The Social Dimensions of Knowledge*, ed. Frederick F. Schmitt (Lanham, MD: Rowman & Littlefield, 1994), p. 53–73.

_____. *Intellectual Trust in Oneself and Others* (New York: Cambridge University Press, 2001).

BIBLIOGRAFIA 387

FOSTER, Benjamin R. "Transmission of Knowledge," em *A Companion to the Ancient Near East*, ed. Daniel C. Snell (New York: Wiley-Blackwell, 2004), p. 245–52.

FOX, Michael V. "Egyptian Onomastica and Biblical Wisdom," em *Vetus Testamentum* 36, no. 3 (1986): p. 302–10.

_____. "The Epistemology of the Book of Proverbs," *Journal of Biblical Literature* 126, no. 4 (2007): p. 669–84.

_____. *Proverbs 10–31* (Anchor Yale Bible; New Haven: Yale University Press, 2009).

FRANKFORT, Henri. *Ancient Egyptian Religion: An Interpretation* (New York: Columbia University Press, 1948).

_____. *Kingship and Gods: A Study of Ancient Near Eastern Religion as the Integration of Society and Nature* (Chicago: University of Chicago Press, 1948).

_____. et al. *The Intellectual Adventure of Ancient Man: An Essay on Speculative Thought in the Ancient Near East* (Chicago: University of Chicago Press, 1946).

FREDERICK, John. "The Ethics of the Enactment and Reception of Cruciform Love: A Comparative Lexical, Conceptual, Exegetical/Theological Study of Colossians 3:1–17 and the Patterns of Thought Which Have Influenced It in Their Grammatical/Historical Context" (Diss. de doutorado, University of St. Andrews, 2014).

FREGE, Gottlob. *Grundgesetze der Arithmetik*, em *Translations from the Philosophical: Writings of Gottlob Frege*, ed. Peter Geach e Max Black (Oxford: Blackwell, 1960), p. 137–58.

FREI, Hans W. *The Eclipse of Biblical Narrative: A Study in Eighteenth and Nineteenth Century Hermeneutics* (London: Yale University Press, 1974).

GARFIELD, Jay L. and William Edelglass, eds. *The Oxford Handbook of World Philosophy* (New York: Oxford University Press, 2013).

GARFIELD, Jay L. and Bryan W. Van Norden. "If Philosophy Won't Diversify, Let's Call It What It Really Is," em *The New York Times* (*The Opinion Pages*). Disponível em: www.nytimes.com/2016/05/11/opinion/if-philosophy-wont-diversify-lets-call-it-what-it-really-is.html.

GERHARDSSON, Birger. "The Parable of the Sower and Its Interpretation," em *New Testament Studies* 14 (1968): p. 165–93.

GERICKE, Jaco. *Review of The Hebrew Bible and Philosophy of Religion* no *Journal of Analytic Theology* 4 (2016): p. 428–33.

_____. *The Hebrew Bible and Philosophy of Religion* (Society of Biblical Literature Resources for Biblical Study 70; Atlanta: Society of Biblical Literature Press, 2012).

_____. *A Philosophical Theology of the Old Testament: A Historical, Experimental, Comparative and Analytic Perspective* (Routledge Interdisciplinary Perspectives on Biblical Criticism; New York: Routledge, 2020).

_____. "When Historical Minimalism Becomes Philosophical Maximalism," em *Old Testament Essays* 27, no. 2 (2014): p. 412–27.

GIBBARD, Allan. *Wise Choices, Apt Feelings: A Theory of Normative Judgment* (Cambridge, MA: Harvard University Press, 1992).

GIBBS, Raymond W. Jr. "Metaphor Interpretation as Embodied Simulation," em *Mind & Language* 21 (2006): p. 434–58.

388  FILOSOFIA BÍBLICA

GIBBS, Raymond W. Jr. and Teenie Matlock. "Metaphor, Imagination, and Simulation: Psycholinguistic Evidence," no *The Cambridge Handbook of Metaphor and Thought*, ed. Raymond W. Gibbs Jr. (New York: Cambridge University Press, 2008), p. 161–76.

GIBSON, Arthur. *Biblical Semantic Logic: A Preliminary Analysis* (Oxford: Basil Blackwell, 1981).

GIBSON, Jeffrey B. "The Rebuke of the Disciples in Mark 8:14–21," *Journal for the Study of the New Testament* 27 (1986): p. 31–47.

GILES, Harry. "Visa Wedding," em *Tonguit* (Glasgow: Freight Books, 2016).

GÖDEL, Kurt. *On Formally Undecidable Propositions of Principia Mathematica and Related Systems*, trad. B. Meltzer (New York: Dover, 1962).

_____. "On Formally Undecided Propositions of Principia Mathematica and Related Systems," em *From Frege to Gödel*, ed. Jean Van Heijenoort (Cambridge: Harvard University Press, 1977), p. 592–616.

GOLDMAN, Alvin I. *Pathways to Knowledge: Private and Public* (New York: Oxford University Press, 2002).

GOODMAN, Nelson. "Reply to an Adverse Ally," no *The Journal of Philosophy* 54, no. 17 (August 1957): p. 531–35.

GOPPELT, Leonhard. *Typos: The Typological Interpretation of the Old Testament in the New*, trad. Donald H. Madvig (Grand Rapids: Eerdmans, 1982).

GORDON, T. David. "The Problem at Galatia," em *Interpretation* 41 (1987): p. 32–43.

GRABBE, Lester L. "Wisdom of Solomon," em *The New Oxford Annotated Bible* (Fully Revised Fourth Edition: An Ecumenical Study Bible, 1427; New York: Oxford University Press, 2010).

GREEN, Joel B. *Body, Soul, and Human Life: The Nature of Humanity in the Bible* (Grand Rapids: Baker, 2008).

GUNTON, Colin E. *The Triune Creator: A Historical and Systematic Study* (Grand Rapids, MI: Eerdmans, 1998).

GUTTING, Gary. *What Philosophers Know: Case Studies in Recent Analytic Philosophy* (New York: Cambridge University Press, 2009).

HADOT, Pierre. *Philosophy as a Way of Life: Spiritual Exercises from Socrates to Foucault*, trad. Michael Chase (Oxford: Blackwell, 1995).

_____. *What Is Ancient Philosophy?*, trad. Michael Chase (Cambridge: Harvard University Press, 2002).

HAGBERG, Garry L., ed. *Fictional Characters, Real Problems: The Search for Ethical Content in Literature* (New York: Oxford University Press, 2016).

HAJEK, Peter. "Fuzzy Logic," em *The Stanford Encyclopedia of Philosophy*, Verão de 2010 ed., ed. Edward N. Zalta. Disponível em: http://plato.stanford.edu/archives/fall2010/entries/logic-fuzzy.

HALL, David L. e Roger T. Ames. *Thinking through Confucius* (Albany: State University of New York Press, 1987).

HANSON, Norwood. "Observation," em *Theories and Observation in Science*, ed. Richard E. Grandy (Englewood Cliffs, NJ: Prentice-Hall, 1973), p.129–46.

BIBLIOGRAFIA 389

HARDIN, Russell. *Trust and Trustworthiness* (New York: Russell Sage Foundation, 2002).

HAYS, Richard B. *Echoes of Scripture in the Gospels* (Waco: Baylor University Press, 2016).

_____. *Echoes of Scripture in the Letters of Paul* (New Haven: Yale University Press, 1989).

HAZONY, Yoram. *The Philosophy of Hebrew Scripture* (New York: Cambridge University Press, 2012).

HEALEY, Richard. *The Quantum Revolution in Philosophy* (New York: Oxford University Press, 2017).

HEBERT, Arthur G. "'Faithfulness' and 'Faith,'" em *Reformed Theological Review* 14, no. 2 (junho de 1955): p. 33–40.

HEIL, John Paul. "Reader-Response and the Narrative Context of the Parables about Growing Seed in Mark 4:1–34," em *Catholic Biblical Quarterly* 54, no. 2 (1992): p. 271–86.

HEIM, Erin M. *Adoption in Galatians and Romans: Contemporary Metaphor Theories and the Pauline Huiothesia Metaphors* (Biblical Interpretation Series 153; Leiden: Brill, 2017).

HELM, Paul. "John Calvin, the *Sensus Divinitatis*, and the Noetic Effects of Sin," no *International Journal for Philosophy of Religion* 43 (1998): p. 87–107. Review of *Warranted Christian Belief* by Alvin Plantinga, *Mind* New Series 110, no. 440 (Outubro de 2001): p. 1110–15.

HEMPEL, Carl Gustav. "Studies in the Logic of Confirmation (I)," em *Mind* 54 (1945): p. 1–26.

HENDEL, Ronald. "*Leitwort* Style and Literary Structure in the J Primeval Narrative," em *Sacred History, Sacred Literature: Essays on Ancient Israel, the Bible, and Religion in Honor of R. E. Friedman on His Sixtieth Birthday*, ed. Shawna Dolansky (Winona Lake: Eisenbrauns/ PennState Press, 2008), p. 93–110.

HESSE, Mary. *Revolutions and Reconstructions in the Philosophy of Science* (Brighton: The Harvester Press, 1980).

_____. *The Structure of Scientific Inference* (London: Macmillan Press, 1974).

HILL, David. *New Testament Prophecy* (Marshalls Theological Library; London: Marshall, Morgan & Scott, 1979).

HOFFMEIER, James K. "Some Thoughts on Genesis 1 & 2 and Egyptian Cosmology," no *Journal of the Ancient Near Eastern Society* 15 (1983): p. 39–49.

HOLLAND, Tom. *Dominion: How the Christian Revolution Remade the World* (New York: Basic Books, 2019).

HOLLANDER, John. *The Figure of Echo: A Mode of Allusion in Milton and After* (Berkeley: University of California Press, 1981).

HOLYOAK, John H. et al. "Learning Inferential Rules," em *Naturalizing Epistemology*, 2nd ed., ed. Hilary Kornblith (Cambridge, MA: MIT Press, 1994), p. 359–92.

HUGHES, J. Donald. "Dream Interpretation in Ancient Civilizations," *Dreaming* 10, no. 1 (2000): p. 7–18.

HULL, John M. *Hellenistic Magic and the Synoptic Tradition* (Studies in Biblical Theology 28; London: SCM Press, 1974).

HUME, David. *An Enquiry Concerning Human Understanding, and Other Writings*, ed. Stephen Buckle (Cambridge Texts in the History of Philosophy; Cambridge: Cambridge University Press, 2007).

## 390 FILOSOFIA BÍBLICA

HUTTUNEN, Niko. *Paul and Epictetus on Law: A Comparison* (Library of New Testaments Studies 405; New York: T&T Clark, 2009).

INGLIS-ARKELL, Esther. "Why Don't Electrons Just Fall into the Nucleus of an Atom?" no *io9/Gizmodo* (Blog). Disponível em: http://io9.gizmodo.com/why-dont-electrons-just-fall-into-the-nucleus-of-an-ato-1597851164.

IVERSON, Kelley R. *Gentiles in the Gospel of Mark: "Even the Dogs under the Table Eat the Children's Crumbs"* (Library of New Testaments Studies 339; London: T&T Clark, 2007).

JACKSON, Bernard S. *Wisdom-Laws: A Study of the Mishpatim of Exodus 21:1–22:16* (New York: Oxford University Press, 2006).

JACOBS, Struan. "Michael Polanyi and Thomas Kuhn: Priority and Credit," em *Tradition & Discovery* 33, no. 2 (2006–7): p. 25–36.

JAMROZIK, Anja *et al.* "Metaphor: Bridging Embodiment to Abstraction," em *Psychonomic Bulletin and Review* 23, no. 4 (2016): p.1080–89.

JAYNES, Julian. *The Origin of Consciousness in the Breakdown of the Bicameral Mind* (Toronto: University of Toronto Press, 1976).

JOHNS, Alger F. *A Short Grammar of Biblical Aramaic*, rev. ed. (Berien Springs: Andrews University Press, 1972).

JOHNSON, Dru. *Biblical Knowing: A Scriptural Epistemology of Error* (Eugene: Cascade, 2013).

_____. "A Biblical Nota Bene on Philosophical Inquiry," no *Philosophia Christi* (Blog), Evangelical Philosophical Society Symposium. Disponível em: www.epsociety.org/library/articles.asp?pid=238.

_____. *Epistemology and Biblical Theology: From the Pentateuch to Mark's Gospel* (Routledge Interdisciplinary Perspectives in Biblical Criticism 4; New York: Routledge, 2018).

_____. *Knowledge by Ritual: A Biblical Prolegomenon to Sacramental Theology* (Journal of Theological Interpretation Supplements 13; Winona Lake: Eisenbrauns/PennState Press, 2016).

_____. *Scripture's Knowing: A Companion to Biblical Epistemology* (Eugene: Cascade, 2015).

JOHNSON, Mark. *The Body in the Mind: The Bodily Basis of Meaning, Imagination, and Reason* (Chicago: University of Chicago Press, 1987).

KELBER, Werner H. *The Kingdom in Mark: A New Place and a New Time* (Minneapolis: Fortress Press, 1974).

KERN, Phillip H. *Rhetoric and Galatians: Assessing an Approach to Paul's Epistle* (Society for New Testament Studies Monograph Series 101; New York: Cambridge University Press, 2007).

KING, Richard. *Indian Philosophy: An Introduction to Hindu and Buddhist Thought* (Washington: Georgetown University Press, 1999).

KIVY, Peter. *Once upon a Time: Essays in the Philosophy of Literature* (New York: Rowman & Littlefield, 2019).

KLAWANS, Jonathan. *Theology, Josephus, and Understandings of Ancient Judaism* (New York: Oxford University Press, 2012).

KNIERIM, Rolf. "Science in the Bible," em *Word and World* 13, no. 3 (1993): p. 242–55.

BIBLIOGRAFIA 391

KOCH-WESTENHOLZ, Ulla. *Mesopotamian Astrology: An Introduction to Babylonian and Assyrian Celestial Divination* (Carsten Niebuhr Institute Publication 19; Copenhagen: Museum Tusculanum Press, 1995).

KUHN, Thomas S. *The Structures of Scientific Revolution*, 3ª ed. (Chicago: University of Chicago Press, 1962)

KUSCH, Martin. *Knowledge by Agreement: The Programme of Communitarian Epistemology* (Oxford: Clarendon Press, 2002).

KVANVIG, Jonathan. *The Intellectual Virtues and the Life of the Mind: On the Place of the Virtues in Epistemology* (Studies in Epistemology and Cognitive Theory; Savage: Rowman & Littlefield, 1992).

KYNES, Will. *An Obituary for "Wisdom Literature": The Birth, Death, and Intertextual Reintegration of a Biblical Corpus* (New York: Oxford University Press, 2019).

LACKEY, Jennifer. *Learning from Words: Testimony as a Source of Knowledge* (New York: Oxford University Press, 2008).

LAKOFF, George. *Women, Fire, and Dangerous Things: What Categories Reveal about the Mind* (Chicago: University of Chicago Press, 1989).

LAKOFF, George e Mark Johnson. *Metaphors We Live By* (Chicago: University of Chicago Press, 1980).

LAMARQUE, Peter. *The Opacity of Narrative* (New York: Rowman & Littlefield, 2014).

LAMBERT, David A. *How Repentance Became Biblical: Judaism, Christianity, and the Interpretation of Scripture* (New York: Oxford University Press, 2016).

_____. "Refreshing Philology: James Barr, Supersessionism, and the State of Biblical Words," em *Biblical Interpretation* 24, no. 3 (2016): p. 332–56.

LANG, T. J. *Mystery and the Making of a Christian Historical Consciousness: From Paul to the Second Century* (Beihefte zur Zeitschrift für die neutestamentliche Wissenschaft 219; Boston: De Gruyter, 2015).

LANGER, Susanne K. *Philosophy in a New Key: A Study in the Symbolism of Reason, Rite, and Art* (New York: New American Library, 1948).

LEGASPI, Michael C. *The Death of Scripture and the Rise of Biblical Studies* (Oxford Studies in Historical Theology; New York: Oxford University Press, 2011).

LENZI, Alan. *Secrecy and the Gods: Secret Knowledge in Ancient Mesopotamia and Biblical Israel* (State Archives of Assyria Studies XIX; Helsinki: Neo- Assyrian Text Corpus Project, 2008).

LEVENSON, Jon D. *Resurrection and the Restoration of Israel: The Ultimate Victory of the God of Life* (New Haven: Yale University Press, 2006).

LEWIS, C. S. *Surprised by Joy: The Shape of My Early Life* (San Francisco: HarperOne, 2017).

LICHTHEIM, Miriam. *Ancient Egyptian Literature: The Old and Middle Kingdoms* (Berkeley: University of California Press, 1973).

LINCICUM, David. *Paul and the Early Jewish Encounter with Deuteronomy* (Grand Rapids: Baker Academic, 2013).

_____. "Paul's Engagement with Deuteronomy: Snapshots and Signposts," em *Currents in Biblical Research* 7, no. 37 (2008): p. 37–67.

LONGENECKER, Bruce W. "The Narrative Approach to Paul: An Early Retrospective," em *Currents in Biblical Research* 1, no. 1 (outubro de 2002): p. 88–111.

LYCAN, William G. *On Evidence in Philosophy* (New York: Oxford University Press, 2019).

MAC LANE, Saunders. "Mathematical Models: A Sketch for the Philosophy of Mathematics," em *The American Mathematical Monthly* 88, no. 7 (1981): p. 462–72.

MACDONALD, Nathan. *Deuteronomy and the Meaning of "Monotheism"* (Forschungen zum Alten Testament 2 Reihe; Tübingen: Mohr Siebeck, 2003).

MACHINIST, Peter. "The Question of Distinctiveness in Ancient Israel: An Essay," em *Ah Assyria .. .: Studies in Assyrian History and Ancient Near Eastern Historiography Presented to Hayim Tadmor*, ed. Mordechai Cogan and Israel Eph'al (Scripta Hierosolymitana 33; Jerusalem: Magnes Press, 1991), p. 196–212.

MACINTYRE, Alasdair. *Three Rival Versions of Moral Enquiry: Encyclopaedia, Genealogy, and Tradition* (Notre Dame: University of Notre Dame Press, 1991).

MALHERBE, Abraham J. *Light from the Gentiles: Hellenistic Philosophy and Early Christianity*, Collected Essays, 1959–2012, Vol. 2 (Leiden: Brill, 2014).

_____. *Paul and the Popular Philosophers* (Minneapolis: Fortress Press, 1989).

MARCUS, Joel. *Mark 1–8* (The Anchor Yale Bible Commentaries 27; London: Yale University Press, 2002).

_____. *Mark 8–16* (The Anchor Yale Bible Commentaries 27; London: Yale University Press, 2009).

_____. *The Mystery of the Kingdom of God* (SBL Dissertation Series 90; Atlanta: Society of Biblical Literature Press, 1986).

_____. *The Way of the Lord: Christological Exegesis of the Old Testament in the Gospel of Mark*, 1ª ed. (Louisville: Westminster John Knox, 1992).

MARSEN, Sky. *Narrative Dimensions of Philosophy: A Semiotic Exploration in the Work of Merleau-Ponty, Kierkegaard and Austin* (London: Palgrave Macmillan, 2006).

MARTYN, J. Louis. "De-apocalypticizing Paul: An Essay Focused on *Paul and the Stoics* by Troels Engberg-Pedersen," no *Journal for the Study of the New Testament* 86 (2002): p. 61–102.

_____. *Galatians: A New Translation with Introduction and Commentary* (Anchor Bible Commentary 33a; New York: Doubleday, 1997).

_____. *Theological Issues in the Letters of Paul* (New York: T&T Clark, 1997).

MBITI, John S. *African Religions and Philosophy* (London: Heinemann, 1969).

MCCURLEY, Jr., Foster R. "'And after Six Days' (Mark 9:2): A Semitic Literary Device," no *Journal of Biblical Literature* 93, no. 1 (1974): p. 67–81.

MCGUINN, Colin. "Philosophy by Any Other Name," *The New York Times* (*The Opinion Pages*). Disponível em: https://opinionator.blogs.nytimes.com/2012/03/04/philosophy-by-another-name.

BIBLIOGRAFIA 393

_____. *The Problem of Consciousness* (Oxford: Blackwell, 1991).

McMYLER, Benjamin. "Knowing at Second Hand," em *Inquiry* 50, no. 5 (2007): p. 511–40.

McQUILKIN, Robertson and Paul Copan. *An Introduction to Biblical Ethics: Walking in the Way of Wisdom* (Downer's Grove: InterVarsity, 2014).

MEEK, Esther L. *Contact with Reality: Michael Polanyi's Realism and Why It Matters* (Eugene: Cascade, 2017).

_____. *Longing to Know: The Philosophy of Knowledge for Ordinary People* (Grand Rapids: Brazos Press, 2003).

_____. "'Recalled to Life': Contact with Reality," em *Tradition and Discovery* 26, no. 3 (1999–2000): p. 72–83.

MENKEN, Maarten J. J. and Steve Moyise, eds. *Deuteronomy in the New Testament* (Library of New Testament Studies 358; London: T&T Clark, 2007).

_____. *Isaiah in the New Testament* (London: T&T Clark, 2005).

MIDGLEY, Mary. *Evolution as a Religion: Strange Hopes and Strange Fears*, ed. revisada (New York: Routledge, 2002).

MOBERLY, R. W. L. "Did the Serpent Get It Right?," em *Journal of Theological Studies* 39, no. 1 (April 1988): p. 1–27.

MOLESKI, Martin X. and William Taussig Scott. *Michael Polanyi: Scientist and Philosopher* (New York: Oxford University Press, 2005).

MOSELEY, Anne M. and M. C. Yap. "Interrater Reliability of the TEMPA for the Measurement of Upper Limb Function in Adults with Traumatic Brain Injury," no *The Journal of Head Trauma Rehabilitation* 18, no. 6 (2003): p. 526–31.

MOSER, Paul K. *The Elusive God: Reorienting Religious Epistemology* (New York: Cambridge University Press, 2008).

MÜLLER-WILLE, Staffan and Isabelle Charmantier. "Lists as Research Technologies," *Isis* 103, no. 4 (2012): p. 743–52.

NAGEL, Thomas. "What Is It Like to Be a Bat?" em *The Mind's I: Fantasies and Reflections on Self and Soul*, ed. Douglas R. Hofstadter and Daniel C. Dennett (Toronto: Bantam Books, 1982), p. 391–402.

NEUSNER, Jacob. "The Mishnah's Generative Mode of Thought: *Listenwissenschaft* and Analogical Contrastive Reasoning," no *Journal of the American Oriental Society* 110, no. 2 (1990): p. 317–21.

NEVADER, Madhavi. "At the End Returning to Questions of Beginnings: A Response to Jonathan Burnside," no *Political Theology* 14, no. 5 (2013): p. 619–27.

NIETZSCHE, Friedrich. *The Birth of Tragedy and Other Writings*, ed. Raymond Geuss and Ronald Speirs, trad. Ronald Speirs (Cambridge Texts in the History of Philosophy; New York: Cambridge University Press, 1999).

NOVAK, David. *Athens and Jerusalem: God, Humans, and Nature* (The Gifford Lectures 2017; Toronto: University of Toronto Press, 1992).

_____. *Jewish Social Ethics* (New York: Oxford University Press, 1992).

O'Dowd, Ryan P. *Proverbs* (The Story of God Bible Commentary. Grand Rapids: Zondervan, 2017).

_____. *The Wisdom of Torah: Epistemology in Deuteronomy and the Wisdom in Literature* (Forschungen zur Religion und Literatur des Alten und Neuen Testaments Band 225; Göttingen: Vandenhoeck & Ruprecht, 2009).

Ohaneson, Heather C. "Turning from the Perfection of God to the Wondrousness of God: Redirecting Philosophical-Theological Attention in Order to Preserve Humility," em *The Question of God's Perfection: Jewish and Christian Essays on the God of the Bible and Talmud*, ed. Yoram Hazony e Dru Johnson (Philosophy of Religion – World Religions 8; Leiden: Brill, 2018), p. 211–30.

Parsons, Charles. "Platonism and Mathematical Intuition in Kurt Gödel's Thought," em *The Bulletin of Symbolic Logic* 1, no. 1 (1995): p. 44–74.

Parsons, Mikael C. e Michael Wade Martin. *Ancient Rhetoric and the New Testament: The Influence of Elementary Greek Composition* (Waco: Baylor University Press, 2018).

Pedersen, Johannes. *Israel, Its Life and Culture*, 2 vols. (Oxford: Geoffrey Cumberlege, 1959).

Pennington, Jonathan T. *The Sermon on the Mount and Human Flourishing: A Theological Commentary* (Grand Rapids: Baker Academic, 2017).

Plantinga, Alvin. *Warranted Christian Belief* (New York: Oxford University Press, 2000).

Polanyi, Michael. *Personal Knowledge: Towards a Post-Critical Philosophy* (Chicago: University of Chicago Press, 1962).

Provan, Iain. *The Reformation and the Right Reading of Scripture* (Waco: Baylor University Press, 2017).

Quine, W. V. O. "Epistemology Naturalized," em *Naturalizing Epistemology* (Cambridge: MIT Press, 1997), p. 15–32.

_____. "Natural Kinds," em *Ontological Relativity and Other Essays* (New York: Columbia University Press, 1969), p. 114–38.

Ricoeur, Paul. *Time and Narrative*, Vol. 1. 3 vols., trad. Kathleen McLaughlin (Chicago: University of Chicago Press, 1984).

Rochberg, Francesca. "A Critique of the Cognitive-Historical Thesis of the Intellectual Adventure," em *The Adventure of the Human Intellect: Self, Society, and the Divine in Ancient World Cultures*, ed. Kurt A. Raaflaub (Ancient World: Comparative Histories; Hoboken: Wiley-Blackwell, 2016), p. 16–28.

_____. *The Heavenly Writing: Divination, Horoscopy and Astronomy in Mesopotamian Culture* (New York: Cambridge University Press, 2004).

_____. "'If P, Then Q': Form and Reasoning in Babylonian Divination," em *Divination and Interpretation of Signs in the Ancient World*, ed. Amar Annus (Oriental Institute Seminar 6; Chicago: University of Chicago Press, 2010), p. 19–28.

Rowe, C. Kavin. *One True Life: The Stoics and Early Christians as Rival Traditions* (New Haven: Yale University Press, 2016).

Rowland, Wade. *Galileo's Mistake: A New Look at the Epic Confrontation between Galileo and the Church* (New York: Arcade, 2003).

BIBLIOGRAFIA 395

RUSSELL, Bertrand. *History of Western Philosophy* (New York: Routledge, 1996).

Rutledge, David, host. "Thinking the Country," *The Philosopher's Zone*, July 7, 2019. Disponível em: www.abc.net.au/radionational/programs/philosopherszone/thinking-the-country/11278558.

_____. "Three Things You Should Know about Time," em *The Philosopher's Zone*. Disponível em: www.abc.net.au/radionational/programs/philosopherszone/the-three-things-you-should-know-about-time/8817626.

SCHAEFER, David Lewis, ed. "Symposium on Yoram Hazony's The Philosophy of Hebrew Scripture," *Perspectives on Political Science* 45, no. 3 (2016): p. 173–207.

SCHOLER, David M., ed. *The Works of Philo: Compete and Unabridged*, nova ed. atualizada, trad. C. D. Yonge (Peabody: Hendrickson, 1997).

SCHWEITZER, Albert. *The Mysticism of Paul the Apostle*, trad. William Montgomery (Baltimore: John Hopkins University Press, 1998).

SCHWITZGEBEL, Eric. "What Philosophical Work Could Be," em *The Splintered Mind* (Blog). Disponível em: http://schwitzsplinters.blogspot.co.uk/2015/06/what-philosophical-work-could-be.html.

SCOTT, Ian W. *Paul's Way of Knowing: Story, Experience, and the Spirit* (Grand Rapids: Baker Academic, 2009).

SHEA, William R. and Mariano Artigas. *Galileo in Rome: The Rise and Fall of a Troublesome Genius* (New York: Oxford University Press, 2003).

SHETTER, Tony L. "Genesis 1–2 in Light of Ancient Egyptian Creation Myths,". Disponível em: https://bible.org/article/genesis-1-2-light-ancient-egyptian-creation-myths.

_____. "The Implications of Egyptian Cosmology for the Genesis Creation Accounts" (Tese de doutorado, Asbury Theological Seminary, 2005).

SMITH, Barbara Herrnstein. *Poetic Closure* (Chicago: University of Chicago Press, 1971).

SMITH, Eric. "The Sumerian Mythographic Tradition and Its Implications for Genesis 1–11" (Tese de doutorado, University of Bristol, 2012).

SOMMER, Benjamin D. *Revelation and Authority: Sinai in Jewish Scripture and Tradition* (New Haven: Yale University Press, 2015).

SPENCER, Aída Bensançon. *Paul's Literary Style: A Stylistic and Historical Comparison of II Corinthians 11:16–12:13, Romans 8:9–39, and Philippians 3:2–4:13* (New York: University Press of America, 1998).

STEGNER, William Richard. "The Use of Scripture in Two Narratives of Early Jewish Christianity (Matthew 4.1–11; Mark 9.2–8)," em *Early Christian Interpretation of the Scriptures of Israel*, ed. Craig A. Evans e James A. Sanders (Sheffield: Sheffield University Press, 1997), p. 98–120.

STEUP, Matthias and Ram Neta. "Epistemology," em *The Stanford Encyclopedia of Philosophy*, ed. Verão de 2010, ed. Edward N. Zalta. Disponível em: https://plato.stanford.edu/archives/sum2020/entries/epistemology.

STICH, Stephen P. "Could Man Be an Irrational Animal? Some Notes on the Epistemology of Rationality," em *Naturalizing Epistemology*, 2ª ed., ed. Hilary Kornblith (Cambridge: MIT Press, 1994), p. 337–58.

## 396  FILOSOFIA BÍBLICA

STRAWN, Brent A. *The Old Testament Is Dying: A Diagnosis and Recommended Treatment* (Theological Explorations for the Church Catholic; Grand Rapids: Baker Academic, 2017).

STUMP, Eleonore. "The Problem of Evil: Analytic Philosophy and Narrative," em *Analytic Theology: New Essays in the Philosophy of Theology*, ed. Oliver D. Crisp e Michael C. Rea (New York: Oxford University Press, 2009), p. 251–64.

_____. *Wandering in Darkness: Narrative and the Problem of Suffering* (New York: Oxford University Press, 2010).

TALL, David. *How Humans Learn to Think Mathematically: Exploring the Three Worlds of Mathematics* (New York: Cambridge University Press, 2013).

THOMPSON, James W. *Apostle of Persuasion: Theology and Rhetoric in the Pauline Letters* (Grand Rapids: Baker Academic, 2020).

THURSTON, William P. "On Proof and Progress in Mathematics," *Bulletin of the American Mathematical Society* 30, no. 2 (April 1994): p. 161–77.

TOLMIE, Donald Francois. "A Rhetorical Analysis of the Letter to the Galatians" (Tese de doutorado, University of the Free State Bloemfontein, 2004).

TOR, Shaul. *Mortal and Divine in Early Greek Epistemology: A Study of Hesiod, Xenophanes, and Parmenides* (Cambridge Classical Studies; New York: Cambridge University Press, 2017).

TORRANCE, Thomas F. "One Aspect of the Biblical Conception of Faith," *Expository Times* 68, no. 4 (1957): p. 111–14.

TRESMONTANT, Claude. *A Study of Hebrew Thought*, trad. Michael Francis Gibson (New York: Desclee, 1960).

UNTERMAN, Jeremiah. *Justice for All: How the Jewish Bible Revolutionized Ethics* (Philadelphia: Jewish Publication Society, 2017).

VAN DE MIEROOP, Marc. *Philosophy before the Greeks: The Pursuit of Truth in Ancient Babylonia* (Princeton: Princeton University Press, 2017).

VAN DER HEIDEN, Gert Jan et al., eds. *Saint Paul and Philosophy: The Consonance of Ancient and Modern Thought* (Berlin: De Gruyter, 2017).

VAN DER KOOI, Cornelis. "The Assurance of Faith: A Theme in Reformed Dogmatics in Light of Alvin Plantinga's Epistemology," *Neue Zeitschrift für systematische Theologie und Religionsphilosophie* 40, no. 1 (1998): p. 91–106.

VAN NORDEN, Bryan W. *Taking Back Philosophy: A Multicultural Manifesto* (New York: Columbia University Press, 2017).

VELDHUIS, Niek. "The Theory of Knowledge and the Practice of Celestial Divination," em *Divination and Interpretation of Signs in the Ancient World*, ed. Amar Annus (Oriental Institute Seminars 6; Chicago: University of Chicago Press, 2010), p. 77–91.

VERVENNE, Mark. "The Phraseology of 'Knowing YHWH' in the Hebrew Bible: A Preliminary Study of Its Syntax and Function," em *Studies in the Book of Isaiah: Festschrift Willem A.M. Beuken*, ed. Jacques van Ruiten e Mark Vervenne (BEThL 132; Leuven: Uitgeverij Peeters, 1997).

VOEGELIN, Eric. *Order and History: Israel and Revelation*, ed. Maurice P. Hogan (The Collected Works of Eric Voegelin; Columbia: University of Missouri Press, 2001).

VON RAD, Gerhard. *Wisdom in Israel*, trad. James D. Martin (Nashville: Abington Press, 1986).

VOSS, James F. et al. "On the Use of Narrative as Argument," em *Narrative Comprehension, Causality, and Coherence: Essays in Honor of Tom Trabasso*, ed. Susan R. Goldman et al. (New York: Routledge, 1999), p. 235–52.

WARREN, James. "Hellenistic Philosophy: Places, Institutions, Character," em *The Routledge Companion to Ancient Philosophy*, ed. James Warren e Frisbee Sheffield (New York: Routledge, 2014), p. 393–98.

_____. "Introduction," em *The Routledge Companion to Ancient Philosophy*, ed. James Warren e Frisbee Sheffield (New York: Routledge, 2014), p. 27-30

_____. "The World of Early Greek Philosophy," em *The Routledge Companion to Ancient Philosophy*, ed. James Warren and Frisbee Sheffield (New York: Routledge, 2014), p. 3–17.

WEINBERG, Justin. "What Kinds of Things Count as Philosophy?" em *Daily Nous* (Blog). Disponível em: http://dailynous.com/2015/06/11/what-kinds-of-things-count-as-philosophy.

WEISS, Shira. *Ethical Ambiguity in the Hebrew Bible: Philosophical Analysis of Scriptural Narrative* (New York: Cambridge University Press, 2018).

WELLS, Bruce. *The Law of Testimony in the Pentateuchal Codes* (Wiesbaden: Harrassowitz Verlag, 2004).

WELLS, Kyle B. *Grace and Agency in Paul and Second Temple Judaism: Interpreting the Transformation of the Heart* (Novum Testamentum Supplements 157; Leiden: Brill, 2014).

WENHAM, Gordon J. *Story as Torah: Reading Old Testament Narrative Ethically* (Grand Rapids: Baker Academic, 2000).

WESTPHAL, Merold. "Taking Plantinga Seriously: Advice to Christian Philosophers," em *Faith and Philosophy* 16, no. 2 (1999): p.173–81.

_____. "Taking St Paul Seriously: Sin as an Epistemological Category," em *Christian Philosophy*, ed. Thomas P. Flint (Notre Dame: University of Notre Dame Press, 1990), p. 200–26.

WHITEHEAD, Alfred North. *Process and Reality* (New York: The Free Press, 1978).

WHITEHEAD, Alfred North e Bertrand Russell. *Principia Mathematica*, 2nd ed. 2 vols. (New York: Cambridge University Press, 1963).

WHYBRAY, Roger N. *The Intellectual Tradition in the Old Testament* (Beiheft zur Zeitschrift für die alttestamentliche Wissenschaft 135; Berlin: De Gruyter, 1974).

WINSTON, David. "Wisdom of Solomon," em *Anchor Bible Dictionary*, Vol. VI, ed. David N. Freedman (New York: Doubleday, 1992), p.120–27.

_____. *The Wisdom of Solomon: A New Translation with Introduction and Commentary* (The Anchor Bible Commentaries 43; Garden City: Doubleday, 1979).

WOLTERSTORFF, Nicolas. *Reason within the Bounds of Religion*, 2ª ed. (Grand Rapids: Eerdmans, 1976).

WOOD, William. "Analytic Theology as a Way of Life," em *Journal of Analytic Theology* 2 (maio de 2014): p. 43–60.

## 398 FILOSOFIA BÍBLICA

_____. "On the New Analytic Theology, or: The Road Less Traveled," em *Journal of the American Academy of Religion* 77, no. 4: p. 941–60.

WOODS, John. *Truth in Fiction: Rethinking Its Logic* (New York: Springer, 2018). Wright, Christopher J. H. *Old Testament Ethics for the People of God* (Downer's Grove: InterVarsity, 2004).

WRIGHT, N. T. *Jesus and the Victory of God* (Christian Origins and the Question of God 2; Minneapolis: Fortress Press, 1996).

_____. *Paul and the Faithfulness of God*, 2 vols. (Minneapolis: Fortress Press, 2013).

_____. *The Resurrection of the Son of God* (Christian Origins and the Question of God 3; Minneapolis: Fortress Press, 2003) [A Ressurreição do Filho de Deus (Origens Cristãs e a Questão de Deus), São Paulo: Paulus, 2013].

ZAGZEBSKI, Linda T. *Epistemic Authority: A Theory of Trust, Authority, and Autonomy in Belief* (New York: Oxford University Press, 2012).

_____. *Virtues of the Mind: An Inquiry into the Nature of Virtue and the Ethical Foundations of Knowledge* (New York: Cambridge University Press, 1996).

Este livro foi impresso pela Cruzado, em 2023, para
a Thomas Nelson Brasil. O papel do miolo é pólen
natural 70g/m2, e o da capa é cartão 250g/m2.